KCA 한국상담학회 상담학 총서 __ 12

# 상담연구방법론 <sup>2판</sup>

*Research Methods in Counseling (2nd ed.)*

고홍월 · 권경인 · 김계현 · 김성회 · 김재철
김형수 · 서영석 · 이형국 · 탁진국 · 황재규 공저

학지사

## [ 2판 발간사 ]

2013년 상담학 총서가 출간된 후 어느덧 5년이라는 시간이 흘렀다. 1판 발간 당시에는 상담학 전체를 아우르는 상담학 총서 발간에 대한 필요성을 절감하며 한국상담학회 제6대 김성회 회장과 양명숙 학술위원장이 주축이 되어 학술위원회에서 13권의 총서를 발간하기로 하고 대표 저자 선생님들과 여러 간사의 헌신적인 노력으로 상담학 총서를 출간하였다. 이를 계기로 상담학 총서는 상담의 이론뿐 아니라 상담의 실제 그리고 반드시 알아야 할 상담학 연구 등 다양한 영역의 내용을 포괄하여 상담학이 독립된 학문으로 자리 잡을 수 있도록 기초를 다졌다. 이러한 첫걸음은 상담학에 대한 독자의 균형 있고 폭넓은 이해를 도와 상담학의 정체성을 확립하는 디딤돌이 되었다.

이번에 발간되는 상담학 총서는 앞서 출간된『상담학 개론』『상담철학과 윤리』『상담이론과 실제』『집단상담』『부부 및 가족 상담』『진로상담』『학습상담』『인간발달과 상담』『성격의 이해와 상담』『정신건강과 상담』『심리검사와 상담』『상담연구방법론』『상담 수퍼비전의 이론과 실제』의 개정판과 이번에 새롭게 추가된『중독상담학 개론』『생애개발상담』으로 구성되어 있다. 이처럼 여러 영역을 아우르는 총서는 상담학을 접하는 다양한 수요자의 특성과 전문성에 맞추어 활용될 수 있다는 장점이 있다. 각각의 총서는 상담학을 처음 공부하는 학부생들에게는 상담의 이론적 기틀 정립에 도움을 주고 있으며, 대학원생들에게는 인간을 보다 깊이 이해하고 상담학의 체계적인 연구 방법을 배울 수 있도록 한다. 또한 전문 상담자들에게는 상담의 현장에서 부딪힐 수 있는 다양한 어려움과 문제점을 해결할 수 있도록 구체적인 방안을 제공하는 실용서로 자리매김하고 있다. 이처럼 상담학 총서의 발간은 상담학의 학문적 기틀 마련과 전문 상담자의 전문성 향상이라는 학문과 실용의 두 가지 역할을 포괄하고 있어 상담학의 발전에 크게 기여하였다고 자부한다.

최근 우리 사회는 말로 표현하기 힘든 여러 가지 사건과 사고로 심리적인 어려움을 겪었고, 소통과 치유의 필요성은 날로 커지고 있다. 이에 따라 상담자의 전문성 향상에 대한 목소리가 높아지고 있으나, 이러한 때에도 많은 상담자는 아직도 상담기법만 빨리 익히면 성숙한 상담자로 성장할 수 있을 것이라 생각하여 기법 배우기에만 치중하는 아쉬움이 있다. 오랜 시간과 정성으로 빚어 낸 전통 장의 깊은 맛을 손쉽게 사 먹을 수 있는 시중의 장맛이 따라갈 수 없듯이, 전문 상담자로서의 전문성을 갖추기 위해서는 힘든 상담자의 여정을 견뎌 내는 시간이 필요하다. 선배 상담자들의 진득한 구도자적 모습을 그리며 성숙한 상담자가 되기 위해 노력하는 많은 분께 상담학 총서가 든든한 버팀목이 되었으면 한다.

1판의 경우 시작이 있어야 발전이 있다는 책무성을 가지고 어려운 난관을 이겨 내며 2년여의 노력 끝에 출판하였지만 좀 더 다듬어야 할 필요성이 제기되고 있었다. 이에 쉽지 않은 일이지만 편집위원들과 다시 뜻을 모아 각각의 총서에서 시대적 요구를 반영하고 새롭게 다듬어야 할 부분을 수정하며 개정판을 준비하였다. 개정되는 상담학 총서는 기다림이 빚는 우리의 장맛처럼 깊이 있는 내용을 담기 위해 많은 정성과 애정으로 준비하였다. 그러나 아직 미흡한 점이 다소 있을 수 있음을 양해 바란다. 부디 이 책이 상담을 사랑하는 의욕적인 상담학도들의 지적 · 기술적 호기심을 채워 줄 뿐 아니라 고통에서 벗어나 치유를 이루어야 하는 모든 사람에게 하나의 빛이 되기를 기원한다.

바쁜 일정 중에서도 함께 참여해 주신 여러 편집위원과 간사님들 그리고 상담학 총서의 출판을 맡아 주시고 물심양면으로 지원해 주신 학지사 김진환 사장님과 최임배 부사장님을 비롯하여 더 좋은 책이 될 수 있도록 그 많은 저자에게 일일이 전화와 문자로 또는 이메일로 꼼꼼한 확인을 마다하지 않은 학지사 직원 여러분께도 진심으로 감사를 전한다.

2018년 7월
한국상담학회 제9대 회장 천성문

# [ 1판 발간사 ]

대화와 상호작용을 통해 도움을 주고받는 것이 상담이라고 정의한다면, 상담은 인류의 시작과 함께 시작되었다고 볼 수 있다. 그러나 우리나라에서 현대적 개념의 상담이 시작된 것은 1952년 미국 교육사절단이 정신위생이론을 소개한 이후부터라고 할 수 있을 것이다. 1953년 대한교육연합회 내부기관으로 중앙교육연구소가 설립되었고, 이 기관의 생활지도연구실을 중심으로 가이던스, 카운슬링, 심리검사가 소개되면서 상담에 대한 관심이 대단히 높아졌다.

상담에 대한 이러한 관심은 주로 교육학과나 심리학과를 중심으로 시작되어 그 밖의 분야까지 확산되었다. 1961년 중·고등학교 교도교사 100여 명이 '전국 중·고등학교 카운슬러 연구회'를 창립하였고, 이 연구회가 발전하여 1963년의 '한국카운슬러협회' 창립으로 이어졌다. 그리고 심리학회에서 1964년에 창립한 임상심리분과회의 명칭을 1974년에 '임상 및 상담심리분과회'로 변경하면서 상담심리가 그 이름을 드러냈다. 상담학이 교육학이나 심리학 등 특정 학문의 하위 학문으로 머물러 있는 한 발전이 어렵다는 공감대 아래, 2000년에 그 당시 이미 학회 활동을 하고 있던 대학상담학회, 집단상담학회, 진로상담학회 등이 주축이 되어 상담학의 독립화와 전문화 및 대중화를 목표로 한국상담학회를 창립하게 되었다.

　현재 한국상담학회의 회원만 1만 4,000명이 넘는 등 상담의 대중화는 급물살을 타고 있다. 이러한 추세와 더불어 많은 대학에서 상담학과를 신설하고 있고, 전문상담사를 모집하는 기관도 늘어나고 있다. 그러나 아직도 상담학을 독립된 학문으로 인정하지 않는 사람들이 많고, 전문상담사들이 수혜자들의 요구 수준을 완전히 충족시키지 못하고 있다는 지적이 있다. 이러한 문제에 대해 한국상담학회에서는 수련 시간을 늘리고 전문상담사의 전문적 수준을 높이는 등 전문상담사의 자격관리를 철저히 함은 물론 상담학의 이론적 틀을 확고히 하려는 노력을 여러 방면에서 계속해 왔다.

　그 노력 중 하나가 상담학 총서 발간이다. 우리나라에 상담학이 도입된 지 60년이 넘었고, 최초의 상담 관련 학회인 한국카운슬러협회가 창립된 지 50년이 다 되었지만 어느 기관이나 학회에서도 상담학 전체를 아우르는 총서를 내지 못한 것에 대해 전문상담사들의 아쉬움이 컸다. 상담학 총서 발간에 대한 필요성은 제4대 회장인 김형태 한남대학교 총장께서 제의하였으나, 학회 내의 여러 사정상 그동안 이루어지지 못하고 있던 차에 본인이 회장직을 맡으면서 학술위원회에 상담학 총서의 발간을 적극적으로 요구했다.

　이에 따라 양명숙 학술위원장이 주축이 되어 학술위원회에서 13권의 총서를 발간하기로 하고 운영위원회의 위임을 받아 준비에 들어갔다. 가급적 많은 회원이 참가할 수 있도록 하기 위해 자발적 참여자를 모집하였고, 이들이 중심이 되어 저서별로 대표 저자를 선정하고 그 대표 저자가 중심이 되어 집필진을 변경 또는 추가하여 최종 집필진을 완성한 후 약 2년간에 걸쳐 상담학 총서의 발간을 추진했다. 그 사이 13권 각각의 대표 저자들이 여러 번의 회의를 했고, 저자들이 교체되는 등의 많은 어려움도 있었다. 그러나 양명숙 학술위원장을 비롯하여 학술위원이자 총서 각 권의 대표 저자인 고홍월, 김규식, 김동민, 김봉환, 김현아, 유영권, 이동훈, 이수연, 이재규, 임은미, 정성란, 한재희 교수와 여러 간사의 헌신적인 노력으로 상담학 총서를 출간하게 되었다. 이에 관련된 모든 분께 감사드린다.

　상담학 총서 중 일부는 이전에 같은 제목으로 출판되었던 것도 있지만 처음

출판되는 책들도 있다. 처음 시도된 분야도 있고, 다수의 저자가 참여하다 보니 일관성 등에서 부족함도 있을 것이다. 그러나 시작이 있어야 발전이 있기에 시작을 하였다. 이후 독자들의 조언을 통해 더 나은 책으로 거듭나기를 기대한다. 이번 상담학 총서 발간은 상담학의 발전을 위한 하나의 초석이 될 것으로 확신한다.

끝으로, 상담학 총서의 출판을 맡아 주시고 물심양면으로 지원해 주신 학지사 김진환 사장님과 최임배 전무님을 비롯하여, 더 좋은 책이 될 수 있도록 그 많은 저자에게 일일이 전화로 문자로 또는 메일을 통해 꼼꼼하게 확인하는 것을 마다하지 않은 학지사 직원 여러분께 진심으로 감사드린다.

2013년 2월
한국상담학회 제6대 회장 김성회

# [ 2판 머리말 ]

최근 사회적 문제를 해결하는 데 상담의 역할이 중요해지고, 이에 따라 상담에 대한 인식 또한 더 긍정적으로 바뀌고 있다. 상담학이 이러한 사회적 책임을 잘 감당할 수 있는 배경은 여러 가지이다. 그중에서 당연히 상담의 실무적 기여를 높게 평가해야 한다. 또 한편으로, 상담의 실무적 기여를 더 높은 수준으로 끌어 간 것은 상담학 연구의 발전이라고 할 수 있다. 결과적으로 봤을 때 상담의 효과성, 상담의 성과는 상담학적 이론과 경험적 자료에 근거를 둔 상담 처치의 효과라고 할 수 있다. 결국 상담학의 발전은 연구, 실무, 교육 등 모든 영역에 기반을 두고 있다. 그러나 우리 학계에서는 다른 학문 분야와 조금 다른 특이한 점이 있는데, 이것은 바로 연구와 실무에 투입하는 정성과 노력의 불균형이라고 할 수 있다. 다수의 상담자들은 상담 연구보다 상담 실무를 더 사랑하는 것이 분명하다. 상담 실무를 적극적으로 임하는 것은 너무 아름다운 일이지만 상담 연구를 소홀히 하지 않았으면 좋겠다는 바람이다. 오랫동안 학계에서 주장해 왔던 근거 기반의 상담 실무(evidence-based practice)를 고려한다면 연구를 소홀히 하는 상담은 여러 어려움을 겪을 수 있다. 예를 들어, '상담이 정말 효과가 있습니까?' '효과가 있다면 그 효과를 어떻게 입증할 수 있습니까?'와 같은 질문을 받을 때 우리는 논리적으로, 과학적으로 충분히 답변하기 어려울 수 있다. 결국 상담자의 전문성을 향상시키고 상담학의 사회적 역할과 위상을 높이기 위해 우리는 상담학 연구의 중요성을 인식하고 더욱 발전시킬 수 있도록 다방면에서 논의해야 한다. 이러한 맥락에서 2013년에 상담학 총서를 발간하였고, 그 후 최근 몇 년간 상담학연구가 더 활발해졌으며 학술적 성과 또한 괄목할 만하다고 할 수 있다. 이번 개정판 출판을 계기로 상담자들이 연구에 대해 더 많은 관심을 가지고 상담의 전문성, 제도화 등을 위해 함께 노력하기를 기대한다.

이 책은 상담학연구에서 살펴봐야 할 기본적인 내용을 다루고 있기 때문에 내용 측면에서는 초판과 크게 다르지 않다. 개정판에서는 초판의 오류나 독자들이 어려워하는 부분에 대해 설명을 추가하는 등의 노력을 해 왔다. 결과적으로, 이 책을 통해 상담학 연구에 대한 이해를 돕고, 연구주제, 연구설계 등에 대한 지적 자극을 제공하는 데 목적이 있다. 저자들의 이러한 노력이 많은 독자들에게 학문적 지지와 지적 자극이 되기를 바란다.

상담학 총서 개정판이 출판될 수 있었던 것은 많은 분들의 노력이 있었기 때문이다. 저자들의 노력뿐만 아니라 개정판이 결실이 되도록 만들어 주신 출판사 측의 노력이 무엇보다 중요하다. 학지사 김진환 사장님과 최임배 부사장님, 편집부 선생님들의 지원과 노력에 감사드린다. 그리고 개정판이 출판될 수 있도록 참여하고 지원해 주신 모든 분들께 감사드린다.

2019년 8월 대전 유성에서
대표저자 고홍월

## [ 1판 머리말 ]

상담학은 독립 학문으로 사회과학 영역에서 자리매김하고 있다. 과학으로서의 상담학은 독자적인 지식체계를 갖추는 동시에 이에 적합한 연구방법을 고안하고 있다. 상담학을 보다 체계적으로 발전시키기 위해서는 많은 학문적 노력이 필요하다.

상담학연구는 상담자, 내담자, 상담자와 내담자의 상호작용, 상담자와 수퍼바이저의 상호작용 등을 연구한다. 이러한 연구를 통해 상담에서 다루는 문제나 내담자에 대한 이해, 상담의 과정 또는 성과, 상담의 치료적 요인, 수퍼비전 효과 등을 구체적으로 탐구한다. 풍부한 지식체계를 갖추는 것은 효과적인 상담을 진행하기 위한 필수 조건이다. 유능한 상담자는 상담을 잘하는 동시에 상담학연구에 대한 이해도 있어야 한다. 상담학연구에 대한 이해는 직접 연구하는 것과 연구를 이해하고 적용하는 것까지 포함한다. 이 책은 바로 이와 관련된 기초 지식을 제공하고 있다.

상담학을 위한 학문적 노력으로 한국상담학회에서 상담학 총서가 기획되었고, 그중 제12권이 『상담연구방법론』이다. 이 책은 주로 상담학연구에 대한 기초 지식을 제공하고 있어 연구방법론을 배우는 학생들, 특히 대학원 과정에 있는 사람들에게 도움이 될 것이다.

 이 책은 총 4부로 구성되었다. 제1부는 상담연구방법론의 기초, 제2부는 상담연구방법의 유형, 제3부는 상담연구의 과정과 절차, 제4부는 상담연구의 실제다. 제1부 상담연구방법론의 기초는 1장 상담학과 연구, 2장 상담학연구의 주제 정하기로 구성하였다. 제2부 상담연구 방법의 유형은 3장 상담학연구 유형, 4장 양적 연구방법, 5장 질적 연구방법으로 구성하였다. 제3부 상담연구의 과정과 절차는 6장 상담학연구에서의 연구설계, 7장 상담학연구를 위한 통계와 자료 분석으로 구성하였다. 제4부 상담연구의 실제는 8장 검사 개발 과정과 평가, 9장 상담 및 심리교육 프로그램의 개발 및 평가, 10장 상담학연구의 논문 작성, 11장 상담연구에 대한 평가와 논문 게재로 구성하였다.

 이 책이 출간되기까지 많은 분의 노력이 있었다. 기획 시점부터 출간까지 약 2년의 시간 동안 많은 분이 서울, 대전, 대구를 오가며 고생하셨기에 이 책이 출간될 수 있었다. 집필진으로 참여해 주신 여러 교수님의 노고와 헌신이 없었다면 이런 결실을 맺기 어려웠을 것이다. 이 책에 참여해 주신 모든 교수님께 감사의 마음을 전한다. 특히 상담학 총서 중에서 여러 책의 원고를 맡아 고생하셨던 분들이 끝까지 열심히 참여해 주신 데 대해 더욱 감사를 드린다. 그리고 상담학 총서가 세상의 빛을 볼 수 있게 해 주신 제6대 김성회 회장님과 양명숙 학술위원장님께 감사를 드린다. 마지막으로 이 책이 출간되도록 지원해 주신 학지사 김진환 사장님, 최임배 전무님, 이 책의 편집을 담당한 하시나 선생님에게도 감사를 드린다.

2013년 4월 대전 유성에서
대표저자 고홍월

# [ 차례 ]

## 제1부 상담연구방법론의 기초

## 제2부  상담연구방법의 유형

---
## 제3부　상담연구의 과정과 절차
---

---
## 제4부　상담연구의 실제
---

**제1부**

# 상담연구방법론의 기초

제1장 상담학과 연구
제2장 상담학연구의 주제 정하기

제1장
# 상담학과 연구

| 김성회 |

 

이 장에서는 연구의 의미를 '과학적 방법을 통하여 문제를 해결하는 공식적 탐구활동'이라고 정의하고, 이와 관련된 주요 개념인 과학의 의미와 특성 및 기본 가정을 밝히고 있다. 상담의 의미와 연구의 의미를 토대로 상담학연구의 의미를 '정신건강 증진과 관련된 전문적 지식을 갖춘 전문상담사가 과학적 방법을 사용하여 정신적으로 더 건강해지기를 원하는 내담자를 보다 효과적으로 도울 수 있도록 하는 공식적 탐구활동'으로 정의하였다. 이러한 상담학연구의 정의를 토대로 상담학연구의 목적과 목표는 무엇이며 어떤 과정을 거쳐서 연구가 이루어지는지를 간단히 살펴보고, 연구가 가지는 한계를 토대로 상담학연구의 한계를 알아본다. 마지막으로, 상담학연구의 과정을 간략히 살펴본 후 상담학연구의 방법과 주제를 중심으로 상담학연구의 미래를 전망해 본다.

## 1. 상담학연구와 과학

상담학이 독립된 학문으로서 자리매김하기 위해서는 학문이 갖추어야 할 조건들을 갖추어야 할 것이다. 그 조건으로는 상담학만의 고유한 지식들을 가지고 있어야 한다는 점과 그런 지식들을 도출해 내는 연구방법이 타당성을 지녀야 한다는 점이 포함된다. 즉, 상담에서 사용하는 이론이나 기법 등이 연구를 통해 그 타당성이 검증되는 것이 중요하다는 것이다. 그래서 상담학에서 연구가 차지하는 비중은 매우 중요하다. 여기서는 연구의 의미와 연구에서 강조되고 있는 과학에 대해 살펴본 후 상담학연구의 의미를 알아보고자 한다.

### 1) 연구의 의미

상담학연구의 의미를 보다 분명히 하기 위해서는 먼저 연구의 의미를 살펴볼 필요가 있다. 연구의 의미는 여러 학자에 의해 다양하게 정의되고 있다. 허균(2010)은 여러 학자(백순근, 2004; 성태제, 2005; Kerlinger, 1986; McMillan, James, & Schmacher, 2006)의 정의를 종합한 후, '체계적 방법과 절차를 사용하여 어떠한 문제나 주제를 탐구하는 공식적 탐구활동'을 연구라고 정의하였다. 여기서 말하는 체계적 방법과 절차는 연구방법을 말한다고 할 수 있고, 그 구체적 방법은 과학적 방법을 의미한다고 할 수 있다. 또한 주제가 문제와 같은 의미로도 사용되기 때문에 그 의미를 보다 분명히 하기 위해서는 문제와 주제를 모두 문제로 보아도 무리가 없을 것이다. 이러한 점에서 본다면, 연구란 '과학적 방법을 통해 문제를 해결하는 공식적 탐구활동이다.'라고 정의할 수 있다. 여기서 문제란 의문이 해결되지 않았거나 일관된 결과가 도출되지 않는 주제를 의미하며, 그 대상은 우주 내의 사물과 현상 그 자체와 이들 간의 상호작용을 포함한다. 공식적이라는 것은 공개적으로 발표되는 것을 말한다. 즉, 혼자서 어떤 지식이나 현상을 발견 또는 발명했다 하더라도 공개되지 않은 것이라면 인정을 받지 못한다는 것이다. 탐구활동이란 의문점을 해결해 가는 일련의 과정을 말한다. 다시 말해, 연구란 결과물만이 아니고 과정을 포함한 결과임을 말하는 것이다. 여기서 아주 중요한 개념은 과학적 방법을 통해 연구가 이루어져야 한다는 점이다. 따라서 과학적 방법에 대해 좀 더 구체적으로 살펴보기로 한다.

## 2) 과학의 의미와 특성

과학에 대한 통일된 정의는 없다. Nash(1963)는 과학이란 '우주 현상을 보는 방법'이라고 하였지만, 이는 너무 추상적이고 개인적일 수 있음을 배제하기 어렵다. Dampier(1961)는 과학이란 '자연현상에 대한 체계화된 지식으로 현상을 설명하는 개념 간의 관계를 연구하는 작업'이라고 정의하였는데, 이는 Nash(1963)의 개념을 좀 더 구체화했고, 특히 관계적 측면을 포함시킨 데 그 의의가 있다. 기존의 연구(이종승, 2009; Dampier, 1961; Nash, 1963)를 토대로 보면, 과학은 합리적 방법을 사용하여 인간이 관심을 가지고 있는 자연이나 사회의 어떤 개체나 현상 및 이들 간의 상호작용에 대해 어떤 법칙을 찾고, 이를 토대로 그들을 예측하고 통제하는 행동이라고 할 수 있다.

이상의 내용을 종합해 보면, 과학은 인간과 자연을 포함한 모든 사물과 현상을 그 대상으로 하며, 이들 각각에 대해 그 자체나 이들 간의 관계에 대해 바른 지식을 얻거나 합리적으로 이해하기 위한 탐구행위라고 할 수 있다.

과학은 다음과 같은 몇 가지 특성을 가지고 있다(이종승, 2009; Thomas & Hersen, 2003). 첫째, 과학에서 사용하는 개념은 누구에게나 동일한 의미를 가지며 경우에 따라서는 조작적으로 정의한 것일 수도 있다. 둘째, 과학은 실험이나 조사, 관찰 등을 통해 구체적으로 드러난 증거를 강조한다. 경험적으로 증거를 수집할 수 없는 형이상학적인 것에 대해서는 과학이 별로 관심을 가지지 않는다. 그렇다고 해서 형이상학적 진술이 전혀 의미가 없다는 말은 아니다. 단지 과학적 연구를 할 때만은 형이상학적 방식을 가급적 배제한다는 것이다. 만약 어떤 문제나 가설이 있는데 그것을 경험적으로 증명하는 것이 불가능하다면 그것은 과학적 문제가 되지 못한다. 셋째, 과학에서 드러난 증거는 합리적이고 체계적인 방법을 통해 이루어진 것이어야 한다. 과학에서는 선택적으로 증거를 수집하지 않으려고 노력한다. 과학에서는 경험적으로 관찰할 수 있고 검증할 수 있는 문제에만 관심을 가지며, 실증적으로 뒷받침할 수 없는 공허한 주장에 대해서는 관심이 적다. 넷째, 경험적 검증 가능성이 중요하다. 누가 어디서 수행하든지 연구의 조건과 과정이 같다면 동일한 결론을 얻어야 한다. 다섯째, 검증을 반복한다. 검증된 결과라 할지라도 이에 대해 새로운 의문을 제기하고 관련 정보를 다시 수집 분석한 후 새로운 결과를 도출하게 되면, 이를 반영하여 계속 자체 수정을 해 나간다.

## 3) 과학적 방법의 기본 가정

과학적 방법은 자연세계와 인간의 심리에 대해 다음과 같은 몇 가지 가정을 바탕으로 성립된다(이종승, 2009; Goodwin, 2005; Heiman, 2002).

### (1) 객관성

과학은 객관적인 현실세계가 있고 연구를 통해 이 세계를 밝힐 수 있다고 가정한다. 이 세계는 개인의 환상적 세계가 아니라 객관적으로 존재하는 실체라고 가정한다. 만약 이 세계가 실제로 존재하는 것이 아니라 각 개인의 환상에 불과한 것이라면 과학자들은 그들이 발견한 사실과 법칙을 입증할 만한 경험적 증거를 제시할 수 없다. 과학자들이 이 세계의 실체를 모든 사람이 만족할 수 있을 만큼 객관적으로 증명할 수는 없겠지만, 현실세계에 대한 다른 어떠한 설명보다도 이렇게 객관적 현실의 존재를 가정하는 것이 과학적 탐구활동을 위해 좀 더 유익하다는 실용적 입장에서 그와 같은 가정을 정당화하고 있다.

### (2) 규칙성

자연현상의 규칙성에 대한 가정은, 어떤 상황에서 한 번 발생한 현상은 그와 유사한 상황에서 다시 발생할 것이라는 가정이다. 즉, 어떠한 경우 참(眞)으로 밝혀진 것은 그와 유사한 모든 경우에 대체로 참으로 판명될 것으로 가정하는 것이다. 또한 과거의 많은 경우에 참으로 밝혀진 것은 미래에도 계속 참으로 남을 것이라고 가정한다. 자연현상에 대한 규칙성의 가정은 분류 가능성과 항상성, 결정성이라는 세 가지 하위 가정을 내포하고 있다.

분류 가능성은 주변에서 일어나는 여러 현상을 이해하고 문제를 해결하고자 할 때 비슷한 것끼리 묶어서 분류하는 방법을 사용할 수 있다는 것이다. 자연계를 관찰하다 보면 많은 사물이나 자연현상 간에 뚜렷한 유사성이 있다는 것을 발견하게 된다. 사람들은 그 유사한 현상의 본질적 특징과 기능 및 구조를 밝히려고 노력한다. 즉, 동일한 특징을 가진 여러 사물이나 현상을 발견하게 되면 그것들을 한 집단으로 묶어서 명칭을 부여한다. 그런 다음에 가능하다면 그 집단 내에서 다시 하위 특징에 따라 집단을 더욱 세분하여 분류하게 된다.

어떤 분야의 학문이든 그 학문의 초기 단계에서는 연구하려는 대상을 분류하는 일에서부터 출발한다. 연구자는 자기 분야의 분류체계에 대해 잘 알고 있어야 한다. 과학자들은 여러 현상을 그 유사성에 따라서 분류함으로써 많은 양의 지식을 체계적으로 정리할 수 있게 된다. 또 같은 분야의 지식은 상호 일관성 있는 지식의 구조를 이루게 된다.

분류체계는 다음과 같은 네 가지 의의가 있다. 첫째, 개별 현상을 전체적인 맥락 속에서 보고 다룰 수 있다. 둘째, 같은 분야의 연구자끼리 좀 더 정확하고 효과적인 의사소통을 할 수 있다. 셋째, 같은 범주의 현상들이 공통적으로 갖는 특징을 쉽게 찾아볼 수 있다. 넷째, 서로 다른 범주의 현상을 구별 짓는 근본적인 차이점을 볼 수 있다.

분류할 경우 어떤 속성을 기준으로 분류하느냐 하는 문제가 중요하다. 가장 중요한 분류방식은 여러 현상에 내재하고 있는 근본적인 특징을 찾아내어 그것을 분류기준으로 사용하는 것이다.

항상성이란, 자연현상은 비교적 오랜 시간 동안 변하지 않고 지속된다는 가정이다. 즉, 어느 정도 시간이 흘러도 자연현상의 기본적인 특징에는 큰 변화가 없다는 가정이다. 그렇다고 해서 항상성의 원칙이 절대적으로 영구불변의 상태를 의미하거나 각 현상의 변화 속도가 모두 일정하다는 것을 뜻하는 것은 아니다. 항상성에 대한 가정은 과학의 발전을 위해 필수적인 조건이다. 절대불변의 항상성이 요구되는 것은 아니지만, 어떤 현상을 토대로 하여 얻은 법칙이나 이론을 일반화시키고 그 후에 유사한 사태에 적용할 수 있을 만큼은 천천히 변화가 일어나야 한다. 변화가 천천히 일어나야 법칙이나 이론을 다시 검증해 볼 수 있으며, 나아가서는 이것들을 일상생활에 유용하게 적용할 수 있을 것이다. 변화가 너무 빨리 일어난다면 미처 검증을 하기도 전에 벌써 그 현상의 기본 성격이 달라져서 이미 발견한 법칙이나 이론은 쓸모없게 될 것이다.

자연이나 사회의 여러 현상에 항상성이 전혀 없다면 과학적 탐구활동은 무의미하게 된다. 항상성을 가정할 수 없는 상황에서는 우리 주변에서 일어나는 자연현상을 예측하기 어렵다. 항상성을 가정할 수 없는 경우에 우리가 어떤 현상에 대해 예언을 한다는 것은 단지 막연한 추측에 지나지 않으며, 그 예측의 맞고 틀림은 전적으로 우연 요인에 달려 있을 것이기 때문이다.

결정성에 대한 가정은 우리 주변에서 일어나는 여러 가지 현상은 어떤 원인과 결과의 관계로 이해할 수 있다는 것이다. 자연현상에 대한 결정성의 가정은 어떤 현상도 우연히 일어나는 것이 아니라 반드시 그것이 일어날 만한 어떤 조건이나 원인이 있다고 가정하는 것이다. 즉, 모든 자연현상은 선행되는 조건에 의해 결정된다는 것을 가정한다.

결정성은 모든 과학의 기초가 되는 기본 가정이다. 그러나 현대 물리학의 새로운 발견에 의해 차츰 절대적 결정성에 대한 회의가 일어나고 있다. 그리하여 절대적인 주장을 삼가며, 대신 확률적으로 말한다. 그렇지만 결정성을 근본적으로 부정하는 것은 아니며 형태가 변화된 것뿐이다. 확률론적 결정성도 자연계의 법칙성과 규칙성을 가정할 때만 가능한 것이다.

자연현상이 인과 법칙에 의해서 일어나는 것이 아니라면 우리는 자연현상을 의미 있게 설명할 수 없다. 또한 실험연구는 의미 없는 일이 될 것이며, 미래에 대한 예측이나 통제도 불가능해진다.

### (3) 지식 습득의 가능성

과학적 연구에서는 인간의 지각, 기억, 추리 등의 지적 활동을 통해 자연에 대한 지식을 얻을 수 있다고 가정한다. 먼저, 지각에 대한 신뢰를 가정한다. 일반인들과 마찬가지로 연구자도 자신의 감각을 통해 정보를 수집하게 된다. 그러나 인간의 감각은 그 수용력과 변별력에 있어서 개인차가 크다. 심지어 같은 사람에게서도 시간과 신체 건강의 상태 및 환경 조건에 따라 지각 능력에 변화가 생긴다. 그러므로 연구자는 지각을 통해 정보를 습득하되 관찰과정에서 일어날 수 있는 일반적인 오류에 유의함으로써 자신의 연구에서는 그런 오류의 발생을 최소화시키도록 노력하여야 한다. 다음은 기억에 대한 신뢰다. 인간이 정보를 잊거나 그릇되게 기억하는 경우가 많다는 것은 사실이지만, 연구자들은 보조 수단을 사용하는 등의 방법을 통해 정보를 체계적으로 기록할 수 있다고 가정한다. 이를 위해 연구자는 여러 가지 방법을 사용한다. 문자로 기록해 두는가 하면, 어떤 정보는 녹음 또는 녹화해 두거나 컴퓨터에 저장하는 등의 다양한 기억 보조 수단을 활용한다. 또한 정기적으로 이러한 기록을 다시 확인하고 검토하는 작업을 게을리하지 않는다. 추리에 대해서는 다음에서 구체적으로 살펴보겠다.

### (4) 추리성

사람들은 이미 알고 있는 것을 바탕으로 연역적 또는 귀납적 방법을 사용하여 알지 못하는 것을 추리할 수 있다고 가정한다. 물론 추리에도 오류는 발생한다. 추리과정에서 발생하는 오류는 전제가 잘못된 경우, 논리의 규칙을 무시하는 경우, 편견에 의한 착오, 또는 연구방법이나 통계적 분석방법을 잘못 적용함으로써 발생한다.

연구에서는 처음부터 끝까지 추리를 한다. 연구문제를 선정하고 문제해결 방안을 생각할 때, 관찰대상을 결정할 때, 그리고 연구의 가설을 채택해야 할지 기각해야 할지를 결정할 때 등 여러 경우에 추리과정이 이용된다. 연구자는 추리의 오류가 없도록 주의를 기울여야 한다. 먼저, 추리의 기초가 되는 전제가 논리적으로 비약이 없는지를 따져 본다. 또한 연구자는 자신의 편견이나 기대심리 때문에 생길 수 있는 왜곡과 비논리성을 피하기 위해 객관적인 자료와 증거를 중시해야 한다.

## 4) 상담학연구

앞에서 먼저 연구의 의미를 알아보았고, 그다음으로 연구에서 매우 중요한 과학의 의미와 특성을 살펴보았다. 마지막으로, 과학적 방법의 기본 가정에 대해 알아보았다. 여기서는 이를 토대로 먼저 상담학연구의 의미와 특성, 그리고 상담학연구의 기본 가정 및 상담학자의 자세에 대해 살펴보기로 한다.

### (1) 상담학연구의 의미

상담학연구의 의미를 정의하기 위해서는 먼저 상담의 의미를 이해해야 한다. 상담의 의미는 여러 학자에 의해 다양하게 정의되고 있다. 그러나 기본적으로는 내담자와 전문상담사, 그리고 이들 간의 상호작용에 초점을 두어 상담의 의미를 정의한다. 먼저, 내담자는 정신적 장애나 적응상의 어려움 또는 정신건강의 예방과 자아실현 등 정신적 측면에서 어떤 도움을 필요로 하는 사람으로 본다. 전문상담사는 내담자가 필요로 하는 도움을 줄 수 있는 정신건강 증진과 관련된 전문가를 지칭한다. 따라서 상담은 스스로 해결하기 어려운 문제의 해결이나 정신건강 증진을 원하는 내담자를 도울 수 있는 전문상담사가 상호작용을 통해 내담자를 돕는 과정으로 정의할 수 있다. 앞에서 우리는 연구의 의미도 살펴보았다. 즉, 연구란 과학적 방법을 통해 문제를 해결하는 공식적 탐구활동이다. 이러한 상담의 정의와 연구의 정의를 종합해 보면, 상담학연구란 '정신건강 증진과 관련된 전문적 지식을 갖춘 전문상담사가 과학적 방법을 사용하여 정신적으로 더 건강해지기를 원하는 내담자를 보다 효과적으로 도울 수 있도록 하는 공식적 탐구활동'으로 볼 수 있다. 여기서 과학적 방법을 사용한다는 것은 학문적 기초를 갖춘다는 것을 의미한다. 즉, 상담에 대한 연구가 과학적 방법을 통해 이루어진다면 상담이 학문적 기초를 갖춘 것으로 볼 수 있다는 것이다.

## (2) 상담학연구의 특성

상담학연구는 연구방법이 과학적이어야 하기 때문에, 과학의 특성을 가능한 한 모두 충족해야 한다. 어떻게 하면 상담학연구가 과학의 특성을 반영한 연구가 될 수 있을지에 대해 생각해 보자.

첫째, 상담에서 사용하는 개념은 누구에게나 동일한 의미를 가져야 한다. 상담학이 이 특성을 충족시키기 위해서는 많은 노력이 필요하다. 왜냐하면 상담은 인간을 주 대상으로 하는데, 인간의 행동은 너무나 많은 변인에 의해 설명될 수 있기 때문이다. 또한 대상이 인간이기 때문에 각각의 변인이나 변인들 간의 관계도 직접관찰이 어려운 경우가 많다. 따라서 인간의 특정 행동 등과 관련된 개념은 포함되는 내용도 다르고 같은 내용이라도 강조점에 따라 용어를 달리 해서 사용하는 경우가 많다. 예를 들면, 자기(self), 자아(ego)는 학자나 맥락에 따라 그 의미가 많이 다르게 사용된다. 이러한 점을 고려할 때 상담학연구에서는 이론적 배경이나 선행연구의 고찰을 통해서 용어의 의미를 보다 분명히 정의해야 하고, 가급적이면 조작적으로 정의하여 같은 연구물에서 특정 개념에 대한 의미가 다르게 사용되지 않도록 해야 한다.

둘째, 상담과 관련한 연구자료는 겉으로 드러난 구체적인 것이어야 한다. 그간 상담을 독립된 학문으로 인정하는 것을 주저하는 학자들이 있었다. 이들은 상담의 효과에 대한 증거가 객관적이지 못하다는 것을 그 이유로 들었다. 따라서 상담학연구는 직접 조사하고 관찰하며 실험한 객관적이고 타당한 근거를 통해 결론에 대한 증거자료를 확보해야 한다. 이를 위해 상담학연구에서는 가급적 겉으로 드러난 구체적·행동적 증거와 자기보고뿐만 아니라 관련자들이 보고한 타인보고에 의한 증거를 수집하도록 해야 한다.

셋째, 상담과 관련하여 검증하려는 증거자료는 합리적이고 체계적인 방법을 통해 수집한 것이어야 한다. 이는 증거자료도 중요하지만 그 증거자료를 수집하는 과정도 중요하다는 것을 의미한다. 따라서 상담학자들은 연구대상자 선정이나, 측정도구와 같은 종속변인의 변화를 알아보려는 도구의 개발이나 선정, 그리고 상담 프로그램을 포함한 독립변인의 개발이나 선정 또는 처치 시에 그

방법이나 과정이 객관적이고 합리적이며 체계적이어야 한다. 이러한 일련의 절차가 타당하지 못하면 과학적 절차에 의해 자료를 수집한 것이 아니기 때문에 그 연구결과의 설득력은 약화된다.

넷째, 연구의 조건과 과정이 같으면 재검증하더라도 같은 결과가 나와야 한다는 경험적 검증 가능성을 지녀야 한다. 사실 인간을 대상으로 하는 상담학연구에서는 똑같은 조건하에 같은 실험을 다시 한다는 것은 상당히 어려운 일이다. 비록 어려움이 있더라도 최대한 독립변인을 구체화하여 누가 그 처치를 하더라도 같은 처치를 했다고 받아들일 수 있는 수준까지 매뉴얼화해야 한다. 이렇게 매뉴얼화되지 못한 처치는 재검증이 어려우며, 이처럼 재검증이 불가능하거나 재검증결과가 다르다면 그 결론을 수용할 가능성은 적을 것이다.

다섯째, 상담학연구는 검증을 반복해야 한다. 이는 어떤 연구결과도 완벽할 수 없으며, 새로운 검증을 통해 이전의 연구결과를 수정해 간다는 것을 의미한다. 앞에서도 여러 번 언급한 바와 같이, 상담학연구는 전문상담사와 내담자라는 사람 및 이들 간의 상호작용을 주 대상으로 하여 연구한다. 매 순간순간 역동적으로 변하는 인간을 대상으로 하고 있기 때문에 인간의 특정 행동 변화에 영향을 미치는 변인이 매우 많다는 데 연구의 어려움이 있다. 즉, 현재의 여건에서는 개인의 특정 행동(종속변인) 변화에 영향을 미치는 변인들을 완전히 통제하는 것이 거의 불가능하다는 것이다. 이와 같이 통제하지 못한 변인 때문에 연구의 효과를 독립변인만의 효과로 보기 어려운 경우가 생긴다. 따라서 상담학연구에서는 기존 연구의 결론에 대해 조금이라도 의문이 생기면 관련된 변인들을 최대한 통제한 연구를 계속 반복해 가야 한다.

### (3) 상담학연구의 기본 가정

상담학연구는 과학적인 방법으로 이루어져야 하기 때문에 과학이 가진 기본 가정을 전제로 했을 때만 가능하다. 앞에서 과학의 기본 가정으로 객관적 현실 세계의 존재 가능성, 유사한 상황에서의 재발 가능성, 지식의 습득 가능성 및 추리의 가능성을 들었다. 상담학연구에서도 이러한 과학의 기본 가정을 포함한 몇 가지 가정을 전제로 연구가 가능하다.

상담학연구는 그 대상이 자연물이나 자연현상이 아닌 인간이다. 더구나 상담학에서는 인간의 객관적인 어떤 사실을 연구대상으로 하기보다는 자아개념, 우울 등과 같이 직접 관찰하거나 측정할 수 없는 특성 또는 현상을 이론적으로 개념화한 구성개념인 구인(construct)을 다루는 경우가 많다. 상담학연구에서는 이러한 구인들이 존재하고 있으며, 따라서 직접적이지는 않지만 간접적으로는 관찰이나 측정이 가능하다고 가정한다. 이러한 가정의 전제하에 상담학연구에서는 성격검사나 불안검사 등의 측정도구를 개발하고 사용한다. 더 나아가 개인의 어떤 특성, 즉 성격이나 불안 등은 비슷한 상황에서는 유사한 성격적 특징이나 불안이 나타난다고 가정한다. 이와 같이 직접 관찰과 측정이 불가능한 것을 관찰하고 측정할 수 있다고 가정할 수 있는 것은, 인간이 가진 지식의 습득 가능성과 추리의 가능성을 전제로 하기 때문이라고 할 수 있다.

상담학연구는 주로 인간을 대상으로 한다는 점에서 자연과학에서와는 다른 몇 가지 가정을 추가해야 할 필요가 있다.

첫째, 상담학자가 같은 매뉴얼을 보고 실험 또는 조사를 실시할 경우, 모든 상담학자들은 해당 대상자에게 똑같은 실험이나 조사를 한다고 가정한다.

둘째, 상담학자가 같은 매뉴얼을 보고 실험 또는 조사를 실시할 경우, 모든 연구대상자는 그 내용을 똑같이 이해하였다고 가정한다.

셋째, 상담학자가 같은 매뉴얼을 보고 실험 또는 조사를 실시할 경우, 모든 연구대상자는 그 내용에 대해 최선을 다해 성실하게 응답했다고 가정한다.

넷째, 상담학자가 대상자에게 어떤 처치를 할 경우, 처치하는 변인 이외의 다른 모든 변인은 모두 직접 또는 간접적으로 통제되었다고 가정한다.

상담학자들은 연구를 할 때 과학의 특성이 최대한 드러나도록 하고, 기본 가정과 관련된 오차는 최대한 줄이려고 노력해야 한다. 그리고 연구에서 이러한 가정을 크게 이탈한 경우에는 연구자가 그 사실을 밝히는 것이 후속연구를 위해 도움이 된다.

(4) 상담학자의 자세

상담학자들도 다른 연구자들과 같이 과학자의 생각이나 자세로 연구에 임할 때 보다 많은 전문상담사에게 도움을 줄 수 있는 연구를 할 수 있을 것이다(Heiman, 2002). 상담학자의 자세에 대해 살펴보면 다음과 같다.

첫째, 아직까지 그 누구도 인간의 행동이 어떻게 조작되는지 정확히 알 수 없었다. 따라서 인간의 행동에 대해 확실한 것은 없다는 자세로 연구에 임한다.

둘째, 이제까지의 어떤 상담이론(접근)도 수정될 수 있다. 이는 더 이상 수정될 수 없는 이론은 없기 때문에 이제까지의 모든 상담이론에 대해 마음을 열고 연구해 보려는 자세를 가질 필요가 있음을 말한다.

셋째, 상담과 관련된 모든 연구에는 오류가 있다. 인간이 한 연구에는 오류가 있기 때문에 오류가 적은 연구를 하려는 자세를 가지고 연구에 임해야 한다.

넷째, 어떤 결론도 사실이 아니다. 상담학에서의 연구, 특히 구인개념을 대상으로 한 연구에서는 사실이라고 볼 수 있는 결론을 내리는 것이 거의 불가능하다. 따라서 상담학자는 어떤 연구결과를 더 이상 수정할 필요가 없는 사실(진리)로 받아들이지 말아야 하고, 모든 연구의 결론에 대해 계속 의문을 가지고 그 의문을 해결하려는 자세로 연구에 임해야 한다.


## 2. 상담학연구의 목적과 과정

### 1) 상담학연구의 목적

상담학연구는 그 내용을 상담으로 하면서도 일반적인 연구의 목적을 충족해야 하기 때문에 연구의 목적과 함께 상담학연구의 목적을 살펴보기로 한다. 여기서는 몇몇 학자들이 밝힌 연구의 목적인 서술, 이론 정립, 예측, 통제에 대해 살펴볼 것이다. 그리고 그 과정에서 상담학연구의 목적도 함께 밝혀 보고자 한다(이종승, 2009; Goodwin, 2005; Shaughnessy, Zechmeister, & Zechmeister, 2006).

### (1) 서 술

서술은 상담학연구에서 대상 각각과 이들 간의 관계에 대해 관찰한 그대로를 기록하는 것이다. 서술은 관찰한 사물이나 현상의 내용과 사실에 초점을 둔다. 따라서 서술은 무슨 사건이 언제 어떻게 발생하였으며 어떠한 결과를 초래하였는지 등의 사실적 정보를 우리에게 제공한다.

서술은 상담학연구와 관련하여 수집한 정보를 단순한 나열에서 분류를 하거나 서열을 매기거나 상호 관계를 파악하여 기술하는 방향으로 나아간다. 분류는 공통의 특성을 찾아내어 유목을 나누고 각각에 대해 이름을 붙이는 것을 말한다. 서열을 매기는 것은 관찰한 사실들을 대소, 장단, 상하 등의 준거에 따라 배열하는 것이다. 상호 관계를 나타내는 기술방식은 관찰된 사실들 간에 존재하는 관계의 양상이 어떠하며 그 관련성의 정도가 얼마나 밀접한가를 표현하는 것이다. 이러한 일련의 과정을 통한 정확한 기술이 있을 때 연구의 결론은 높은 타당성과 신뢰성을 가질 수 있다.

상담학연구에서는 이러한 연구의 서술 기준에 따라 연구 대상이나 결과를 서술해야 한다. 특히 종속변인과 독립변인을 포함한 관심변인에 대해 상세히 서술해야 한다.

### (2) 이론 정립

상담학연구의 궁극적 목적은 아주 높은 수준에서 상담과 관련된 일반화된 법칙을 찾아내고 이들을 체계적으로 구성하여 이론을 개발하는 것이다. 상담학자는 상담과 관련된 보다 많은 사실이나 현상 및 이들 간의 관계를 설명할 수 있는 포괄적인 법칙을 발견하고, 이를 바탕으로 관련된 어떤 사실이나 현상 및 이들 간의 관계를 보다 정확히 설명할 수 있는 이론을 정립해야 한다.

이론은 과학을 토대로 한다. 이론을 정의한 학자들(Elmes, Kantowitz, & Roediger, 2010; Presbury, Echterling, & McKee, 2008)의 의견을 종합해 보면, 이론은 다음과 같은 내용을 포함하고 있다.

- 이론은 어떤 사물이나 현상을 그 대상으로 한다.
- 이론은 과학적 방법에 의해 도출된 지식을 근거로 한다.
- 이론은 지식과 법칙을 근거로 원리를 찾으려 한다.
- 이론은 논리적인 체계로 조직되어야 한다.
- 이론은 사물이나 현상 및 이들 간의 관계를 예측하고 통제하려는 목적이 있다.
- 이론은 검증되지 않은 가정으로 이루어진다.

이렇게 본다면 '이론은 과학적 방법을 통해 도출된 지식이나 법칙을 근거로 어떤 원리를 논리적으로 체계화하여 사물이나 현상 및 이들의 관계를 예측하고 통제하기 위해 추론한 검증되지 않은 가정'이라고 정의할 수 있다. 앞서 제시한 상담과 과학 및 이론의 의미를 토대로 상담이론의 의미를 정의한다면, '상담이 론은 전문적 자격을 갖춘 전문상담사가 도움을 필요로 하는 내담자와의 상호작 용을 통해, 내담자가 자신의 어려움을 극복하고 행동을 예측하며 행동을 통제할 수 있을 것으로 기대되는 지식이나 법칙을 과학적·논리적으로 추론하여 체계 화한 원리'라고 할 수 있다.

상담학연구의 궁극적 목적은 아주 높은 수준에서 상담과 관련된 일반화된 법 칙을 찾아내고 이들을 체계적으로 구성하여 이론을 개발하는 것이다. 상담학자 는 상담과 관련된 보다 많은 사실이나 현상 및 이들 간의 관계를 설명할 수 있는 포괄적인 법칙을 발견하고, 이를 바탕으로 관심이 있는 사항에 대해 보다 정확 히 설명할 수 있는 이론을 정립해야 한다.

### (3) 예 측

앞에서도 언급하였듯이, 이론은 예측을 위한 것이다. 예측은 실용적인 측면 에서 매우 중요하다. 예측과 비교되는 개념으로 '설명'이 있는데, 설명을 통해 사건이 이미 일어났음을 알고 그것이 발생한 원인을 밝히기 위하여 적당한 일반 적 법칙과 특정한 조건으로서의 사실을 찾아낸다. 반면에 예측은 일반적 법칙과 사실에 관한 진술이 먼저 있고 이것들로부터 특정한 사건이 발생하기에 앞서서 그 사건이 일어날 것을 미리 아는 것이다.

다른 분야의 과학자와 마찬가지로 상담학자도 발견된 법칙을 이용하여 상담과 관련된 미래의 사상, 특히 내담자에게 어떤 일이 일어날지를 예측할 수 있기를 원한다. 예측을 정확하게 할 수 있기 위해서는 경험적 자료에 의해 충분히 검증된 법칙과 더불어 필요한 많은 정보가 수집되어야 한다. 이렇게 되면 현대 과학자와 같이 상담학자도 수집된 자료와 법칙, 이론을 이용하여 앞으로 상담현장에서 나타날 사건이나 현상을 비교적 정확하게 예측할 수 있다. 그런데 예측의 정확도는 그러한 예측의 근거가 되는 법칙이 얼마나 타당하고 신뢰할 수 있느냐에 따라 좌우된다.

### (4) 통 제

상담학자는 상담과 관련된 어떤 사실이나 현상에서 인과관계를 규명하여 일반적 법칙을 찾은 후 이 법칙을 통해 앞으로 일어날 수 있는 일들을 예측하고 통제하려 한다는 점을 앞에서 밝힌 바 있다.

상담학연구에서 통제란 상담과 관련된 어떤 현상을 일으키는 원인 또는 필수적인 조건을 임의로 조작함으로써 상담자와 내담자 및 다른 어떤 것을 통해 그 현상을 일어나게도 하고 일어나지 못하게도 하는 것을 말한다. 물론 필요한 경우에 자연현상이나 인간의 행동을 통제하고 싶지만, 실제로 이들을 통제한다는 것은 매우 어려운 일이다. 예측까지는 할 수 있지만 통제는 할 수 없는 경우가 허다하다. 그럼에도 자연과학자들은 자연현상을 통제하는 면에서 과거에 비해 괄목할 만한 성과를 거두고 있고, 상담학자들도 상담과 관련된 변인의 통제에 많은 성과를 거두고 있다.

통제에는 필연적으로 가치판단의 문제가 수반된다. 우리가 설령 어떤 사물의 이치를 완전히 알고 있어서 그것을 임의로 통제할 수 있는 능력을 갖추고 있다고 하더라도 인위적으로 통제하는 것이 과연 바람직한 것인가에 대한 논란은 얼마든지 일어날 수 있다는 점을 유의해야 한다. 내담자가 원하지 않는데도 부모와 교사가 이 내담자를 통제한다면 이는 큰 문제가 될 수 있다.

## 2) 상담학연구의 과정

상담학연구의 과정은 뒤에서 별도의 장으로 다룰 것이다. 여기서는 기본적인 맥락만 제시하고자 한다. 상담학연구의 과정은 크게 보면 두 가지 차원으로 나누어 볼 수 있다. 하나는 일회적 차원이고, 다른 하나는 계속적 차원이다. 학자들에 따라 많이 다르지만, 일회적 차원의 연구에는 일반적인 절차가 있다. 연구의 일반적 절차에 따라 상담학연구의 절차, 특히 양적 연구절차를 간략하게 소개하면, ① 연구문제 발견, ② 문헌 고찰(이론적 배경), ③ 가설 설정, ④ 연구계획(연구설계) 수립, ⑤ 도구 제작(도구 선정), ⑥ 실험(조사), ⑦ 자료 수집, ⑧ 자료 분석, ⑨ 자료결과 도출, ⑩ 논의, ⑪ 결론 도출, ⑫ 연구결과 보고의 12단계로 요약할 수 있다.

일회적 차원의 연구 순서 중 '연구문제 발견'에서 '도구 제작(선정)'까지는 이론적 측면을 강조한다. '연구문제 발견'에는 강조점을 어디에 두느냐에 따라 문제 제기, 연구 필요성, 연구목적으로 그 표현을 달리하는 사람도 있다. '문제 제기'는 연구할 문제의 발견에 초점을 둔 표현이다. 주로 기존 연구에 문제점이 있기 때문에 이 문제점을 해결하고 보다 타당하게 연구를 할 필요가 있음에 초점을 둘 때 사용한다. 상담학연구에서는 주로 기존 연구에서 사용한 척도의 신뢰도나 타당도에 문제가 있을 경우, 통제집단이 없거나 추후 검사가 이루어지지 않는 등 실험설계나 연구방법에 문제가 있을 경우, 상담과정이나 프로그램 구성 자체에 문제가 있을 경우, 연구대상자와 측정도구나 프로그램 및 연구방법의 관계가 부적절한 경우 때문에 연구결론의 타당성에 의문이 제기되어 '문제 제기'라는 표현을 사용하는 경우가 많다. '연구 필요성'은 상담에서 연구해야 할 필요성이 절실한데도 아직 그에 대한 연구가 충분히 이루어지지 않았을 경우에 사용한다. 이 경우는 문제가 무엇이라는 점보다는 어떤 연구가 필요한데도 그에 대한 연구가 아직까지 거의 이루어지지 않았거나 더 많이 연구할 필요가 있음에 초점을 둔다. '연구목적'이라고 표현하는 경우는 '문제 제기'라고 표현하든 '연구필요성'이라고 표현하든, 결국 그 연구에서는 무엇을 하려고 하는지가 있어야하는데 여기에 초점을 두면 '연구목적'이 되는 것이다. 많은 경우 문제 제기나연구 필요성 중 하나와 연구목적을 함께 기술하여 연구문제를 제시하는 경우가많다.

'문헌 고찰(이론적 배경)'은 연구문제의 결론을 어떻게 내리는 것이 가장 타당할지와 관련된 근거를 선행연구나 선행이론을 통해 추리하는 과정이다. 이러한추리를 통해 도출된 것이 연구가설이다. 따라서 연구가설의 정당성을 확보하려면 논리적 추리를 타당하게 해야 한다. '가설 설정'은 '문헌 고찰(이론적 배경)'에서 도출된 가설을 검증이 가능하도록 간결하게 기술하는 것이다. '연구계획(설계) 수립'은 가설을 검증하기 위한 구체적 절차를 수립하는 것이다. 이 단계에서는 주로 연구절차와 연구방법에 초점을 두어 기술한다. 특히 앞에서 설정한 가설 검증을 위해서는 왜 그러한 절차나 방법이 타당한지에 대해서도 그 근거를밝힐 필요가 있다. 이 때문에 이 과정이 문헌 고찰(이론적 배경)에 포함될 수도있다. '도구 제작(도구 선정)'은 연구결과의 타당성을 높이기 위해 연구목적에 맞는 타당한 도구를 개발하거나 기존의 도구 중 타당한 도구를 선정하는 것이다. '도구 제작(도구 선정)' 역시 그 도구를 어떻게 개발해야 하는지에 대해서나 왜그 도구를 선정해야 하는지와 관련된 타당성이 중요하기 때문에 문헌 고찰(이론적 배경)에서 다룰 수도 있다. 이러한 점에서 본다면 '연구문제 발견'에서 '도구제작(도구 선정)'까지는 기존의 연구결과나 이론을 토대로 가설과 관련된 근거를밝히는 과정이라고 할 수 있다.

'실험(조사)'에서 '자료결과 도출'까지는 경험적으로 가설을 검증하는 과정이다. 연구문제를 발견하고 이에 대한 잠정적 결론(가설)을 도출한 것을 경험적으로 확인하는 것이다. 따라서 '실험(조사)'은 이론적 근거에 따라 가장 타당하다고여겨지는 방법을 따라 그대로 실행하는 것이고, '자료결과 도출'은 연구를 통해수집한 자료에 대한 결과를 체계적으로 도출하는 것이다. 양적 연구에서는 주로 통계적 결과가 도출된다. 주의해야 할 것은 '자료결과 도출'에서 나타난 결과는 그 연구의 결론이 아님을 유의해야 한다. 자료결과를 어떻게 해석하여 결론을 내릴지는 다음 단계에서 이루어진다.

'논의'에서 '연구결과 보고'까지는 이론적 근거와 경험적 근거를 토대로 결론 (또는 이론)을 창출하는 과정이다. 논의에서는 '자료결과 도출'에 나타난 결과와 '문헌 고찰(이론적 배경)'을 토대로 결론을 어떻게 내리는 것이 타당할지를 추리한다. 그리고 연구결과나 결론이 갖는 의미를 음미하거나 상담에 주는 시사점 및 그 의의를 밝힌다. '연구결과 보고'에서는 연구와 관련된 최종 보고서를 공개하는 것이다. '연구결과 보고'는 가급적 전문학술지를 통해 공개할 때 그 연구에 대한 신뢰도가 높아진다.

연구의 계속적 차원은 어떤 연구도 완벽하지 못하다는 사실에 근거한다. 앞에서 밝힌 바와 같이, 많은 경우 연구문제는 기존 연구에 문제가 있다는 점을 전제로 한다. 따라서 한 연구의 결론은 바로 다른 연구의 연구문제가 될 수 있다. 그렇기 때문에 연구는 계속 순환한다. 초보 연구자가 무엇에 대해 연구할지 잘 모르면 관심 있는 상담 분야의 연구 중 제언을 보면 그 연구에서의 문제점이 제시되어 있다. 이러한 제언들을 많이 찾아 분석하고 종합하면 새로운 연구문제를 도출할 가능성이 커진다. 인류가 생존하는 한 이러한 과정은 반복될 것이고, 이러한 과정을 통해 인류는 관심 있는 영역(변인)에 대해 보다 정확히 예측하고 통제할 가능성을 높일 수 있을 것이다.

## 3. 상담학연구의 주제

상담학연구의 주제는 준거에 따라 매우 다양하다. 김계현(2001)은 우리나라 상담학연구 중 집단상담, 진로 및 직업상담, 학업상담, 가족상담을 중심으로 관련된 연구를 분석하였다. 이는 우리나라에서 이 주제들을 많이 다루어 왔다는 것을 말하는 것이기도 하다. 다른 하나의 준거로는 학회의 분과학회를 중심으로 생각해 볼 수 있다. 한국상담학회에는 분과학회가 있는데, 대학상담, 집단상담, 진로상담, 아동/청소년, 학교상담, 초월영성, 부부/가족, NLP상담, 군상담, 교정상담, 심리치료, 기업상담, 중독상담 학회가 있다.

그러나 학술지를 중심으로 살펴보는 것이 보다 객관적일 수도 있다. 학술지를 중심으로 상담 관련 연구주제를 밝힌 연구로는 *Personnel and Guidance Journal*(*PGJ*)을 분석한 Barry와 Wolf(1958), Stone과 Shertzer(1964), Brown (1969)이 있다. 이들은 각각 *PGJ*의 31권(1952년)에서 47권(1968년) 사이의 일반 주제 일부에 대해 분석했는데, 모두 같은 11개의 주제로 했다. 변창진 (1995)도 *PGJ*와 *PGJ*가 1960년부터 명칭을 바꾼 *Journal of Counseling and Development* (*JCD*)의 일반 주제를 11개로 분류하였다.

이 11개 주제를 구체적으로 살펴보면 다음과 같다(변창진, 1995).

① 상담과정(23.1%): 이론이나 개인상담방법, 집단상담방법, 목표, 연구결과, 사례연구/증후, 결과/기타 프로그램

② 상담자 및 상담자 훈련(13.0%): 상담자 특성, 상담자에 대한 지각, 훈련 프로그램, 상담자의 기술

③ 전문성 문제(21.4%): 역사/사회적 맥락, 역할과 기능, 윤리적·법적 문제, 행정

④ 직업상담(8.7%): 직업발달, 행동이론, 직업발달과 선택, 직업 성공/만족, 직업과 직업인의 특성, 직업심리학(다른 상황에 속하지 않는)

⑤ 학업성취(3.5%): 초등학교와 중·고등학교 및 대학교 예측, 학업성취도와 관련된 요인, 교육 선택과 계획, 과잉이나 부진 학업성취, 귀인, 특수 프로그램

⑥ 검사/측정(10%): 검사 선택과 이용, 수행에 영향을 미치는 요인, 검사 개발과 평가, 측정 문제와 방법, 검사윤리, 검사에 대한 비평

⑦ 특정 대상을 위한 프로그램(4.8%)

⑧ 특정 상담집단의 특징(9.2%): 재활/장애인, 천재/특수재능을 가진 사람, 불이익/소수 집단, 대학(다른 사항에 속하지 않는), 기타

⑨ 정상인 집단의 발달(11.0%): 성격 특성, 의견, 태도, 가치, 상담 요구, 문제, 능

력과 기술

⑩ 환경(4.8%): 단과대학과 대학, 공립학교, 사회

⑪ 학회 업무(0.35%)

이들을 전체적으로 보면 상담과정, 전문성, 상담자 및 상담자 훈련에 대한 주제가 많은 비중을 차지하고 있다. 다음에 제시하는 주제도 분류는 다를 수 있지만, 구체적 내용에서는 별 차이가 없어 참고로 살펴보고자 한다.

Munley(1974)는 1958년부터 간행된 *Journal of Counseling Psychology*(*JCP*) 중 1954년부터 1972년 사이의 19년간 수록된 1,048편의 주제를 분석하였다. 그는 17개 유목을 기준으로 분석하였다. 그 유목으로는, ① 성격과 적응, ② 대학생 특성, ③ 학업성취, ④ 상담자와 내담자의 특성, ⑤ 상담자, 상담서비스, 정신건강 문제에 대한 태도와 신념, ⑥ 검사와 측정도구의 평가와 개발, ⑦ 상담결과, ⑧ 상담과정, ⑨ 상담결과와 과정, ⑩ 직업행동, ⑪ 연구방법과 통계, ⑫ 상담에서 검사의 사용, ⑬ 상담자 훈련과 교육, ⑭ 기타 경험적 연구, ⑮ 개관연구와 연구 프로젝트에 관한 보고, ⑯ 사례연구, ⑰ 이론적 논문과 에세이다.

Brown과 Lent(2000)는 연구주제를, ① 전문적·과학적 쟁점 7개 영역, ② 진로와 교육 및 심리적 발달 5개 영역, ③ 예방과 발달적 개입 5개 영역, ④ 상담적 개입 8개 영역으로 나누어 다루었다. 상담과 보다 밀접하게 관련된 상담적 개입에는 변화와 상담이론에서의 진전, 상담에서의 성, 다문화 모델, 개인치료 과정, 개인상담과 심리치료 결과, 진로상담에 대한 이전의 가정과 새로운 관찰, 집단 및 가족을 다루고 있다.

APA 상담심리분과의 참고문헌서비스위원회에서 사용하는 내용색인 분류체계에 따르면, ① 개인-집단-자문, ② 전문성, ③ 특수집단, ④ 환경, ⑤ 성격발달과 적응, ⑥ 상담자 적응, ⑦ 상담자 선발, ⑧ 훈련-교육, ⑨ 연구/평가, ⑩ 직업발달과 적응, ⑪ 전문조직, ⑫ 기술과 매체의 12개 주제다.

이상의 주제들을 살펴보면 분류하는 유목이나 주제가 분류하는 학자나 기관에 따라 조금씩 다름을 알 수 있다. 그러나 큰 차원에서 보면, 전문상담사와 관

련된 주제, 내담자와 관련된 주제, 전문상담사와 내담자의 상호작용에 관련된 주제, 그리고 상담을 더 효과적으로 할 수 있는 주변 문제와 관련된 주제로 나눌 수 있다.

전문상담사와 관련된 주제로는 전문상담사의 특성, 교육과 훈련, 역할과 기능, 자질 및 전문상담사에 대한 지각을 중요한 주제로 다루고 있다. 내담자와 관련된 주제로는 내담자의 특성, 내담자 문제(성격, 가족, 적응, 진로, 학업, 재활, 특수재능, 가치, 태도, 정신건강 등), 내담자의 발달단계에 따른 문제를 중요한 주제로 다루고 있다. 전문상담사와 내담자와의 상호작용과 관련된 주제로는 개인이나 집단 상담의 과정을 중요한 주제로 다루고 있다. 상담을 돕기 위한 주제로는 측정, 검사, 연구 방법 및 문화를 중요한 주제로 다루고 있다.

## 4. 상담학연구의 한계

상담학은 과학적 방법을 통해 학문적 토대를 확고히 해야 하지만, 상담학연구에도 한계가 있다는 것을 알아야 한다. 우리가 자신의 장점과 약점을 아는 것이 중요하듯이, 상담학연구의 한계를 이해하는 것도 상담학연구에 도움을 줄 수 있다. 몇몇 학자들(김계현, 2000; 이장호 외, 1997; Garfield, 1995; Lambert & Bergin, 1995)이 제시한 상담학연구의 한계를 살펴보면 다음과 같다.

### 1) 과학 자체의 한계

상담학연구는 과학을 전제로 해야 한다는 점을 앞에서 강조했다. 그러나 과학도 그 자체에 문제가 있기 때문에 몇 가지 가정(객관성, 규칙성, 지식 습득 가능성, 추리성)을 토대로 이루어진다는 점을 잊어서는 안 된다. 가정이 있다는 것은 이 가정이 충족되기 어렵다는 것을 말하는 것이기도 하다.

과학의 첫 번째 가정이라고 할 수 있는 객관성에 대해 살펴보자. 우리는 객관적으로 존재하는 현실세계에서 생활하고 있으며, 이와 같은 객관적인 현실세계는 연구에 의해 밝혀질 수 있다는 것이 객관성이다. 그러나 구체적인 어떤 사실이나 현상을 함께 경험해도 반응은 아주 다른 경우가 많다는 점을 앞에서 밝혔다. 부정확한 감각기관에서 온 정보와 기억을 통해 객관적인 정보를 도출한다는 것은 대단히 어렵다.

과학의 두 번째 가정이라고 할 수 있는 규칙성에 대해서 살펴보자. 규칙성은 분류 가능성, 항상성, 결정성을 토대로 한다. 주변에서 일어나는 여러 현상을 이해하고 문제를 해결하고자 할 때 서로 비슷한 것끼리 묶어서 분류하는 하는 것이 가능하다고 가정하는 것이 분류 가능성이다. 그러나 분류기준을 어떻게 하느냐에 따라 완전히 달라진다. 예를 들면, 우울척도로 한 학교 학생 전체를 측정한 후 우울증 환자를 의사에게 의뢰하려고 할 때, 어느 기준, 즉 +2편차 이상, 또는 +3편차 이상 등 어느 어느 기준을 적용하느냐에 따라 우울증 환자가 결정된다는 점이다. 다음으로 규칙성의 전제 중 하나인 항상성은 자연현상이 비교적 오랜 시간 동안 변하지 않고 지속된다고 전제하는 것이다. 그러나 엄격히 말하면, 자연현상은 한순간도 변하지 않는 것이 없다. 자연의 모든 것은 서로 상호작용하고 인간도 신체, 인지, 정서 및 행동 등이 매 순간 변하는 환경의 자극에 따라 역동적으로 상호작용하기 때문이다. 규칙성의 세 번째 가정인 결정성이란 우리 주변에서 일어나는 여러 가지 현상은 어떤 원인에 의해서 발생되며 논리적으로 원인과 결과의 관계로 이해할 수 있다는 것이다. 그러나 우주에서 일어나는 현상 중 인간이 인과관계를 밝혀 진리라고 믿었던 것 중 변하지 않은 것이 거의 없다는 점에 유의해야 한다. 다시 말해, 인간이 그 원인을 설명할 수 없는 일이 너무나 많고, 인과관계로 설명할 수 있는 것 중에도 예외가 너무 많다는 것이다.

과학의 세 번째 가정은 지식 습득 가능성, 즉 우리가 지각이나 기억 등의 지적 활동을 통해서 자연에 대한 지식을 얻을 수 있다는 가정이다. 이 가정이 성립될 수 있기 위해서는 지각을 통해 얻은 지식이나 기억에 대해 신뢰성이 있어야 한다. 그러나 우리는 똑같은 사실이나 현상을 보더라도 그것을 다르게 기억하며,

그에 대한 느낌이나 생각은 물론 반응도 다르다. 더욱 문제가 되는 것은 우리 감각기관의 수용 범위가 너무나 좁다는 것이다. 예를 들면, 공중에 무수한 전파가 지나가도 기구를 사용하지 않고는 볼 수도, 들을 수도, 접촉하여 느낄 수도, 냄새를 맡을 수도 없다. 그렇기 때문에 이러한 지각을 통해 얻어진 기억 역시도 신뢰성에 한계가 있다.

과학의 네 번째 가정인 추리성에 대해 살펴보자. 사람들은 이미 알고 있는 것을 바탕으로 연역적 또는 귀납적 방법을 통하여 알지 못하는 것을 추리할 수 있다는 것이 추리성이다. 그러나 연역적 추리나 귀납적 추리는 모두 앞에서 밝힌 가능성, 객관성, 규칙성을 근거로 한다. 그런데 앞에서 밝혔듯이, 이들 모두가 충족되기 어렵기 때문에 추리성 역시 많은 한계를 가질 수밖에 없다.

## 2) 인간의 한계 및 윤리적 문제

다른 연구와 달리 상담학연구는 인간이 인간을 대상으로 연구한다는 점과 관련된 한계를 갖는다. 인간은 감각기관을 통해 자신이나 외부 세계, 즉 사물이나 사람을 지각하고, 이러한 일련의 지각활동을 통해 지각한 사실을 선택적으로 종합하고 기억하여 지식을 생성하며, 이 지식을 토대로 새로운 지식을 축적해 간다. 그러나 앞에서 언급하였듯이, 인간이 지식을 생성·유지·발전시켜 가는 일련의 인지체계에 한계가 있고 연구자도 인간이기 때문에 이러한 한계에서 벗어나기가 어렵다.

인간을 연구대상으로 하는 연구의 또 다른 문제는 인간을 통제하는 것이 어렵다는 점이다. 즉, 인간의 행동을 설명할 수 있는 변인 중 인간이 정확히 알고 그와 관련된 행동을 예측하고 통제할 수 있는 변인은 극히 적다는 것이다. 다시 말해, 종속변인 이외의 변인 통제가 어렵다는 것이다.

인간을 연구하는 데 따른 또 다른 문제는 인간을 대상으로 하기 때문에 윤리적 문제가 제기된다는 점이다. 연구대상자에게 피해를 주지 않아야 하는 점 등 많은 윤리적 문제가 있다.

### 3) 연구방법의 한계

상담학연구는 타당성과 신뢰성이 매우 중요하다. 이는 상담학연구에서 측정하려는 변인들이 객관적으로 드러나는 키나 몸무게와는 달리 거의 행동으로 잘 드러나지 않는 것이 많기 때문이다. 혹 일부 드러나더라도 그것이 연구자가 관심을 가진 것과 얼마나 일치하는지와 관련된 타당도나 얼마나 일관성이 있는지와 관련된 신뢰도 문제가 계속 제기된다. 예를 들면, 자존감, 우울 등은 객관적으로 판단하기가 어렵다. 물론 자존감이나 우울을 나타내는 구체적 행동을 명시하면 되겠지만, 관련된 개념들 간에 상관이 높아 명확히 구분하기 어렵다. 즉, 우울, 불안, 스트레스 등은 상관이 높을 수 있어 몇 가지 행동을 보고 구분하기가 어렵다.

인간의 불완전함 때문에 상담학연구는 많은 한계를 가질 수 있다. 즉, 잘못된 자료 수집, 조사 범위의 축소 내지는 폐쇄, 특수 사례의 무시 등 자료 수집과 관련된 오류는 물론, 허위적이거나 비논리적 추리의 가능성, 분석할 수 없는 부분의 존재 가능성 무시, 통계에 대한 과신과 오해, 지나친 비약에 의한 일반화 등 자료의 처리나 일반화와 관련된 많은 오류의 가능성을 가진 상태에서 연구가 이루어진다. 양적인 많은 문제를 극복 또는 보완하기 위해 질적 연구에 대한 관심이 높지만, 타당도와 신뢰도 및 일반화의 장벽 때문에 역시 한계를 가질 수밖에 없다. 양적 연구와 질적 연구를 결합한 연구를 통해 이러한 문제를 극복해 보려고 하지만, 두 연구방법은 기본 철학과 가정이 다르기 때문에 논리적 정당성 자체가 어렵다.

### 4) 상담학연구 그 자체의 어려움

상담은 인간을 연구의 대상으로 한다. 인간이 연구대상, 특히 실험의 대상이 될 경우 자발적으로 실험의 대상이 되겠다고 나서는 사람을 구하기가 어렵다. 또한 상담은 인간을 대상으로 하기 때문에 인간에게 피해를 줄 가능성을 포함하여 윤리적으로 문제가 될 수 있는 소지를 늘 안고 있다.

또한 상담과정은 객관화되기 어렵다. 그래서 많은 개인 또는 집단 상담학연구에서는 구체적인 프로그램을 구성하여 실시하지만, 프로그램을 아무리 객관적으로 구성하려 해도 프로그램 진행 시의 몸짓 등의 비언어와 상호작용 모두를 구체적으로 제시할 수는 없다.

## 5) 상담학연구의 한계를 극복하기 위한 노력

앞에서 상담학연구에 많은 한계가 있음을 밝혔다. 그러나 그 한계 때문에 연구가 필요 없다는 논리가 있다면 이 역시도 비논리적 추리일 가능성이 크다. 그래서 상담학연구에서는 몇 가지 가정을 두고 연구하면서 이 한계를 극복하려고 한다. 먼저, 오차가 있음을 전제로 연구하고 있다. 표집의 오차, 측정의 오차, 개인 내 차, 개인(집단) 간 차, 통계방법의 미비 등 인간이 유추할 수 있는 모든 오차를 전제로 연구하면서 이 오차를 최대로 줄이려고 한다. 그러나 아무리 노력해도 오차가 있음을 전제로 연구하고 있다.

다음으로, 반복적 연구를 통해 오차를 줄이는 것이다. 연구에서 오차가 있다는 전제는 어떤 연구결과도 최종적인 결론 또는 이론이 아니라는 것을 의미한다. 따라서 상담학을 연구하는 전문상담사들은 기존 연구결과에 대해 늘 의문을 가지고 대하고, 연구의 제언에서 밝힌 내용을 토대로 오차가 더 줄어들고 타당성이 더 높은 연구를 하도록 노력함으로써 상담학연구의 한계를 극복할 수 있을 것이다.

## 5. 상담학연구의 발전과정과 전망

### 1) 상담학연구 방법의 발전과정과 전망

상담학에서 연구방법을 전망하려면 이제까지 어떤 상담이 이루어져 왔고, 그에 대해 어떤 연구방법이 어떻게 적용되어 왔으며, 그에 대한 평가는 어떠했는지에 대해 먼저 검토해 볼 필요가 있다. 역사적으로 상담의 초기에는 정신과 의사와 정신분석가에 의해 상담이나 심리치료가 이루어졌다. 이러한 상담이나 심리치료의 효과에 대해 이의를 제기할 근거를 마련한 사람은 Landis(1937)와 Denker (1946)다. Landis(1937)는 뉴욕주의 경우 매년 신경증 환자의 70% 정도, 미국 전체로는 약 68% 정도가 전문가의 특별한 처치 없이도 신경증이 자발적으로 호전되어 퇴원한다고 보고하였다. Denker(1946)도 신체장애를 호소하는 500명에 대해 확인한 결과, 전문가의 처치를 받지 않아도 2년 내에는 72% 정도가, 5년 내에는 90% 정도가 신체 증상이 자발적으로 회복된다고 보고하였다. 이러한 근거에 따라 Eysenck(1952)는 24개 연구물에 포함된 7,000건의 사례를 조사한 결과, 정신분석적 치료를 포함한 기존의 상담 및 심리치료는 자발적으로 회복되는 비율을 넘어서지 못한다는 결론을 내렸다. 다시 말해, 효과가 없다는 것이다. Eysenck(1952) 연구에서의 문제점, 즉 대상자 선정이나 전문상담사의 자질 및 연구방법 등에 대한 문제점을 제기한 연구(Bergin, 1971; Garfield, 1981b; Garfield & Kutz, 1952; Rosenzweig, 1954; Sanford, 1953)가 있었음에도 불구하고 Eysenck(1966)와 Frank(1961)는 정신과 의사나 전문상담사가 비전문가보다 효과적인 상담 또는 심리치료를 제공한다는 데 대해 계속 이의를 제기했다.

1970년대와 1980년대에는 심리치료나 상담효과가 의문시된다는 Eysenck (1966)와 Frank(1961)에 대해 이의를 제기한 연구가 많았다(Bergin, 1971; Meltzoff & Kornreich, 1970; Smith, Glass, & Miller, 1980). 이와 같은 상담과 심리치료의 효과에 대한 논쟁의 근원은 상담학연구 방법에서 찾을 수 있다. 왜냐하면 연구방법에 따라 상담효과가 달라지기 때문이다.

1960년대 이후에는 상담의 효과성과 관련하여 이론들 간에 비교 우위를 점하려는 경쟁도 많았다. 1970년대 초기에는 정신분석과 행동주의 상담 간에, 1980년대는 인지를 강조하는 상담이론과 다른 상담이론들 간에 상담효과의 비교 우위에 대한 논쟁이 많았다. 그러나 비교 우위를 주장한 이론들 간에는 차이가 없다는 연구들이 제시되었다(Kazdin, 1982). 이러한 성과연구와 관련된 의문점을 제거하기 위해 Hill과 Corbett(1993)는 몇 가지 제안을 했다. 첫째, 상담성과 연구에서 사전과 사후 및 추후에 내담자의 자기보고에만 의존할 것이 아니라 신체 변화 등 생리적 변화나 친구 등의 타인보고를 추가하여 상담의 효과를 밝히는 것이다. 둘째, 상담 전략이나 기법이 상세히 기술되어 있어서 누구나 똑같이 실시할 수 있을 뿐만 아니라 상담의 내용이나 전략을 보면 무엇 때문에 효과가 나타났는지는 바로 알 수 있게 하는 것이다. 셋째, 전문상담사 변인에 대해서도 상세히 밝히는 것이다. 즉, 어느 정도의 전문성을 가진 전문상담사가 상담을 실시했는지를 분명히 밝히는 것이다. 넷째, 통계적 의의와 더불어 임상적 의의에도 함께 관심을 가지는 것으로, 통계적으로는 의의가 있어도 임상적으로는 별 의미가 없을 수도 있다는 점에 대해 계속 의문을 가지는 것이다. 그러나 여전히 상담이론 간의 효과 우위에 대해서 의문이 제기되고 있다(Luborsky, Singer, & Luborsky, 2002). 이러한 이유 등으로 인해 이전보다 더 많은 관심이 상담성과 연구에서 상담과정 연구로 옮겨 가게 되었다(Hill, 1982).

상담에서 과정연구는 상담의 주요 변인인 내담자와 전문상담사의 인지, 정서, 행동 등이 상담과정에서 어떻게 상호작용하여 상담효과가 나타나는지를 밝히는 데 많은 도움이 된다. 상담학연구에서 과정연구에 대한 관심은 양적 연구의 대안 중 하나인 질적 연구에 더 많은 관심을 가지게 했다. 사실 질적 연구에 대한 관심도 오래전부터 있어 왔다. 즉, 1940년대에 Carl Rogers(1902~1987)가 상담회기를 분석한 것은 과정연구인 동시에 질적 연구로 볼 수 있다.

양적 연구는 실증주의(positivism)와 후기실증주의(postpositivism)에 그 철학적 배경을 두고 있다. 이는 앞서 언급한 과학적 연구방법의 배경이기도 하다. 즉,

자연과학에서와 같은 연구방법을 상담학연구에도 적용하는 것이다. 이에 비해 질적 연구는 구성주의(constructivism) 또는 해석주의(interpretivism)에 그 철학적 그 배경을 두고 있다. 이들 철학에서는 진리가 여러 개 있을 수 있다. 진리는 개인의 정신에 의해 구성되는 것이지 외부에 객관적으로 존재하는 것이 아니다. 진리는 개인이 부여하는 의미에 의해 존재하고, 그것을 발견하는 방법은 연구자와 연구대상자가 서로 대화를 주고받는 과정에서 찾는 것이다. 구성주의의 핵심은 연구자와 연구대상자가 상호작용하는 가운데 함께 의미를 창조하는 것이다.

미국의 경우 APA는 과학철학의 변화와 상담학연구에서의 다양한 접근에 대한 필요성을 제기해 왔다(Neimeyer & Resnikoff, 1982; Polkinghorne, 1984). 2005년에는 *JCP* 52권 2호를 질적 연구에 대한 특집으로 발간했다. 상담학(McLeod, 2001)에서는 물론 심리학(Willing & Stainton-Rogers, 2009)에서도 질적 연구에 대한 도서가 출판되었다. 우리나라의 상담학연구에서도 질적 연구가 크게 늘어났다(예: 박승민, 2012). 특히 박성희(1997, 2004)는 질적 연구에 초점을 둔 도서를 발간했다. 박성희(1997, 2004)는 두 가지 패러다임과 분석방법을 제시했다. 여기에는 과제분석과 상담분석, 담화분석과 상담분석, 현상학적-심리학적 연구와 상담분석, 체험분석과 상담분석, 포인트 측정기법과 상담분석, 연계분석과 상담분석, 시계열분석, 귀납적 이론 구성, 이야기분석 등이 소개되어 있다.

이와 같은 몇 가지 이유로 인해 앞으로 상담학연구 방법에서도 질적 연구에 대한 관심이 높아지고 관련된 연구도 늘어날 것으로 전망된다. 질적 연구가 늘어난다는 것은 상담과정에 대한 연구가 늘어날 가능성이 크다는 것을 의미한다. 그에 따라 상담학연구 주제도 많이 변화될 것이다.

그 비율에서는 줄어들 수 있지만, 앞으로도 상담학연구 방법에서 양적 연구방법은 많이 활용될 것이다. 앞으로 통계학은 물론 관련된 통계 프로그램의 발달과 개인용 컴퓨터 용량의 대형화는 내적 타당도와 외적 타당도를 포함한 상담학연구와 관련된 타당도를 더욱 높일 수 있게 될 것이다. 이렇게 되면 양적 연구에서 문제가 되는 설명할 수 없는 오차가 많이 줄어든 연구를 할 수 있을 것이다. 뿐만 아니라 양적 연구와 질적 연구가 혼합된 설계(mixed methods research designs)에 의한 연구(Hanson, Creswell, Clark, Petska, & Creswell, 2005)도 늘어날 것으로 본다. 그러나 양적 연구와 질적 연구는 그 철학적 배경이 다르기 때문에 두 연구방법의 배경과 구체적 방법을 모르는 경우는 잘못된 혼합을 할 가능성이 크다는 점에 유의해야 한다.

## 2) 상담학연구 주제

상담학연구 주제는 시대나 나누는 사람, 또는 기관에 따라 크게 다르다는 점을 앞의 상담학연구의 주제를 다루면서 알게 되었다. 간단히 정리해 보면, *PGJ*와 *JCD*를 분석한 연구(변창진, 1995; Barry & Wolf, 1958; Brown, 1969; Stone & Shertzer, 1964)에서는 11개 주제로, *JCP*를 분석한 연구(변창진, 1995; Munley, 1974)에서는 17개 주제로, *Handbook of Counseling Psychology*(3판, Brown & Lent, 2000)에서는 크게는 4개, 작게는 25개 주제로 나누었다. 또한 APA 상담심리분과의 참고문헌서비스위원회에서 사용하는 내용색인 분류체계에서는 12개 주제로 나누고 있음도 살펴보았다.

변창진(1995)이 *JCP*의 편집책임자별로 APA 분류체계에 따라 11개 주제로 분류한 결과에 따르면, 11개 주제 중 한 번이라도 3위 이내에 들었던 것으로는 환경, 전문성, 개인 및 집단 상담 · 자문, 특수집단, 연구 · 평가였다.

*JCP*나 *JPC*는 주제에 따라 편집을 하는 경우가 많다. *JCP*의 2010년(57권, 1~4호)과 2011년(58권, 1~4호), 2012년(59권 2호)의 주제를 보면, 문화 · 인종 · 소수민족, 소수자(동성애, 양성애)의 성 · 상담, 상담과정, 상담과정과 성과, 상담성과 측정, 진로발달, 진로발달과 직업흥미, 성인 애착과 적응, 국제연구, 연구방법, 측정, 도구 개발, 개인차로 주제를 분류하고 있다. 2012년(59권) 1호 및 3호와 2013년(60권) 1호는 주제를 분류하지 않았다.

이상에서 정리해 본 것과 같이, 상담학연구 주제는 다양하게 분류될 수 있다. 그러나 앞으로 연구의 패러다임이 양적 연구에서 질적 연구로 바뀌면 주제도 많이 달라질 것이다. 주제를 크게 보면, 내담자와 상담자의 신체, 인지, 정서 및 행동과 관련된 변인이나 두 사람 간 각자의 신체, 인지, 정서 및 행동이 어떻게 상호작용할 때 상담효과가 더욱 높아지는지에 더 많은 관심이 모아질 것으로 본다. 더 나아가 과학의 발달로 인해 게놈(genome) 지도에 대한 관심과 게놈 지도 변화를 통한 상담에 대해서도 관심을 가지는 전문상담사나 정신과 의사가 늘어날 것으로 본다.

# 제2장
# 상담학연구의 주제 정하기[1]

| 김계현 |

　이 장은 상담학을 공부하는 '상담학도'로서 연구를 직접 수행하고 논문을 작성해야 하는 독자에게 다음과 같은 점들을 설명하기 위한 장이다. 즉, 연구주제를 어떻게 발견하고, 그것을 연구가 가능하도록 어떻게 구체화하며, 또한 그것을 연구문제로서 어떻게 진술할 것인가를 설명하고 있다.

　필자는 40여 년 동안 '연구'와 '논문'과 강한 인연을 맺고 있다. 기억건대, 대학 학부 4학년 시절에 '졸업논문'을 작성한 것을 시작으로, 이후 대학원 학생으로서, 연구소의 연구원으로서, 그리고 대학교수가 된 이후에는 이른바 '상담학자'로서 연구를 하고 논문을 쓰고 있다. 대부분의 독자도 학위 취득을 위해, 프로젝트 수행을 위해, 혹은 교수 임용이나 승진 평가를 대비하기 위해 연구를 수행하고 논문을 작성할 것이다.

　지금까지 연구와 관련한 서적들은 '연구방법론'에 치중되어 있다. 상담학에서

---

1) 상담학에서 실제로 어떤 주제들이 연구되었는지에 관한 '연구주제론'은 필자의 저서가 있고(1995, 2000), 본 상담학 총서 시리즈에서는 『상담학 개론』의 제11장 '상담학연구주제'에서 상담학의 대표적인 연구주제들을 설명하고 있다.

연구의 주제론을 중점적으로 다룬 책은 필자의 저서 『상담심리학 연구: 주제와 방법론』(2000)이 유일하지 않을까 생각되어 섭섭한 느낌과 함께 걱정이 되기도 한다. 이 책 역시 연구방법에 관한 책이지만, 종전의 연구방법 서적들과는 좀 다르게 기획되어 필자는 이 책의 두 개 장을 집필할 만큼 강한 의욕을 가지고 집필에 참여하였다. 여기서 다르게 기획되었다는 것을 부연 설명하면 다음과 같다. 이 책은 연구의 주제를 잡는 방법부터 시작하여 연구를 수행하는 절차, 그리고 그 연구결과를 논문으로 작성하고 학술지에 게재하는 방법에 이르기까지 독자 중심의 집필 전략을 선택하였다는 점에서 종전의 연구방법 서적들과 차이가 있다. 이 장에서는 우선 연구를 시작하기 전에 연구의 주제를 탐색하고, 주제를 잡아 나가는 방법에 대해 살펴본다.

# 1. 연구주제의 탐색과 발견

연구주제를 '잡는다'라는 표현이 있다. 연구주제를 잡는다는 것은 무엇을 어떻게 하는 것인가? 이 질문에 대해 연구주제의 탐색과 발견을 중심으로 살펴보고자 한다.

## 1) 연구의 시작

학위논문을 작성하는 경우를 보면, 논문 연구를 본격적으로 시작하기 전에 '연구계획서', 이른바 '프로포절'을 제출하고 논문위원회로부터 승인을 받는 절차를 취한다. 그래서 프로포절 제출을 앞두고 있는 대학원생은 우선 연구주제를 무엇으로 정할지 생각하게 된다. 많은 대학원 과정은 대학원 입학 원서를 받을 때 이미 지원자의 연구계획서를 받기도 하는데, 이때 작성한 연구계획을 실제 연구까지 연결시키는 학생도 있지만 많은 학생이 수학 중에 연구주제를 바꾸어서 새로운 주제를 잡는다(단, 입학 원서로 작성한 연구계획을 그대로 밀고 나가야 한다는 주장을 하는 것은 아니다).

### (1) 상담 실무에서 출발하는 경우

상담교육은 대개 실무, 즉 실습교육을 겸하면서 수행되기 때문에 대학원생들은 실습 중에 자신이 더 탐구하고 싶은 주제를 갖게 되기도 한다. 사실 이런 경우는 아주 흔한 경우다. 그러나 탐구하고 싶은 모든 주제가 다 연구로 실행될 수 없다는 것을 알아야 한다. 예를 들면, 도박 중독의 원인을 밝혀내고 싶은 학생이 있다고 하자. 그러나 도박 중독의 원인으로는 너무 여러 가지 요인이 관여될 뿐만 아니라, 또한 각 요인들이 관여하는 시기 등도 모두 다르게 작용할 수 있기 때문에 그 인과관계를 한 개의 연구로 밝혀내는 것은 불가능하다.

경우에 따라서는 자신이 근무하는 기관에서 중점적으로 수행하는 상담 실무와 관련된 연구주제를 잡아서 실제 연구로 실행시킨 사례도 많다. 가장 대표적으로는 집단상담 프로그램, 심리교육(예: 스트레스 관리, 대인관계 적응 등) 및 진로교육 프로그램 등을 정기적으로 수행하는 경우에 그 프로그램의 효과성을 분석하는 연구가 바로 그것이다. 이처럼 프로그램 효과 분석을 주목적으로 수행하는 연구는 우리나라만 보더라도 지나칠 만큼 많이 수행되고 있다. 앞으로는 프로그램 효과성 연구에 대해서는 좀 더 학술적 조건을 엄격하게 적용하여 그 논문에서 얻은 결과와 결론이 과학적 · 학술적으로 좀 더 타당한 것이 되도록 통제할 필요가 있다.

프로그램 효과성 연구의 취약점은 여러 가지가 있는데, 그중 가장 대표적인 점은 다음과 같다. 상담현장에서 수행되는 프로그램은 거의 모두가 여러 작은 프로그램을 조합하여 여러 회기에 걸쳐 주어지는 '패키지'이기 때문에 과학적 기준으로 볼 때 프로그램의 독립변인은 단일 요인이 아니라 복합 요인이다. 따라서 프로그램 수행 이후에 관찰된 변화, 즉 프로그램의 효과는 그 프로그램 내의 어떤 요인(들)에 의해 비롯된 것인지 말해 주지 못한다. 작은 프로그램들의 조합, 즉 패키지로서의 효과를 밝혀낸 다음에 그 내부의 작은 요인들 중 어떤 요인에 의한 효과인지를 좀 더 세밀하게 연구하지 못한다면 그 주제의 연구는 더 이상 발전하기가 어렵다.

### ⑵ 기존 논문에서 출발하는 경우

논문의 주제는 홀로 존재하지 않으며, 유사한/동일한 주제의 선행연구 논문들에 기초해서 성립한다. 논문에서 참고문헌을 인용하는 경우에 그 출처를 정확하게 표기하는데, 그것을 표기하는 형식을 엄격히 지키도록 규정되어 있다. 참고하거나 인용한 문헌을 표기하지 않는 경우에는 '표절' 의혹을 받을 수 있으므로 이를 철저하게 지켜야 한다.

지금까지 아무도 연구한 적이 없는 완전히 새로운 주제를 연구한다는 것은 지극히 특이한 일로서, 학생이든 교수든 상관없이 그런 논문을 자신의 목표로 삼는다면 결국은 그 연구를 해내지 못할 확률이 높다. 연구주제는 기존의 여러 학자에 의해 탐구되어 오던 주제 중에서 잡는 것이 당연한 일이다. 그렇다면 연구에서 강조하는 '창의성'은 어떻게 담보될 수 있는가? 연구에서 요구하는 창의성은 아무도 연구하지 않은 새로운 주제를 발견하는 것이라기보다는 기존의 연구논문들을 면밀히 검토한 다음에 부족한 부분, 잘못된 부분, 조금 다른 방법으로 연구해 볼 가치가 있다고 판단되는 부분, 보충할 부분 등을 발견하여 그것을 연구하는 것을 통해 인정받는다.

그렇다면 기존의 연구물들을 어떻게 찾는가? 첫째, 검색어, 즉 키워드를 활용하는 방법을 사용하는 것이다. 오늘날에는 거의 모든 논문을 키워드로 검색할 수 있도록 해 주는 전산 시스템이 잘 갖추어져 있다. 이러한 검색 서비스는 외국의 문헌들도 검색할 수 있게 되어 있다. 그런데 전산 검색에 비용이 많이 드는가? 물론 검색 서비스는 유료로 운영되지만, 검색 이용자가 비용을 내지는 않는다. 검색 이용자들은 대개 대학 도서관이나 공공기관 도서관의 시스템을 이용하여 검색하기 때문에 검색 비용을 부담하지 않아도 된다. 둘째, 과거부터 사용되어 오던 다소 '원시적인' 방법을 사용하는 것이다. 논문이나 책을 읽다 보면 꼭 참고하고 싶은 다른 문헌이 발견되며, 그것은 참고문헌 목록에 적혀 있다. 그러면 그 문헌을 찾아서 다운로드하여 읽어 보고, 그러다 보면 또 다른 문헌이 필요해지는 과정을 반복하면서 어떤 한 주제를 중심으로 중요한 문헌들을 다 읽어 볼 수 있게 된다.

대학원생들의 논문 연구를 지도하다 보면 기존 논문에 대한 검색방법이 첫 번째 방법에 편향되어 있음을 발견한다. 이는 요즘 학생들이 전산 검색 시스템에 익숙한 세대이기 때문일 것이다. 그러나 필자의 관찰에 따르면, 두 번째 방법, 즉 '원시적인' 방법을 쓰지 않는 경우에는 중요한 문헌을 누락하는 경우가 종종 발생한다. 특히 전산 자료에는 아주 오래된 논문이나 서적은 누락된 경우가 종종 있어서 어떤 주제의 '원조' 격인 오리지널 논문을 접하지 못할 수 있다.

### (3) 기존 논문을 토대로 연구주제를 발견하는 방법

연구계획서를 준비하는 독자라면 모든 연구논문은 완벽하지 않다는 점을 명심해야 한다. 연구방법론적 개념으로 연구의 타당도라는 개념이 있는데, 연구의 타당도에는 내부 타당도(내적 타당도)와 외부 타당도(외적 타당도)가 있다(이에 대해서는 기존의 연구방법론 서적에 자세히 설명되어 있다). 즉, 내부 타당도와 외부 타당도를 완벽하게 만족시키는 연구는 존재할 수 없기 때문에 어떤 논문이든지 부족한 점, 보완할 점, 수정할 점을 발견할 수가 있다는 것이다. 한 가지 예를 들어 살펴보자.

진로의사결정에 관한 연구를 하는데 피험자를 주로 수도권 대학생들로부터 표집하였다고 하자. 독자는 진로에 관련된 대학생들의 행동은 수도권 지역과 지방 간에 차이가 있을 수 있다는 생각을 하게 될 것이다. 바로 이것이 연구에서 요구하는 '창의적인' 부분이다. 연구자는 "만약 수도권에서 멀리 떨어진 지방대학교에서 피험자를 표집한다면 같은 결과가 나오지 않을 것이다."라는 가설이 성립할지의 여부를 생각해 보아야 한다. 그래서 만약 지방대 학생들은 다른 행동을 보일 것이라는 '그럴듯한' 설명이 가능하다면, 이것은 선행연구의 부족한 부분을 보완하는 새로운, 즉 창의적인 연구주제가 될 수 있는 것이다.

기존 논문에서 연구주제를 발견하는 또 다른 방법도 있다. 이는 기존 논문에서 사용된 변인들(독립변인/종속변인) 중에서 어느 하나를 조금 수정하는 것이다. 예를 들면, 학교 공부, 운동 경기, 상담, 업무 등 대부분의 수행(performance)을 예측하는 데에는 여러 변인이 연구되었지만, 그중에서 자아효능감(self-efficacy)은 특히 자주 사용된 변인이다. 연구자는 자아효능감에는 일반적 자아효능감도 있지만, 영역별 자아효능감이 서로 조금씩 다르며 별도로 구분해서 측정할 수 있음을 알게 되었다. 그래서 연구자는 일반적 자아효능감 대신에 특정 영역의 자아효능감으로 대치한다면 어떤 결과가 나올지를 생각해 보았다. 이러한 전략을 사용하여 창의적인 연구주제를 발견하는 경우를 매우 자주 목격할 수 있다.

또 다른 방법을 한 가지 더 소개하면, 기존의 논문에 새로운 변인을 하나 더 추가해 보는 방법이다. 예를 들면, 청소년 비행은 부모의 지도·감독이 결여된 것이 원인으로 작용한다는 가설은 여러 연구에 의해 밝혀졌다. 그런데 연구자는 부모의 지도·감독 소홀과 비행화 사이에 어떤 중요한 요소가 작용할 수 있을 것이라는 다소 막연한 생각을 하게 되었다. 여러 가지 변인을 검토해 본 결과, 연구자는 학교에서의 학업 성적이 그 두 가지 사이에서 모종의 작용을 할 것이라는 가설을 가지게 되었다. 이 문제를 몇 차례 연구해 본 결과, 연구자는 다음과 같은 결과를 얻었다. 부모의 지도·감독 소홀은 학교 공부를 실패하는 원인으로 작용하며, 학교 공부의 실패는 비행화의 선행조건이 된다. 그런데 부모의 지도·감독 소홀에도 불구하고 학교 공부에서 실패하지 않는 경우, 비행화로 갈 확률은 현저히 감소된다(이 연구 사례는 Gerald Patterson 등에 의해 다년간 연구된 결과이며, 여기서 그중 한 문헌을 인용함. Granic & Patterson, 2006). 이것은 부모의 지도·감독과 비행화 간에 학교 공부 실패 여부가 매개 작용을 한다는 것을 보여 주는 창의적인 연구로 평가된다.

## (4) 리플리케이션과 재분석

연구에서 리플리케이션(replication)이란 같은 주제를 다시 반복해서 연구하는 것을 말한다. 그리고 재분석(reanalysis)은 이미 사용된 데이터를 다시 활용하는 것인데, 같은 목적으로 재분석을 할 수도 있고 다른 연구문제를 가지고 예전에 이미 활용된 데이터를 활용할 수도 있다.

① 리플리케이션

같은 주제를 반복해서 연구한다는 것은 연구윤리에 어긋나는가, 그렇지 않은 가? 만약에 이미 다른 학자나 학생이 연구한 주제를 연구하면서 자기가 그 주제를 처음으로 연구하는 것처럼 논문을 작성한다면 이는 윤리에 명백하게 어긋난 다. 그러나 이미 앞서서 이러이러한 연구(들)가 수행되었고 출판되었는데, 나는 이러이러한 이유와 목적에서 같은 주제를 또 다시 연구한다는 것을 논문에서 명 백하게 밝힌다면 이는 연구윤리에 어긋나지 않는다.

과학에서는 반복연구, 즉 리플리케이션 연구를 권장하는 편이다. 그 이유는 무엇인가? 리플리케이션 연구의 가장 흔한 형태는 같은 주제를 연구하되, 연구 대상, 즉 피험자를 달리하는 경우다. 예를 들면, 미국에서 수행된 연구가 있는 데, 그것과 같은 주제, 변인, 도구, 절차를 사용하여 우리나라에서 한국인을 (같 은 성별, 같은 연령, 같은 교육 수준) 대상으로 연구를 다시 하는 것이다. 반복연구 를 하는 논문에는 그 이유와 목적을 명시해야 한다. 이 연구라면, ① 미국 피험 자와 한국 피험자 간에 다른 결과가 나올 것으로 예측되기 때문이라든지, 혹은 반대로 ② 한국 연구도 미국 연구와 같은 결과가 예측되기 때문이라든지와 같이 그 이유가 제시되어야 한다. 전자라면 선행연구가 한국에서는 일반화되지 않는 것을 밝히려는 목적이 있고, 후자라면 선행연구가 한국에서도 일반화된다는 것 을 밝히려는 목적이 있는 것이다. 일반화는 과학 발전에 매우 중요한 요소이므 로 리플리케이션 연구는 과학에서 그 가치를 인정받는다.

리플리케이션 연구의 또 다른 흔한 유형은 측정도구를 바꾸어서 해 보는 것 이다. 과학에서 관찰 및 측정도구는 타당도와 신뢰도를 확보하는 것이 매우 중 요하다. 그런데 어떤 측정도구도 완벽한 타당도란 있을 수 없으므로 같은 변인 을 측정하도록 되어 있는 다른 도구(들)를 사용해서 (다른 요소들은 모두 같은) 같 은 목적의 연구를 해 볼 필요가 있다. 만약 이 반복연구를 해 본 결과가 선행연 구와 거의 같게 나온다면, 그 가설의 타당성, 연구방법의 타당성, 그리고 측정도구의 타당성이 좀 더 탄탄한 근거를 확보하게 되는 것이다. 그러나 반대로 선행 연구와 전혀 다른 결과가 나온다면 어떨까? 그렇다면 다음과 같은 복잡한 질문 들이 제기될 수 있다. 측정도구가 명목상으로는 같은 것을 측정하도록 되어 있 지만 사실은 다른 것을 측정하는 것은 아닌가? 측정도구를 잘못 사용한 것은 아 닌가? 가설이 틀린 것은 아닌가?

리플리케이션 연구의 결과가 선행연구와 차이가 나는 경우는 아주 흔하다. 이런 경우에는 제3의 리플리케이션 연구를 낳는다. 즉, 연구의 방법과 절차를 조금 개선한 새로운 연구를 또 해 봄으로써 왜 그런 다른 결과가 초래되었는지 를 검토해 보는 제3, 제4의 리플리케이션 연구가 필요하다. 그 연구주제가 중요 하고 탐구할 가치가 있는 것이라면 학자들은 여러 차례의 리플리케이션을 통해 확고한 지식을 생산하고자 노력한다.

② 재분석

재분석은 이미 다른 연구에서 수집하여 활용한 데이터를 그대로 다시 '재활 용'하는 것이다. 데이터의 재활용은 개인적 차원에서 데이터를 대여해 주는 경 우가 있고, 기관 차원에서 재활용을 전제로 한 데이터 수집과 관리를 하는 경 우도 있다. 개인적 차원의 예를 들면, 필자의 경우 Hill 등의 논문(Hill, Carter, & O'Farrell, 1983)에서 사용된 데이터를 대여받아서 이를 재분석하는 연구를 하였 으며, 이는 미국심리학회 학술지에 게재되었다(Wampold & K-H Kim, 1989). 그 리고 기관 차원에서의 예를 들면, 우리나라에서는 해마다 청소년의 진로발달, 취업 준비 등과 관련된 자료들을 광범위하게 그리고 장기간 종단적으로 수집하 고 분석하는 사업을 하고 있는데, 이 사업에는 여러 국가기관(예: 직업능력개발 원, 서울시교육청, 교육개발원, 청소년개발원 등)이 참여하며, 이 데이터는 주관 기 관은 물론 일반 다른 연구자들에게도 대여해 줄 뿐만 아니라, 데이터를 해마다 새로 수집하여 업데이트하는 등 체계적인 관리를 한다. 이런 사업은 학문 발전 에 큰 기여를 할 수 있다. 국가 수준의 방대한 데이터를 수집할 수 있다는 것, 신 뢰도와 타당도가 높은 도구를 반복적으로 사용한다는 것, 같은 성격의 데이터를 해마다 종단적으로, 즉 장기간 수집한다는 것 등은 개인 차원에서는 결코 수행할 수 없는 일이기 때문이다.

다시 한번 강조하지만, 연구주제는 반드시 새로운 것이어야 할 필요가 없다. 창의적인 연구주제는 완전히 새로운 것, 아무도 탐구하지 않은 것, 혹은 미지의 것을 탐구하는 것이 아니다. 창의적인 연구주제란 이미 앞서서 누군가 연구한, 그것도 여러 명의 선행연구자가 여러 차례 연구한 주제에 대해 피험자(연구대상자)를 조금 달리하거나, 측정도구나 데이터 수집 절차를 조금 달리하거나, 혹은 분석방법을 조금 달리하여서 수행하는 연구주제를 말한다. 이를 달리 표현하면, 남들이 연구하지 않은 것을 연구하려고 생각하지 말고 남들이 연구한 것을 조금만 다르게 연구하려고 생각해야 한다고 말할 수 있다.

## 2) 연구자의 탐색과 발견

앞에서는 연구주제를 잡는 방법에 대한 가장 기본적인 사항을 살펴보았다. 그러나 연구계획서를 준비하는 사람으로서 어디서부터 손을 대야 할 것인가? 전공 서적을 읽어 보고, 관련 논문도 여러 편 읽어 보지만, 연구주제로 삼을 만한 것은 손에 쉽게 잡히지 않는다.

### (1) 탐색의 장(場)

필자는 가끔 이것을 '큰 쓰레기장'에 비유해서 말한다. 수십 년 전 서울에는 '난지도'라고 부르는 거대한 쓰레기장이 있었고 그것이 지금은 '하늘공원'으로 변신했다. 이른바 '후진국'이라고 불리는 국가 경제력이 열악한 곳에는 현재도 우리나라의 과거 난지도와 유사한 쓰레기장이 있으며, 그뿐만 아니라 그곳에서는 수많은 아이들이 '쓸 만한 물건', 즉 팔면 돈이 될 만한 물건을 찾아서 자루에 담는 모습을 볼 수가 있다. 필자는 왜 이 모습을 연구에 비유하는가?

필자의 비유에 따르면, 쓰레기장에 모이는 쓰레기들은 온갖 교과서, 전문 서적, 정기학술지의 수많은 논문에 해당한다. 그리고 이 쓰레기들은 계속해서 쓰레기장에 모인다. 즉, 새로운 서적이 출판되고, 정기학술지의 최신본이 나온다는 의미다. 논문 계획서를 준비하는 연구자는 쓰레기장에서 '쓸 만한, 돈이 될 만한' 물건을 찾아다니는 아이들에 비유할 수 있다. 어떤 아이는 그것을 잘 찾아내는 반면, 어떤 아이는 하루 종일 찾아 헤매도 쓸 만한 물건을 찾아내지 못한다. 혹은 찾아내 봤자 돈이 되지 못한다. 비유는 이 정도로 그치고 다시 현실로 돌아가 보자.

① 서적 읽기

교과서를 비롯한 전공 서적을 읽는 것은 주제 탐색의 첫걸음이다. 그런데 시험을 준비하는 독서법과 논문을 준비하는 독서법이 같을까? 조금은 다르다. 시험 준비를 위한 독서는 주로 책에 있는 내용을 읽고 익히는 작업이라고 한다면, 논문을 준비하는 독서는 책에 있지 않은 것을 '읽어 내야' 하는 작업이라고 표현할 수 있다. 즉, 행간을 읽어야 한다. 예를 들면, 어떤 새로 나온 심리치료이론을 담은 책을 읽고 있다고 하자. 행간을 읽는 독자라면 지속적으로 다음과 같은 질문들을 떠올리면서 책을 읽을 것이다. 이 치료법은 효과가 밝혀졌는가? 누구의 어느 연구에서 밝혀졌는가? 이 치료법이 효과를 보이는 특정 연령대가 있는가? 동양인에게도 이 치료법이 효과가 있을까? 아니면 어떤 문화적 차이 때문에 효과 발생을 방해할까? 이 새로운 치료법은 기존의 어떤 치료법과 공통점 혹은 차이점이 있는가? 그 차이점은 실제 치료 과정에서 어떻게 나타나는가?

② 리뷰 논문

다음으로 중요한 정보 탐색의 장은 리뷰 논문이라고 불리는 논문들이다. 최근에는 리뷰 목적을 가진 여러 종류의 논문이 있으므로 여기서 간단히 설명하고자 한다. 첫째는 가장 고전적인 리뷰 논문인데, 어떤 큰 연구주제나 연구영역에 대한 폭넓은 리뷰를 한 논문이다. 이런 논문은 외국의 경우 'Handbook'이라는 제목으로 시작하는 큰 서적의 장(章)으로 제시되는 것이 보통이다(예: *Handbook of Counseling Psychology*). 우리나라는 아직 영역별 · 주제별 핸드북과 폭넓은 리뷰 논문이 거의 나오지 못하고 있다. 둘째는 조금 작은 연구주제에 대한 리뷰 논문이다. 이런 리뷰 논문들은 정기학술지에서 볼 수 있는데, 우리나라 상담학계의 학술지인 『상담학연구』 및 『상담과 심리치료』에서 종종 발견할 수 있다. 셋째는 어떤 분야의 연구논문들을 대거 수집하여 연구주제별, 연도별, 피험자 특성별, 연구방법론별 등의 분석을 한 논문도 크게는 리뷰 논문의 범주로 볼 수 있다. 넷째는 동일 연구주제의 결과들을 하나의 지표로 묶어서 표시하는, 예를 들면 메타분석(meta-analysis) 논문도 크게 보면 리뷰 논문에 해당된다. 셋째와 넷째에 해당하는 논문들이 최근 우리나라 학술지에 종종 등장하는 것은 우리나라의 상담학계가 그만큼 양적 · 질적으로 성장하고 있다는 증거이므로 환영할 현상이라 할 수 있다. 이 리뷰 논문들은 연구주제를 탐색하는 매우 효율적인 '쓰레기장'이다.

### ③ 논문(원논문)

논문을 읽는 것은 탐색의 기본이므로 더 이상 강조할 필요가 없겠지만, 여기서 한 가지 점만 지적하고자 한다. 그것은 원논문을 반드시 읽으라는 것이다. 이는 당연한 말이지만, 실제로 남의 논문, 특히 리뷰 논문에서 읽은 것을 가지고 원논문에서 직접 인용하는 것으로 잘못 인용할 수 있기 때문에 원논문의 중요성을 강조하는 것이다. 인용은 때로 원논문의 뜻과는 다소 다르게 전달될 수 있기 때문에 그런 오류를 방지하기 위해서라도 원논문을 직접 읽어 보아야 한다.

### ④ 세미나 및 논문 발표

학술대회에 가면 논문 발표가 있는데, 구두 발표와 포스터 발표라는 두 가지 형태가 주로 사용된다. 그리고 세미나 혹은 콜로키엄 등의 명칭으로 주어지는 발표회도 있다. 연구주제를 찾고 있는 학생들은 이런 학술대회에 가급적 자주 참여하여야 한다. 직접 참여하는 효과는 다음과 같다. 연구자로부터 직접 연구주제를 어떻게 잡게 되었는지, 연구 진행 중에 어떤 난관에 부딪혔고 그것을 어떻게 극복했는지 등 논문에는 쓰여 있지 않은 중요한 정보를 얻을 수 있다.

상담학 학술대회에서 보면 상담의 기법을 소개하는 워크숍의 참여율은 높은 반면, 연구논문 발표장에는 소수의 참여자만 볼 수 있는데, 상담학의 장기적인 발전을 위해서는 연구논문에 대한 관심이 더 높아져야 한다.

### (2) 탐색의 방법

앞에서 비유했던 쓰레기장을 뒤지는 아이들 중에서 어떤 아이는 쓸 만한 물건을 잘도 찾아내는 데 비해 어떤 아이는 하루 종일 헤매도 쓸 만한 물건을 찾지 못하거나, 혹은 찾았어도 돈이 되지 못한다는 이야기를 기억할 것이다. 연구주제를 찾는 효과적인 탐색의 방법은 없는가? 앞서 말했듯이, 책이나 논문을 그저 요약하거나 이해하는 수준으로만 읽는 독자는 연구에 '쓸 만한 물건'을 잘 찾지 못한다. 반면에 다양한 질문을 제기하면서 읽는 독자는 '쓸 만한 물건'을 찾아낼 확률이 높을 수 있다.

#### ① 새로 공부하기 대 많이 접한 내용

논문 연구를 준비하는 학생들은 대개 몇 가지 다른 주제를 놓고 어느 것을 주제로 삼을지 고민한다. 그중에는 상당 수준으로 이미 공부를 한 내용도 있고, 새롭게 관심을 가진 주제로서 그것을 연구하려면 처음부터 새로 공부를 해야 하는 내용도 있다. 물론 이 상황에서 어느 것을 선택해야 한다는 정답은 없다. 다만, 새로운 주제가 더 관심 있게 보이는 이유들 중에는 그것이 새로 접한 것이기 때문일 수 있으므로 주제 선택에 신중을 기해야 할 것이다. 연구의 시간을 절약하기 위해서는 많이 접한 내용, 익숙한 주제를 선택하는 것이 좋을 것이다.

#### ② 연구문제를 문장으로 써 보기

연구주제를 정하는 과정은 간단하지 않다. 먼저, 넓은 영역을 정한다. 예를 들면, 진로상담, 청소년 비행, 게임 중독, 학업 문제, 심리치료적 상담의 과정 혹은 효과성 등의 영역을 정한다. 그런 다음 생각을 좀 더 구체화하는 절차를 거쳐야 한다. 예를 들면, 진로 중에서도 여성, 여성 중에서도 성인, 그중에서 기혼자, 기혼자 중 경력 단절 위기의 직장인 등 그 범위를 축소시켜야 한다. 연구주제를 축소시키는 데에는 대상자의 범위를 줄이는 방법 이외에 개념을 정해 나가는 방법도 있다. 진로 의식 중에서 진로 장벽에 대한 인식, 다중 역할 수행에 대한 스트레스 등 개념적인 축소 작업이 필요하다.

주제가 어느 정도 축소되면 연구자는 그 주제를 연구문제, 즉 연구에서 탐구할 질문으로 만들어야 한다. 질문의 형태는 다양하게 나올 수 있다. 원인에 대한 질문(왜 이런 결과가 발생할까?), 관계에 대한 질문(A현상과 B현상 간에는 어떤 관련성이 있을까?), 구성에 대한 질문(A는 무엇 무엇으로 이루어졌을까? A현상을 구성하는 요소들은 무엇 무엇일까?), 현상의 발생 순서에 대한 질문(A현상과 B현상 간에는 발생 시간의 차이가 있을까? 어느 것이 시간적으로 먼저일까?) 등 질문을 하는 방식은 다양하다. 중요한 것은 질문의 형태로 연구문제를 제시한다는 것이다.

여기서 연구질문을 반드시 문장으로 작성하는 연습을 해야 한다. 연구를 실제로 수행해 본 사람들은 머리로 생각하는 동안에는 명백해 보였던 연구문제가 막상 그것을 문장으로 써 보려 하면 잘 되지 않는다는 것을 체험한다. 문장으로 쓴다는 것은 언어 중에서도 가장 형식을 갖추어야 하는 과정이며, 연구문제는 문장으로 쓰여지지 않는 한 다른 독자 혹은 동료 연구자에게 소통될 수 없다. 연구문제는 반드시 질문으로 작성하여 다른 사람들에게 보여 주어야 한다.

### ③ 타인에게 발표하고 피드백 받기

연구계획은 언제 누구에게 발표하는가? 대개는 전공 내 여러 명의 교수 및 학생들 앞에서 발표를 한다. 그러나 이 단계 이전에 연구자는 비공식적으로 자기의 연구계획에 대해 타인들의 검토를 받는 것이 좋다. 여기서 타인들이란 주로 같은 전공 내의 다른 학생들이 될 것이다. 타인의 피드백은 연구자 자신이 보지 못한 문제점을 발견하는 데 결정적인 역할을 할 수 있다. 프로포절 발표는 이런 사전 과정을 다 거친 이후에 어느 정도 확정된 계획서를 발표하는 단계로서, 프로포절 발표 이후 '최종적으로(사실은 이 이후에도 문제점이 발견되면 계획을 수정할 수 있다.)' 피드백을 제공받는다.

연구계획에 대한 피드백에는 논리적인 부분과 기술적인 부분이 있다. 그 주제를 연구할 필요성, 가설의 도출 과정 등은 논리적인 부분이다. 반면에 연구의 기본 설계, 사용할 도구(예: 측정도구), 데이터 수집의 과정과 절차, 데이터 분석 등은 기술적인 부분이다. 연구자는 그 주제에 관심을 가진 사람이기 때문에 그 주제에 대해 잘 안다는 장점도 있는 반면, 그 주제에 몰입해 있어서 중요한 문제점을 간과할 수 있다는 단점이 있음을 인정해야 할 것이다.

### 경험논문 대 이론논문

연구방법론을 배우다 보면 '경험논문'이라는 말을 자주 듣는다. 연구에서 말하는 '경험'이란 무슨 뜻일까? 또한 '이론논문'이라는 말도 가끔 듣는다. 그것은 무슨 뜻일까? 그리고 이 둘은 어떻게 다를까?

연구방법론에서 '경험'이라는 단어는 영어의 'empirical'의 변역어다. 상담학에서는 'experience' 'experiential' 등의 영어 단어가 있는데, empirical은 이것들과는 좀 다른 의미를 지니고 있다(단, 반대말은 아님).

자연과학, 특히 물리학계에서는 이론물리학에 대한 대조적인 말로 실험물리학이라는 말을 쓴다. 여기서 실험물리학은 experimental의 의미와 empirical의 의미를 함께 포함한다. 즉, 눈으로 볼 수 있고, 직접 만져 볼 수 있으며, 오감으로 확인할 수 있는(이를 '관찰'이라고 통칭함) 실물을 가지고 데이터를 확보하여 연구를 하였다는 뜻이다. 그럼 이론물리학은 무엇인가? 그것은 직접 관찰할 수 없는 것, 예를 들면 추상적 개념까지를 포함한 연구방식이다. 물론 관찰방법이 혁신되어서 전에는 관찰할 수 없었던(개념으로만 존재하던) 것을 이제는 직접 관찰할 수 있게 되기 때문에 이론연구와 경험연구 간에 넘을 수 없는 울타리가 존재하는 건 아니다.

그런데 우리 상담학연구에서 말하는 이론논문은 이론물리학에서 말하는 '이론'의 의미와는 조금 다른 의미로 사용된다. 아마도 상담학에서는 '문헌에 기초한 논문'을 이론논문이라고 지칭하는 것으로 생각된다. 즉, 실제로 데이터를 수집하고(그것이 수량적으로 표시되든, 언어, 즉 질적으로 표시되든 간에) 그 데이터를 분석하는 연구가 아니고, 문헌들을 기본 자료로 삼은 경우를 말하는 것이다.

하지만 메타분석 논문이나 연구 동향분석 등의 논문을 이론논문이라고 말하지는 않는다. 이는 아마도 메타분석과 동향분석은 학술지에 실린 각 논문들을 하나의 데이터로 간주하기 때문이 아닌가 싶다. 그리고 질적 연구에 의한 논문도 경험논문이다. 질적 데이터 역시 경험적 데이터다.

요약하면, 상담학에서 이론연구 및 이론논문을 추구하여야 하지만, 이론논문을 쓴다는 것은 학생으로서는 지극히 어려운 일임을 알아야 한다. 아마도 이론논문이 하나의 논문으로서 학술적 가치를 인정받으려면 그 논문에는 기존의 이론과는 차별성이 있는 새로운 개념이 등장하거나, 새로운 관점이 수립되어야 하기 때문일 것이다. 단지, 기존의 문헌과 논문들을 정리하고 망라하고 열거한('집대성[集大成]'에서 주로 '集'에 치중한) 것으로는 논문으로 인정받기가 어려울 것이다. 우리가 연구해서 발표하는 논문은 거의 대부분(99.999……%) 경험논문일 수밖에 없다.

## 2. 연구주제 정의하기

앞에서는 연구주제를 '탐색한다' '찾는다' '발견한다' '잡는다'는 등의 표현을 주로 사용하였다. 여기서는 그것을 '정의한다' '진술한다'라는 과정에 대해 논의하는데, 이는 앞의 내용과는 조금 다른 내용이다.

### 1) 연구주제의 선택과 축소

대학원 학생들을 논문 지도할 때마다 경험하는 것인데, 학생이 들고 오는 주제는 대체로 거대하고 거창한 것이거나 혹은 여러 가지를 종합한 복합적 연구주제라는 것이다. 여기서 복합적 연구주제는 주로 '연구문제 1, 연구문제 2……' 등의 방식으로 표현되는 경우를 뜻한다.

하나의 논문으로, 한 번의 연구에 의해 상담학에서 영원히 빛나는 연구업적을 만들어 낼 수만 있다면 그 자체로 좋은 일이다. 그러나 그런 경우는 지극히 드물다. 드문 일이니까 그런 마음을 먹지 말라는 뜻은 아니다. 다만, 여기서 강조하려는 것은 그런 빛나는 업적, 거창한 발견, 완벽한 논문이 아니어도 대학원과 학계에서는 그보다 훨씬 덜 빛나는 연구, 아주 작은 연구, 덜 완벽한 연구를 인정해 주고 있다는 사실이다. 항상 강조하지만, 과학 연구는 여러 개의 연구와 논문이 모여서 조금씩 더 완벽해지고, 조금씩 더 커지며, 조금씩 더 빛이 나는 것이다.

### (1) 연구를 수행할 가능성: 관찰방법의 확보

어떤 연구주제를 선택해야 하는가? 선택의 준거는 무엇인가? 필자는 이 질문에 대해 "수행 가능한 연구주제를 선택하라."라고 대답한다.

최근 뇌과학이 발달함에 따라 '무의식'에 대한 관심이 다시 활발하게 일어나고 있다. 무의식적 과정은 상담학은 물론 인간 및 모든 동물의 행동을 연구하는 데에서 크게 부각되었다. 전에는 무의식을 관찰하기 위해 단어 자유연상 혹은 꿈 보고하기, 초단시간 노출에 대한 지각이나 기억 관찰 등의 방법을 사용하였는데, 이런 방법을 뇌에 대한 직접관찰 내용(예: fMRI 활용)과 접목하여 무의식에 대한 연구는 한 단계 더 높은 차원으로 이루어지게 되었다.

연구를 수행하는 방법 중에서 가장 중요한 것은 관찰방법이다. 경험연구의 필수 조건은 믿을 만한 데이터를 얻을 수 있느냐인데, 관찰방법이 아예 없거나 믿을 만하지 못하다는 것은 그 데이터를 믿을 수 없다는 것이기 때문이다. 그래서 상담학연구에서도 현상을 관찰하고, 거기서 데이터를 얻을 수 있는지부터 판단해 보아야 한다. 예를 들면, '상담자에게 느끼는 내담자의 신뢰감'이라는 개념은 상담학에서 매우 중요한 개념이다. 그런데 이것에 대한 믿을 만한 (연구방법론에서 말하는 타당도와 신뢰도를 의미한) 데이터를 얻을 수 있는가? 아직 부족하긴 하지만, 상담학 연구자들의 노력으로 '어느 정도'의 타당도와 신뢰도를 보유한 관찰방법들이 고안되었으며, 그 덕분에 상담자에 대한 내담자의 신뢰감을 주제로 하는 연구가 가능해졌다.

여기서 믿을 만한 '데이터'는 그것이 수량적으로 표시되는 것이든 질적으로 표시되는 것이든 마찬가지로 간주된다. 상담자에 대해 느끼는 내담자의 신뢰감이라는 현상은 '양적 연구자'이든 '질적 연구자'이든 똑같은 현상이다. 다만, 차이가 나는 것은 그것을 표시(표현)하는 도구로 전자는 수량적으로 표시하고, 후자는 언어로 표시한다는 것뿐이다.

### (2) 피험자(연구대상자, 연구참여자) 확보하기

고대의 천문학자들은 눈에 보이지 않는 별에 대해서는 연구할 수가 없었다. 이것은 관찰방법의 확보에 관한 사항이다. 상담학연구에서는 관찰방법의 확보만큼 중요한 사항이 하나 더 있는데, 그것은 피험자를 확보하는 것이다. 피험자는 다른 말로 연구대상자 혹은 연구참여자라고도 불린다. 예를 들면, 최근 주목받고 있는 '수용전념치료(ACT)'의 효과성을 연구하려고 한다. 치료방법의 효과성을 연구하려면 몇 가지 중요한 조건을 만족시켜야 한다. 첫째, 그것이 실제 ACT인지 아니면 '이름만' ACT일 뿐 실제로는 다른 심리치료와 거의 같은 것인지 알 수 있어야 한다. 둘째, 치료방법의 효과성 연구라면 한 개의 사례만을 가지고 효과성이 있다/없다를 말할 수 없으므로 여러 사례로부터 데이터를 모아야 한다. 셋째, ACT가 효과성이 있다는 것은 적어도 치료를 전혀 받지 않은 (치료에 참여한 내담자들과 비슷한 수준과 종류의 심리장애를 가진) 다른 사람들과 비교하거나, 플라시보 ACT를 받은 내담자들과 비교하거나, 아니면 이미 실행 중인 다른 치료방법으로 상담을 받은 내담자들과 비교하는 등 비교대상이 필요하다.

피험자, 즉 연구참여자들을 확보하지 못한다면 그 연구계획서는 아직 계획서가 아니다. 단지, 여건이 허락하고 조건이 만족된다면 앞으로 연구할 수도 있는 '상상의' 연구주제일 뿐이다.

상담학자들은 치료방법의 효과성 연구뿐만 아니라 다른 주제에서도 연구참여자를 확보하기 어려운 장벽에 부딪힌다. 다른 예로, 청소년 비행을 연구하거나, 게임 혹은 도박 중독을 연구하는 경우에 그런 장애를 가진 사람들을 연구자가 필요로 하는 만큼 확보하는 것이 매우 어렵다. 그렇다고 해서 연구자들은 너무 쉽게 연구를 포기하여서는 안 된다. 연구의 주제와 문제를 최대한 연구가 가능하도록 수정하고 보완함으로써 난관을 헤쳐 나가야 한다.

### (3) 연구주제의 축소

논문 지도에서 가장 어려운 부분이 연구주제를 '축소시키는' 일이라고 말해도 과언은 아닐 것 같다. 왜냐하면 학생의 입장에서 보면 자신이 애써서 준비한 연구문제의 일부를 잘라 내고 작은 것으로 만드는 것을 좋아할 리가 없기 때문이다. 그러나 생각을 조금만 달리하면 그것이 그다지 어렵지 않게 될 수 있다. 앞서 예로 든 ACT의 효과성 연구를 계속 살펴보자. 학생 연구로서 이 주제는 너무 크거나 부적절함을 이미 알았을 것이다. 그러나 학생은 여전히 ACT의 효과성에 대한 관심을 버릴 수가 없다. 이 주제를 축소하는 방안을 구체적으로 살펴보자.

먼저, '효과성'을 축소시켜 보자. 이 연구의 종속변인인 치료 효과를 무엇으로 정의할 것인가? 적응의 향상, 적응 전략의 변화, 병리적 증상의 감소, 대인관계의 향상, 자아개념의 변화, 긍정적 사고방식 등 다양한 효과성 개념이 있을 수 있다. 그러나 이런 개념의 효과성은 너무 '큰' 개념일 뿐만 아니라 ACT는 물론 다른 모든 치료법의 효과성을 말할 때도 똑같이 적용된다. 그리고 이 효과성 치료의 최종적인 결과로서의 효과성이다. 효과성 개념을 축소한다는 것은 어떻게 하는 것인가? 발상의 전환이 필요하다. ACT 고유의 효과성은 무엇일까? ACT 이론에서는 내담자에게 ACT를 적용했을 때 내담자로부터 어떤 반응, 어떤 조그만 변화가 발생할 것이라고 예측했는가? 만약 ACT가 이미 현존하는 다른 치료법과는 차별되는 치료법으로서 존재 가치를 인정받으려면 그것만의 고유한 특성이 있어야 하기 때문에, 그 치료법의 창안자는 이론에서 그런 주장을 했어야만 한다. 연구자는 이론으로부터 그것을 찾아냄으로써 효과성의 축소를 시도할 수 있다.

다음으로, ACT라는 독립변인을 축소하는 것이다. 심리치료는 어떤 것이든 간에 심리치료에 필요한 다수의 요소를 복합적으로 조합한, 즉 패키지와 같은 성질을 가지고 있다. 그것이 정신분석이든, 내담자중심 상담이든, 인지치료이든, 행동요법이든, ACT이든, 현실치료이든 상관없이 그 어느 것도 단일 요소가 아니라는 점을 알아야 한다. 그 복합적 요소들 안에는 모든 치료법이 공유하는 공통 요소(common factors)가 있으며, 치료법 고유의 요소들이 있다. 만약 ACT의 효과성 연구에 여전히 매진하고 싶다면, 연구자는 ACT의 고유한 요소에 주목해 볼 필요가 있다.

### (4) 일반화 범위의 축소

연구에서 일반화는 매우 중요한 개념이다. 일반화란 다른 사람들(성별, 연령, 교육 수준, 인종)에 대한 일반화, 다른 공간(장소, 지역)에 대한 일반화, 다른 시간(시기, 시대)에 대한 일반화, 다른 문화에 대한 일반화 등 다양한 개념의 일반화가 있다(김계현, 2000). 어떤 연구도 무한한 일반화는 이룰 수 없으며, 오히려 과학적 관점에서 볼 때 일반화의 방향은 확대가 아니라 축소이어야 한다. 연구자는 자기 연구의 일반화 범위를 어디까지 확대시킬 것인가보다는 일반화 범위를 어디까지로 제한할 것인지를 분명히 하는 데 더 많은 주목을 해야 한다. 느슨하고 광범위하며 불명료한 연구결과보다는 작아도 분명한 연구결과가 과학적 차원에서 더 바람직한 지식의 모양새이기 때문이다.

## 2) 연구문제 정의하기

연구문제를 정의하는 것은 학술연구에서 가장 핵심적 과정이다. 질문을 정확하고 효율적으로 할수록 그 대답을 향해서 나아가는 탐구가 그만큼 더 정확하고 효율적으로 이루어질 수 있다.

### (1) 연구문제의 개수: 복수 대 단수

우리는 종종 한 논문 안에 여러 개의 연구문제가 존재하는 경우를 본다. 복수의 연구문제를 다루는 데에는 두 가지 방식이 있다. 첫째, '연구문제 1, 연구문제 2, 연구문제 3'으로 연구문제를 모아서 순서대로 진술한다. 즉, 하나의 연구인데, 문제 진술의 편이를 위해 그 안에 두세 개의 문제를 이어서 제시하는 것이다. 둘째, '연구 1, 연구 2' 등의 방식으로 두 개 혹은 세 개의 연구를 합쳐 놓은 형태이며, 연구 1과 연구 2는 각각 완전한 모습의 독립된 연구다.

반면, 한 논문에 단 하나의 연구문제만 제시된 경우가 있다. 그러나 이처럼 단 하나의 문제만 제시된 논문은 흔하지 않다. 대개의 경우는 두세 개의 문제를 묶어서 제시한 첫 번째 형태로 제시된다.

연구문제의 개수가 복수로 제시되는지, 단수로 제시되는지, 그리고 연구 1, 연구 2 등으로 연결된 문제를 독립된 연구로 수행하되 하나의 논문으로 합본하여 제출하는지 등의 쟁점은 그 연구를 지도하는 교수의 성향 혹은 그 교수와 학생이 소속된 학과나 학문의 성향과 관련이 있다. 필자의 경우는 가급적 연구문제의 수를 줄이고자 하는 성향이 있으며, 연구 1, 연구 2 등의 방식은 아예 두 개의 연구로 분리하는 편이다. 그러나 이는 성향의 문제일 뿐 어느 것이 옳고 그른지의 문제는 아니다. 단, 복수의 문제를 한 논문에서 다룰 때에는 논문의 초점이 여러 개, 즉 '다초점'이어서 독자에 따라서는 논문을 난해하게 느낄 가능성이 좀 더 높다고 할 수 있다.

### (2) 연구변인의 수

한 개의 연구에서 몇 개의 변인을 동시에 다룰 수 있을까? 가장 단순한 형태의 연구문제는 한 개의 변인을 다루는 경우다. 물론 이런 연구문제는 드물다. 예를 들어, "대마초, 즉 마리화나를 흡입한 경험이 한 번이라도 있는 사람의 수는 몇 명일까?"라는 연구문제가 있다면, 그 연구문제는 단일변인을 가진 문제다. 그런데 이 연구문제에 '성별'을 넣어서 "흡입 경험자의 수가 남녀 간에 차이가 있을까?"라는 질문으로 변환시키면 두 개의 변인이 동원된 것이다. 여기에 연령을 포함시키면 세 개의 변인, 교육 수준을 포함시키면 네 개의 변인으로 늘어난다.

조사연구의 경우에는 변인의 수가 몇 개 늘어나는 것이 조사 절차와 자료 분석에 큰 부담이 되지 않을 수 있다. 그러나 연구의 설계에 따라서는 변인 하나를 더하는 것이 자료 수집은 물론 데이터 분석방법에 큰 영향을 줄 수도 있고, 아예 연구를 불가능하게 만들 수도 있다. 다만, 근래에는 컴퓨터 및 통계 프로그램이 발달함으로써 분석 자체는 큰 영향을 받지 않을 수 있어서 점점 다변인(multi-variate) 연구설계를 택하는 경향이 심해지고 있다.

여러 개의 독립변인이 한 개의 종속변인과 가지는 인과관계 혹은 상관관계를 분석하는 설계는 이미 오래전부터 유행하였다. 이른바 중다회귀분석이라는 통계 프로그램 덕분이다. 최근에는 변량분석에서도 다변인을 동시에 다루는 프로그램들이 나와서 설계만 가능하다면 다수의 독립변인과 다수의 종속변인을 동시에 연구하려는 연구문제들도 나온다.

더 흥미로운 현상은 '구조방정식'이라는 통계 모델의 출현과 관련이 있다. 구조방정식은 자료분석 방법, 즉 통계적 방법 이전에 앞서서 이루어진 탄탄한 이론적 고찰을 거쳐 얻은 모델을 검토하는 데 사용되는 연구법이다. 그런데 최근 이 구조방정식이 너무 유행하다 보니 이론적 검토가 부족한 상태에서 여러 변인을 '구조적 모델'로 구성해 보고, 그 모델의 적합함을 '검정'하는 식으로 남용되고 있다. 다시 말해서, 통계가 연구문제를 지배하는 상태가 되고 있다. 물론 효과적인 통계 프로그램은 종전에 다루지 못했던 연구문제를 새롭게 분석 가능하도록 해 주는 기능을 하는 것이 사실이다. 그러나 현재 구조방정식과 중다회귀분석의 남용은 오히려 상담학의 과학적 발전을 방해할 가능성마저 예견된다.

### (3) 매개와 조절

매개(mediation)와 조절(moderation)의 개념은 상담학 연구자들이 새로운 연구주제들을 찾아내는 데 큰 도움을 주었다. 원래 이 두 개념은 완전히 새로운 개념은 아니다. 매개는 다수의 변인 간의 인과관계를 설명하기 위한 연구설계에서 경로분석(path analysis)이라는 분석방법을 시도한 것과 연관이 있다. 그리고 조절은 상호작용 분석이라고 하여 두 개의 변인(원래는 인과적 관계를 구명하려는 실험연구 설계에서) 이외에 그 사이에서 작용하는 변인(대개는 '숙주', 즉 피험자가 이미 갖고 있는 성향적 변인)이 작용하여 그 변인이 독립변인의 작용을 '조절'한다는 생각이다(이 매개와 조절의 정확한 의미에 대해서는 관련 논문을 읽기 바란다).

이 매개 작용과 조절 작용을 분석하는 연구 역시 탄탄한 이론과 선행연구의 결과 없이 이루어지는 사례가 우리 상담학계에는 너무 많다. 특히 매개 작용을 분석한 연구는 그 수가 기하급수적으로 늘어나고 있어서 정기간행물 『상담학연구』에서 매개분석연구가 가장 큰 비율을 차지하고 있다는 것에 놀라지 않을 수 없다. 매개를 분석한 거의 대부분의 연구는 매개 현상에 대한 이론적 분석이 결여되어 있을 뿐만 아니라, 선행연구의 결과를 제시하지 못한 채 일단 통계분석부터 해 보고 나중에 결과를 해석하는 경우도 종종 발견된다.

매개 가설이든, 조절 가설이든 연구자는 사전에 매개의 메커니즘 혹은 조절의 메커니즘을 설명하고 그 근거를 제시해야 한다. 그러고 나서 분석결과가 매개 가설(혹은 조절 가설)을 지지하는지 여부를 따져 보아야 한다. 메커니즘 설명이 결여된 채로 단지 '매개하는가?' 혹은 '조절하는가?'라는 질문만을 가지고 연구에 돌입하는 것은 옳은 방법론이 아니다.

### (4) 탐색적 연구질문 대 검정연구질문

연구의 질문 방식에 따라서 탐색적 질문과 검정을 위한 질문으로 나누어 볼 수 있다. 탐색적 질문은 대개 개방형 질문을 취한다. "변인 A와 변인 B 간의 관계는 어떠한가?"라는 식이다. 그런데 요즘은 다변인 설계를 취하는 연구가 많아서 그 관계의 조합이 10개를 넘는 경우가 많고, 따라서 개방적이고 탐색적인 질문을 한 경우 해석에 주의해야 할 것이다. 다시 말하면, 연구자는 여러 조합의 관계로부터 통계적으로 유의한 관계에만 주의를 집중하고 유의하지 않은 관계에는 전혀 관심을 두지 않게 된다. 특히 한 측정도구 안에 여러 개의 요인 (factors)이 들어 있는 경우에 요인별로 결과 해석을 하게 되는데, 이럴 경우 통계적으로 유의한 결과에만 주의를 기울이고 유의하지 않은 결과는 무시하는 바람직하지 않은 해석 태도가 나온다. 연구방법론자들 중에는 이런 현상을 '피싱 (fishing)한다'라는 비유적 표현으로 설명하기도 한다. 그물을 쳐서 걸리는 고기만 잡는다는 뜻으로 사용한 비유다. 그러나 이 비유는 매우 부적절하다. 모든 어부나 낚시꾼은 고기가 잡힐 만한 곳에 그물을 치거나 낚시대를 기울이기 때문이다. 어부의 행위, 즉 피싱은 절대로 무작위적이지 않다.

'피싱'은 오히려 가설적인 연구방법에 가까운 비유로 사용되어야 옳다. 가설적인 연구방법은 연구의 질문이 분명한 대답을 요구하는 방식으로 제시된다. 예를 들면, 연구자는 "변인 A는 변인 B를 예측할 것이다." "변인 A의 크기가 커지면 변인 B의 크기가 작아질 것이다." 등으로 가설, 즉 예측을 미리 제시한다. 따라서 결과에 대한 해석이 분명할 수밖에 없다. 만약 결과가 가설, 즉 예측을 지지하지 못한다면 그 연구는, ① 가설에 문제가 있었거나, ② 자료 수집에 문제가 있었거나, ③ 자료분석에 문제가 있었거나 등 연구과정상 모종의 잘못이 있을 수 있다는 생각을 하게 된다. 즉, 낚시대 혹은 그물을 던졌는데 고기가 한 마리도 잡히지 않거나 기대하는 만큼 잡히지 않으면 어부(연구자)는 자기의 예측이 틀렸거나 혹은 도구가 잘못되었는지, 잡혀 올라오는 도중에 고기들이 다 도망을 갔는지 등 분석을 해 보게 된다. 즉, 가설의 옳고 그름을 검정하는 형태의 질문이 바로 그것이다.

탐색적 질문에 비해 검정질문은 연구의 목적이 분명하고 결과 해석이 분명하다는 장점이 있다. 그러나 학술지에 나오는 수많은 논문은 왜 탐색적 질문을 채택할까? 그 이유는 가설을 세우고 예측을 할 만큼 선행연구가 없거나 선행연구의 결과들이 분명하지 못하거나 혹은 엇갈리기 때문이다. 즉, 예측을 할 만한 근거가 부족하기 때문에 탐색적 수준의 질문을 하는 것이다. 다만, 연구자는 가급적 최선을 다하여 가설, 즉 예측이 가능한 근거를 찾고자 노력해야만 한다. 충분한 자료 검색 없이 "별로 연구되지 않았다. 그래서 탐색적 연구를 한다."라는 진술은 무책임하다.

## 3. 연구설계와 연구주제 간의 관계

연구주제와 연구설계는 서로 무관하지 않다. 앞서 간략히 언급하였듯이, 연구주제는 그것이 구체적으로 표현되었을 때 결국은 문제, 즉 질문의 형태로 표

현이 될 수 있는데, 이때 질문이 무엇이냐에 따라서 연구방법의 기본적인 방향
이 결정된다.


## 1) 조사연구

조사는 모든 연구의 기본이다. 그러나 상담학 분야의 학술지들에서는 조사연
구논문을 발견하기가 쉽지 않다. 왜 그럴까? 상담학에서 조사연구는 불필요한
가? 조사연구를 수행하기가 너무 어려운가? 조사연구가 덜 중요한가? 아마도 다
른 원인이 있을 것이다. 다음에서 이를 살펴보자.


### (1) 실태조사: 왜 실태조사 연구논문이 적은가?

상담학은 활발한 실태조사를 필요로 한다. 예를 들면, 학교폭력이 주목을 받
고 있는데, 학교폭력에는 어떤 유형이 있는지에 관한 연구, 각 유형의 폭력이 학
교에서 발생하는 빈도 조사, 가해자의 심리적·환경적 특성에 관한 연구 등은
전형적인 실태조사에 해당하는 연구주제들이다. 이런 조사는 주로 교육청을 비
롯한 교육행정 기관에 의해 이루어지거나 학계에서 사회학적 배경을 가진 학자
들에 의해 수행되는 반면, 상담학자에 의해 수행되고 상담학계 정기간행물에 게
재되는 경우는 아주 드물다.

상담학계에서 실태조사가 이루어질 필요가 있어 보임에도 그렇지 못한 경우
는 아주 많다. 한 예를 더 들면, 우리나라에는 한국청소년상담원('한국청소년상담
복지개발원'으로 개칭)을 중심으로 그 산하에 시·도 및 시·군·구 청소년상담
센터가 운영되고 있는데, 그 서비스의 내용, 서비스 제공 방식, 서비스 수혜자의
특성 분석, 서비스의 결과에 대한 자료분석 등을 정확하고 심도 있게 조사·분
석하는 연구논문은 극히 드물다. 예를 들어, 우리나라 청소년 상담실에서 어떤
심리검사가 어떤 빈도로 사용되었는지, 어떤 목적으로 사용되었는지, 그리고 사
용에 대한 평가자료는 어떠한지에 대한 연구물을 발견하기 어렵다.

이 밖에도 실태조사가 반드시 필요함에도 그렇지 못한 경우는 매우 많다. 그

러면 왜 상담학계에서는 필요한 실태조사가 별로 이루어지지 않는 것일까? 두 가지 원인을 추정할 수 있다. 첫째, 상담학 자체의 미시적(micro) 성향과 관련이 있을 것이다. 상담학은 주로 개인, 개인의 마음, 즉 내면 등에 관심이 많으며 상담학자들의 관심도 주로 그것에 맞추어져 있다. 따라서 국가나 지역사회 또는 학교 단위의 실태조사에 그다지 많은 관심을 두지 않는다. 둘째, 학술지, 즉 정기간행물의 편집 방침 혹은 심사 성향과 무관하지 않을 것이다. 실태조사논문들은 그 결과를 빈도나 비율(%)로 표시한다. 학술적 가설이나 연구목적이 논문에 기술되어 있지 않은 경우도 많다. 다른 미시적 연구논문들에 비해 실태조사 논문들은 '고급 통계분석'을 하지 않는 경우가 많다. 또한 심사위원들로부터 "학술적 가치가 부족하다."라는 평가를 받기 쉽다.

상담학이 제대로 발전하기 위해서는 거시적 관점의 실태조사가 반드시 필요하다. 우리 사회에 어떤 문제가 얼마만큼 존재하는지, 연도에 따라서 그 문제가 증가/감소하고 있는지, 증가/감소하고 있는 현상과 긴밀하게 연관된 요인은 무엇이 있는지 등은 상담학 발전에 필수적인 자료들이다. 이런 연구를 상담학자들이 직접 수행하지 않는 경우, 그 연구의 설계는 물론 결과분석은 상담학의 관점보다는 다른 학문의 관점에서 이루어지게 되므로 다음과 같은 문제가 발생할수 있다. 즉, 실태조사를 다른 학문에 의존하는 경우, 상담학적으로 의미 있는 자료를 보유하지 못할 뿐만 아니라, 같은 자료라도 상담학적으로 의미 있는 해석을 하지 못하는 사태가 발생할 수 있다.

### (2) 조사연구방법론

인구학적 조사의 정확성은 문제 및 진단 준거의 정확한 정의로부터 출발한다. 애매모호한 정의와 신뢰도가 낮은 측정의 문제가 해소되지 않는 한 실태조사 자료는 믿음을 얻지 못한다. 또한 인구학적 조사는 표집, 즉 샘플링의 정확성이 중요하다. 물론 전수조사를 하는 경우도 있으나 대개의 경우는 표본을 추출하게 되는데, 표본추출 방법과 절차는 전집을 최대한 대표할 수 있도록 하는 표집 기술을 사용해야 한다.

조사된 데이터를 기반으로 변인들 간의 상관관계를 분석하는 연구설계의 경우에는 (측정 기술의 어려움 등으로 인하여) 사실상 전집을 대표하는 표본을 샘플링하기가 곤란하다.[2] 물론 이 경우도 전집에 대한 대표성이 중요하지 않은 것은 아니나 연구 수행상 그것이 쉽지 않다는 뜻이다. 이 경우에는 연구자가 표본의 성격, 즉 그 표본으로부터 일반화하고자 하는 '가상 전집'이 무엇인지에 대한 정확한 이해를 가져야 한다. 예를 들면, 수도권에 소재한 3개 대학에서 임의 표집한 대학생 표본이 우리나라 대학생을 대표할 수 있는지, 수도권의 2개 대학과 지방의 2개 대학에서 임의로 표집한 대학생 표본이 우리나라 대학생을 대표할 수 있는지 등 조사자료를 분석하고 그 결과를 해석할 때 고려해야 할 사항들이 많다.

그렇다고 해서 모든 연구가 전국의 대표성을 담보해야 한다고 생각한다면 이는 연구 수행을 원천적으로 막는 결과를 초래할 수 있다. 부족한 점이 많은 연구물이라도 연구 자체를 수행하지 않는 경우보다는 지식 생산의 면에서 더 바람직하기 때문이다. 다만, 이 책에서 필자가 주장하는 바는 조사연구의 경우 연구자와 독자는 그 일반화의 범위를 정확하게 인식하는 것이 중요하다는 뜻이다.

## 2) 실험연구

실험(experiment)은 지식을 생산하는 방법으로서의 과학이 발명한 아주 효율적인 연구절차이며 방법론이다. 흔히 연구방법론 서적에서는 실험연구방법을 설명할 때 '진(true)실험'과 '준(의사, quasi)실험'으로 나누어 설명을 한다. 그러나 이러한 설명 방식은 연구방법론 전문가 위주의 방식이라고 생각된다. 따라서 이 책에서는 상담학에서의 실험연구법을 다른 방식으로 설명하고자 한다. 즉,

---

2) 학술지에 게재된 논문들 중에는 순수한 실태조사논문은 드물지만 변인들 간의 관계를 분석한 논문들은 아주 흔하다. 후자에 해당하는 연구들의 대부분은 연구방법론상 '조사연구'에 해당된다. 분석방법은 회귀분석을 기반으로 하는 통계적 모델을 사용하는 경우가 대부분이고, 변량분석을 기반으로 하는 경우도 있다. 즉, 연구의 방법론은 통계 모델에 의해 결정되는 것이 아니다. 통계적으로 상관분석을 '조사방법', 변량분석을 '실험방법'으로 이해하고 있다면 이는 잘못 이해한 것이다.

실험을 '임상 실험'과 '아날로그 실험'으로 나누어서 설명하는 방식이다.

## (1) 임상 실험

일반 연구방법론 서적에서는 임상 실험(clinical trial)을 설명하기 전에 미리 아날로그 실험을 설명하는 경우가 흔하다. 마치, 진실험을 먼저 설명하고 준실험을 설명하는 것과 비슷하다. 그런데 진실험과 준실험 중 우리가 접하는 대부분의 사회과학 내 실험연구는 준실험연구이듯이, 아날로그 실험과 임상 실험 둘 중에서는 임상 실험에 '가까운'(상담학에서 엄격한 의미의 임상 실험연구는 흔하지 않다) 연구들이 더 자주 보인다. 그래서 임상 실험을 먼저 살펴본 후 아날로그 실험을 살펴본다.

우리가 접하는 상담의 효과성 연구들은 대체로 '상담현장'과 '가상의 아날로그적 실제'의 중간 정도의 상황에서 이루어지는 경우가 많다. 즉, 완전한 임상적 상황도 아니고 순수한 아날로그 상황도 아닌 그 중간 정도다. 그러나 연구자들은 가급적 상담을 필요로 하는 '임상적 집단'으로부터 표본을 추출하고자 노력할 뿐만 아니라 상담이 주어지는 과정 역시 실제의 상담과 매우 유사한 절차로 주어지기 때문에 '임상에 가까운'이라는 표현이 가능하다. 또한 상담 처치를 받는 이른바 '실험집단' 외에 비교대상이 되는 '통제집단'을 설정하는 경우가 많기 때문에 실험의 논리를 채택한 '준(의사)실험설계'라고 간주할 수 있다.

아직 엄격한 기준의 임상 실험은 규모가 아주 큰 상담센터가 아니면 수행되기 어렵다. 우리나라에는 아직 그럴 만한 상담기관은 없다고 보는 것이 맞다. 그러나 연구방법론적 기준을 조금 덜 엄격하게 적용한다면 임상 실험에 '가까운' 연구, 즉 '준임상, 준실험' 연구는 해낼 수 있을 것이다.

실험적 방법론을 사용할 연구자는 다음과 같은 점들을 유의해야 할 것이다.

첫째, 연구대상자의 선정이 중요하다. 실제 내담자 혹은 실제 내담자에 준하는 실험대상자들이 연구에 참여하여야 한다. 예방상담학적 연구라면 문제를 아직 보이지 않는 아직 건강한 개인들도 연구대상자가 될 수 있다. 그러나 치료에 대한 실험연구라면 가급적 임상적인 기준으로 볼 때 문제를 보이는 개인들을 선

발하여야 할 것이다. 둘째, 실험에서 독립변인이 정확하게 구현되도록 하여야
한다. 상담학적 실험연구에서 독립변인은 치료적 처치의 절차, 예방적 조치의
절차 등이 해당된다. 그런데 상담과 예방적 절차를 실험자가 통제하지 못하게
될 가능성은 너무 많다. 즉, 독립변인을 계획한 대로 보존하지 못하는 사태가 발
생할 수 있다. 셋째, 독립변인을 정확하게 정의하여야 한다. 한 예를 들어 보자.
회사에서 적응 문제를 겪는 사원들에게 스트레스 관리 프로그램을 제공하고 그
효과성을 검정하는 연구라고 가정하자. 여기서 독립변인은 스트레스 관리 프로
그램인데, 그 안에는 몇 가지의 인지적 기술이 포함되고, 그 외에 시간 관리 기
술, 대인관계 기술 등 몇 가지의 생활 기술이 포함되며, 또한 신체적 증상을 감
지하고 이를 통제하기 위한 방법(호흡법, 명상법 등) 등도 포함된다. 즉, 스트레스
관리 프로그램이라는 처치는 단일 요인이 주어지는 것이 아니라 여러 가지 요소
가 묶인 '패키지'로 주어진다. 즉, 독립변인이 무엇인지 잘 모른다는 것이다. 상
담학적 '준임상, 준실험' 연구를 수행하는 경우 이런 어려운 점들을 극복하기 위
한 노력이 필요하다.

### (2) 아날로그 실험

아날로그(analog) 실험은 현장이 아닌, 그러나 현장을 닮도록 실험자가 구성
한 실험상황 혹은 실험절차에 의해 주어진다. 여기서 아날로그는 디지털의 반
대말이 아니라 '비유법'에 해당하는 의미다(아날로그 연구방법에 대해서는 대부분
의 연구방법론 서적에서 더 자세하게 읽을 수 있다).

상담학연구에서 아날로그 실험방법이 더 자주 사용되어야 함에도 그렇지 못
하는 원인은 다음의 두 가지를 추정할 수 있다. 첫째, '실험'에 대한 연구자들의
잘못된 인식과 연관이 있다. 실험방법은 방법론적으로 연구절차상 통제해야 할
요소들이 많다. 상담학도들은 상담학연구에서 실험 논문을 자주 접하지 못하였
기 때문에 상담의 상황과 절차를 '통제'한다는 것에 대해 처음부터 고려하지 않
는 경향이 있다. 여기서 발상의 전환이 필요하다. 다음 질문이 도움이 될 것이
다. "상담학연구는 반드시 '상담'만을 연구하여야 하는가?" 상담학연구는 '상담'

만을 연구하는 학문이 아니다. 내담자에 대한 연구, 내담자가 아닌 그 후보자(혹은 잠재 내담자)에 대한 연구, 상담을 요하는 문제의 발생과 발달에 관한 연구 등 연구할 주제는 상담 자체뿐만 아니라 상담과 관련된 다양한 현상이 모두 해당된다. '상담' 자체는 아날로그로 구성하여 연구하기가 어렵다 하더라도(이것도 발상을 전환하면 그다지 어렵지 않다.) 상담과 연관된 다른 현상들은 아날로그로 구성하는 것이 그다지 어렵지 않다.

둘째, 아날로그 설계의 본질적 문제, 즉 일반화의 제한에 대해 미리 걱정하기 때문이다. 아날로그 연구결과는 일반화의 제한을 받는 것이 당연하다. 그러나 연구방법론 서적들은 이 점을 너무 강조해서 논의하고 있다. 아날로그 논문에 대해 그것을 심사하는 위원들 역시 그 연구의 일반화 문제를 중요하게 언급하곤 한다. 그러나 이는 공평하지 못한 비판일 수 있다. 왜냐하면, 아날로그가 아닌 연구들도 여러 가지 이유에 의해 일반화의 제약을 받기 때문이다. 어떤 연구는 표본, 즉 샘플의 문제(샘플링 절차는 물론 샘플의 크기, 샘플의 구성 등), 어떤 연구는 측정도구의 문제(타당도, 신뢰도 등), 어떤 연구는 설계의 문제 등 일반화의 제약을 발생시키는 요인은 다양하다. 아날로그가 아니라는 것이 일반화를 보장하거나 일반화 범위를 넓혀 주지는 못한다. 상담학 연구자들은 아날로그 연구의 일반화 제한에 대해 과도하게 비판적 시각을 가지고 있다.

상담학에서 아날로그 연구설계는 더욱 장려되어야 한다. 상담학에서 아날로그 연구의 주제는 다음과 같이 세 가지로 설명할 수 있다.

① 아날로그 1

아날로그의 첫 번째 방식은 피험자를 가급적 상담현장, 즉 내담자 집단에 가깝도록 구성하되 주로 독립변인을 아날로그로 설정하는 방법이다. 필자는 공동 연구자와 함께 경력 진행 중인 기혼 여성들이(이른바 워킹맘) 경험하는 다중 역할에 대한 스트레스에 대해 연구하였는데(연구 진행 중), 피험자들에게 스트레스 상황에 대해 대처할 수 있는 방법들을 생각해 내는(대안 생성) 과제를 주었다. 이 연구에 참여한 워킹맘들은 거의 모두가 다중 역할의 어려움을 직접적으로 심하게 겪고 있기 때문에 실제적 내담자와 상당히 비슷하다. 그러나 대안 생성의 과제는 비록 그것이 많은 상담기법에 포함되어 있기는 하지만, 실험에서 대안 생성 과제를 주는 절차는 실제로 상담과정 속에서 그런 과제를 상담자가 내담자에게 주는 절차와는 상당히 차이가 있다. 이런 점에서 이 연구는 아날로그 연구다.

### ② 아날로그 2

아날로그의 두 번째 방식은 아날로그 1의 방식을 뒤집으면 된다. 즉, 독립변인을 실제와 최대한 유사하게 설정하되 피험자 부문에서 아날로그를 하는 것이다. 물론 아날로그 피험자들에게 독립변인을 실제와 유사하게 만든다는 것이 결코 쉽지는 않다. 그러나 상담의 처치 기법들 중에는 상담실이 아닌 곳, 즉 일반 학교의 교실이나 운동장, 직장의 사무실 등에서 주어지는 경우가 종종 있다. 대부분의 심리교육 프로그램과 예방 프로그램들이 그에 해당한다.

### ③ 아날로그 3

아날로그의 세 번째 방식은 피험자와 독립변인 모두가 아날로그로 설정되는 것이다. 피험자도 실제 내담자군과 거리가 있고 독립변인 설정도 실제 상황과 거리가 있다. 그러나 현실적 여건 때문에 이 방법을 선택할 수밖에 없다면 이 방법을 사용해야 한다. 연구의 예를 들어 보자. 상담과정 중에 내담자의 분노, 놀람, 걱정, 적개심 등의 감정을 상담자가 공감적으로 받아들여 주는 것이(감정 반영의 기술, 타당화의 기술 등) 내담자의 그런 감정을 완화시켜 주는지에 대한 연구는 상담학의 오래된 고전적 주제다. 이런 연구에서 독립변인은 피험자에게 분노(놀람, 걱정, 적개심)를 발생시키고, 그런 상태에서 상담자의 공감적 감정 반영(혹은 타당화) 기법을 가급적 상담 실제와 유사하게 제공한다. 그리고 나서 피험자의 반응을 측정한다. 이 연구는 실제 상담 절차와 거의 모든 면에서 다르다. 독립변인은 인위적으로 설정되었으며, 피험자도 실제 내담자와 거리가 멀다(만약 일반 대학생들을 피험자로 활용했을 경우). 그리고 종속변인 측정 절차 역시 실제와 많이 다르다. 그러나 감정 반영이나 타당화 등 상담자가 내담자에게 제공하는 공감적 태도의 효과를 관찰할 수 있는 효율적인 실험 세팅을 고안하는 일은 상담학 연구자들에게 매우 중요한 과제다.

이와 같은 아날로그 연구법은 상담학에서 더 자주 사용되어야 한다. 일반화의 제한은 아날로그 연구법의 본질적인 한계일 뿐 그것 때문에 연구가 비판을 받아서는 안 된다. 오히려 아날로그 방법이 아니라면 해결할 수 없었던 연구상의 문제들을 해소시켜 줄 수 있다. 비(非)아날로그 연구설계에서는 도저히 통제할 수 없었던 요소들을 아날로그 설계에서는 통제가 가능할 수도 있기 때문이다. 아날로그 설계의 장점은 그것의 약점을 보완하고도 남을 만큼 충분하기 때문에 상담학자들은 그 가치를 더 인정해 주어야 한다.

## 3) 질적 연구 지평의 확대: 질적 자료에 대한 양적 분석

질적 연구란 무엇인가? 질적 연구의 방법에 대한 문헌이 많이 나와 있고 질적 연구논문도 많이 나와 있으므로 질적 연구에 대해서는 관련 문헌을 읽기 바란다. 단, 이 장에서는 연구주제를 설정할 때 '질적 연구를 할 것인가, 양적 연구를 할 것인가?'를 고민하는 학생들을 위해 질적 연구에 대해서 간단히 살펴보고자 한다.

질적 연구는 양적 연구와 비교했을 때 차이점보다는 공통점이 더 많다. 왜냐하면 같은 연구의 방식이기 때문이다. 질적 연구자들은 질적 연구가 기존의 양적 연구와 다른 점에만 주목해서 설명을 하기 때문에 두 연구방법의 공통점보다는 차이점만을 의식하게 된다. 그러나 실제로 두 연구법은 매우 유사하다.

집단상담에서 집단원들 간의 '응집 현상(cohesion)'에 대해 관심을 가지고 연구를 하는 학자가 있다고 가정하자. 연구자는 수많은 집단상담을 비디오로 촬영한다. 그다음에는 녹음된 것을 전사하여 기록하고 정리하여 축어록을 작성한다. 그리고 나서 비디오테이프들을 반복해서 보면서 상담과정 중에 집단원과 지도자가 보여 주는 표정, 행동, 목소리, 발언이 향한 목적 등 축어록에는 나타나지 않는 것들을 기록한다. 이런 것들이 연구의 가장 기본적인 자료가 된다.

응집 현상은 매우 '질적인' 현상이다. 다시 말해, 수량적으로 표현하거나, 계량화하기 어렵다는 뜻이다. 물론 응집 현상 중에는 계량적으로 표현할 수 있는 부분이 존재하고 그것을 발견할 수도 있지만, 계량적으로 응집 현상을 얼마나 효과적으로 연구할 수 있을지는 미지수다. 그렇다고 해서 질적 연구방법들이 효과적인 연구결과를 담보해 줄 수 있다고 말하지는 못한다. 계량적 연구가 어려우니까 질적 연구방법을 사용해야 한다는 것은 논리의 비약이다. 양적 연구와 질적 연구는 서로 반대의 관계가 아니라 상호 보완적인 관계를 가진 협조 관계이기 때문에 계량적 연구가 어려우면 질적 연구 또한 어려울 수 있다. 즉, 그 현상 자체가 연구하기에 쉽지 않은 것일 가능성이 높다.

앞에서 집단상담과정에 대한 방대한 질적 데이터를 묘사하였다. 이 데이터들은 이른바 질적 데이터다. 필자는 이 장을 통해 질적 데이터들을 가지고 계량적 분석을 다양하게 시도해 볼 필요가 있다는 주장을 하고자 한다. 행동수정(behavior modification)을 상기시켜 보자. 행동수정은 1960년대에 발생하여 오늘날까지 매우 효과적인 상담방법으로 인정받고 있다. 행동수정 연구에서 수집하는 데이터는 근본적으로 질적 데이터임을 확실히 인식해야 한다. 계량화 작업에 들어가기 이전에 행동수정가들은 '문제'가 무엇인지 정의하는 작업을 한다. 문제를 외현적 행동으로 정의하는 것이 행동수정의 특징이다. 그다음에는 그 문제 행동이 발생하기 이전을 면밀하게 관찰하고, 그 행동의 이후를 면밀하게 관찰한다. 행동(B1) 이전의 자극(S1)을 발견하고자 하는 노력과 행동 이후의 결과(C1)를 발견하고자 하는 노력이다. 그런데 이 모든 과정은 비디오테이프를 수없이 반복해서 시청하고, 필요한 경우(연구자의 언어로) 행동을 기록하며, 분석하는 과정을 거친다. 계량화는 이런 과정을 거친 다음에 가능해진다. 결국 행동수정가가 설정한 가설, 즉 S1-B1-C1의 연계적인 사건의 발생에 대한 분석을 위해서는 비로소 계량화가 필요해진다는 것이다. 행동수정가의 관찰과 가설이 옳다면 S1이 발생했을 때는 다른 자극들(S2, S3, S4……)이 발생했을 때와 비교해서

B1이 발생할 확률이 더 높다는 것을 보여 주어야 하고, 이어서 S1–B1의 연계 다음에는 다른 결과보다 C1이라는 결과가 더 높은 확률로 관찰된다는 것을 입증해서 보여 주려면 계량화 작업이 필요한 것이다.

행동수정의 모범적인 사례를 집단상담과정 연구로 응용해 보는 노력이 필요하다. 집단원들 간에 나눈 대화의 축어록, 비디오테이프에 기록한 집단원들의 행동, 표정 그리고 발언의 방향 등을 기본 데이터로 하여 연구자는 응집 현상을 연구할 전략을 창안해 낼 수 있다. 가장 먼저 해야 할 작업은, 응집 현상이 집단원의 발언에서 어떻게 관찰되는지, 집단원의 행동과 표정의 교환에서 어떻게 관찰되는지 등을 찾아낼 수 있을 것이다. 즉, 응집 현상이라고 볼 수 있는 언어(발언) 교환, 행동의 교환, 표정의 교환 등의 연계 고리를 찾아낼 수 있을 것이다.

여기서 독자는 질적 연구는 '영원한 질적 분석으로' 이어져야 할 필요가 없음을 인식했을 것이다. 데이터는 질적 데이터로 출발했지만 연구주제가 무엇이냐에 따라서 다시 계량적 방법으로 분석될 수 있음을 인식해야 한다.

## 4. 결 론

과학적 연구는 대체로 분석적이라는 속성을 가지고 있다. 다시 말해, 현상을 관찰하고 기술하거나 설명하고자 할 때 현상 전체를 보려고 하지 않고 현상의 한 단면을 보고자 한다. 그런데 한 단면을 보고 결론을 내리는 것이 아니라 또 다른 단면, 또 다른 단면, 그리고 또 다른 단면 등을 여러 차례 반복해서 관찰한다는 점에서 과학의 장점이 드러난다. 단면을 볼 때 그 각도를 조금씩 달리해서 여러 차례 반복해서 보면 그다음에는 어느 정도 그 현상 전체에 대한 이해가 생기기 시작하는 것이다. 앞에서 예로 든 집단상담의 응집 현상을 볼 때도 처음부터 전체적인 것을 파악하려고 하는 것이 아니라, 아주 작은 현상에 대한 단면적 이해로부터 출발하여 조금씩 이해의 각도를 다양화하고 이해의 폭과 깊이를 증가시켜 나가는 전략이 과학자들의 전략이다.

"나무만 보려고 하지 말고 숲을 보라."라는 격언이 있다. 그런데 과학자들의 전략은 조금 다르다. 처음부터 숲을 이해할 수 있다고 가정하지 않는다. 일단 숲 안에 들어가서 이 나무, 저 나무들을 관찰하기 시작한다. 나무들이 한두 개씩 이해되기 시작하면 나무와 나무들 간의 관련성, 나무와 다른 생물체들 간의 관련성 등을 보려고 할 것이다. 그다음에는 장소를 조금 이동하여 숲의 다른 지점에서 유사한 과정으로 탐구를 계속할 것이다. 물론 행글라이더를 타고 공중에서 숲 위를 지나가면서 그 숲을 보는 방법도 시도해 볼 것이다. 그러나 처음부터 '숲을 이해할 목적으로' 공중에서 숲을 보았을 때보다는 개별 나무들과 다른 생물체들을 탐구한 다음에 행글라이더를 타는 것이 그 숲을 보다 더 잘 이해하게 될 것이다.

## 제2부

# 상담연구방법의 유형

제3장
# 상담학연구 유형

| 고홍월 |

　상담학은 현실적 문제를 해결하는 응용학문이다. 응용학문 분야는 이론을 탐구하는 동시에 이를 적용하여 현실적인 문제를 해결하는 데 관심을 두고 있다. 그렇기 때문에 상담학연구 역시 이론을 확립하는 연구부터 이를 적용하여 문제해결을 지향하는 연구, 상담접근한 후 그 결과가 어떤지를 평가하는 연구까지 상당히 많은 유형이 있다. 상담학연구 방법을 알기 위해 이 분야에 어떤 연구 유형이 있는지를 아는 것이 꽤 도움이 될 것이다. 그래야 자신이 수행하는 연구나 다른 연구물을 읽을 때 그것이 어떤 성격의 연구이고 주로 어떤 방법으로 이루어지는지를 알 수 있기 때문이다. 어떤 성격의 연구이고 어떤 방법을 주로 사용하는지를 알아보기 위해 먼저 어떤 방식으로 연구를 분류하는지를 알아볼 필요가 있다. 연구에 대한 분류는 무엇을 기준으로 하는지에 따라 분류방법이 상당히 다양하다. 여기서는 주요 상담학연구의 유형에 대해 개관해 볼 것이다. 유형을 나누기 위해 연구목적에 따른 연구 유형, 문헌연구의 유형, 연구방법(설계)에 따른 연구 유형, 가설 검증 여부에 따른 연구 유형, 자료 수집 시점에 따른 연구 유형으로 구분하여 구체적인 연구 유형을 살펴볼 것이다.

# 1. 연구목적에 따른 연구 유형

상담학연구는 그 목적에 따라 몇 가지 유형으로 나눌 수 있다. 일반적으로 기초연구, 응용연구, 실행연구, 평가연구로 구분할 수 있다.

## 1) 기초연구

기초연구(basic research 또는 fundamental research)는 이론을 발전시키거나 어떤 원리, 또는 특정한 사실을 발견하고자 수행하는 연구다. 어떤 학문 분야든 이론에 대한 연구가 필수적이기 때문에 가장 기본적으로 수행하는 연구가 기초연구다. 기초연구는 어떤 사실에 대한 이론을 규명하여 지식을 확장시키는 역할을 하며(성태제, 시기자, 2006) 과학적 지식을 발전시키기 위해 수행하는 독창적인 연구라고 할 수 있다. 기초연구에서 연구자의 일차적 목적은 연구하려는 문제에 대해 보다 충실하고 완전한 지식과 이해에 도달하려는 데 있다. 여기서는 해결해야 할 문제가 있거나 지식의 적용보다 지식 체계의 발전에 보다 큰 비중을 두고 있다. 기초연구에서 다루게 되는 '이론'이나 '가설'은 어떤 현상을 설명하려는 것이며, 따라서 이론을 검증하기 위해 관찰이나 실험이 뒤따를 가능성이 있다.

## 2) 응용연구

응용연구(applied research)는 과학적 지식을 실제 생활에 적용하여 삶의 질을 높이고자 하는 목적의 연구다. 실제에 응용한다는 것은 실생활의 장면에서 특정 이론적 개념을 검토하거나 어떤 상황의 진행과 결과를 개선하고자 하는 목적에서 이루어진다. 그렇기 때문에 새로운 사실을 발견하고, 이를 통해 구체적인 응용방법을 고안하는 것이 중요하다. 즉, 이론적 지식을 실생활에 적용하는 것이 초점이라고 할 수 있다. 분야나 전공 영역에 따라 이론이 매우 정교하고 체계화된 경우가 있지만 그렇지 않은 경우도 많다. 이론이 비교적 체계화된 영역에서는 기초연구와 응용연구를 비교적 쉽게 구분할 수 있다. 그렇지 않은 영역은 이론적 지식이 아직 정립되지 않았거나 이론적 지식을 현실세계에 적용하기 어려운 경우가 있다. 이와 같은 경우에는 기초연구와 응용연구를 구분하기 쉽지 않다. 왜냐하면 기초연구의 결과가 실용적 문제해결에 응용될 수 있고, 응용연구의 데이터가 기초연구에서 지향하는 이론적 논리를 도출하는 자료가 될 수 있기 때문이다.

상담학연구에서는 이를 정교하게 구분하기 어렵고, 많은 주제에서 기초연구와 응용연구가 혼합 형태로 나타난다. 그래도 구분해 보자면, 다음의 예가 기초연구와 응용연구를 이해하는 데 도움이 될 것이다. 예를 들어, 인지행동 상담이론에서 제시한 인지적 왜곡이라는 개념을 정확히 검증하기 위해 실험연구방법으로 피험자의 인지적 왜곡에 대해 검증했다면 이 연구는 기초연구에 해당한다. 또 다른 연구에서는 비행청소년의 인지적 왜곡을 수정하기 위해 인지행동 집단상담 프로그램을 개발하여 적용하고 평가를 했다면 이는 응용연구에 해당한다.

## 3) 실행연구

실행연구(action research)[1]는 특정 상황에서 일어나는 문제를 해결하기 위해 해결방안을 제시하거나 의사결정을 내리는 데 필요한 자료를 확보하기 위해 수행하는 연구다. 실행연구는 실천적 측면을 강조하고 있으며, 발생한 문제에 대해 즉각적인 개입에 관심을 두고 있다. 실행연구의 특성상 특정 상황, 특정 대상을 한정하는 경우가 대부분이다. 이런 점이 실행연구의 장점인 동시에 실행연구의 결과를 일반화하는 데에는 제한점(성태제, 시기자, 2006)이 있다. 일반적으로 실행연구는 현장에서 문제해결 중심의 방식으로 접근하는 연구이므로 단순

---

1) 실행연구와 관련하여 초기에 학자들은 'action research'를 현장연구로 번역하여 소개하였는데, 최근에는 실행연구로 번역해서 사용하는 경우가 일반적이다.

히 문제해결을 위한 연구는 석사·박사 학위논문으로 인정받기 어렵다. 하지만 실행연구 자체도 충분히 가치 있는 연구이며, 실행연구를 보다 심층적으로 접근할 때 실제 문제해결뿐만 아니라 학문적 기여가 있다면 학위논문으로도 충분히 인정받을 수 있다.

다른 한편, 실행연구의 방법적인 측면에서는 질적 연구방법을 비교적 많이 사용한다. 이것은 초기에 실행연구를 주도한 연구자들이 주로 인류학자들이기 때문이다. 그 후에는 다양한 분야에서 실행연구를 수행하였으며, 사회과학 분야에서는 실증주의에 대한 비판적 관점에 힘입어 실행연구가 확산되었고, 다양한 장면에서 적용하게 되었다. 실행연구의 구체적인 과정은 다음 [그림 3-1]과 같다.

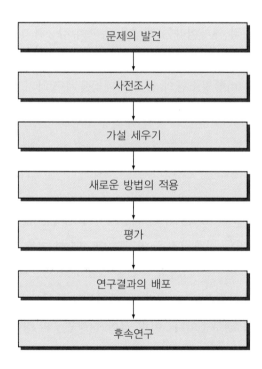

[그림 3-1] 실행연구 절차

출처: Kemmis & McTaggart (1988): 배두본 외(2001)에서 재인용.

## 4) 평가연구

평가연구(assessment research 또는 evaluation research)는 실천적 접근의 효과를 알아보기 위해 진행되는 연구다. 일반적으로는 특정 프로그램이나 정책의 효과를 파악하기 위해 체계적으로 평가하고 평가결과를 제시하는 연구다. 평가연구에서는 프로그램이나 정책의 목표 달성 정도를 측정하고 그 결과를 의사결정을 내리는 데 활용하게 된다. 예를 들어, 집단상담 프로그램 개발 및 평가연구가 해당한다. 그러나 프로그램 개발은 직접적으로 평가연구라고 하기는 어렵다. 오히려 프로그램 개발은 문제해결을 위한 응용연구에 더 가까울 수 있다. 일반적으로 대부분 상담학연구의 평가연구는 평가 자체로 진행되기보다 프로그램 개발 및 평가를 포괄하여 이루어지는 경우가 많다. 최근 상담학 분야에서 프로그램 개발에 관한 연구가 상당히 많다는 점을 고려해 보면, 프로그램 개발과 평가는 보다 체계적이고 과학적인 방법으로 이루어져야 한다. 상담 프로그램 개발 및 평가에 대한 구체적인 연구절차는 9장을 참고하기 바란다.

그 외에 정책의 효과를 파악하기 위해 평가연구를 수행하는 경우가 많다. 최근 상담 분야에서 정책이 점차 많아지면서 관련 평가연구도 많아질 것으로 예상된다. 정책 평가연구를 통해 향후 더 효율적인 정책 그리고 상담학의 학문적 발전을 더 촉진할 수 있기를 기대한다.

## 2. 문헌에 기초한 연구 유형

어떤 연구든 연구를 시작한다는 것은 기존의 문헌에 대한 검토에서 출발할 수밖에 없다. 즉, 문헌 검토가 가장 기본적인 작업이라고 할 수 있다. 물론 상담학연구에서도 당연하다. 상담학연구에서 문헌을 검토한다는 것은 두 가지 성격의 연구를 포함할 수 있다. 하나는 문헌 자체가 1차 자료라서 문헌 검토를 통해 연구를 수행하는 것이다. 이럴 경우는 일반적으로 문헌 고찰 연구(또는 문헌 리뷰 연구)라고 한다. 다른 하나는 현상에 대한 관찰이나 측정을 통해 1차 자료를 얻고, 문헌을 2차 자료로 여겨 수행하고자 하는 연구가 논리적으로 전개될 수 있도록 기존 문헌을 검토한다는 의미에서의 문헌연구다. 문헌이 2차 자료인 연구는 대부분 데이터를 1차 자료로 여겨 데이터 분석을 통해 결론을 도출하는 연구다. 문헌에 대한 연구를 수행할 때 문헌 검토의 의미를 충분히 숙지하고 연구를 수행하는 것이 바람직하다. 여기에서 소개할 문헌에 기초한 연구 유형은 주로 1차 자료인 문헌을 대상으로 수행하는 연구다.

## 1) 철학적 방법

철학적 방법(philosophical method)의 연구는 상담학을 올바르게 이해하고 현실이 지향해야 할 목적과 이념을 추구할 수 있도록 방향을 제시하는 연구다. 철학적 방법에는 다양한 접근이 있을 수 있지만, 여기에서는 존재론적 차원, 인식론적 차원, 가치론적 차원으로 나누어 설명하고자 한다. 과학철학적 관점으로 본다면 상담학에서 많이 활용하고 있는 실증주의적 연구방법 또한 철학적 관점에 포함되지만, 여기에서는 실증주의적 관점을 제외하고 문헌연구에 초점을 맞춰 살펴본다.

첫째, 상담학의 본질이 무엇이고 왜 존재해야 하는지를 논의하는 존재론적 차원은 상담학이 성립하기 위해 꼭 필요한 전제를 탐구하는 영역이다. 상담학의 존재 형태, 개념적 징표가 무엇인지, 상담학은 어떻게 구성되고 어떤 것인지에 대해 더 심층적으로 파악하는 것이다. 둘째, 인식론적 차원은 무엇이 올바르고 정확한 상담학인가에 대한 엄밀한 인식의 가능성과 조건들을 탐구하는 것이다. 상담학의 인식방법과 가능성을 논의하고, 인식적 판단은 어떤 것으로 구성되어 있으며 어떤 성질을 가지고 있는지, 그리고 인식, 판단의 적용 과정과 구조 등을 밝히는 접근이다. 특히 많은 상담학 이론이 철학적 배경에서 출발하였는데, 상담이론의 철학적 배경에 관한 연구가 여기에 해당될 수 있다. 셋째, 가치론적 차원은 상담학의 의미, 목적과 가치를 포함한 올바른 상담학의 가치에 대해 숙고한다. 가치론적 차원에서는 정당한 상담학은 어떻게 형성되고 존재의 가치를 가지고 있는지를 탐구한다. 구체적으로 상담학의 존재는 어떤 가치가 있고 그 존재는 어떻게 정당화할 수 있는지, 상담학이 인간의 삶에 어떤 목적과 가치를 부여할 수 있는지, 어떤 기여를 하고 있는지에 대해 답할 수 있다.

## 2) 역사적 방법

역사적 방법(historical method)은 특정한 현상을 이해하기 위하여 관련 이론ㆍ문헌자료ㆍ사건ㆍ기관ㆍ제도ㆍ정책 등의 기원과 발전과정을 파악하고 설명하는 접근방법이다. 과거에 어떠한 일이 있었는가를 살펴보기 위해 시도된 연구로 '문헌적 연구'라고 불리기도 한다. 역사적 연구는 과거에 대한 기술, 재구성, 해석 등의 방법으로 수행된다. 역사적 사실에 대해 연구함으로서 현재에 대한 명확한 시각을 제시하고 반복되는 상황들에 적용될 수 있는 일반적 원리들을 확립함으로써 미래에 대한 설계를 용이하게 하는 데 의의가 있다(Powell, 1996). 역사적 방법을 통해 국가ㆍ지역 규모의 사례를 알아보고, 각종 정치행정제도의 성격과 그 제도가 형성되어 온 특수한 배경과 과정을 이해한다. 역사적 연구는 과거의 문헌에 대한 연구이기 때문에 기존 자료를 체계적으로 정리하여 설명하고 해석하는 방식으로 비판적 분석과정을 거친다.

상담학 분야에서의 역사적 연구는 극히 드문데, 그 실례로 유정이(1997)의「한국 학교상담 형성과정 연구」를 참고해 보면 역사적 연구를 더 쉽게 이해할 수 있다. 이 연구에서는 학교상담이 도입된 지 20~30년이 지난 시점에서 학교교육에서 상담과 생활지도를 수용하게 된 요구, 학교상담에 대한 역할 등을 밝히고자 하였다. 연구결과를 통해 학교상담이 어떤 성과가 있었고 기대와 역할을 얼마나 충족시켰는지를 정리하였으며, 또한 향후 학교상담의 과제가 무엇인지에 대해 제시하였다. 이러한 역사적 연구를 통해 학교상담의 형성과정을 확인하면서 더 나아갈 방향을 제시하게 되었다. 역사적 연구를 통해 상담학의 과거와 현재를 정리하고 미래의 발전을 위해 방향을 제시하여 토대를 마련했다는 점이 상당히 중요한 작업이다. 이러한 역사적 연구가 향후 영역별 또는 관련 정책별로 많이 이루어지기를 기대한다. 〈표 3-1〉은 역사적 연구의 주요 유형 및 특성을 제시하고 있다.

ooo **표 3-1** 역사적 연구의 유형과 특성

| 연구 유형 | 특성 |
|---|---|
| 전기적 연구 | 어떤 개인의 생애, 성격, 업적, 논저 등에 관한 연구로서 주로 인문연구를 의미한다. |
| 기관, 단체, 제도에 대한 연구 | 상담기관, 상담제도, 학회와 같은 기관이나 단체에 관한 역사적 연구를 의미한다. |
| 사상에 관한 역사적 연구 | 상담에 대한 사상이나 사조, 이론의 기원과 그 발전과정, 이에 대한 일반적 태도 등을 역사적으로 연구하는 것을 의미한다. |
| 지역별 역사 연구 | 각 지역의 특정 분야의 특성이나 발전과정을 연구하거나 지역별 비교연구 등이 있다. |
| 학사 및 교육사에 관한 연구 | 상담학 학문 분야의 역사와 상담학 교육이 어떻게 발전해 왔는지를 연구하는 영역이다. |
| 사례에 대한 역사적 연구 | 어떤 인물, 사건, 사회현상 등을 연구대상으로 이들을 여러 가지 측면에서 분석하고 그 발전과정을 역사적으로 추적하는 연구다. |
| 사료학적 · 서지학적 연구 | 사료를 연구대상으로 발굴, 검토하고, 기존의 문헌이나 연구를 정리하며, 비판하여 해석을 내려 주거나 진위를 가려 내는 작업을 뜻한다. |

출처: 이두영, 김성희, 이명희(1997)를 토대로 재구성함.

역사적 연구의 주요 자료

- 기존에 발표된 논문이나 서적
- 각종 법규나 증서, 연보 등 정부의 기록 문서
- 신문이나 기타 정기간행물

- 사건에 대한 목격자/관련자의 진술
- 보존 문서
- 필사본
- 개인의 편지나 일기
- 전기, 자서전, 회고록
- 역사적 연구 논저
- 관련 작품
- 면담 자료
- 구전된 역사
- 역사적 기념물
- 각종 목록
- 일정표나 비망록
- 문서의 행태를 갖추지 않은 각종 고고학적 · 지리학적 유물

## 3. 연구방법(설계)에 따른 연구 유형

상담학연구에서 전반적으로 가장 많이 활용하는 연구방법이 양적 연구다. 양적 연구에는 실험연구와 비실험연구가 있다. 실험연구는 실험실에서 가외변인 통제 여부에 따라 실험실 실험연구와 현장 실험연구로 구분된다. 비실험연구는 변인의 조작이 없이 있는 그대로의 실제 상황에서의 데이터를 얻어 분석하는 방법이다. 비실험연구로 일반적으로 기술연구, 상관연구, 인과비교연구를 많이 활용한다. 여기서는 실험연구, 실험설계방법 그리고 비실험연구에 대해 살펴본다.

### 1) 실험연구

실험연구는 주로 인과관계를 확인하기 위한 연구설계로 가외변인을 통제한 상황에서 독립변인이 종속변인에 미치는 영향을 파악한다. 실험연구는 완벽한

통제를 만들어 내는 실험실 실험연구와 있는 그대로의 실제 상황을 반영한 현장 실험연구가 있다.

## (1) 실험실 실험연구

상담학 분야에서 상담효과에 대한 관심은 그 무엇보다도 크다. 상담학자들이 상담이 효과가 있다고 주장하기 위해서는 치료적 요인의 치료 효과를 입증해야만 가능하다. 치료적 요인이 치료 효과를 냈다고 주장하기 위해 어떤 방법으로 연구를 해야 하는가? 상담학자들과 유사한 질문을 하는 분야가 의약학 분야라고 할 수 있다. 의약학 분야에서 흔히 사용하는 실험연구가 바로 이러한 질문에 답하는 방법이다. 신약 개발에서 약의 효과를 입증하기 위해 실험실 실험연구를 많이 활용한다. 이를 단순화시켜 쉽게 설명하자면, 다른 변인(들)을 가능한 한 완벽하게 통제한 상황에서 개발한 신약을 쥐에게 투입해서 측정한 결과, 신약에 의해 병(예: 고혈압)이 치료되는 것을 데이터로 보여 준다는 것이다. 여기에서 다른 변인(들)을 통제해서 신약의 성분(독립변인)이 고혈압 증상(종속변인)에 미치는 영향을 확인한다. 다른 변인(들)을 통제한다는 것은 실험실에서 조작을 통해 영향을 미칠 수 있는 다른 변인(들)을 의도적으로 영향을 미치지 않도록 통제한다는 의미이다. 즉, 실험연구에서 처치·자극·환경 조건을 인위적으로 조작(통제)하여 종속변인이 어떤 변화를 보이는지를 분석함으로써 인과관계를 밝힌다.

실험연구의 질은 조작과 통제의 의해 결정된다고 할 수 있다. 즉, 독립변인인 처치변인의 조작과 종속변인에 영향을 미치는 처치변인 이외에 변인(가외변인)에 대한 통제가 얼마나 잘 이루어졌는지가 관건이다. 실험실 실험연구에서는 이러한 조작과 통제를 최대한 완벽하게 만들어서 독립변인이 종속변인에 미치는 영향을 분석한다. 이러한 조작 또는 통제에 대해 다음과 같은 세 가지 측면에서 이해할 수 있다. ① 관찰하고자 하는 독립변인(처치변인)의 영향을 극대화하는 동시에, ② 독립변인에 혼입되어 종속변인에 영향을 미치는 가외변인들의 영향을 제거하고, ③ 표본추출 과정에서 오는 오차변량을 극소화시키는 것을 의미한다(이두영, 김성희, 이명희, 1997). 실험연구의 질을 높이기 위해 가외변인을 최대한 통제해야 하는데, 가외변인으로는 성숙효과, 우발적 사건, 통계적 회귀, 측정방법의 변화, 표본의 편중, 실험대상의 손실, 시험효과, 확산 혹은 모방효과 등이 있다. 이러한 가외변인을 통제하기 위해 제거, 상쇄, 무작위화, 균형화 등 방법을 제안할 수 있다(성태제, 시기자, 2006; 이훈영, 2008).

가외변인이 내적 타당도를 위험하는 요인이라면 외적 타당도는 실험의 결과가 얼마나 실제 상황에서 일반화할 수 있는가의 문제다. 실험실 실험연구는 인위적 상황에서 얻어진 결과이기 때문에 실제 상황에서도 동일하게 얻어질 수 있는지는 의문이다. 이러한 측면에서 실험실 실험연구는 내적 타당도가 높다는 장점이 있는 반면, 외적 타당도가 낮을 수 있다는 단점을 가진다. 이와 대조적으로, 현장 실험연구는 외적 타당도가 높은 반면에 내적 타당도가 낮다. 상담학연구에서 현실적으로 가능한 실험실 실험연구는 대부분 모의상담 상황으로 만든 것이다. 모의상담이라면 진짜 상담자와 진짜 내담자가 아니라 상담자와 내담자의 역할을 인위적으로 수행하는 상황을 뜻한다(김계현, 2000). 그렇기 때문에 보다 많은 변수가 개입되고, 이러한 변수의 통제 또한 매우 어렵다. 따라서 모의상담으로 설계된 실험실 실험연구의 결과를 일반화할 때는 주의를 요한다.

의약학 분야에서는 일반적으로 실험실 실험연구에서 쥐나 토끼 등 동물을 대상으로 실험을 하게 된다. 그러나 상담학에서는 아직 완벽한 실험실 실험연구를 수행하기는 거의 불가능하다. 심리적 고통을 호소하는 내담자를 실험연구의 대상으로 삼는 것은 윤리적인 문제가 발생하기 때문이다. 다른 한편, 동물을 대상으로 실험연구를 하는 것도 불가능할 것이다. 동물의 정신적 문제에 대한 연구가 인간의 정신적 문제를 연구하는데 어느 정도 기여할 수 있는지 아직 모호하기 때문이다. 또 우려되는 것은 동물의 생활(사회적) 환경과 인간의 사회적 환경은 매우 다르고, 인간 사회에서 겪는 정신적 고통을 동물을 통해 이해한다는 것은 쉽지 않을 것이다. 이러한 여러 가지 현실적 문제로 인해 상담학연구에서 실험실 실험연구를 진행하는 것은 상당히 어렵다. 이러한 연구의 한계 때문에 상담학연구에서는 현실적으로 실험실 실험연구보다 현장 실험연구를 더 많이 활용한다.

## (2) 현장 실험연구

현장 실험연구는 실험실 실험연구보다 상대적으로 조작을 크게 가하지 않은 실제 상황에서 독립변인을 엄격하게 통제하고 진행하는 연구다. 현장 실험연구는 현장에서 이루어지고, 조작과 통제가 실험실 실험연구만큼 엄격하지 않기 때문에 실험실 실험연구보다는 내적 타당도가 약하다. 그러나 실제 현장에서 이루어졌다는 점에서는 적용 가능성이 높고, 실험실 실험연구보다 외적 타당도가 높다. 상담학연구에서 실제 내담자를 상담한 자료에 대해 효과 검증을 하는 연구가 현장 실험연구라고 할 수 있다. 상담학연구에서 이러한 현장 실험연구가 현실적으로 가능할 뿐만 아니라 내적, 외적 타당도를 모두 확보할 수 있어서 이상적인 연구설계라고 할 수 있다(김계현, 2000).

현장 실험연구는 실험실에서 조작하고 통제하는 것과 달리 현장에서 이루어진다. 실험실 실험연구에 비해 완전한 조작과 통제는 아니지만, 독립변인을 통제하는 실험연구이므로 내적 타당도를 확보하는 동시에 외적 타당도가 높다. 실제 상담장면에서 상담 및 심리치료의 효과를 검증한 연구들이 대체로 현장 실험연구다(김계현, 2000). 모의상담 방법으로 상담효과를 연구하는 경우가 실험실 실험연구라면, 실제 진행한 상담에 대해 분석하는 경우는 현장 실험연구로 분류할 수 있다. 실험실 실험연구와 현장 실험연구의 우열을 가리기보다 각각 연구목적에 따라 그 방법을 택하는 것이 더 바람직하다.

## 2) 실험설계방법

앞에서 실험장면에 따라 실험실 실험연구와 현장 실험연구로 나누어 설명하였다. 좀 더 구체적으로 실험연구에서 어떤 실험설계를 활용하는지를 알아보기 위해 실험설계방법을 살펴볼 것이다. 실험설계에서의 통제수준에 따라 원시실험설계(pre-experimental design, 혹은 전실험설계), 준실험설계(quasi-experimental design)와 진실험설계(true-experimental design)로 나눌 수 있다(이훈영, 2008). 원시실험설계는 표본선정의 무작위화나 실험상의 가외변인 통제가 거의 이루어지지 않고, 가설 검증보다는 문제 도출 및 진실험설계를 수행하기 전에 탐색적 연구로 많이 활용한다(이훈영, 2008). 학자에 따라 원시실험설계를 독립적 설계법으로 간주하는 학자가 있고, 준실험설계에 포함된 것으로 간주하는 학자가 있다. 여기서는 후자의 분류방법에 따라 준실험설계와 진실험설계를 중심으로 실험설계방법을 소개한다.

### (1) 준실험설계

준실험설계는 현장조건으로 인해 무선적으로 피험자를 배치하지 못하는 경우다. 피험자를 무선배치하지 못한 것은 각 집단이 동일하지 않다는 것을 의미한다. 그러나 동일(동질)하지 않더라도 적어도 처치 전에 각 집단은 비슷한 상태여야 하고, 처치 후 또는 전후에 집단 간 비교가 가능해야 한다. 일반적으로 현장 실제 상황에서는 무선배치가 막대한 예산과 시간, 인력 등을 요하며 윤리적 문제도 발생할 수 있다. 그래서 무선배치를 하지 못하고 준실험설계법을 택하는 경우가 많다. 이런 경우, 무선배치가 아닌 준실험설계에서 실험집단과 통제집단이 서로 비교가 가능한 집단인지, 즉 해석 가능한 집단인지를 따져 보는 것이 매우 중요하다(김계현, 2000). 다른 한편, 준실험설계의 장점은 자연 상태에서 처치를 가해 얻은 결과이므로 실제 상황에 적용이 쉽다(성태제, 2005). 준실험설계에서는 단일집단 사후검사설계, 단일집단 전후검사설계, 이질집단 사후검사설계, 시계열 실험설계, 반복 실험설계 등의 방법이 있다.[2]

### (2) 진실험설계

진실험설계는 집단 간 비교를 위해 피험자 배정을 무선적으로 하고, 실험집단과 통제집단을 최대한 동일하게 만든다. 그리고 무선배치와 더불어 가외변수를 엄격히 통제한다. 즉, 처치 이전에 두 집단이 동질집단이라는 가정에서 출발하고, 독립변인 이외에 영향을 미치는 변인을 통제하는 것이 원칙이다. 진실

---

2) 자세한 것은 연구방법과 통계에 관한 서적을 참고하기 바란다.

험설계에서는 실험변인 외의 모든 변인들을 통제하여 처치변인의 효과를 검증하기 때문에 준실험설계에 비해 실험의 타당도가 높다(김석우, 최태진, 2007). 따라서 진실험설계가 가장 이상적인 설계방법으로 여겨지고 있다. 그러나 현실적인 문제가 있기 때문에 실험설계방법을 적절히 선택하는 것이 가장 바람직하다. 예를 들어, 상담이 필요한 내담자를 연구설계에 짜 맞춰 통제집단에 배치하는 것은 윤리적 문제가 발생하기 때문에 현실적으로 준실험설계를 택하는 경우가 많다. 그리고 진실험설계의 구체적인 방법으로 통제집단 사전-사후 실험설계, 통제집단 사후실험설계, 솔로몬 4집단설계, 독립변인이 2개 이상일 경우 사용하는 요인설계 등의 방법이 있다.

## 3) 비실험연구

비실험연구는 실험을 하지 않고 있는 그대로의 현상을 파악하는 연구방법이다. 즉, 인위적 조작 없이 실제 상황이나 현상에 대한 이해를 돕기 위해 있는 그대로의 자료를 수집하여 분석하는 방법이다. 비실험연구는 기술연구, 상관연구 및 인과비교연구로 세분화할 수 있다.

### (1) 기술연구

기술연구(descriptive research)는 관심대상인 현상에 대해 정확히 이해하고 주요 특성들을 분명하게 제시하기 위해 사용하는 연구방법이다. 기술연구는 '현상에 대한 기술'이라는 의미에서 사람, 사물, 현상 또는 어떠한 과정에서 일어나는 특성을 파악하는 역할을 한다. 예를 들어, 내담자 특성에 대한 이해, 상담과정에서 일어나는 전이 현상에 대한 연구 등이 있을 수 있다. 기술연구는 현상이나 관심변인의 특성을 요약·기술할 뿐 실제 상황을 조작하지는 않는다. 그래서 자연 그대로의 개인 및 집단 행동에 관한 깊은 통찰을 가능하게 하고, 기술연구의 결과를 통해 새로운 방법, 가설 및 이론을 도출하는 데 도움을 준다. 기술연구 또한 이론에 근거하여 출발해야 하며, 도출된 결과는 다시 이론에게 경험적 근거를 제공하여 이론의 기초가 되어 이론을 재구성하거나 체계화시키는 데 역할을 한다.

기술연구는 탐구하고자 하는 현상을 이해하기 위해 자료를 체계적으로 수집하여 현상의 주요 특징을 논리적으로 제시하는 것이다. 탐구대상인 사람, 집단, 사물, 행위, 과정 등이 내포하고 있는 특성을 이해하는 연구이므로 질적 자료, 양적 자료를 모두 활용할 수 있다. 즉, 기술연구는 자료의 성격에 따라 질적 연구방법과 양적 연구방법을 적절히 선택해서 사용할 수 있다. 양적 연구방법의 기술연구에서는 조사연구와 발달적 연구방법을 활용할 수 있다. 질적 연구방법의 기술연구에서는 사례연구, 내용분석연구, 문화기술지 등의 연구방법을 활용할 수 있다. 기술연구에서는 현상을 관찰하거나 조사를 해서 많은 양의 자료를 분석하여 현상의 특징을 기술하거나 관계를 규명하는 결과를 얻는다. 그래서 얕은 수준의 연구에서 깊은 수준에 연구까지 모두 가능하다. 얕은 수준의 연구는 단순한 실태조사로 비춰질 수 있기 때문에 대학원 학위논문으로 인정을 받으려면 보다 학문적 깊이가 있는 기술연구를 수행하거나 체계적인 조사연구를 수행해야 할 것이다.

## (2) 조사연구

조사연구(survey research)는 어떤 현상을 이해하기 위해 중요한 시점의 자료를 수집하고 이를 분석하여 연구결과를 도출하는 연구 유형이다. 여기서 현상을 나타내는 데이터, 해당 집단에 대한 면담, 관련 대상에게 질문지를 실시하여 자료를 얻는 방법 등이 있다. 일반적으로 실태조사연구를 떠올려 보면 조사연구의 방법과 형태를 쉽게 이해할 수 있다. 상담학 분야에서 이러한 조사연구는 상담기관의 이용 현황 조사, 상담기관에 방문하는 내담자의 호소문제 조사, 상담기관에서 운영하는 프로그램이나 운영 방식에 대한 조사 등이 해당한다. 일반적으로 조사연구는 자료를 수집하여 통계분석을 실시한다. 기왕이면 단순한 표면적 자료분석보다 현상을 심층적으로 보여 줄 수 있는 중요한 변인에 대한 이해를 제공하는 조사연구가 더 매력적이다. 따라서 학위논문으로 인정받으려면 보다 체계적이고, 학문적 기여가 있거나 현장에 기여하는 조사연구를 수행하기를 권장한다.

### (3) 상관연구

상관연구(correlational research)는 특정 현상과 현상 사이에 존재하는 변인들 간의 관계를 파악하는 연구다. 현상과 관련된 다양한 변인들 간의 관계 패턴이나 경향을 알아내기 위해 많이 활용되고 있다. 상관연구는 있는 그대로의 현상에서 조작이나 통제를 가하지 않고 변인 간의 관계를 규명한다. 일반적으로 어떤 현상과 관련된 변인은 하나가 아니라 여러 개 있을 수 있는데, 상관연구에서는 변인을 조작하지 않기 때문에 많은 변인 간의 관계를 분석할 수 있다. 때로는 여러 변인을 포함한 변인군과 변인군의 관계를 연구할 수 있다. 변인 간의 관계를 확인하기 위해 활용할 수 있는 자료분석 방법은 여러 가지다. 그중에서 상관분석 방법을 많이 활용하는 것은 사실이지만, 상관연구를 꼭 상관분석으로 수행하지는 않는다. 예를 들어, 회귀분석이나 구조방정식 모형 등의 방법을 통해 변인들 간의 관계를 확인할 수 있다. 상관연구와 상관관계의 용어 때문에 혼동을 느끼는 독자는 구분하여 기억할 필요가 있다.

또한 상관관계를 이해할 때 흔히 변인 간 관계의 방향성을 오해할 수 있다. A변인(예: 자존감)과 B변인(예: 우울)이 상관이 있다고 해서 A가 B의 원인 또는 B가 A의 원인이라고 할 수 없다. 개인의 심리적 현상을 본다면, 낮은 자존감 때문에 우울해질 수 있는 것이고, 우울 때문에 자존감이 낮아질 수 있는 것이다. 인과관계는 상관관계와 다르며, 상관관계가 성립된다고 해서 인과관계라고 보는 것은 곤란하다.

### (4) 인과비교연구

인과비교연구(causal-comparative research)는 이미 발생한 변인들을 독립변인과 종속변인으로 다루되, 실험설계와 유사한 연구설계, 통계분석 과정을 거쳐 변인 간의 인과관계를 밝히는 연구방법이다. 보통 두 개 혹은 그 이상의 집단 사이에서 발생한 차이의 원인이나 그 원인에 의한 결과를 측정하여 분석한다(김석우, 최태진, 2007). 인과비교연구에서는 상관연구와 마찬가지로 변인을 조작하지 않고 독립변인이 종속변인에 미치는 영향을 집단 간 비교를 통해 확인한다. 실험연구를 수행하기 어려울 때 대안적으로 인과비교연구를 택하는 경우가 많다. 인과비교연구를 통해 독립변인이 종속변인에 미치는 영향을 인과관계로 해석할 수 있으나, 실험연구에 비해 인과관계를 확인할 수 있는 정도가 약하기 때문에 해석상의 주의를 요한다. 독립변인을 통제할 수 있다면 실험연구를 하는 것이 인과관계를 규명하는 데 더 유리하지만, 현실적 여건 등을 고려하여 인과비교연구를 택할 수도 있다. 한편, 인과비교연구는 실험연구에 비해 노력과 비용을 절감할 수 있으므로 경제적이면서 결과의 일반화 가능성이 높은 연구방법이다. 사회과학에서 일반적으로 이미 발생한 현상에 대한 연구로 인과비교연구를 수행하는데, 이는 결과에서 출발하여 그 원인을 탐색하는 접근방식으로 회고적(retrospective) 인과비교연구라고 한다(이종승, 2009).

## 4. 가설 검증 여부에 따른 연구 유형

연구 유형을 구분할 때 가설 검증 여부에 따라 탐색적 연구와 확인적 연구로 구분할 수 있다. 이 두 가지 연구를 구분하는 것은 해당 연구문제와 관련 지식의 축적 정도에 달려 있다. 축적한 지식을 토대로 가설을 설정하여 특성 및 변인 간의 관계를 확인하는 경우가 있고, 지식을 축적하기 위해 탐색적으로 기초 단계의 연구를 수행하는 경우도 있다. 즉, 지식이 많이 축적될수록 확인적 연구를 할 확률이 높고, 지식 축적의 양이 적을수록 탐색적 연구를 통해 지식을 축적해야 할 것이다.

## 1) 탐색적 연구

탐색적 연구(exploratory research)는 새로운 아이디어와 통찰을 얻기 위해 기초 단계에서 수행하는 연구다. 연구주제에 관한 선행연구나 사전 지식이 거의 없을 때 아이디어를 도출하거나 사실을 확인하는 기초 단계의 연구라고 볼 수 있다. 기초 단계의 연구로 후속연구를 촉진할 수 있는 중요한 역할을 하게 된다. 이와 관련하여 탐색적 연구의 주요 목적은, ① 연구문제를 보다 명확하게 규명하기, ② 현재의 문제를 정확하게 파악함으로써 추가적인 연구에 필요한 정보를 획득하기, ③ 문제해결에 필요한 다양한 연구들 간의 우선순위를 파악하기 위해서다(이훈영, 2008). 따라서 탐색적 연구는 가치 있는 연구문제를 도출하는 데, 그리고 명확한 가설을 세우는 데 도움을 제공한다. 이러한 점에서 탐색적 연구가 보다 다양하고 심층적인 연구를 진행할 수 있도록 많은 길을 열어 주고 있다.

연구의 특성을 알 수 있듯이 탐색적 연구의 종류는 매우 다양하다. 탐구대상에 따라 얻을 수 있는 아이디어와 지식이 다양하기 때문에 그 대상은 문헌이 될 수도 있고, 사례, 전문가 의견 등이 있을 수 있다. 따라서 문헌연구, 사례연구, 역사적 연구, 전문가 의견연구, 표적집단면접(focus group interview) 연구 등이 가능하다. 일반적으로 탐색적 연구를 예비연구로 활용하는 경우가 많기 때문에 학위논문을 진행할 때 초기 단계의 예비연구를 진행할 가능성이 크다. 때로는 탐색 그 자체가 충분한 학술적 가치가 있어서 학위논문 연구로도 손색이 없다. 좋은 탐색적 연구는 지금까지 다루어지지 않은 문제를 다루고 새로운 영역을 개척할 수 있다.

## 2) 확인적 연구

확인적 연구는 탐색적 연구와 달리 지식이 어느 정도 축적된 상태에서 이론에 대해 검증하는 연구로서 지식을 재생산하여 가설을 확인하는 연구 유형이다. 따라서 확인적 연구를 수행할 때 구체적인 연구문제와 연구가설을 설정하여 이를 확인하는 절차를 밟는다. 축적된 지식의 양이 많은 경우, 그 영역에서 더 확인해야 할 문제나 규명해야 할 변인에 대한 기본적인 이해가 먼저 선행되어야 한다. 그리고 기존의 지식을 근거로 가설을 설정하여 실증적인 방법으로 이를 검증하는 것이 바람직하다. 확인적 연구에서는 이론적 배경에 기초한 변인들 간의 관계나 차이에 대한 검증에 중점을 두고 있으므로 연구를 위해 필요한 측정변인 및 연구절차가 비교적 명확한 편이다(성태제, 시기자, 2006). 또한 확인적 연구에서의 연구결과는 가설의 검증을 통해 나온다. 확인적 연구의 특성상 일반적으로 가설을 검증하는 경우가 많아 양적 연구방법 및 통계적 분석을 많이 활용한다.

확인적 연구의 특성에서 볼 수 있듯이, 확인적 연구는 탐색적 연구와는 대조적으로 비교적 명확한 연구틀과 진행 절차가 있다. 이에 비해 탐색적 연구는 출발점이 모호하고, 명확한 연구의 진행 틀이나 정해진 규범적인 절차가 없다. 이 두 가지 연구방법을 동일한 기준으로 비교하는 것은 적절하지 않다. 연구특성에 따라, 그리고 필요에 따라 연구주제를 어떻게 설정하고 어떤 방법을 활용할 것인지가 더 중요한 부분이다.

## 5. 자료 수집 시점에 따른 연구 유형

연구를 수행할 때 자료 수집 시점은 상당히 다양하다. 하나의 시점에서 얻어진 자료가 있고, 여러 시점을 거쳐서 얻어진 자료가 있을 것이다. 그래서 분석할 자료는 하나의 시점 또는 연속적인 여러 시점의 자료일 수 있다. 자료 수집 시점에 따라 하나의 시점에서 얻어진 자료에 대한 연구를 횡단적 연구라고 하고, 일정 간격을 두고 다른 시점에서 얻어진 자료에 대한 연구를 종단적 연구라고 한다.

## 1) 횡단적 연구

횡단적 연구(cross-sectional study)는 하나의 시점의 자료에 대해 연구를 수행하기 때문에 단일 시점에서 많은 대상을 표집하여 관심변인에 관한 연구문제를 탐색한다. 발달적 특성을 파악할 때 동일 시점에서 다른 집단을 표집하여 집단의 차이를 보여 주거나, 다른 시점의 다른 집단을 표집하여 비교하는 경우가 많다. 이 부분은 종단적 연구와 달리 다른 대상으로 연구를 수행한다는 것이다.

횡단적 연구의 특성상 종단적 연구에 비해 몇 가지 장점이 있다(김계현, 2000; 이종승, 2009). ① 상대적으로 경제적이다. 횡단적 연구는 짧은 시간, 적은 비용과 노력으로 많은 자료를 수집할 수 있기 때문에 종단적 연구보다 경제적이라는 장점이 있다. ② 연구대상의 선정과 표집이 상대적으로 용이하다. 연구대상을 표집할 때 단일 시점이기 때문에 접근성이 용이한 편이다. ③ 연구에서 사용할 측정도구 선택의 폭이 상당히 넓다. 단일 시점에서 자료를 수집하기 때문에 활용 가능한 도구를 동시에 적용해 볼 수 있다. ④ 연구결과의 일반화가 상대적으로 용이하다. 많은 대상을 표집하여 특성을 파악하기 때문에 일반적 성향을 파악하기 쉽고, 일반화하는 데에도 상대적으로 용이하다.

그러나 횡단적 연구는 종단적 연구에 비해 몇 가지 단점을 가진다. ① 내적 변화를 확인하기 어렵다. 횡단적 연구는 연구대상의 일반적 경향을 파악하는 데 국한되어 개인 또는 집단의 내적 성장과 변화를 확인하는 데 한계가 있다. ② 변화와 관련된 변인을 파악하기 어렵다. 한 시점의 특성이나 관심변인(들)을 확인하기 때문에 개인이나 집단의 내적 변화에 영향을 미치는 변인에 대해 확인하기 어려울 수밖에 없다.

## 2) 종단적 연구

종단적 연구(longitude study)는 장시간 동일한 연구대상을 추적 관찰하여 자료를 수집하고 관심 연구주제를 탐구하는 것이다. 종단적 연구는 동일한 연구대상을 장시간 추적 관찰하기 때문에 연구대상의 발달적 특성이나 변화를 쉽게 파악할 수 있다. 개인의 신체, 인지, 지능, 사회성, 도덕성, 정신건강, 적응, 학업, 진로 등 다양한 영역에서 일어나는 변화와 성장 형태를 구체적으로 확인할 수 있다. 상담학 영역에서는 상담과정에서 나타난 내담자의 변화를 연구할 수도 있고, 내담자군, 잠재 내담자군 및 일반군으로 집단을 나눠 변화를 비교할 수도 있다. 발달의 경향과 속도, 집단 차이와 개인 내, 개인 간의 차이, 성장, 발달과 밀접한 관련이 있는 변인 간의 관계에 대한 탐구 등이 가능하다. 성장과 발달의 특성을 파악하고, 성장과 발달에 영향을 미치는 변인의 관계를 탐구할 수 있다는 장점들이 있다. 발달을 다루는 연구영역에서 가장 이상적인 방법이라고 여기는 것이 바로 종단적 연구라고 할 수 있다. 변화의 과정을 통해 개인과 집단이 시간의 증가에 따라 어떤 변화가 일어나고, 무엇이 그 변화를 초래했는지까지 확인할 수 있는 최상의 방법이다. 한편, 종단적 연구는 동일 집단에 대해 다양한 시점에서 자료를 수집한다는 점은 실험연구에서의 반복 측정방법과 유사하다. 하지만 반복 측정방법을 활용했다고 해서 종단적 연구로 간주하지는 않는다. 종단적 연구는 실험에서 가하는 처지나 개입을 하지 않은 자연 상태에서의 여러 시점의 자료를 분석하기 때문에 실험연구에서의 반복 측정 자료와는 성격이 다르다.

　종단적 연구의 장점은 다음과 같다(김석우, 최태진, 2007; 이종승, 2009). ① 여러 시점의 자료를 통해 연구대상자들의 성장과 변화를 추론하는 것이 아니라 직접 관찰한 자료를 통해 분석하여 보여 줄 수 있다. 일반적으로 횡단적 연구에서는 다른 집단을 표집하여 집단 간의 차이를 통해 그 변화를 추론하는 데 비해 종단적 연구는 직접 그 자료를 제시한다. ② 성장 변화의 지속적인 추이를 제시할 수 있다. 직접 관찰하여 얻어진 자료를 통해 자료 수집 기간 안에서 일어난 개인과 집단의 성장과 변화의 추이를 사실적으로 보여 줄 수 있다. ③ 개인과 집단의 성장과 변화에 관한 구체적이고 실증적인 내용을 파악하면서 성장 초기와 후기의 인과관계를 규명해 준다. 연속적으로 얻어진 자료를 통해 초기 특성과 후기 특성 간의 관계를 알아보고 그 관계의 양상을 분석해 낼 수 있다.

이와 같은 여러 장점이 많은데도 불구하고 종단적 연구가 내포하고 있는 몇 가지 단점이 있다(김석우, 최태진, 2007; 이종승, 2009). ① 현실적으로 연구대상을 지속적으로 표집하기 쉽지 않다. 장시간 동일한 대상을 추적 조사하기 때문에 연구대상의 탈락 등의 문제는 해결하기 어렵다. ② 경제적 측면에서 비용, 시간, 노력 등의 어려움이 따르게 된다. ③ 측정도구 선정, 변경의 어려움과 신뢰도를 유지할 수 있을지가 문제점이 될 수 있다. 측정도구 선정의 경우 다른 연령층의 연구대상에게 같은 도구를 동일하게 적용할 수 있는지의 문제가 있다. 또한 연구 도중에 측정도구를 변경하는 것도 거의 불가능하다. 측정도구 신뢰도의 문제는 반복 측정에 따른 측정도구의 이월효과, 학습효과 등이 발생할 수 있기 때문에 신뢰도가 손상될 수 있다는 단점이 있다. ④ 연구결과를 일반화할 때 보다 신중해야 한다. 종단적 연구에 참여하는 연구대상자의 특성이 많은 또래 집단에 일반화할 수 있는지는 조심스럽게 다뤄야 할 부분이다. 자발적으로 참여하는 대상자의 경우, 연구대상자라는 사실을 알고 반응하는 경우 등에서 오는 오차를 충분히 고려하고 연구결과에 대한 일반화를 제안해야 한다.

## 3) 절충적 연구

앞서 살펴보았듯이, 횡단적 연구와 종단적 연구는 각각의 장점과 단점을 가진다. 이러한 장단점을 종합하여 장점을 최대한 결합한 형태의 연구방법이 절충적 방법이다. 각각의 장점을 살려서 절충한 방식은 두 가지 있다. 하나는 종단-연속적(longitudinal-sequential) 연구방법이고, 다른 하나는 횡단-연속적(cross-sectional sequential) 연구방법이다.

종단-연속적 연구는 종단적 설계와 시간, 비용을 절감하는 횡단적 연구의 방법을 결합하여 적어도 두 개의 단일 시점의 자료를 수집하여 분석하는 방법이다. 예를 들어, 대학 1학년 학생과 3학년 학생을 표집하여 각각 연간 단위로 두 번을 측정하여 자료를 얻는다. 그러면 1학년 학생은 1, 2학년 때의 자료를 얻을 수 있고, 3학년 학생은 3, 4학년 때의 자료를 얻을 수 있다. 결국 1학년부터 4학년까지의 자료는 다 확보한 셈이다. 이 자료를 통해 횡단적 비교와 종단적 비교가 동시에 가능하다는 것이다. 이러한 설계를 단기종단연구라고 부른다.

횡단-연속적 연구는 여러 개의 단일 시점에서 연속적인 연령층의 자료를 수집하는 방법으로 설계한 연구방법이다(이종승, 2009). 예를 들어, 올해에 초등학교 1, 2, 3, 4학년 학생의 적응에 대해 자료를 수집하고, 다음 해에는 2, 3, 4, 5학년 학생의 적응에 대한 자료를 수집하고, 후년에는 3, 4, 5, 6학년 학생의 적응에 대해 자료를 수집한다. 자료의 수집 기간은 종단적 성격이 있지만 사실은 횡단적으로 연속 3년 단일 시점의 자료를 수집한 것이다. 이런 방식으로 자료를 수집한 경우 사실 동일한 대상이라는 보장이 약한 편이다. 그렇기 때문에 개인의 변화는 알 수 없지만 집단의 변화는 확인할 수 있다. 동일 연령(또래) 간의 차이가 없다면 시대적 환경의 영향이 없다고 볼 수 있고 집단 간의 변화를 추론할 수 있다.

종단적 연구와 횡단적 연구에는 각각의 장단점이 있기 때문에 현실적으로 절충하여 혼합된 연구설계를 많이 활용하고 있다. 누차 강조하지만, 어떤 연구설계든 연구문제에 적합할 때가 가장 좋은 연구설계와 방법이기 때문에 연구문제에 따라 연구방법을 선택하는 것을 꼭 기억하기 바란다.

지금까지 연구 유형에 대해 각각 다른 분류방법으로 살펴보았는데, 개론적 수준의 분류와 설명이므로 연구주제에 적합한 연구방법이나 분석방법을 택할 때는 더 많은 지식이 필요할 것이다. 가치 있는 연구주제를 발견하고 적합한 연구방법을 선택한다면 충분히 좋은 연구를 수행할 수 있을 것이다.

또한 이 장에서는 양적 연구와 질적 연구를 구분하는 방식을 다루지 않았다. 양적 연구와 질적 연구는 상담학을 포함한 사회과학 연구에서 보편적으로 나누는 연구방법의 두 패러다임이다. 이는 중요한 부분이기 때문에 이 책에서 독립된 장으로 각각 다룰 것이며, 자세한 것은 제4장 '양적 연구방법'과 제5장 '질적 연구방법'을 참고하기 바란다.

제4장
# 양적 연구방법

│ 김계현 │

    과학 연구에서 '양적 연구'라는 용어가 사용된 것은 '질적 연구'라는 용어의 등장과 관련이 있는 것 같다. 이 장의 첫 번째 절에서 좀 더 자세히 논의하겠지만, 과학 연구를 양적 연구와 질적 연구로 양분한다는 자체는 과학에 대한 다소의 오해로부터 출발하였다고 생각된다. 여기서는 그 오해가 구체적으로 무엇인지, 그리고 연구를 '양적 연구'와 '질적 연구'로 구분했을 때 무엇을 얻을 수 있고 무엇을 잃을 수 있을지에 대해서도 살펴본다. 이 장은 양적 연구에 관한 장이다. 이 장의 내용 중에는 다분히 과학철학적인 논의들이 있지만, 필자는 단지 그것을 철학적으로 말하려는 것이 아니라 상담학연구의 테두리 안에서 상담학적으로 설명하고자 한다.

## 1. 양적 연구란 무엇인가

연구방법론을 정확하게 이해하기 위해서는 소위 '양적 연구'와 '질적 연구'가 무엇인지를 정확하게 알 필요가 있다. 다시 말해, 각 연구방법의 문제점(부족한 점, 제한점)을 알기 이전에 각 연구방법의 가정, 초점, 강점, 연구전략 등을 있는 그대로 이해하는 일이 더 중요하다. 불행하게도, 오늘날 양적 연구와 질적 연구 는 마치 경쟁관계 혹은 상호 비판하는 관계로 인식되는 잘못된 경향이 있어서 그것들을 있는 그대로 이해하려는 노력보다는 자신이 선호하지 않는 연구방법 을 비판하는 일에 더 집중하는 편향을 보이곤 한다.

## 1) 과학에서 '양'의 개념

상담학 분야의 연구에서 '질적 연구'의 초기 개념이 발생한 것은 1980년대 초 기라고 볼 수 있다. 이 시대의 질적 연구 문헌들은 질적 연구 자체를 수행하는 일보다는 기존의 연구방법을 비판하는 일에 더 치중하였는데, 이들은 측정을 토 대로 데이터를 마련하고 그 데이터를 통계적 방법으로 분석하는 연구를 '양적 연구'라고 지칭하기 시작하였다. 여기서 측정에 기반한 데이터는 수(數)로 표현 되고, 수로 표현된 데이터는 다시 통계방법을 사용해서 분석되곤 한다. 다시 말 해, 양적 연구란 '수에 의해 표현되고 통계적으로 분석되는 연구'라고 재정의할 수 있다. 즉, 양적 연구에 대한 첫 번째 오해는 '양(quantity)'과 '수(number)'의 개 념을 정확하게 구분하지 않은 것과 관련이 있다.

과학자가 어떤 현상을 이해하는 한 방법으로 '양'의 개념을 상정하는 과정을 쉽게 설명해 보고자 한다. 양은 경우에 따라서는 수로 표현할 수 있지만 그것 이 어려운 경우도 많다. 교육심리학에서 연구가 가장 많이 이루어진 지능을 예 로 들어 보자. 지능이란 과학적으로 매우 복잡한 현상을 지칭하는 개념인데, 학 자들 중 일부는 이 지능을 '양적'으로 생각해 보기 시작했다. 즉, '더 큰 지능 : 더 작은 지능' '더 많은 지능 : 더 적은 지능' '더 높은 지능 : 더 낮은 지능' 등으로 지 능에 '양'이 있다고 생각해 보기 시작한 것이다. 지능지수(intelligence quotient: IQ)는 이 지능의 양적 개념을 숫자로 표시하는 이른바 측정을 통하여 탄생한 개 념이다. 그런데 최근 지능이론에서 '정서지능'이라는 개념이 제시되었는데, 현재까지 정서지능을 타당하게 측정하는 방법은 알려지지 못하였다. 그렇다고 해서 정서지능을 양적으로 생각할 수 없는 것은 아니다. 분석적인 지능과 마찬가지로 정서지능도 '더 많은 : 더 적은' '더 높은 : 더 낮은' 등의 양적 개념화가 가능하다. 하지만 적절한 방법으로 타당하게 측정되지 못하면 이 양적 개념을 수로 표현하지 못하는 것이다.

요약하면, 상담학에서 이른바 '양적 연구'란 '질적 연구'에 대한 상대적 개념으로 탄생하였으며, 주로 측정에 기반한 데이터, 즉 수로 표현된 데이터를 통계적으로 분석하는 방법을 사용하는 연구를 지칭한다고 말할 수 있다. 다만, 상담학도들은 상담학적 현상 자체에 '양적 현상'과 '질적 현상'이 따로 존재하는 것이 아님을 이해해야 한다. 현상이란 현상 자체로서 존재하거나 발생한 것이며, 여기서 '양'과 '질'은 현상을 인간(상담학자)이 파악하고 이해하는 일종의 개념틀에 의해 만들어진 개념임을 알아야 한다.


## 2) 이분법적 사고의 득과 실

질적 연구자들은 양적 연구의 단점을 지적하는 데 많은 노력을 기울인 것으로 보인다. 물론 양적 연구는 방법론적 제한점을 가지고 있는 것이 사실이며, 또한 상담학에서 연구하고자 하는 현상들 중에는 수적 표현, 즉 측정이 곤란한 것들이 존재하는 것도 사실이다. 그러나 그렇다고 해서 연구를 질적 연구와 양적 연구로 이분법적으로 나누는 것이 과연 바람직한가? 이 점에 대하여 생각해 보자.

측정이란 사물이나 현상에 잠재되어 있다고 생각되는 '양적 속성'을 가정하고 그 속성을 수로 표현하는 기술이다(Anastasi, 1988). 그리고 과학자들은 자연과학에서든 사회과학 혹은 행동과학에서든 측정에 기반한 분석, 즉 '양적 연구'를 통해 상당히 다양한 현상을 성공적으로 밝혀 왔다. 과학의 길지 않은 역사를 고려한다면(자연과학은 15~16세기부터, 사회과학과 행동과학은 19세기 말과 20세기 초반부터 시작된 것으로 봄) 과학자들이 사물과 현상을 관찰하면서 그것으로부터 양적 속성을 발견하고 이를 다시 수로 표현하는, 즉 측정을 기반으로 하는 연구방법은 과학의 발전에 큰 공헌을 하였다고 평가할 수 있다.

과학이란 본질적으로 '제한점을 가지고 있는' 연구방법이다. 이 점에 있어서는 측정도 예외일 수 없다. 측정에 대해서는 다음 절에서 좀 더 자세히 논의하겠지만, 측정에는 타당도와 신뢰도라는 개념이 있다. 상담학은 물론 대부분의 사회과학과 행동과학은 어떤 구성개념을 측정하는 방법을 고안하더라도 그것의 타당도와 신뢰도가 낮아서 연구결과를 신뢰하기 어려운 경우가 많다. 신뢰도가 낮으면 측정을 할 때마다 측정치가 달라지기 때문에 연구결과를 믿을 수 없게 되고, 타당도가 낮으면 그 속성을 제대로 측정했는지 아니면 다른 속성을 측정했는지 의심을 받기 때문에 연구결과를 믿을 수 없는 것이다(김계현, 2000).

그럼에도 불구하고 상담학자들은 사회과학 및 행동과학자가 개발한 다양한 연구 기술과 방법을 활용하여 많은 연구를 수행해 왔다. 그리고 그 연구결과들 중에는 좀 더 많이 신뢰할 수 있는 결과가 있고, 신뢰도가 많이 떨어지는 연구결과가 있는 것이다. 따라서 연구자들은 자신의 연구가 좀 더 신뢰받을 수 있는 연구가 될 수 있도록 가급적 엄격한 연구방법을 사용하려고 노력한다(이는 연구의 타당성에 대한 장에서 더 자세히 다루고 있음).

상담학 분야의 질적 연구 문헌들 중에서 양적 연구의 결점과 제한점을 지적하는 데 주력하는 경우들을 자주 본다. 이 비판들은 일단 연구를 양적 연구와 질적 연구로 양분하는 이분법적 관점을 사용한다. 이 책 역시 연구를 양적 연구와 질적 연구로 양분해서 연구방법을 설명하는 방식을 채택하고 있는데, 이런 이분법을 사용하는 경우 얻는 점도 있지만 잃는 점도 있을 것으로 생각된다.

질적 연구자들이 기대하듯이 질적 연구가 양적 연구의 결점과 제한점을 보완할 수 있을지는 좀 더 기다려 봐야 할 것이다. 질적 연구는 그 역사가 짧기 때문에 질적 연구의 공헌을 정확하게 평가하기는 아직 시기상조인 것 같다. 질적 연구로 인해서 새로운, 믿을 만한 상담학적 지식들이 생산되었는지를 평가하려면 좀 더 인내심을 가지고 지켜보아야 할 것이다. 다만, 측정과 통계를 활용하는 양적 연구자들은 다음에 설명하는 사항을 정확히 이해한 가운데 상담학연구에 임해야 할 것이다.

### 3) 자연현상의 규칙성과 법칙성

과학자들은 자신이 탐구하는 현상으로부터 '규칙성'과 '법칙성'을 발견하려는 노력을 부단히 경주한다. 과학에서 규칙성과 법칙성이란 무엇인가?

먼저, 과학에서 규칙성의 의미는 '같은 현상이 반복적으로 관찰될 때' 부여된다. 쉬운 예를 들어 보자. 수만 년 혹은 그 이전의 인간들은 해, 달, 별 등을 관찰하면서 그들의 움직임에서 다양한 반복적 현상을 파악하였다. 아마도 시간의 개념과 측정방법들은 그런 관찰에 기반하여 시작되었을 것이다. 해, 달, 별의 관찰을 통해서 날, 달, 연 등의 시간개념을 발견하게 되었을 것인데, 바로 이 시간개념은 많은 과학 연구에서 중요한 측정치로 활용된다.

상담학자들 역시 어떤 현상이 반복해서 관찰될 때 규칙성을 가정한다. 예를 들면, 상담자 1과 내담자 A 사이에서 발생한 현상(예: 상담자의 공감적 태도에 대한 내담자의 긍정적 정서 반응)이 상담자 2와 내담자 B 사이에서도 관찰되고, 상담자 3과 내담자 C 사이에서도 관찰된다면(더 많은 사례에서도 관찰된다면), 학자들은 상담자의 공감적 태도와 내담자의 긍정적 정서 반응 간에 모종의 규칙성이 존재하는 것 같다는 생각을 하게 된다. 그리고 상담자의 공감적 태도와 내담자의 정서 반응을 측정하는 방법을 고안하고, 데이터를 수집하며, 충분한 데이터가 수집된 다음에는 전자와 후자 간의 관계를 통계적 방법으로 분석하는 과정을 거칠 것이다. 이것이 규칙성의 의미이며, 양적 연구자들은 현상에서 관찰되는 규칙성에 주목하고 그 규칙성을 '공적(公的)으로 표현하는 한 방법으로' 수(number)를 활용한다.

다음으로, 과학에서 법칙성의 의미는 과학자들이 관찰한 '어떤 규칙적 현상을 모종의 방법으로 효율적으로 표현할 수 있게 되었을 때' 부여한다. 여기서 '모종의 방법'이라는 말은 매우 모호한 표현이다. 다만, 과학자들이 법칙성을 보여 주기 위해서 사용하는 그 '모종의 방법들'은 종류가 매우 다양하고 많기 때문에 그렇게 표현한 것뿐이다. 예를 들면, 우리에게 잘 알려진 '상관분석'의 방법은 상담학자들이 법칙성을 표현하는 많은 방법 중 가장 흔히 사용되는 방법들 중의 하나일 것이다. 물론 법칙성을 보여 주기 위해 상담학자들이 사용하는 방법들은 그 밖에도 훨씬 더 다양하고 많으며, 이 책의 다른 장들에서도 그 방법들이 제시될 것이다.

과학자들이 법칙성을 말할 때에는 '확률'이라는 개념이 자주 등장한다. 어떤 원인 요소 A와 결과 요소 1 간에 법칙성이 관찰되는 경우, 그 확률은 1.0에 가까울 수도 있지만 그보다 낮을 수도 있다. 대부분의 경우, 그 확률은 1.0보다 훨씬 낮다. 단, 그 두 요소 간의 인과관계가 일정한 확률로 관찰될 때 과학자들은 여기서 법칙성이 발견되었다고 주장한다. 이런 확률적 사고방식은 원인과 결과라는 현상을 설명할 때는 물론 상관적 현상을 설명할 때도 마찬가지로 적용된다. 앞에서 말한 상담자의 공감적 태도와 내담자의 긍정적 정서 반응은 아직 그것들이 인과적 현상인지 상관적 현상인지 분명하지 않다. 단, 그 두 행동 간에 일정한 수준의 상관관계가 있음을 관찰하는 경우, 상담학자들은 상담자의 공감적 태도와 내담자의 긍정적 정서 반응 간에 법칙성이 존재하는 것 같다는 생각을 하게 된다.

### 질적 연구자들도 현상의 규칙성에 주목한다

같은 현상이 반복해서 관찰될 때 규칙성을 가정하고 그 현상에 주목하는 것은 양적 연구자와 질적 연구자 모두 가지고 있는 과학자적 태도이자 행위다. 쉬운 예를 들면, 동물행동학자들은 동물들의 짝짓기 행동이나 서열 정하기 행동들로부터 규칙성을 관찰하곤 하는데, 이때 동물행동학자들이 사용하는 연구방법은 다분히 질적인 연구방법에 속한다.

상담학자들도 유사하다. 예를 들면, 상담회기 중에 발생하는 '중요한 사건(혹은 중요한 경험, significant events)'을 연구하는 상담학자의 경우에는 측정치를 기반으로 한 통계적 분석보다는 상담 축어록 및 상담 후 인터뷰 기록을 기반으로 한 질적 분석방법에 관심을 가질 수 있다. 이런 연구에서 질적 연구자는 당연히 아주 드물게 관찰되는 현상보다는 자주 반복해서 관찰되는 현상에 주목하게 되며, 그 관찰로부터 모종의 규칙성을 발견하려고 노력한다. 상담학에서 자주 사용하는 질적 연구방법인 CQR(Consensual Qualitative Research, Hill, Thompson, & Williams, 1997)이나 Grounded Theory Approach(Glaser & Strauss, 1967) 등은 반복적으로 관찰되는 현상에 주목하여 규칙성을 발견하는 전형적인 연구방법들이다.

여기서 상담학도들이 명심해야 할 것은 다음과 같다. 연구의 방법은 '도구'라는 점을 잊지 말아야 한다. 연구의 방법이 연구의 내용과 본질을 결정하지 않도록 연구자들은 주의해야 한다. 상담학연구에서 중요한 것은 상담이라고 하는 현상, 상담자와 내담자에게서 일어나는 각종 다양한 행동, 반응 및 사건들을 얼마나 정확하고 효율적으로 기술(describe), 설명(explain), 예측(predict)할 수 있는지가 핵심적으로 중요한 것이다. 그것을 연구하는 방법으로서 수(number)를 사용했는지(양적 방법), 수를 사용하지 않았는지(질적 방법)는 그다음으로 중요할 뿐이다.

# 2. 측 정

사회과학을 공부하는 학생들은 일찍부터 '측정'의 개념과 기술들을 배운다. 과장해서 말하면, 그것이 무엇인지도 잘 모르는 가운데 측정의 기술부터 배운다. 그런데 인간이 지식을 얻어 가는 지적 발달의 과정을 살펴보면, '측정' 이전에 '양(量)'의 개념을 이해해야만 한다. 즉, '왼쪽 사과가 오른쪽 것보다 더 크다(혹은 더 무겁다).' 또는 '갑돌이가 을돌이보다 키가 더 크다.' 등을 먼저 알아야 한다는 것이다. 인간은 그다음에 자연히 '얼마큼' 더 큰지, '얼마큼' 더 무거운지 알고 싶은 욕구가 생겼고, 그 결과 '측정'이라는 개념이 탄생하게 되었다.

## 1) 측정의 본질

앞서 측정이란 사물이나 현상에 잠재되어 있는 '양적 속성'을 파악하여 그것을 수로 표현하는 기술이라고 설명하였다(Anastasi, 1988). 우리 인간은 일상생활에서 수로 표현되는 각종 측정치들을 자주 접하곤 한다. 대표적인 것이 길이 (거리), 무게(중량), 온도 등이다. 신발이나 바지를 살 때 신발의 길이, 바지의 허리 사이즈는 길이를 센티미터 혹은 인치로 표시된 측정치를 사용한다. 온도는 섭씨 혹은 화씨로 구분되는 '도'를 사용하고, 자신의 몸무게는 킬로그램 혹은 파운드로 표시되는 측정치를 사용한다. 상담학연구에서는 어떤 측정치들을 사용할까?

교육학과 심리학은 물론 일상생활에서도 우리는 지능지수로서 IQ라는 측정치를 사용하곤 한다. IQ의 구체적 속성들을 정확하게 알고 있는 사람은 그다지 많지 않지만, IQ의 수가 크면 지능이 더 높고 수가 작으면 지능이 더 낮다는 정도는 누구나 알고 있다. 또한 IQ 130은 매우 높은 지능이고, IQ 80은 매우 낮은 지능이라는 정보를 이해하는 사람도 많이 있다. 그러나 상담학연구에서 사용되는 측정치들은 IQ처럼 우리의 일상생활에 접목된 경우는 드물다. 예를 들면, 상담자와 내담자 간의 상담작업 강도를 표시하는 'WAI(Working Alliance Inventory)'는 상담학자 외에는 알려질 일이 없다. 인터넷 중독은 우리나라 청소년들 사이에 매우 흔히 나타나는 문제이지만, 인터넷 중독의 수준을 재는 측정치들도 그 연구자들 이외의 사람들에게는 알려질 일이 없다.

상담학에서 수행되는 측정이 어떤 것인지 살펴보기 위해 상담자와 내담자 간 작업동맹에 대한 측정을 예로 사용해 보자. 작업동맹에 대한 이론에 따르면, 상담자와 내담자 간에 형성되는 작업동맹은 상담자와 내담자 간의, ① 정서적 유대감, ② 목표에 대한 상호 동의, ③ 상담에서 수행해야 할 과제에 대한 상호 동의 등 세 가지 요인으로 구성된다(Bordin, 1979). 이론에 따르면, 이 세 요인은 서로 질적으로 구분된다. 즉, ①은 ②, ③과 구분될 뿐만 아니라, ②와 ③도 같은 '동의(agreement)'이지만 하나는 목표에 대한 동의이고 다른 하나는 수행 과제에 대한 동의로서 상호 구분되는 두 요소라는 주장이다. 다시 말해, 측정을 하기 위해 먼저 해야 할 일은 측정하고자 하는 속성이 무엇인지 개념적으로 정의하는 것이다. 그리고 그 속성은 어느 정도 단일 속성이며, 다른 속성들과 질적으로 다르다는 것을 설득할 수 있어야 한다. 만약 작업동맹과 같이 여러 요인으로 구성된 복합적인 개념이라면(Bordin에 따르면, 세 가지 요인) 그것을 구성하는 하위 요인들이 무엇인지 밝혀야 하고, 그 하위 요인들 간에는 어느 정도 독립성이 있음을 증명할 수 있어야 한다(여기서 다른 측정치들을 상기해 보자. 거리, 온도, 무게 등의 측정치들이 그 속성을 얼마나 효율적이고 분명하게 표현해 주는지, 즉 얼마나 '좋은' 측정치들인지 인정할 수 있을 것이다. 반면에 상담자와 내담자 간 작업동맹이라는 개념에 대한 측정치는 상당히 복잡할 것이라는 불길한 예측도 할 수 있다).

상담작업동맹의 측정방법을 고안해 보자. 연구자들은 우선, ① 정서적 유대감, ② 목표 동의, ③ 과제 동의 등의 세 요인에 대한 구체적인 정의를 시도한다. 그리고 각 요인들이 비교적 단일 요인이며, 각 요인들 간에는 질적 독립성이 존재한다는 것을 연구자들 간에 합의할 수 있는지 확인하는 절차를 거친다. 이런 절차가 만족스럽다면, 연구자들은 다음 단계로 나아간다. 다음 단계는 각 요인들 내에 존재하는 '양적 속성'이 무엇인지를 탐구하는 것이다. 정서적 유대감의 개념에는 어떤 양적 속성이 내재하고 있는가? 유대감에 강하고 약함, 즉 강도(强度)가 있는가? 유대감에서 끈끈함의 정도를 구분해 낼 수 있는가? 유대감에서 오래가고 짧게 끝나는, 즉 지속성을 구분해 낼 수 있는가? 즉, 연구자들은 유대감, 목표 동의, 과제 동의의 요인들로부터 양적 속성을 찾아내는 것이 측정의 다음 단계인 것이다. (이미 상담작업동맹 측정도구를 직접 공부해 본 적이 있는 독자는 그 측정도구가 탄생하기 이전에 그런 이론적 작업의 과정을 거쳐야 했던 개발절차를 상상해 보기 바란다.)

측정할 요인에서 양적 속성이 무엇인지 알아낸 다음에는 실제로 그 속성에 수(number)를 부여하는 방안을 고안해 내는 과정을 밟는다. 대개의 심리측정 및 교육평가 서적들은 측정의 본질을 설명할 때 이 절차부터 설명을 하기 때문에 이 단계의 절차에 대해서는 이미 상당히 잘 알려져 있다. 이 절차는 매우 구체적이고 기술적이기 때문에 다음의 '측정의 방법'에서 자세히 살펴본다.

## 2) 측정의 방법[1]

여기서는 상담학연구 중 '양적 연구'에서 자주 사용되는 측정방법들을 중심으로 설명을 하고자 한다. 질적 연구에서 주로 사용하는 인터뷰 방법은 이 책의 다른 부분에서 자세히 다루고 있다.

### (1) 자기보고법

자기보고법은 상담학에서 가장 자주 사용되는 측정방법이다. 독자는 이 방법을 사용한 측정도구들을 이미 자주 접해 보았을 것이다. 대표적인 성격검사들, 즉 NEO-PIR 5요인 성격검사, 미네소타 다면적 성격검사, CPI 검사, MBTI 검사 등이 모두 자기보고법을 사용한다. 이 검사들은 개인이 생활 속에서 경험하는 내용들을 문장으로 제시하고(예: 나는 TV를 볼 때 드라마보다는 코미디 프로를 더 자주 본다.), 그 문장에 대한 반응을 '예/아니요'로 대답하거나, '아주 그렇다'부터 '전혀 그렇지 않다' 사이에 몇 개의 단계를 두어 대답하게 한다.

앞에서 예로 든 상담작업동맹 측정도구인 WAI의 경우도 자기보고법을 사용한다. 예를 들면, 정서적 유대 요인에 대해서 12개의 문장(문항)이 제시되고, 다른 두 요인인 목표 동의와 과제 동의에 대해서도 각각 12개의 문장이 제시되어 모두 36개의 문항이 제시된다. 대답은 내담자 혹은 상담자가 하는데, 각 문항에 대해 '아주 그렇다'부터 '전혀 아니다' 사이에서 5개 단계로 대답할 수 있다. 다음 예는 각 하위 요인에 대한 문항의 예를 한 개씩 소개한 것이다.

🐾 문항 예

① 정서적 유대: "상담자는 진심으로 나의 행복에 관심을 가지고 있다고 믿는다."
② 목표에 대한 동의: "상담자와 나는 협력해서 상담의 목표를 정한다."
③ 과제에 대한 동의: "상담시간에 내가 무엇을 하고 있는지 잘 모르겠다."

---

1) 이 부분에 대한 내용은 김계현(2000)에 더 상세히 제시되어 있다.

자기보고법은 왜 상담학 측정에서 자주 사용되는가? 자기보고법 검사의 문항들은 피검자의 내면적 생각이나 기분 등을 주로 묻는다. 즉, 개인의 경험 내용을 알아보는 데 적합하다. 이런 내용들을 현상학적(現象學的) 자료라고 부르는데, 자기보고법은 비교적 실시가 용이할 뿐만 아니라 개인의 주관적 경험과 생각, 감정 등을 비교적 정확하게 알아볼 수 있다. 그러나 자기보고법에는 단점도 있다. 피검자가 연구의 목적이나 가설을 미리 짐작하여 고의적으로 혹은 무의식적으로 대답을 왜곡할 가능성이 있다. 또한 자기보고법은 외현적 행동을 직접 측정하지 못한다는 단점도 가지고 있다.

### (2) 행동측정법

행동측정법은 외관으로 관찰되는 행동 자체를 측정의 대상으로 삼는 것이다. 심리학에서는 종종 행동을 외현적 행동과 내면적 행동으로 구분하기도 한다. 내면적 행동은 사고(생각), 감정(정서), 신념, 태도 등을 지칭하는 용어인데, 이것들은 겉으로 드러나는 것이 아니기 때문에 직접 관찰되는 대상은 아니다. 이러한 내면적 행동들을 측정하려면 앞에서 설명한 자기보고법이나 다른 방법을 사용해야 한다. 그러나 밖으로 드러나는 외현적 행동은 직접 관찰이 가능하기 때문에 행동측정법으로 측정이 가능하다. 다음의 예를 살펴보자.

아동상담학에서 관심을 가지는 ADHD(Attention Deficit Hyperactivity Disorder, 주의력결핍 과잉행동장애) 문제는 교사, 부모, 상담자가 직접 관찰할 수 있는 문제다. 교실, 가정, 운동장 등에서 아동이 보이는 행동 자체가 관찰의 대상이며 문제를 진단하는 데이터로 활용된다. 관찰대상 아동이 행하는 행동이 어떤 행동이며(행동의 질적 속성), 그 행동들을 행하는 빈도, 지속 시간, 강도 등(행동의 양적 속성)이 측정의 기본 개념이 된다.

행동측정법은 초기에는 행동수정(behavior modification) 분야에서 집중적으로 개발되었다. 그런데 비디오 촬영 방법이 발달하면서(크기가 큰 비디오카메라뿐만 아니라 크기가 아주 작은 카메라 및 기타 소형 기구들) 행동을 녹화한 다음에 좀 더 안정적인 상황에서 행동들을 기록·분류·분석하는 방법이 가능해졌다. 따라서 상담학연구에서는 상담실에서 상담자와 내담자 간에 상담하는 전 과정을 녹화 및 녹음하여 이를 분석하는 연구가 유행하게 되었을 뿐만 아니라, 가족상담이나 부부치료 등에서는 가족 간, 부부 간에 상호작용하는 모습을 녹화 및 녹음하여 상호작용 패턴을 분석하는 연구들을 시도하게 되었다(상담학연구에서 상담장면을 녹화하여 분석하기 시작한 학자는 Carl Rogers다. 그는 내담자중심 상담이론을 제창한 공로 이외에도 상담학연구의 방법을 과학적으로 향상시킨 공로도 있다).

### (3) 실물 및 기록 지표의 활용

상담학연구 문제들 중에는 자기보고법을 신뢰할 수 없거나 혹은 행동관찰법을 사용할 수 없는 경우가 자주 발생한다. 예를 들면, 알코올 중독 증세가 있는 문제 음주자에게 '지난 일주일간 마신 술의 양'을 물어보았을 때 그것에 대한 정확한 대답을 얻기는 어렵다. 대개가 실제보다 훨씬 적은 양을 보고하는 것이 보통이다. 이 경우 그 사람이 술을 마시는 장소(집, 술집 등)를 파악하여 그 사람이 마시고 버린 술병의 수 혹은 술집에 기록된 술잔(병)의 수 등을 조사하는 것이 오히려 더 정확한 측정이 될 수 있다. 혹은 술을 마신 이후에 혈중 알코올 농도를 측정하는 방법을 사용할 수도 있다.

가정폭력의 문제를 측정할 때에도 유사한 문제가 발생한다. 자신의 폭력을 솔직하고 정확하게 보고하기를 기대하기는 어렵다. 또한 폭력을 당한 사람의 보고 역시 정확성이 결여된 경우가 많다. 가정폭력의 빈도나 강도를 녹화할 방법도 없기 때문에 이런 경우는 다른 방법을 고안해야 한다. 현재 연구자들이 사용하는 방법 중에는 피해자의 상처를 의사가 면밀히 관찰하여(여기서는 눈으로 관찰하는 방법 이외에 각종 의학적 방법들을 사용하여야 한다.) 폭력의 빈도와 그 강도를 측정하는 것이다. 이 관찰내용을 바탕으로 피해자 및 가해자와 면담을 해 보면 관찰이 정확했는지를 검증할 수 있다.

청소년 비행은 상담학의 주요 연구주제다. 그런데 대부분의 비행은 연구자가 관찰할 수 있는 영역 밖에서 행해지기 때문에 측정이 불가능한 경우가 많다. 예를 들어, 어떤 도시의 교육청에서 광범위한 학교폭력 예방 프로그램을 실시하였다고 해 보자. 학교폭력의 빈도나 그 성격이 변화하였는지 확인해 보기 위해서는 모종의 측정치가 필요한데, 이 경우 자기보고법이나 직접관찰법은 그다지 추천할 만하지 못하다. 오히려, 경찰 기록, 학교 생활지도 기록, 그리고 교내 및 학교 인근에 설치된 CCTV 기록 등이 더 유용한 자료가 될 것이다.

### (4) 타인에 의한 평정

앞에서 설명한 세 가지 측정방법이 모두 적합하지 못하더라도 측정이 불가능한 것은 아니다. 피검자와 가까이 생활하면서 피검자를 관찰할 수 있는 사람(이를 다른 말로 '주요 타자[他者]'라고도 함.)에게 물어봐서 측정자료를 얻을 수 있다. 예를 들면, 유아의 행동 문제에 대해서는 그 부모나 유치원 교사, 어린이집 보호자에게 관찰내용을 물어볼 수 있다. 기업상담에서 자주 문제로 제기되는 부서 내 인간관계의 경우 부서장이나 동료 직원들의 의견을 측정자료로 사용할 수도 있다. 군 상담연구에서도 지휘관, 부사관 혹은 동료 병사들로부터 측정자료를 얻는 방안을 강구해 볼 수 있다. 인터넷게임 중독척도 중에는 가족에게 평정을 하게 하는 도구도 있다.

## 3) 좋은 측정치

'좋은' 측정치란 무엇인가? 이 말은 '좋지 못한' 측정치가 있음을 가정한다. 측정치의 좋고 좋지 못함을 측정의 양호도라고 부른다. 더 좋은 측정치와 상대적으로 좋지 못한 측정치가 가지는 특징들에 대해 살펴보자.

### (1) 측정치의 안정성: 신뢰도 1

좋은 측정치는 안정성이 있어야 한다. 예를 들면, 길이(거리)는 우리가 평소에 접하는 측정치다. 내가 사용하는 나무 책상의 폭의 길이를 잰다고 하자. 지금 쟀을 때 길이가 122cm가 나왔는데 1시간 전에 쟀을 때에는(동일한 자, 즉 동일한 측정도구 사용) 119cm가 나왔다면 어찌된 일일까? 예상되는 오차의 원인은 몇 가지가 있다. 일단 책상 자체가 변형되었을 가능성을 생각할 수 있다. 그런데 책상의 재질을 생각해 볼 때 그 가능성은 매우 낮다. 그렇다면 측정환경의 변화(실내 공기 등)를 생각해 볼 수 있는데, 1시간 이내에 측정환경의 큰 변화가 없었다면 다른 원인을 생각해 보아야 한다. 다음 원인은 측정도구, 즉 자의 문제를 생각해 볼 수 있다.

만약 사물의 길이를 잴 때마다 측정치가 달라지는 자를 사용하고 있다면 이는 가장 먼저 자의 문제를 제기하여야 할 것이다. 이런 경우를 "측정치의 안정성이 부족하다."라고 말하는 것인데, 이른바 '고무줄자'라는 비유가 바로 그것이다. 이 안정성의 문제를 측정학 용어로 '신뢰도(reliability)'라고 부른다. 안정성이 부족하면 신뢰도가 낮다고 말하고, 안정성이 높으면 신뢰도가 높다고 말한다. 앞에서 예로 든 행동측정법을 상기해 보자. 한 아동의 교실 내 과잉행동을 두 명의 관찰자가 평가하였다면, 관찰자 1에 의한 평가는 측정 1(자 1)이 되고 관찰자 2의 평가는 측정 2(자 2)가 된다. 이 경우 측정 1과 측정 2의 결과가 거의 같다면 안정적인 측정이고(높은 신뢰도), 서로 크게 다르다면 불안정한 측정이 된다(낮은 신뢰도).

그런데 여기서는 왜 '신뢰도 1'이라는 용어를 사용했을까? 그 이유는 다음의 '신뢰도 2'를 설명하면서 살펴본다.

### (2) 측정 요소의 '내적 합치성': 신뢰도 2

상담학연구 논문에서는 크론바흐 알파(Cronbach a)가 자주 등장한다. 연구자는 그 수치가 1.0에 가까운 경우에 측정의 신뢰도가 충분히 높다고 주장한다. 이 크론바흐 알파는 측정의 내적 합치도를 나타내는 가장 대표적인 지표이기 때문이다.

앞에서 상담자-내담자 간 협력관계를 나타내는 지표로서 작업동맹이라는 개념을 소개하고, 그 첫 번째 요인으로 상담자-내담자 간 정서적 유대감을 소개하였다. 그 측정도구인 WAI는 정서적 유대감을 12개의 문항으로 측정한다. 여기서 이 측정도구의 개발자들은 상담자-내담자 간 정서적 유대감을 단일한 요인으로 가정하는 것이며, 12개의 문항들은 그 단일 요인을 효과적으로 측정하도록 고안된 것이어야 한다. 만약 이 가정들이 옳다면, 12개의 문항들을 가지고 계산한 크론바흐 알파계수는 1.0에 거의 근접해야 한다.

그러면 이 '내적 합치도'가 어째서 신뢰도 2인가? 그것은 신뢰도 1과 어떻게 다른가? 계속해서 WAI의 예를 살펴보자. 만약 정서적 유대감척도의 내적 합치도가 1.0에 훨씬 못 미치는, 즉 0.5 정도로 낮게 나왔다고 하자. 이것은 12개의 문항들이 하나의 단일 요인에 관한 것이 아니라 이것저것(연구자로서는 파악하지 못한) 복합 요소들을 재고 있었다고 해석해야 한다. 길이를 재는 자에 비유해서 말하면, 그 자를 만든 재료가 한 가지 플라스틱 혹은 한 가지 금속으로 만들어지지 않고 여러 가지 플라스틱을 무질서하게 섞어서 만들거나 여러 가지 금속을 무질서하게 섞어서 만든 경우다. 즉, 그 자의 어떤 부분에는 신축성이 높은 플라스틱이 들어 있고 또 어떤 부분에는 신축성이 낮은 플라스틱이 들어 있는 셈이다. 다시 말하면, 어떤 단일 요인을 잴 때 그것을 재는 측정도구(문항들의 조합)는 내적 합치도가 높아야 그것을 '신뢰성 있는 도구'라고 말할 수 있는 것이다.

이 두 가지 설명을 세심하게 읽은 독자는 신뢰도 1과 신뢰도 2가 무엇이며 그 둘은 어떻게 다른 것인지 정확하게 이해하였을 것이다. 신뢰도 1은 안정성에 관한 지표이고 신뢰도 2는 도구를 구성한 요소의 단일성에 관한 지표로서, 서로 다른 신뢰도다. 그럼에도 대부분의 상담학 논문들은 측정의 신뢰도를 보고할 때 거의 항상 크론바흐 알파 한 가지 신뢰도만을 보고한다. 측정의 안정성에 관한 신뢰도, 즉 신뢰도 1(예: 검사-재검사 신뢰도)을 보고한 논문은 그리 많지 않다. 이는 잘못된 현상이다.

## (3) 측정의 타당도(타당성)

측정의 양호도를 표현하는 방법으로서 신뢰도(신뢰성) 외에 타당도(타당성, validity)라는 개념을 사용한다. 여기서 굳이 '타당도'라는 용어 이외에 '타당성'이라는 용어를 병행시킨 이유는 타당도라는 용어는 타당한 정도, 타당한 수준을 보여 줄 만한 계량적 속성을 내포하고 있는데, 대부분의 타당도 정보들은 신뢰도처럼 그것을 계수화하지 못하기 때문이다. 어느 척도의 타당도를 분석한 연구들을 보면 대체로 그 척도의 타당성을 간접적으로 보여 주는 정보들을 체계적으로 제시하는 방식으로 구성되고 있다(단, 여기서 필자가 말하는 것은 척도의 타당성을 계수로 표현하는 것이 더 바람직한 타당화 연구라는 의미는 아니다. 척도의 타당화 연구는 현재와 같이 그 척도의 타당성을 여러 경로를 통해서 직간접적으로 보여 주는 방식을 취하는 것이 맞는다고 생각한다. 다만, 타당도라는 용어가 가지는 오해의 소지를 깨우치기 위해서 타당성이라는 용어를 병행했을 뿐이다). 척도의 타당도(타당성)에는 다음과 같은 다양한 종류의 개념이 있다.

① 예측타당도(예언타당도)

측정의 예측타당도(predictive validity)란 무엇일까? 행동과학의 측정도구들은 피검자들이 실제 상황과 실제 생활에서 행하는 행동을 얼마나 정확하게 예측해 주는지가 매우 중요하다. 측정치에서는 그 사람의 성격이 '매우 외향적임'을 말해 주고 있는데 실제 생활에서의 행동들에서는 외향적이라기보다 오히려 내성적인 행동들을 많이 보여 준다면, 그 측정은 잘못된 것이다. 즉, 타당성 중에서도 특히 예측타당도가 부족하다고 간주한다. 예측타당도는 다른 말로 예언타당도라고도 한다.

② 내용타당도

내용타당도(content validity)란 측정도구가 재고자 하는 속성과 측정도구의 문항이 '내용적으로' 일관성이 있는지에 관한 사항이다. Holland 이론에 근거한 직업흥미검사에 따르면 예술적 직업흥미라는 척도가 있는데, 그 척도를 구성하는 문항들이 과연 예술적 흥미라는 속성을 제대로 반영하고 있는지(예: "재즈연주회에 관한 기사가 보이면 읽고 싶어진다."라는 문항이 있다고 가정), 아니면 다른 엉뚱한 흥미 속성을 반영하고 있는지를 알아보는 것은 매우 중요하다. 만약 척도 문항들의 내용이 예술적 직업흥미가 아닌 다른 것들을 주로 담고 있다면 그 척도에 의한 측정의 결과를 해석하기가 곤란해진다.

③ 공인타당도(공유타당도)

공인타당도(concurrent validity)는 많은 타당화 연구논문에서 자주 볼 수 있다. 공인타당도를 제시하는 기본적 틀은 다음과 같다. 내가 타당화 연구를 하는 척도 A가 있다. 그런데 척도 A와 유사한 속성을 재는 다른 척도 갑(甲)이 기존에 존재하고 있어서 나는 척도 A와 척도 갑 간에는 '상당 수준의' 상관관계가 있음을 제시함으로써 새 척도 A가 측정하고자 하는 속성을 어느 정도 타당하게 측정하였음을 보여 줄 수 있다. 예를 들면, 흥미검사에 있는 사회형척도의 결과와 성격검사의 내외향성 및 호감성 척도의 결과 간에는 유의한 상관관계를 기대하는 것이 합리적인 예측일 것이다.

그런데 만약 척도 A와 척도 갑 간의 상관계수가 1.0이 나왔다면 이를 어떻게 해석해야 하는가? 일단, 척도 A와 척도 갑은 같은 속성, 하나의 속성을 잰 것은 아닐까 의심해 보아야 할 것이다(물론 두 척도는 다른 속성을 재는 것인데, 그 두 속성 간에 완벽한 상관관계가 존재한 것일 수도 있다). 그리고 반대로 척도 A와 척도 갑 간에 상관계수가 0에 가깝게 지극히 낮게 나왔다면 이를 어떻게 해석해야 하는가?

④ 구인타당도(구성개념타당도)

이 구인타당도(construct validity)는 매우 이론적인 개념이다. 그리고 그 측정의 타당도를 제시하는 방법도 매우 복잡하고 다양하다. 우선 가장 자주 사용되는 방법은 요인분석(factor analysis) 방법을 사용하는 것이다. 요인분석에는 탐색적 요인분석과 확인적 요인분석이 있는데, 최근에는 두 가지 방법이 척도 타당화 연구에서 모두 사용된다. 요인분석을 타당화 연구에 사용하는 논리는 다음과 같다. 어떤 척도를 만든 데에는 이론적 기반이 있는데, 요인분석의 결과가 그 기반 이론에 얼마나 부합하는지를 검토해 보는 것이다. 구인타당도를 연구하는 또 다른 방법에는 (자주 사용되지는 않지만) 수렴-식별(혹은 감별)타당도라는 방법도 있다. 이 타당도는 같은 속성을 여러 다른 방법으로 쟀을 때, 방법의 차이에 의해 발생하는 변산(변량)을 고려하여 그 측정이 당초에 재고자 했던 속성을 얼마나 제대로 잰 것인지 알아보는 방법이다(김계현, 2000).


# 3. 분석과 해석[2]

이른바 '양적 연구'는 자료를 '수'로 표현하며, 그 '수'들이 분석의 대상이 된다. 분석을 위해서는 수학이나 통계학에서 개발된 방법과 절차들을 사용한다. 양적 연구에서 주로 사용하는 분석방법으로는 무엇이 있으며, 그 분석결과는 어떻게 해석되는가?


## 1) 측정치 및 데이터의 특성

상담학 분야에서뿐만 아니라 모든 측정치(값)는 수로 표시된다. 이때 그 '수'가 말해 주는 의미는 여러 가지가 있다. 측정치의 속성에 따라서 데이터를 분석하거나 해석하는 방법이 달라진다. 기존의 서적들에서는 명명척도, 서열척도, 동간척도의 순서로 설명하곤 하지만, 여기서는 그 순서를 역으로 설명한다. 그 이유는 다음의 내용을 통해 확인할 수 있을 것이다.


### (1) 동간척도

척도가 동간성(同間性)을 가진다는 것은 무엇을 의미하는가? 측정치가 동간성을 가지면 1과 2의 차이, 2와 3의 차이, 3과 4의 차이 등이 모두 같은 1의 양을 차이로 가진다. 그렇다면 1과 3의 차이 2는 3과 4의 차이 1보다 두 배의 차이가 있다는 것이다. 체중 20kg과 30kg 간의 차이는 10kg인데, 이것은 체중 30kg과 40kg 간의 차이와 같은 크기의 차이다. 그리고 20kg과 40kg 간의 차이인 20kg은 10kg 차이보다 두 배 더 큰 차이라는 분석이 가능하다. 그래서 무게나 길이

---

2) 이 절의 내용은 필자가 쓴 다른 서적들의 내용과 중복되기도 한다. 그러나 과학적 연구방법론을 이해하는 데 필수적이므로, 중복되지만 이 책의 성격에 맞도록 내용을 수정하여 논의를 제공한다.

와 같이 영(0)이 존재하는 척도는 동간성뿐만 아니라 비율성까지(예: 몇 배 더 크다, 몇 배 더 무겁다.) 있기 때문에 비율척도라고도 불린다.

상담학에 이런 측정치가 존재하는가? 상담자-내담자 간 작업동맹척도 중 정서적 유대감척도에서 15와 20의 차이는 5인데, 이것은 20과 25의 차이 5와 같은 크기라고 분석할 수 있는가? 그리고 15와 25의 차이 10은 5보다 두 배의 크기인가? 이 점에서 정서적 유대척도는 동간성을 담보해 준다고 주장하기 어렵다고 보는 것이 타당하다. 다시 말해, 정서적 유대감척도의 측정치를 가지고 가감승제(加減乘除) 계산을 자유롭게 하고 그 계산의 결과를 가지고 자유롭게 해석하는 데에는 제한을 받는다고 보는 것이다.

그런데 우리가 접하는 많은 논문을 보면 이런 척도를 사용한 데이터를 가지고 다양한 가감승제 계산, 즉 통계적 처리를 가하고 그 결과를 해석하곤 한다. 동간성이 결여된 척도임에도 가감승제 계산을 하고 있다. 어찌된 일인가? 이는 다음의 서열적 척도를 설명하면서 논의한다.

### (2) 서열척도

상담학은 물론 심리학, 교육학 등에서 사용되는 거의 대부분의 척도는 서열척도다. 지능검사를 예로 들어 보자. IQ는 상당히 정교한 표준화 절차를 거친 표준점수이지만 동간성을 갖고 있지는 못하다. 즉, IQ 90과 IQ 110 간의 차이 20과, IQ 130과 IQ 150 간의 차이 20이 같은 크기, 같은 양이라고 주장할 만한 근거는 없다. 다만, 그 점수가 표준점수라고 말할 수 있는 것은 그 각각의 점수 차이에 존재하는 표준적인 의미가 있다는 뜻이다. 즉, IQ에는 서열적인 의미 이외에 그 서열의 간격에 표준적인 의미가 있다는 점이 다른 서열척도보다 우월한 점이다.

상담학연구자들이 사용하는 많은 척도는 동간척도와 서열척도의 중간 정도의 정보력을 가지고 있다고 말할 수 있다. 상담관계를 나타내는 작업동맹척도 역시 서열척도이지만 그 점수 간의 차이에 '약간의 동간성이 존재'하도록 제작되었다고 가정하는 것이다. 직업에 대한 흥미도 역시 서열척도이지만 그 점수 간에는 약간의 동간성이 존재한다고 볼 수 있다. 엄격히 말하면, 서열척도를 가지고 가감승제 계산을 하는 것은 틀린 결과를 야기할 위험이 있지만, 척도들이 서열적 정보뿐만 아니라 '약간의 간격 정보'를 포함하고 있기 때문에 가감승제 계산을 '허용'하는 것이다.

이러한 '허용'을 하는 배경을 이해하려면 다음과 같은 통계학적 기반을 이해해야 한다. 우리가 주로 사용하는 통계기법들은 '모수(母數)적 통계'라고 하여 자료의 정규분포(normal distribution)를 가정할 수 있을 때 사용하는 방법이다. 자료의 정규분포를 가정하지 못할 때에는 이른바 비(非)모수적 통계방법을 사용하도록 되어 있다. 그러나 자료가 정규분포를 이룰 때에는 그 이후의 통계적 계산들이 어느 정도 표준화되어 있기 때문에 통계처리 결과를 어느 정도 신뢰할 수가 있다는 것이다. 따라서 상담학연구에서 사용하는 많은 서열적 척도는 동간성이 결여되어 있기는 하지만 다양한 통계적 계산이 가능하다고 보는 것이다. 다만, 연구자는 물론 연구물을 읽는 독자는 척도의 이러한 약점을 인식하여 그 결과를 해석할 때 주의를 기울여야 한다.

### (3) 명명척도

명명척도(nominal scale)는 엄격히 말하면 '척도'는 아니다. 예를 들어 보자. 상담학연구에서는 내담자와 상담자 간에 실제로 어떤 상호작용을 하였는지 양자 간에 오간 말, 즉 언어를 분석하는 기법이 있다. 그렇게 하기 위해서 연구자들은 상담자와 내담자가 말한 내용을 분류하는 '코딩 시스템'을 제작하였다. 예를 들면, 내담자의 언어 중에 '감정을 표현함' '경험한 사건을 기술함' 등이 있고, 상담자의 언어 중에는 '내담자의 감정을 반영해 줌' '정보를 요구하는 질문을 함' 등이 있다. 이것은 미리 정해진 유목(類目)을 가지고 내담자와 상담자의 말들을 분류하고 코딩을 매기는 일이므로, 엄격히 말하면 측정이라기보다는 '이름을 붙이는' 작업이고, 따라서 명명척도라고 불리는 것이다.

연구에서 가장 흔히 사용되는 명명척도는 성별, 즉 남녀 구분이다. 사회조사 자료를 가지고 통계처리를 해 본 사람이라면 경험을 해 보았겠지만, 우리는 종종 남성에는 1, 여성에는 2를 부여하곤 한다. 그 순서를 바꾸어서 여성에 1, 남성에 2를 부여하여 통계처리를 하여도 그 결과는 똑같다. 즉, 조사연구 분석에서 남성과 여성에는 서열적 정보가 존재하지 않는다는 것이다. 단지 남성과 여성이라는 유목에 대한 이름만 존재하는 것이다.

그럼에도 이런 이름에 숫자를 부여해서 가감승제 계산이 가능한 상황이 존재한다는 점은 매우 경이롭다. 그 이유를 알아보자.

명명척도를 사용한 연구에서는 거의 항상 '빈도(frequency)'를 그 통계치로 사용한다. 대통령이나 의원을 선거할 때마다 등장하는 지지율 조사를 생각해 보면 쉽게 이해할 수 있을 것이다. 그 지지율이란 바로 후보 1을 지지하는 사람의 빈도, 후보 2를 지지하는 사람의 빈도, 후보 3을 지지하는 사람의 빈도 등, 빈도를 가지고 계산하는 것이다. 상담학연구에서는 상담자가 한 회기 중에 '내담자의 감정을 반영해 줌'을 몇 번 하였는지의 빈도, '내담자에게 정보를 요구하는 질문을 함'을 몇 번 하였는지의 빈도 등이 기본 자료로 사용된다. 이러한 빈도 자료를 가지고 각종 연구문제들에 대한 통계적 분석을 가하는 것이다.

빈도가 측정치로 사용되고 그 빈도 측정이 정확하였을 경우에 그것은 거의 동간척도와 유사한 성격을 띠게 된다. 그 이유는 쉽게 이해할 수 있다. 상담자가 1회기에 감정 반영을 10의 빈도로 발생하였는데, 2회기에는 15의 빈도로 발생하였다고 해 보자. 이런 자료에서 10과 15의 차이 5는 15와 20의 차이 5와 같은 크기인가? 그것을 인정한다면(이 경우 인정할 수 있다.) 이 빈도는 동간척도와 거의 같은 성격을 부여받게 되며 다양한 계산이 가능해지는 것이다. 다시 말하면, 빈도로 표시되는 명명척도는 서열적 척도보다 오히려 더 우월한 동간성을 가지기 때문에 통계학적 처리 면에서 유리한 점이 있다.

독자는 국내외 대통령 선거에서 지지율 조사나 출구 조사의 결과들이 보여주는 '예측 정확성'을 기억하고 있을 것이다. 예측이 그만큼 정확하다는 것, 다시 말해서 적은 오차를 가질 수 있게 된 배경에는 그 자료가 '빈도 자료'이기 때문에 그럴 수 있었다는 것을 이해할 수 있을 것이다. 빈도는 매우 디지털(digital)한 속성을 가지고 있기 때문에, 그 빈도가 신뢰할 수 있고 타당하며 객관적으로 수집되었을 경우 그 자료에 기반한 통계처리 결과는 매우 정확할 수 있다. 따라서 척도에 대한 기존 서적들은 명명척도를 동간척도나 서열척도에 비해 더 '열등한' 척도로 간주하는 경우가 있는데 이것은 옳지 않다. 명명척도가 오히려 더 유용한 척도가 될 수 있음을 알아야 한다.

## 2) 기술적 분석과 해석

기술(description)은 연구의 가장 핵심적 기능이다. 정확한 기술이 없이는 그 어떤 과학적 설명도 추론도 불가능하다. 그럼에도 우리 상담학계에서는 기술 연구에 대해 "단순한 실태조사 연구에 불과하다." 또는 "단지 현상을 기술하는 데 그치고 있다."라는 등의 옳지 못한 평가를 내리는 경우를 종종 목격하게 된다. 특히 학술지의 논문 심사나 학위논문 심사 등에서 그런 경우를 자주 목격한다. 기술연구는 다음에 설명할 추론적 연구의 기초가 되는 중요한 부분이다.

### (1) 현상(실태)에 대한 조사연구

"우리나라에는 어떤 상담기관이 존재하며, 그 숫자와 규모는 어떠한가?" "우리나라 청소년 상담기관에서는 어떤 검사들을 어느 정도의 빈도로 사용하는가?"이러한 질문에 대한 대답은 지극히 기술적인(descriptive) 정보를 필요로 한다. 다만, 그 자료를 수집하는 절차가 정밀하여야 하고 조사의 결과가 정확하게 제시되어야 한다. 정밀하고 정확한 조사를 요하는 다른 질문을 보자. "우리나라에는 인터넷게임에 중독된 개인의 수가 얼마나 되는가?" 이 질문에 대한 답을 제대로 하려면 우선 인터넷게임 중독에 대한 정확한 정의가 필요하고, 그것을 신뢰할 수 있고 타당하게 측정하는 도구와 진단 기준이 필요하다. 그다음은 전국적인 인터넷 중독자를 조사하는 정밀한 표집(sampling) 절차가 마련되어야 한다.

상담학 분야에서 이러한 기본적인 조사연구가 부족하다는 것은 매우 기이한 일이다. 아마도 앞에서 말한 것처럼 조사연구를 폄하하는 분위기가 주요 원인이 아닌가 짐작된다. 그러나 각종 상담학적 문제에 대한 기본 조사가 없는 상태에서는 상담학연구의 발전을 기대할 수가 없다. 인터넷 중독은 물론, 청소년 비행, 학교폭력, 기초학력 미달, 우울, 자살, 은둔형 외톨이, 성격장애, 이혼, 가정폭력, 성폭력, 도박 중독, 취업 실패, 경력 단절, 장기 실업 등 상담학자들이 기본적으로 조사해야 할 상담학적 문제는 산재해 있다. 그럼에도 우리 상담학계는 그런 문제를 겪는 인구가 얼마나 되는지 기본적인 발생률 및 '유병률'에 대한 조사연구를 게을리하고 있다. 상담학 발전을 위해서는 상담학연구법에 '조사방법론'을 비중 있게 포함시켜야만 한다.

### (2) 분류연구

기술연구의 두 번째 범주는 분류(classification)다. 합리적인 분류는 모든 학문의 기초다. 식물이나 동물 분류가 없었다고 상상해 보자. 이런 상태에서 생물학적 연구가 수행될 수 있었을까? 물질에 대한 분류(화학에 나오는 주기율표를 떠올려 보라.) 없이 화학 연구가 가능했을까? 그 대답은 자명하다. 우리 상담학은 어떠한가?

우선 상담 문제 분류론이 제기될 것이다. 일단, 정신건강 문제에 대해서는 정신의학 분야에서 개발한 Diagnostic and Statistical Manual(통상적으로 'DSM'으로 불림.) 제4판 및 제5판을 사용할 수 있다. 청소년 문제에 대해서는 한국청소년상담원에서 발행한 '청소년 문제유형 분류체계'가 있으나 실제로 연구자나 상담현장에서 자주 사용되지는 않는 것 같다. 이와 같이 상담학은 분류론이 그다지 발달하지 못했음을 알 수 있다.

그렇다면 상담학에서 분류론은 왜 중요한가? 인터넷 중독 문제를 예로 들어 살펴보자. '인터넷 중독'이라는 범주명(名)은 매우 애매모호한 명칭이다. 그것은 인터넷게임에 대한 중독일 수도 있고, 인터넷 도박에 대한 중독일 수도 있으며, 이른바 서핑이라고 부르는, 즉 인터넷상에서 여기저기 검색을 하는 데 많은 시간을 허비하는 것일 수도 있다. 혹은 타인에 관한 정보를 SNS를 통해 들여다보는 것도 있다. 여기서 인터넷게임에 대한 중독과 인터넷 도박에 대한 중독은 같은 것인가, 아니면 다른 것인가? 전자는 전자게임 중독, 즉 인터넷게임 외에도 다른 게임 프로그램에 대한 중독까지 포함하는 전자게임 중독으로 분류되고, 후자는 인터넷 도박 외에도 다른 도박에 대한 중독을 포함하는 것으로 분류하는 것이 맞지 않을까? 현재까지 이 질문에 대한 정확한 답은 알려지지 않다.

분류라는 것은 범주 A와 범주 B는 이러이러한 점에서 구분되고, 뿐만 아니라 범주 A 안에 포함되는 것들은 이러이러한 공통성 때문에 같은 범주로 묶어야 한다는 것(범주 B도 마찬가지임.), 즉 공통성과 차이점을 동시에 고려하여 결정되는 학술적 절차다. 상담학에서는 각종 상담 문제들에 대한 분류뿐만 아니라 다른 부문에서도 분류가 필요하다. 예를 들면, 상담과정 연구에서는 상담자와 내담자의 행동, 언어 등 각종 반응을 분류해 놓지 않으면 연구를 수행하기가 불가능하다. 그래서 생긴 것이 '상담반응 코딩 시스템'과 같은 것이다. 상담성과연구에서도 마찬가지다. 상담성과는 한 종류가 아니라 다양한 종류가 존재하기 때문에 상담성과에는 이러이러한 것들이 있다라고 정확하게 분류되어 있지 않으면 성과연구가 불가능해진다. 예를 들면, 상담에 대한 내담자의 만족도, 상담으로 발생한 증상의 변화, 상담목표 달성도 등이 현재 활용되는 상담성과들이다(김계현, 2000).

### (3) 구성 요소 분석

심리학 및 교육학에서 구성 요소에 대한 가장 대표적인 연구는 지능에 관한 연구와 성격에 관한 연구일 것이다. 이 부분은 워낙 잘 알려져 있기 때문에 여기서 다시 설명하지는 않는다. 다만, 상담학에서도 구성 요소에 관한 연구가 자주 수행되고 있고 앞으로도 지속해서 수행되어야 함을 말하고자 한다. 예를 들어 살펴보자.

상담에는 '공감'이라는 중요한 개념이 있다. 그런데 학자들은 공감이라는 현상은 단일한 현상이 아니고 다소 복합적인 현상이라고 보고 있다. 그렇다면 공감이라는 현상을 구성하는 하위 요소들이 있다고 가정할 수 있고, 그 하위 요소들이 무엇 무엇인지 밝혀 보고자 하는 시도가 있을 수 있다. 이 시도를 현실화한 것이 구성 요소 연구가 된다. 예를 들면, Barrett-Lennard(1962)의 연구를 들수 있다. 또 다른 예를 보자. 진로상담 분야에는 '진로성숙'이라는 중요한 개념이 있다. 이 개념 역시 단일한 현상이 아닌 복합적인 현상이라고 보고 있다. 진로적으로 성숙한다는 것은, 일단 자기가 어떤 종류의 일에 관심이 있고 좋아하는지를 잘 알고 있는지, 직업이란 것이 어떤 것인지 이해하고 있는지, 이 세상에 어떤 종류의 직업이 존재하는지를 얼마나 아는지, 자신의 미래 희망 직업을 뚜렷이 인식하고 있는지, 자기가 왜 그 직업을 희망하는지 이해하고 있는지 등 다양한 요소가 복합되어 있는 현상이다.

구성 요소를 연구하는 대표적인 방법으로는 요인분석(factor analysis)과 군집분석(cluster analysis) 등이 사용된다. 이 두 방법은 분석의 목적과 결과가 매우 흡사하다. 즉, 현상을 아주 미세하게 쪼개 놓은 다음에 그것들을 묶는 것이 요인분석과 군집분석의 목적이고 결과다. 앞에서 든 예들을 사용해 보면, 공감과 진로성숙이라는 현상을 아주 잘게 쪼개서 열거한 다음에 요인분석 혹은 군집분석이라는 통계적 절차를 밟으면 그 결과로서 몇 개의 요인 혹은 군집으로 묶음들을 얻을 수가 있다. 그리고 그 묶음들, 즉 요인들 혹은 군집들에 적합한 명칭을 부여하여 공감이나 진로성숙이 어떤 요소들로 구성되어 있는지를 설명하게 되는 것이다.

## 3) 추론적 분석(추정)과 해석

과학적 연구는 실태와 현상을 기술하는 것뿐만 아니라 그것을 설명(explain)하는 기능도 수행한다. 그런데 설명이라는 단어는 그 쓰임에 따라 뜻이 달라지므로 여기서는 과학에서 사용하는 설명의 의미에 한해서 살펴본다. 과학적 설명이란 무엇인가? 설명의 첫 번째 범주는 인과관계, 즉 원인과 결과를 설명하는 것이다. 그리고 설명의 두 번째 범주는 요소(요인)들 간 관계의 구조를 설명하는 것이다. 가장 간단한 관계구조에는 두 요소 간의 상관관계(보통, 상관계수 $r$로 표현됨)가 있으며, 좀 더 복잡한 관계구조를 설명하기 위해서는 다변인 간의 구조적 분석방법들(예: 다변인분석법, 중다회귀분석, 구조방정식 등)을 사용한다. (구체적인 내용은 관련 서적을 참고하기 바란다.)

### (1) 가설연역적 논리

과학적 추론에서 가장 중요한 논리는 가설연역적(hypothetico-deductive) 논리다. 가설연역적 논리를 알기 쉽게 설명하면 다음과 같다(이 내용은 과학적 연구의 연구방법론에서 가장 보편적으로 인정되는 연구논리다). '양적 연구'에서는 다음에 설명할 통계적 추론을 주로 연상하겠지만, 그 이전에 가설연역적 추론의 논리를 먼저 정확하게 이해할 필요가 있다.

과학자가 아무 목적 없이 데이터부터 수집하는 경우는 거의 없다. 과학자는 탐구하고 싶은 것을 질문으로 구성한 다음 그 질문에 대한 답변에 도움이 될 만한 데이터를 수집한다. 과학자들은 독특한 방식으로 연구질문을 구성하는데, 그것을 가설(hypothesis)이라고 부른다. 가설은 통상적으로 다음과 같이 구성된다. '만약 ~라면, ……할 것이다.' 가정을 먼저 제시하고 그 가정이 만족되면 예측하는 결과가 관찰될 것이라는 방식이다. 이것을 상담학적 현상에 적용해 보자.

"만약 내담자가 상담자로부터 공감을 충분히 받는다면, 상담의 효과가 증진될 것이다."라는 가설을 구성하였다고 하자. 그리고 나서 이 연구문제(혹은 연구가설)를 탐구하는 상담학자는 연구문제를 구명하는 데 도움이 될 만한 데이터를 수집한다. 즉, 내담자가 느끼는 공감의 정도를 측정할 것이고, 상담의 효과에 대한 측정치를 수집할 것이다. 그리고 나서 공감의 정도에 따라 상담의 효과 정도가 일정하게 변화하는지 여부를 분석하게 될 것이다.

여기서 중요한 것은 '얻어진 데이터가 가설을 지지하는지 혹은 부정하는지'를 판단해야 한다는 점이다. 만약 얻어진 데이터가 가설을 지지하는 것으로 판단된다면, 상담학자는 그 가설의 기반이 되었던 이론과 연구결과 간의 연관성을 논의한다. 즉, "내담자가 느끼는 공감은 상담효과를 증진시킨다."라는 가설이 성립되게끔 그 기반이 되었던 상담학 이론을 검증하는 것이다. 다시 설명하면, 연구자는 상담학 이론에 근거하여 가설을 구성하고, 그 가설을 검증할 수 있는 데이터를 수집하며, 그 데이터 분석의 결과가 가설을 지지하면 다시(순환하여) 당초의 이론이 검증되는 논리과정을 거친다. 이것을 가설연역적 논리라고 부르는 것이다. 반대로, 만약 얻어진 데이터가 가설을 지지하지 않으면 가설이 기반했던 이론은 그만큼 근거를 상실하게 된다. 가설연역적 추론이란 이처럼 이론, 가정, 가설 및 데이터(결과)가 서로 간에 순환적·상호적으로 지지하거나 혹은 반대로 기각시켜 가는 과정이다.

### (2) 통계적 추론의 논리

이와 같은 가설연역적 논리의 과정에는 양적(수량적) 데이터가 개입되고 이 데이터들은 종종 통계적으로 분석된다. 그렇기 때문에 상담학연구의 논리를 구체적으로 이해하려면 통계적 추론의 논리를 이해해야 한다. '양적 연구'는 주로 측정된 데이터가 수로 제시되고 그것을 통계적으로 분석하는 경우가 많아서 통계는 양적 분석의 핵심 개념이다.

통계학에서 영가설(null hypothesis)이라는 용어가 자주 등장한다. 그리고 영가설이 '기각되었다' 혹은 '지지되었다'라는 표현을 사용한다. 통계적 추론을 이해하려면 바로 이 영가설을 정확하게 이해해야 한다. 통계분석에서 영가설이란 글자 그대로 '0', 즉 '없음'을 지칭한다. 다시 말하면, 'A와 B 간에는 관계가 없음' 'A와 B 간에는 차이가 없음' 등과 같이 '없음'을 중심으로 표시되는 가설이다. 그런데 한 가지 혼동을 줄 수 있는 요소가 있다. 그것은 실제로 연구자가 알고 싶어 하는 것은 'A와 B 간에는 관계가 있음' 혹은 '차이가 있음' 등 '있음'을 중심으로 이루어져 있다는 것이다. 그런데 통계분석에서는 그 반대, 즉 '없음'을 중심으로 가설을 세운다는 것이다.

따라서 연구자의 목적은 영가설을 기각(부정)하는 결과를 얻는 것이다. 얻어진 데이터가 영가설을 기각한다면 이를 어떻게 해석하게 되는가? 여기서 과학자들은 매우 보수적인 입장을 취한다(독자는 이 '보수적' 추론 과정을 정확하게 이해해야 한다). 내담자가 느낀 공감과 상담효과 증진 간의 관계를 분석하는 연구의 예를 계속 생각해 보자. 영가설은 공감과 상담효과 간에 관계가 없다는 것인데,

데이터가 이를 부정하는 방향으로 나왔다는 것은 공감과 상담효과 간에 관계가 '있다'는 해석을 하면 되지 않는가? 그런데 과학의 논리는 그렇게 과감하지 않다. 과학의 논리는 이때 "공감과 상담효과 간에 관계가 없다고 말할 수는 없다." 정도로 해석을 한다는 '보수적' 입장을 취한다.

통계적 추론의 두 번째 특징은 표집, 즉 샘플에 대한 데이터를 가지고 전체(전집, 모수치)를 추정한다는 점이다. 여기서 통계학자들은 재미있는 추론이론을 사용한다. 추리통계이론에 따르면, 수많은 샘플에서 통계치를 얻는다고 가정한다. 쉽게 설명하면, 공감과 상담효과 간의 관계를 분석하는 연구에서 그 자료를 한국의 대학생 상담 50건의 사례로부터 얻는다면(여기서는 샘플이 한국의 대학생 상담 사례임.), 같은 방식으로 또 50건의 사례, 또 50건의 사례 등 아주 여러 샘플을 수없이 많이 표집하여 데이터를 얻는다고 가정한다는 것이다. 그러면 실제로 얻은 데이터는 가상적으로 얻은 수없이 많은 샘플 데이터들(이론적 분포) 중의 하나일 뿐이다. 그러고 나서는 실제로 얻은 데이터와 이론적 분포 간의 관계를 분석한다. 여기서 만약 실제로 얻은 데이터가 '이론적 분포'를 기준으로 판단할 때 매우 희귀한 경우로 판단해야 할지, 그저 그런 보통의 경우로 판단해도 될지를 분석하는 것이 통계적 추론의 두 번째 특징이다.

여기서 만약 실제로 얻어진 데이터가 '이론적 분포'를 기준으로 볼 때 매우 희귀한 경우라고 판단된다는 것은 구체적으로 무엇인가? 연구논문에서는 '통계적으로 유의한'이라는 표현이 자주 등장한다. 여기서 '통계적으로 유의한'이라는 말의 의미를 정확하게 이해하지 못하면 연구논문의 결과를 정확하게 이해하지 못하는 것이므로 이 표현을 이해하는 것이 매우 중요하다. 통계적 유의함에 대해 과학자들은 '관습적인' 기준을 사용한다. 그것은 '5%의 오차 한계'라는 임의적으로 사용되는 '관습'을 말한다. 즉, 통계적으로 유의하다는 것은 '이론적 분포'를 기준으로 볼 때 그런 결과가 나올 수 있는 경우는 5% 미만이라고 보는 것이 연구논리에서 통상적으로 사용하는 기준이다. 그리고 논문에서는 그것을 "$p < .05$ 수준에서 유의하다."라고 말하며, 기호로 '*' 표시를 한 개 붙여 준다. 그리고 이 통계적 유의성이 의미하는 것은 다음의 추론의 오류(오차) 범위를 살

퍼볼 때 함께 설명한다.

### (3) 추론의 오류(오차) 범위

과학적 논리에는 '오류의 가능성을 미리 인정한다'는 특징이 있다. 우리는 과학이 정밀하고 오차를 인정하지 않으며 과학적으로 밝혀진 사실은 오류가 없다고 생각하기 쉽지만, 사실은 그렇지 않다. 과학은 정밀하고자 노력하지만 과학적 연구의 결과에 대해 오차와 오류의 가능성을 항상 열어 두고 있다. 앞에서 과학 논리가 매우 '보수적'이라고 표현하였는데, 오차와 오류의 가능성을 열어 둔다는 것이 바로 그 보수적 태도에 관한 또 다른 표현이다.

통계적 추론에서 '$p < .05$'의 의미를 "5% 미만의 오차 범위에서 유의함."이라고 설명하였다. 이 의미를 잘 살펴보면, 이런 해석에는 이미 '오차 범위'를 인정하고 들어간다는 것을 알 수가 있다. 공감 연구의 예를 계속 활용해 보자. 공감과 상담효과 간에 상관이 있는지를 알아보는 연구에서 영가설은 공감과 상담효과 간에 관계가 없을 것이라는 방식으로 제시된다. 그리고 얻어진 데이터, 즉 결과가 이 영가설을 기각한다고 해석을 할 때 과학자들은 그 해석의 오류 가능성을 아주 적게 만들기를 바란다. 오류, 즉 잘못된 결론은 발생할 수 있지만 그 오류의 가능성이 아주 적어지도록 해야 하는 것이다. 그리고 통상적으로 이 오류 범위는 5%를 넘지는 않도록 한다는 것이다. 이런 오류를 과학에서는 '제1종 오류'라고 칭한다(통상적으로 알파라고 표시함).

제1종 오류라는 용어가 있음을 보면 제2종 오류도 있을 것이라고 짐작할 수 있다. 과학에서 말하는 제2종 오류라는 개념은 제1종 오류와 정반대로 생각하면 된다. 계속되는 예, 즉 공감과 상담효과 간의 관계연구에서 데이터 분석결과, 영가설을 부정(기각)하지 못하는 결과가 나왔다고 해 보자. 여기서 영가설을 부정하지 못한다는 것은 '공감과 상담효과 간에 관계가 없음'이라는 방향으로 해석을 하게 된다는 것인데, 이런 해석이 잘못된 해석일 가능성, 즉 오류일 가능성을 '제2종 오류'라고 칭한다(통상적으로 베타라고 표시함). 만약 공감과 상담효과 간에 관계가 있다는 것이 '진실'이라면 이 연구의 결과는(관계가 없다는 결과가 나온) 오류를 범한 것인데, 그런 오류를 제2종 오류라고 표현하는 것이다.

이와 같이 과학적 추론은 항상 오류(오차)의 가능성을 이중적으로, 즉 양쪽(알 파와 베타)으로 열어 두고 혹시라도 얻어진 데이터 분석결과, 그리고 그 결과에 근거한 해석이 잘못된 것은 아닐까 의심하고 재검토해 보는 조심스러운 과정임을 알 수 있다. 과학적 사고와 연구절차는 약 400년 정도의 역사에 불과하고, 그중에서 과학으로서의 상담학은 100년도 채 되지 않는 역사를 가지고 있지만, 그것이 믿을 만한 지식을 생산하고 탄탄한 이론을 구성하는 데 역할을 해 주는 것을 보면 아마도 과학의 그러한 보수적인 연구논리에 기인한 것은 아닐까 생각해 본다. 즉, 오류의 가능성을 미리 열어 두되 오류의 한계 범위를 엄격하게 설정함으로써(예: 5% 미만) 잘못된 해석을 행할 확률을 미리 통제하는 과학적 추론의 논리는, 과학의 발전이 속도는 느리지만 그만큼 탄탄한 과정을 밟게 된다는 장점을 제공한다고 볼 수 있다. 독자는 과학적 연구방법론의 핵심적 논리를 정확하게 이해함으로써 '양적 연구'에 대한 쓸데없는 비판이나 오해로부터 벗어나고, 또한 효율적이고 정확한 과학적 사고를 하는 상담학자가 되기를 바란다.

제5장
# 질적 연구방법

| 권경인 |

이 장은 상담학 영역에서 활용 가능성이 있는 질적 연구방법에 대한 내용으로, 질적 연구의 특성과 패러다임 및 대표적 접근을 중심으로 구성되어 있다. 상담학 영역에서 사용되는 대표적인 질적 연구방법으로서 근거이론 연구, 현상학적 연구, 사례연구, 문화기술지 연구, 합의적 질적 연구법 등을 살펴보고, 각 질적 연구방법에 대한 기본 이해와 연구과정을 제시하였다.

## 1. 질적 연구의 특성과 패러다임

### 1) 질적 연구의 특성 및 개념

상담연구방법론의 중요한 변화 중 하나는 질적 연구에 대한 관심이다. 최근 10년간 상담학 관련 대표 학회지에서는 어렵지 않게 질적 연구들을 찾아볼 수 있다. 상담학 관련 분야뿐만 아니라 인간에 대한 마음과 사회에 대한 이해를 탐색하는 여러 학문 분야에서 질적 연구방법론은 그 중요성을 인정받고 있다.

여러 학문 분야에서 질적 연구가 주목받는 이유는 우리가 접하는 현상을 기존 이론으로 설명하는 데 한계에 부딪히는 경우가 많기 때문이다. 사회가 급속하게 변화하고 다양해지면서 연구자들은 지금까지 없었던 새로운 사회적 맥락과 시야를 접하게 되었다. 이러한 상황에서 지금까지 당연한 것으로 받아들였던 연역적 방법(기존의 이론적 모델로부터 연구문제와 가설을 이끌어 내어 그것들을 실증적 자료와 비교 검증하는 방법)은 다양한 연구대상에 대한 충분한 설명을 제시할 수 없게 되었다. 다원론적 관점이 강조되고, 거대 담론과 기존 이론으로 현상을 설명하려는 것에 대한 불편감이 대두됨으로써 질적 연구의 필요성이 강조되고 있다. 인간과 관계되는 다양한 사건이나 현상은 그것들이 일어나는 지역, 시간 및 상황이라는 특수한 조건을 고려하여 탐색되어야 한다. 또한 양적·연역적 방법으로 현상을 이론에 끼워 맞추고 재단하는 방식이 아니라, 실증적 자료와 현장을 기반으로 만들어지는 이론(Flick, 2009)에 대한 가치를 존중할 필요가 있다.

상담학의 양적 연구영역에서도 통제된 실험상황이 아니라 임상 기반 자료의 중요성들이 거론되고 있다. 실제에 더 가깝고 현장에서 일어나는 것에 대한 탐색의 욕구는 양적 연구에서도 나타나고 있다. 상담에서 질적 연구는 상호작용 중심적이고 개인의 주관적 의미에 가치를 두며, 다양한 사례에 대한 세밀한 이해를 확장시켜야 하는 학문적 과제를 수행하는 데 도움이 될 수 있는 방법론이라 할 수 있다.

질적 연구에 대한 이해를 돕기 위해 그 특성을 살펴보면, 질적 연구는 자연스러운 상황, 현장, 자료 수집의 도구로서의 연구자, 과정으로서의 결과물, 귀납적 분석방법, 참여자들의 관점과 의미를 중요시하는 연구라고 할 수 있다(Bogdan & Biklen, 1992; Eisner, 1991; Merriam, 1988). 이러한 특성에 대해 좀 더 구체적으로 살펴보면 다음과 같다(Hatch, 1998; Hatch, 2008에서 재인용).

첫째, 자연스러운 상황이다. 질적 연구에서는 실제적인 상황 속에서 살아온 사람들의 경험이 연구의 대상이 된다. 연구상황이 전통적인 연구에서처럼 통제되거나, 부자연스럽거나 혹은 조작될 때 연구결과는 협소하게 규정된다. 질적 연구의 의도는 자연스러운 사건 맥락에서 인간의 행동을 탐구하는 것이다.

둘째, 참여자 관점이다. 질적 연구는 세계 안에서 사는 사람들의 관점을 통해 그 세계를 이해하려 한다. 개인의 행동은 객관주의적인 실제를 기반으로 한 세계가 아니라 그들 주변을 둘러싼 실제에 대한 개인의 지각을 바탕으로 한 세계를 기반한다고 본다. 질적 연구는 특정한 사회적 상황에서 개인이 자신의 행동을 위한 근거로 삼는 관점을 포착하고자 노력한다.

셋째, 자료 수집 도구로서의 질적 연구자다. 질적 연구자의 주요 자료는 연구자 스스로에 의해 직접적으로 수집된다. 이와 같은 데이터는 보통 참여관찰을 통한 현장 기록, 정보 제공자와의 면담 내용, 연구현장에서 얻은 문화 유물 자료 또는 조사 중에 얻은 사회적 현상과 관련된 기록물을 포함한다. 하지만 이 모든 것은 연구자의 인간 지능을 사용하는 과정을 거치지 않았을 때는 아무런 의미가 없다.

넷째, 의미의 핵심이다. 질적 연구의 철학적 뿌리는 사회과학에서 Max Weber의 '해석학적 사회학'으로까지 거슬러 올라갈 수 있다. 19세기 프랑스 실증주의 사회학자와는 달리 Weber와 동료들은 사회분석에서 이해의 중요성을 강조하였다. 그들은 실증주의자가 주장하는 사회이론을 구성하는 사회적 사실들을 확인하려는 노력보다는 오히려 개개인이 그들 주변의 사회환경을 이해하는 데 사용했던 의미를 기술하는 것에 더 관심이 있었다. Blumer(1969)는 체계적인 탐구 이해를 위한 개념적 도구와 같은 상징적 상호작용주의자의 이론 정립에 공헌하였다. 상징적 상호작용주의의 세 가지 전제는 다음과 같은 의미의 핵심적 중요성을 나타낸다. ① 인간은 자신이 부여한 사물의 의미에 기초하여 그 사물에 대해 행위하는 경향이 있다. ② 그러한 사물의 의미는 사람과 사람이 어울리는 사회적 상호작용에서 생기며 또한 분화한다. ③ 또한 그러한 의미는 사물을 다루는 개개인에 의해서 해석학적인 과정을 거쳐 사용되기도 하며, 이를 통해 수정되기도 하고 다루어지기도 한다. 모든 질적 연구가 상징적 상호작용주의자들이 말하는 분석틀까지만 수행되는 것은 아니지만, 모든 질적 연구는 사회적 삶 속에 참여하기 위해 개인이 구성하는 의미의 이해에 관한 것이다.

다섯째, 전체성과 복잡성이다. 질적 연구는 사회적 상황을 유일무이하고 역동적이며 복잡하다는 가정에서 출발한다. 질적 방식은 사회적 맥락을 고립적이고 불완전하며 단절된 변인으로 분류하지 않고 전체로서 체계적으로 고찰될 수 있는 수단으로 제공한다. 질적 자료는 그것이 나타내는 사회적 본질을 왜곡 없이 숫자로 감환할 수 없는 사물, 그림 혹은 세부적인 묘사다. 그리고 질적 보고서는 대체적으로 복잡하며, 연구되는 참여자들의 목소리를 포함하는 세부적인 내러티브다.

여섯째, 주관성이다. 질적 연구는 인간 활동에 대한 외현적인 표현뿐 아니라 내면적인 상태에 관심이 있다. 내면적인 상태는 직접적으로 관찰 가능한 것이 아니기 때문에 질적 연구자가 내면적인 상태를 밖으로 드러내려면 주관적인 판단에 의존할 수밖에 없다. Wolcott(1994)은 기술, 분석 및 해석을 강조하는 질적 연구 간의 차이를 구별하였다. 주관적인 판단은 이 세 가지 단계에서 모두 필요하지만 질적 연구자가 기술에서 해석으로 변화하는 단계에서 더욱 필요하다. 대부분의 질적 연구자는 어떠한 과학적 노력이라 하더라도 순수한 객관성에 대한 가능성을 부정한다. 대부분의 사람은 해석을 포함한 그들의 모든 연구결과는 자료 속에서 포착한 경험적인 증거에 근거해야 한다고 주장할 것이다. 질적 연구자의 입장은 객관적인 척하는 대신에 참여자에 대한 암묵적 동기와 가정을 이해 가능하도록 하는 방식으로 자신만의 주관성을 반성적으로 적용하는 데 집중하는 것이다.

일곱째, 드러나는 설계다. 질적 연구가 수행되면서 연구가 변화되는 것은 질적 연구의 특성이다. 질적 연구의 목표는 특정한 사회적 상황의 현상 속으로 들어가는 것이므로 연구자가 사회적 상황에 실제로 들어감에 따라 발견하게 될 것을 고려하는 선험적 연구설계를 구성하는 것은 불가능하다(Lincoln & Guba, 1985a). 연구설계가 어느 정도 연구가 진행됨에 따라 드러나도록 허용될지는 사람에 따라 다르겠지만, 대부분의 질적 연구자는 연구설계의 연구 질문, 방법 그리고 다른 요소는 연구가 전개됨에 따라 변경된다는 것에 동의할 것이다(Jacob, 1988).

여덟째, 귀납적 자료분석이다. 질적 연구자들은 연구상황에서 되도록 많은 상세한 특성을 수집한 다음 그 특성 간의 관련 유형을 찾는 과정에 착수한다. 질적 연구자는 이미 알고 있는 그림으로 퍼즐을 맞추지 않는다. 조각들을 모으고 검토하면서 그림의 형태를 찾는 방식이다(Bogdan & Biklen, 1992). 질적 연구의 전반적인 자료분석은 특정한 것에서 분석적 일반화로 옮겨 가는 명백히 귀납적인 것이다.

아홉째, 반영성이다. 질적 연구에서 현상을 연구하는 행위는 그 현상의 규정에 영향을 미친다는 것을 알아야 한다. 연구자는 자신이 연구하는 세계의 일부다. 앎의 주체와 앎의 대상은 분리할 수 없다. 반성적인 능력, 환경에 관한 영향을 추적하는 능력, 선입견을 괄호 치는 능력 및 감정적 반응을 검토하는 능력 등은 연구자가 어떤 일이 일어나는지 알기 위해 인간 행위에 충분히 밀접해지기 위한 능력과 동일하다. "저자와 그 연구대상 간의 깊은 관계를 드러내는 방식의 생생한 경험을 개인적·학문적으로 숙고하는 과정"(Goodall, 2000)인 반영성은 질적 연구의 완결성을 위해 필수적이다.

이러한 특성에 대해 질적 연구방법론에 따라 적용의 정도가 달라질 수 있다. 질적 연구에 대한 정의는 질적 연구방식에 따라 매우 다양하게 정리될 수 있지만, Denzin과 Lincoln(1994)은 질적 연구에 대해 다음과 같이 정의하였다. "질적 연구는 그 연구주제에 대한 해석적·자연주의적 접근을 수반하며, 초점에 있어서 복합적 방법을 사용한다. 이는 질적 연구자들이 자연스러운 상황에서 사물을 연구하며, 사람들이 그들에게 가져다준 의미에 의해 현상을 이해하거나 해석하려 시도한다는 것을 의미한다. 질적 연구는 개인의 삶에서 일상적이고 문제가 되는 순간들과 의미를 다양한 경험적 재료—사례연구, 개인적 경험, 내적 성찰, 인생 이야기, 면접, 관찰, 역사적·상호작용적·시각적 텍스트들—를 의도적으로 사용하며 수집한다."

질적 연구는 자연스러운 상황에서 개인이 구성하는 의미의 이해에 초점을 두며, 다양한 변인을 염두에 두고 이루어지는 귀납적 분석과정이다. 참여자 관점에 대한 존중과 연구의 도구 및 일부로서의 연구자에 대한 관심을 가지며, 다양한 경험 재료의 수집을 통해 이루어진다고 할 수 있다.

## 2) 질적 연구의 패러다임

사회과학에서 과학적 패러다임(paradigm)에 대한 개념은 Thomas Kuhn (1970)에 의해 출현하였다. 패러다임은 세계가 어떤 질서를 이루고 있고, 세계에 관해 무엇을 알 수 있으며, 세계를 어떻게 알 수 있는지에 대해 본질적으로 다른 신념체계를 구별 짓는 일련의 가정을 밝히는 것이라고 할 수 있다. Guba와 Lincoln(1994)은 패러다임을 연구를 이끄는 존재론적 · 인식론적 · 방법론적 전체를 형성하는 기본적인 신념체계로 규정하였다.

조용환(2000)은 질적 연구와 양적 연구의 패러다임에 대한 언급에서, 질적이냐 양적이냐 하는 구분은 연구방법론(research methodology)의 문제라고 말한다. 이는 연구논리(research logic)와 연구기법(research technic)의 두 측면을 모두 포함한다. 연구논리는 한 연구의 이면에 전제되어 있으면서 그 연구를 지배하는 철학적 인식론을 말한다. 세상이 어떤 모습으로 존재하기 때문에 어떤 시각을 가지고 어떤 방법으로 연구해야 한다고 보는 인식론이 다르면 연구의 방향과 과정이 달라진다. 흔히 양적 연구는 실증주의적 인식론의 바탕을 둔 반면, 질적 연구는 현상학적 인식론에 바탕을 둔 것이라고 구분한다. 간단히 말해서, 실증주의는 세상의 실체와 그 법칙이 인간의 인식 밖에 객관적으로 존재한다고 보기 때문에(모든 사람이 결국 같은 세상을 산다고 보기 때문에) 가설의 부단한 수립과 검증을 통해 진리를 밝혀낼 수 있다고 본다. 이와는 달리 질적 연구에서는 세상은 한 집단이 물려받은 경험세계의 전통 속에서 부단히 재구성해 나가는 것이기 때문에 서로 다른 집단은 서로 다른 세상을 살고 있다고 본다는 점에서 질적 연구와 양적 연구는 인식론의 차이를 가지고 있다.

질적 연구와 양적 연구는 분명한 패러다임의 차이를 가진다. Hatch(2002; Hatch, 2008에서 재인용)는 Kuhn의 개념에 근거하여 다섯 가지 연구 패러다임, 즉 실증주의, 후기실증주의, 구성주의, 비판적/페미니즘 그리고 후기구조주의에 관해 패러다임을 분류했다. 세부적으로는 존재론적 질문(실재의 본질은 무엇인가), 인식론적 질문(무엇을 알 수 있으며, 앎의 주체와 앎의 대상관계는 무엇인가), 방법론적인 질문(어떻게 지식이 획득되는가), 최종 산출물 등에 대해 나누어 설명했고, 이를 간략히 제시하면 〈표 5-1〉과 같다.

존재론과 인식론에서 상이한 패러다임을 가진 질적 연구와 양적 연구 사이에는 분명한 경계가 존재하는 것이 사실이다. 질적 연구와 양적 연구를 단순한 연구기법의 차이로 구분하는 것은 생각해 볼 부분이 있다. 연구논리에서 이 둘은 분명한 인식론적 차이를 가지고 있기 때문이다. 학자에 따라서는 질적 연구와 양적 연구가 결코 함께할 수 없는 분명한 차이를 강조하는 경우도 있지만, 질적

ㅇㅇㅇ **표 5-1** 연구의 패러다임

| | 존재론<br>(실재의 본질) | 인식론<br>(무엇을 알 수 있는지, 앎의 주체와 앎의 대상의 관계) | 방법론<br>(어떻게 지식이 획득되는가) | 최종 산출물<br>(산출된 지식의 형태들) |
|---|---|---|---|---|
| 실증주의 | 실재는 연구되고 파악되고 이해되도록 저편에 있다. | 실제로 세계는 어떻게 질서를 이루고 있는가, 앎의 주체는 앎의 대상과 구별된다. | 실험, 유사 실험, 조사, 상호 관계 연구 | 사실, 이론, 법칙 예측 |
| 후기 실증주의 | 실재는 존재하나 결코 완전히 이해되지 못하며 단지 접근할 뿐이다. | 실재에 관한 접근, 연구자는 자료 수집 도구다. | 엄격하게 규정된 질적 방식, 빈도수, 하위 수준의 통계 | 일반화, 기술, 패턴, 근거이론 |
| 구성주의 | 다양한 실재가 구성된다. | 인간 구성으로서의 지식: 연구자와 참여자는 이해를 상호 구성한다. | 자연주의적인 질적 방식들 | 사례연구, 내러티브, 해석, 재구성 |
| 비판적/ 페미니즘 | 이해된 세계는 인종, 성별, 계층 등의 측면에서 물질적 차이가 있다. | 주관적이고 정치적인 지식: 연구자의 가치체계 안에서의 탐구 | 변형적 탐구 | 현존하는 권력 구조에 도전하며 저항을 촉진하는 가치 중재적 비평들 |
| 후기 구조주의 | 질서는 무의미한 우주에 의미를 부여하고자 개인의 마음속에서 생겨난다. | 알려진 진리란 없다. 연구자는 있는 그대로를 통해서 세계를 고찰한다. | 해체, 계보학, 자료 기반, 다성적 연구 | 해체, 계보학, 반성적·다성적 텍스트 |

연구와 양적 연구의 상호 보완성이 아예 불가능한 것은 아니다. 질적 연구가 양적 연구에 유용한 기초 자료를 제공하거나, 눈이 굵은 양적 연구의 그물이 놓치는 미세한 현상을 포착하도록 질적 연구가 도울 수 있다. 면밀한 관찰과 기록을 통해 산출된 풍부한 질적 자료는 양적 연구의 가설 형성과 계량적 조작을 위한 기초를 제공하며, 때로는 양적 연구가 놓친 정보나 왜곡한 사실을 밝혀냄으로써 양적 연구를 수정 및 보완할 수도 있게 한다. 또한 양적 연구가 질적 연구를 통해 제기된 가설을 검증하거나 질적 연구의 결과를 양적 연구가 일반화하는 과정에서도 양자의 상호 보완성을 발견할 수 있다(조용환, 2000).

## 2. 질적 연구의 대표적 접근

최근 많은 질적 연구방법론이 제시되고 여러 형태의 변형과 통합이 이루어지고 있다. 질적 연구자 수만큼의 질적 연구방법론이 존재한다는 비유적인 말이 있을 정도로 질적 연구는 매우 다양한 접근을 생성해 나가고 있는 상황이다. 여기서는 연구방법론의 질적 연구에 대한 기초적 소개를 목적으로 하므로 대표적이고 연구자들이 많이 사용하는 질적 연구의 접근 다섯 가지를 선정하여 이에 대한 기본적 이해와 연구과정에 대한 내용을 제시한다. 다섯 가지 접근은 근거이론 연구, 현상학적 연구, 사례연구, 문화기술지 연구 그리고 합의적 질적 연구법이다.

### 1) 근거이론 연구

#### (1) 기본 이해

Glasser와 Strauss에 의해 개발된 근거이론 방법론은 사회심리학자 Mead(1934)가 창시하고 그의 제자 Blumer(1969)가 발전시킨 상징적 상호작용론에 철학적 근거를 두고 있다(Munhall, 2001). 근거이론의 기본 가정은 인간에게는 다양한 사회심리적 문제 또는 경험이 있으며, 자신이나 타인과의 상호작용을 통해 자신이 대상물에 부여한 의미에 따라 행동한다는 것이다. 근거이론은 경험적 자료로부터 이론을 도출해 내기 위해 고안된 일련의 체계적인 과정을 통해 어떤 현상에 대해 귀납적으로 이끌어진 하나의 근거이론을 발전시키는 연구방법이다. 즉, 근거이론이란 현상에 속한 자료를 체계적으로 수집하고 분석하면서 발견되고, 발전되며, 잠정적으로 증명되는 이론이다(Strauss & Corbin, 1990).

근거이론의 목적은 어떤 특정한 상황과 관련된 현상을 추상적이고 분석적 도식으로 이론을 형성하거나 발견하는 데 있다. 즉, 어떤 현상에 대한 추상적인 분석적 구조를 생성하거나 발견하고자 하는 것이다. 이러한 상황은 개인이 상호작용하고, 행동을 취하며, 현상에 반응하기 위한 과정 중에 있는 것들이다. 특정한 현상에 대해 어떻게 행동하고 반응하는가를 연구하기 위해 연구자는 면접자료를 수집하고 현장에 직접 참여하며, 범주를 발전시키고 연결 지어 이론적인 가설을 진술하거나 이론적 모형을 제시한다(Creswell, 1998). 근거이론 방법론을 사용한 연구는 공식(formal) 혹은 실체(substantial)이론일 수 있다. 실체이론은 연구의 특수한 실체 영역에 근거하기 때문에 연구결과는 특수한 상황에만 적용할 수 있다. 반면에 공식이론은 연구의 공식적 혹은 개념적 영역을 위해 개발되었으므로 연구의 보다 포괄적인 개념 수준을 의미한다. 공식이론이 자료에서 직접 생성될 수도 있지만 실체이론으로부터 발달하는 것이 더 바람직한 것으로 간주된다. 실체이론은 어떤 특별한 상황적 맥락에 근거하여 어떤 연구로부터 발전하는 반면, 공식이론은 보다 다양한 상황에서 조사된 현상의 연구로부터 생성된다고 할 수 있다(신경림, 조명옥, 양진향, 2005).

근거이론에서는 연구자의 이론적 민감성이 매우 중요하다. 이론적 민감성(theoretical sensitivity)은 연구자가 자료의 의미나 가치를 지각할 수 있는 능력 또는 통찰력으로서, 이는 기존 자료에 대한 고찰이나 직접경험을 통해 축적한 관련 상황에 대한 지적 수준을 말한다. 이론적 민감성은 연구자가 현상을 전체적으로 볼 수 있게 하고, 비교분석을 가능하게 하며, 추가 자료 수집 영역이나 방법을 제시하는 데 중요한 역할을 한다. 이론적 민감성은 연구자의 개인적 자질로 통찰력과 연결되며, 자료에 의미를 부여하고 이해할 수 있는 능력, 관련 있는 것과 관련 없는 것을 구분해 낼 수 있는 능력을 말한다. 이론적 민감성에서 연구자의 전문적 경험, 개인적 경험과 자료를 분석하는 과정이 모두 자원이 될 수 있다(Schreiber, 2001).

### (2) 연구과정

#### ① 자료 수집

근거이론 방법론에서 자료 수집은 현장에서 자료를 모으는 것을 중시한다. 상징적 상호작용을 기반으로 하여 볼 때, 사건의 상징적 의미가 언어적 · 비언어적 행동으로 나타나기 때문에 관찰의 초점을 상호작용에 둔다. 다른 연구방법보다도 근거이론에서는 면담이 주된 자료 수집 방식이다. 이론 개발을 주요 목적으로 하는 근거이론 방법에서는 포화된 범주를 개발하기 위해 20~30명의 개인을 면접할 것을 권한다(Creswell, 1998). 면접 외에 참여자 일지, 연구자의 반영(메모), 포커스 집단 등이 부가적인 자료의 역할을 한다.

#### ② 표본

근거이론 방법론으로 연구를 시작할 때 연구질문을 최종적으로 결정하는 것이 불가능하듯이 연구참여자 수를 정하는 것도 불가능하다. 즉, 표집 크기는 생성된 자료에 의해 자료분석에 따라 결정된다. 근거이론 연구자들은 포화(saturation)가 이루어질 때까지 자료를 계속 수집한다. 포화는 연구자가 범주의 속성을 발달시키는 데 더 이상의 새로운 자료가 발견되지 않는 것을 의미한다. 지나치게 적은 표집은 부적절하고 불완전하며, 심지어 부정확한 이론을 생성할 수도 있다. 연구참여자 선정 또는 표집에서 근거이론 방법론만이 지니는 독특한 방식은 바로 이론적 표집(theorical sampling) 절차를 거친다는 것이다. 적절한 자료의 출처인 연구참여자를 연구목적에 맞게 선정하고, 이를 일차적 표집이라고 한다. 일차적 표집을 통해 선정된 참여자로부터 자료를 수집함과 동시에 분석을 진행하게 된다. 그리고 분석된 내용을 기초로 이론 개발을 위한 이차적 표집, 즉 이론적 표집을 해야 한다. 이론적 표집이란 발전하는 이론으로부터 도출되고 비교하기의 개념에 기초한 자료를 수집하는 것이다(홍현미라, 권지성, 장혜경, 이민영, 우아영, 2008).

③ 지속적 비교방법

근거이론의 핵심적인 특징이자 주된 분석방법은 지속적 비교방법(constant comparative method)이다. 지속적 비교방법은 자료를 수집하고 분석해 나가면서 여기에서 출현한 개념들을 이전에 나온 개념들과 비교하는 것으로, 이 개념이 얼마나 자주 출현하며 다양한 조건하에서 어떻게 보이는가에 대해 관심을 갖는다. 연구자는 자료 수집에 의한 정보들(사건, 행위)을 가지고 이전에 나온 개념들과의 유사성과 차이점을 지속적으로 비교하면서 범주화를 한다. 이러한 과정은 계속해서 되풀이되어 자료에 대한 재검토를 통해 더 이상 새로운 통찰을 만들어 내지 못할 때까지 계속한다(Strauss & Corbin, 1998). 현장을 몇 차례나 방문해야 하는가는 정보의 범주들이 포화되었는가, 그리고 복잡한 이론이 충분히 정교화되었는가의 여부에 달려 있다. 이렇게 자료 수집에 의한 정보들을 가지고 비교하여 범주화하는 과정을 자료분석의 지속적 비교방법이라고 한다.

④ 분석과정

근거이론의 기본적인 분석과정은 Strauss와 Corbin(1990, 1998)이 제시한 개방코딩, 축코딩, 선택코딩의 세 가지 체계적 과정을 거친다. 개방코딩에서는 정보의 범주를 만들어 내고, 축코딩에서는 범주들을 서로 연결시키며, 선택코딩에서는 범주들을 연결하는 이야기를 구성하게 된다. 이를 좀 더 자세히 살펴보면 다음과 같다.

• 개방코딩(open coding): 원자료 자체를 면밀히 읽고 조사함으로써 주어진 현상에 특별한 이름을 붙이고 범주화하는 과정이다. 연구자는 정보를 구분함

으로써 연구하고자 하는 현상에 대한 정보의 초기 범주를 형성한다. 연구자는 각각의 범주(category) 내에서 몇 가지 속성들(properties) 또는 하위 범주들을 찾아내며 차원화(dimensionalize)하기 위한 자료들을 찾는다.

- 축코딩(axial coding): 개방코딩 과정을 통해 도출된 범주들을 그 범주를 중심으로 한 하위 범주와 연결시키는 것으로, 연구자가 개방코딩 이후 새로운 방식으로 자료를 모으는 것이다. 이는 코딩 패러다임(coding paradigm) 혹은 논리적 다이어그램(logic diagram)을 사용하여 제시된다. 패러다임 모형(paradigm model)은 [그림 5-1]과 같다. 이는 이론 구축의 축을 중심에 놓고 하나의 범주에 하위 범주를 관련짓는 귀납적 사고방식과 여역적 사고방식을 동시에 포함시킨다. 패러다임 모형은 인과적 조건(casual condition), 현상(phenomenon), 맥락(context), 중재적 조건(intervening condition), 작용/상호작용(action/interaction), 결과(consequence)로 구성되어 있다.

인과적 조건은 현상에 영향을 미치는 사건이나 일을 말하며, 현상은 참여자가 일련의 작용/상호작용에 의해 다루어지는 중심 생각이나 사건이다. 맥락은 사람들이 작용/상호작용을 통해 반응해야 하는 상황이나 문제들을 만들어 내는 특수한 조건의 집합이다. 즉, 전후관계인 맥락은 특정한 작용/상호작용 전략을 취할 수밖에 없도록 하는 일련의 조건들이다. 중재적 조건은 작용/상호작용 전략에 내포된 구조적 조건(structural conditions) 중의 하

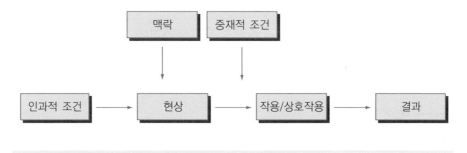

[그림 5-1] 패러다임 모형

출처: Strauss & Corbin (1990).

나로 특정 상황에서 취한 작용/상호작용 전략을 촉진하거나 제한하는 것이다. 이는 우연적 조건이 현상에 미치는 영향을 경감시키는 조건들이고, 작용/상호작용은 현상에 대처하거나 다루기 위해 취해지는 참여자들의 의도적인 행위나 반응이며, 결과는 작용/상호작용의 결과물이다(권경인, 2007).

Strauss와 Corbin(1990, 1998)의 이 모델은 연구자들이 자료에 대해 더 조직적이고 복잡하게 사고할 수 있도록, 그리고 그들의 새로운 이론적 함의를 인과적으로 명확히 검증할 수 있도록 돕기 위하여 설계되었다. 그러나 Glaser(1992)와 다른 연구자들은 코딩 과정에서의 제한점을 비판했다. 즉, 이론화에 대한 구성을 강요하는 것은 자료로부터 이론을 도출하는 근거이론의 개념과 모순된다는 것이다. 근거이론에서 축코딩과 관련된 더 새로운 표현법에 대한 많은 논의는 이론적으로 민감한 문제들을 중심으로 조금씩 진화해 왔다. Glaser는 축코딩이 중요한 이론보다는 그저 뻔히 예상된 결과만을 낳았다는 비판과 함께 개념적 기술을 더욱 간단하게 만들었다는 Strauss와 Corbin의 주장에 반박했다. 많은 연구자는 중립론, 통합론, 반대 입장의 재체계화 등을 통해 자신의 입장을 세우고, 서로 논쟁해 왔다(Cutcliffe, 2000; Kendall, 1999; Rennie, 2000). Strauss와 Corbin(1990, 1998)이 토대를 세운 축코딩에서 실제로 근거이론 연구자들은 단순히 축코딩 과정을 그대로 적용함으로써 강요된 구성의 인위성에 묶이지 않고 자유로운 응용을 할 수 있는 단계로 나아가고 있다. 그럼에도 축코딩 구성은 연구자가 '범주(사회적 행동과 상호작용, 그리고 결과를 포함하는)를 만드는 맥락과 상황'을 고려하도록 자극함으로써, 비판적 사고를 자극하는 촉매제로서의 가치를 갖는다(Fassinger, 2005).

• 선택코딩(selective coding): 개방코딩과 축코딩 과정을 통해 정교화된 범주들 중에서 핵심 범주(core category)를 선택한다. 핵심 범주의 발견은 근거이론 방법론의 목적이자 기본적 요구이며, 이는 끊임없이 자료에서 무슨 일이 일어나고 있는가라는 질문을 두고 엄격한 분석적 사고를 하면서 코딩 때와 달리 자료를 전체적으로 살펴봄으로써 가능하다. 더불어 연구자는 하

나의 줄거리(story line)를 기술하며, 가설을 형성해 냄으로써 이론적 통합을 하는 과정을 밟아 나간다.

- 과정을 위한 코딩: 과정이란 발전하는 작용/상호작용의 순차적 진행 및 구조적 조건의 변화로 그 기원을 찾아 올라갈 수 있는 변화를 말한다. 과정분석은 연구참여자의 경험을 단순히 시간적 구조로 서술하는 것이 아니다. 오히려 과정분석 이전에 분석된 경험의 구조를 시간 차원에서 재배치하고 정렬하는 것 또는 시간적 차원에서의 여러 범주 간의 상호작용을 표현해 주는 것으로 이해해야 한다. 과정은 개인과 조직 및 집단이 스스로 처해 있는 상황에 대해 어떻게 반응하는지, 그리고 그 상황을 어떻게 만들어 가는지의 능력을 보여 주기도 한다. 또한 과정분석을 집단 수준에서 진행한다면 집단이 어떻게 자신의 작용/상호작용을 조절하는지를 엿볼 수 있는 사회질서 설명에 유용한 절차다(홍현미라 외, 2008).

### ⑤ 이론 형성

근거이론 방법론의 마지막 단계인 '이론 개발하기'는 해석과 분석을 통해 나온 연구결과의 실체 분야에서 적용성(applicability), 즉 대체 가능성(transferability)을 확보하는 과정이다. 근거이론에서는 중범위 이론 생성을 목적으로 하기 때문에 이론 개발하기는 중요한 작업이다. 근거이론에서 이론을 개발하기 위해 사용하는 방법은 이론적 표집과 비교하기, 메모의 사용, 질문하기라고 할 수 있다(홍현미라 외, 2010).

이론적 표집은, 앞서 설명하였듯이, 개념 간의 변동을 발견하고 속성과 차원에 따라 범주의 밀도를 최대화할 수 있도록 장소 · 사람 · 사건을 찾아 표본을 추출하는 것을 의미한다. 이론적 표집을 위해 부정적 사례의 사용, 이론적 포화방법을 사용한다. 이론적 비교하기는 사건과 사건을 비교하는 일반적 비교가 아니라 비교를 사용함으로써 속성을 이끌어 내게 되고, 다시 이것은 그 자료 내의 사건이나 물체를 검사하는 데 사용될 수 있다. 이론적 비교는 사물을 차원과 속성의 수준에서 섣불리 명명하거나 분류하지 않고 그것을 다소 객관적으로 바라

보는 것이라고 할 수 있다. 메모는 연구에서 연구자가 전개시키고 있는 이론에 대한 아이디어를 적는 것이다. 연구자는 연구 진행 동안 떠오르는 생각, 해석, 질문, 방향, 계획, 주제, 가설 등을 기록한다. 통상적으로 메모하기는 이론 형성을 돕는 분석 기록을 적은 것으로, 완성된 이론을 위한 중요한 도구다(Strauss & Corbin, 1990). 연구자는 이론 개발을 위해 자료에 민감해지는 질문, 과정 변화, 유사성, 개념 간 연결 등에 대한 이론적 질문, 전개와 구조의 발전을 돕는 질문, 분석결과를 확인하는 질문 등을 지속적으로 직면해야 한다.

## 2) 현상학적 연구

### (1) 기본 이해

현상학적 연구(phenomenological study)는 하나의 개념이나 현상(the phenomenon)에 여러 개인의 체험(lived experiences)의 의미를 기술한다. 현상학은 주어진 현상의 발생적 · 구성적 근원을 탐구하는 학문으로서, 인식 주체가 경험하는 의식 작용을 탐구하는 철학적 방법론에 그 바탕을 둔다. 현상학적 연구는 인간 경험의 기술(description)에 대한 분석을 통해 경험의 의미를 밝히고자 하는 귀납적 · 기술적 연구방법이다. 따라서 현상학적 연구는 살아 있는 경험을 지향하며 그 경험의 의미를 포함하는 구조, 즉 현상의 본질을 밝혀 기술하는 것을 목적으로 한다(신경림 외, 2005).

현상학은 Husserl의 철학적 관점에 뿌리를 두고 실존주의, 해석학 등과 결합하면서 광대한 철학 운동을 포괄한다. 현상학에 대한 이해를 돕기 위해 이 철학적 주의에 나타나는 네 가지 주제를 살펴보면 다음과 같다(Stewart & Mickunas, 1990; Creswell, 2005에서 재인용).

- 철학의 전통적 과업으로의 복귀: 19세기 말까지 철학은 '과학(만능)주의'로 불리는 경험적 수단을 가지고 세계를 탐색해 왔다. 철학의 전통적 과업으로의 복귀는 철학이 경험과학에 빠지기 이전의 지혜에 대한 추구라는 철학의

그리스적 개념으로 돌아가는 것이다.

- 전제(presupposition)가 없는 철학: 현상학의 접근은 더욱 분명한 기초 위에 수립되기까지 무엇이 진실인가—자연스러운 태도—에 대한 모든 판단을 중지하기 위한 것이다. 이러한 중단이 Husserl이 말한 판단중지(epoche)다.
- 의식의 지향성(intentionality of consciousness): 항상 객체를 지향한다는 생각이다. 그리고 객체의 실재는 그것에 대한 누군가의 의식과 복잡하게 관계되어 있다. 따라서 Husserl에 따르면, 실재는 주체와 객체로 나누어져 있지 않으며, 따라서 Descartes의 이원성을 의식에 나타내는 객체의 의미로 이동시킨다.
- 주체-객체 이분법의 거부: 이 주제는 의식의 지향성으로부터 자연스럽게 흘러온 것이다. 한 객체의 실재는 한 개인의 경험의 의미 내에서만 인식된다.

현존하는 현상학자 수만큼 현상학이 존재한다는 말처럼, 현상학은 여러 갈래로 나뉘어 발전하였다. 현상학이 학문적 분과 학문에 적용되는 경우 응용현상학이라 불리며, 이는 크게 두 부류로 나뉜다. 하나는 철학 내에서 각각의 분과로 응용된 것이고, 다른 하나는 철학 이외의 학문의 방법론으로 응용된 것을 말한다. 사회과학 영역에서 경험적/초월론적 현상학, 대화적 현상학, 경험적 현상학, 실존적 현상학, 해석학적 현상학, 사회현상학 같은 상이한 철학적 분파를 형성하였다. 그중에서도 경험적/초월론적 현상학(transcendental phenomenology)을 통해 표현된 심리학적 현상에서 현상학을 활용하는 중요한 절차 이슈를 요약하면 다음과 같다(Stewart & Mickunas, 1990; Creswell, 2005에서 재인용).

- 연구자는 이러한 접근 이면에 있는 철학적 관점, 특히 사람들이 현상을 경험하는 방법을 연구한다는 것의 개념을 이해할 필요가 있다. 판단중지의 개념이 중심적인 것인데, 이는 연구자가 정보 제공자의 목소리를 통해 현상을 이해하기 위해 현상에 대한 자신의 선입견을 괄호 치기 하는 것이다(Field & Morse, 1985).

- 연구자는 개인의 경험에 대한 의미를 탐색하는 연구문제를 쓰고 개인에게 그들의 일상적인 체험을 기술하도록 요청한다.
- 연구자는 연구 중인 현상을 경험한 개인들로부터 자료를 수집한다. 전형적으로 이런 정보는 대개 5~20명 정도의 정보 제공자와 장기간의 면접을 통해 수집된다.
- 방법을 논하는 여러 심리학적 현상학자 사이에서 현상학적 자료분석 단계는 서로 유사하다. Moustakas(1994)와 Polkinghorne(1989)에 따르면, 심리학적 현상학자들은 유사한 일련의 단계를 채택한다. 최초의 프로토콜은 진술들 또는 수평화로 나뉜다. 그리고 그 단위들은 심리학적·현상학적 개념들로 표현된 의미군(clusters of meaning)으로 변형된다. 마지막으로, 이러한 변형을 함께 묶어서 무엇이 경험되었는가에 대한 조직적 기술(textual description), 그리고 그것이 어떻게 경험되었는가에 대한 구조적 기술(structural description)이라는 경험의 일반적 기술을 형성한다.
- 현상학적 보고서는 경험에 대한 단일한 통합적 의미가 존재한다는 것을 인정하면서 경험의 본질적·불변적 구조(essential invariant structure) 또는 본질(essence)에 대한 독자들의 더 나은 이해를 돕는다.

## (2) 연구과정

### ① 자료 수집

질적인 표본추출을 위해 적절성과 충분함이라는 두 가지 원리가 필요하다(신경림 외, 2005). 적절성은 연구에서 이론적인 필수적 조건에 따라서 연구에 대한 가장 좋은 정보를 제공해 줄 수 있는 참여자를 알아내며 선택하는 것이고, 충분함이란 연구현상들에 대한 충분하고 풍부한 설명을 하기 위해 자료가 포화에 도달하도록 수집하여야 한다는 것이다. 이를 위해 편의추출 방식을 사용할 수 있으며, 충분함을 위해서는 더 이상 새로운 자료가 나오지 않고 모든 부정적인 사례들도 조사될 때까지 수집함으로써 충족될 수 있다. Creswell(1998)은 그 현상을 경험한 사람들로 10명 이상과 면접하는 것이 적절하다고 하였다. 현상학적 면접은 경험에 대한 풍부한 서술을 끌어내는 것이 중요하며, 구체적 숫자는 그리 중요한 부분이 아닐 수도 있다.

현상학적 연구는 문헌 고찰 연구의 단계마다 조금씩 다르게 활용된다. 연구 초기 단계에서는 선택한 연구주제가 어느 정도까지 진행되었는지를 확인하고, 자신의 연구와 비교하며, 어떤 새로운 지식이 필요한지를 파악하는 정도까지 필요하다. 그 이상의 문헌 고찰은 자료분석 이후 연구결과를 고찰하는 단계까지 보류하는 것이 적절하다. 이는 문헌연구의 결과들이 판단중지를 헤치며 연구자로 하여금 선입견을 가지고 현장을 이해하게 만들 수도 있기 때문이다. 그러나 연구 후반에서는 보다 적극적인 문헌 고찰이 요구된다. 후반에는 문헌 고찰을 통해 자신의 연구결과를 비교 검토하여 자료를 보는 민감성을 더하고 자료를 더 풍성하게 이해하는 것을 돕도록 해야 한다.

현상학적 연구의 자료 수집은 정확한 서술을 위해 참여자와 신뢰할 만한 관계를 구축하고 능숙한 면담 기법을 사용하여 보다 철저한 자료 수집을 하는 것이 필요하다. 주요 자료 수집 방식은 면담을 하는 것으로, 종종 참여관찰 방법도 함께 사용될 수 있다.

② 자료분석

자료분석은 자료 수집과 동시에 이루어진다. 분석과정은 학자들에 따라 조금씩 차이는 있으나, 현상학적 연구에서 일반적인 절차는 다음과 같다(신경림 외, 2005). 첫째, 연구자는 녹음한 것을 반복하여 들으면서 필사된 내용과 원자료의 내용을 비교하면서 면담 내용의 정확성을 확보한다. 둘째, 필사된 내용을 반복하여 읽고 반성하는 과정에서 세 가지 접근방법, 즉 전체론적 방법, 선택적 방법(집중 조명법), 세분법을 택할 수 있다. 선택한 방법에 따라 참여자의 체험의 본질을 나타내는 부분들을 전체 자료에서 찾아내는 텍스트 분리 작업을 한다. 셋째, 분리된 텍스트를 참여자의 반응이나 느낌에 초점을 맞추어 주제 진술을 분리시키고 체험의 어떤 의미를 함축하는 용어로 바꾼다. 이렇게 도출된 개념을 여러 번 수정 작업을 거쳐 보다 추상성이 증가된 본질적 주제로 바꾼다. 넷째, 분석된 주제와 의미가 같은 기술들을 연구자의 경험과 현상학적 문헌, 그리고 기타 자료에서 추출하여 면담 자료에서 밝혀진 주제들과 어떻게 관련되는지를 비교 검토하여 연구참여자의 체험의 의미와 본질적 주제를 결정하는 데 반영하고 전체적으로 현상을 기술할 때 참조한다.

〈표 5-2〉는 현상학적 연구의 대표적인 자료분석 유형으로서 Giorgi(1985)의 연구방법과 van Manen(1998)의 연구방법이다.

ooo **표 5-2** Giorgi(1985)와 van Manen(2000)의 연구방법

| Giorgi(1985) | | van Manen(1998) | | |
|---|---|---|---|---|
| **강조점** | '사태로 돌아가라.'<br>사람들이 실제 상황에서 다양한 현상을 통해 살고 있는 일상생활세계로 돌아가는 것을 강조 | • 문학, 미술, 사진 등 다양한 현상학적 자료를 활용<br>• 본질적 주제 분석이 이루어지는 반성의 가정에서 도움이 될 수 있는 길잡이, 즉 네 개의 실존체—신체성, 공간성, 시간성, 관계성—를 제시<br>• 주제에 대해 반성하고 우리가 경험한 세계에 대해 통찰력 있는 기술을 제공하기 위한 글쓰기 과정을 매우 강조 | | |
| 1 | 전체에 대한 느낌(sence) 파악 | 1 생생한 체험의 본질에 집중 | 1단계 | 현상을 지향한다. |
| | | | 2단계 | 현상학적 질문을 형성한다. |
| | | | 3단계 | 가정과 선이해를 설명한다. |
| 2 | 연구현상에 초점을 맞추고 심리학적 관점을 가지며 '의미 단위'를 구분해 내기(참여자의 말 그대로) | 2 실존적 탐구 단계 | 4단계 | 있는 그대로의 경험을 탐구한다. |
| | | | 5단계 | 현상학적 문헌을 참조하여 현상학적 질문을 형성한다. |
| 3 | 연구현상을 강조하면서 대상자의 일상적인 표현(의미 단위)을 심리학적 언어로 변형하기(연구자의 언어로) | 3 해석학적 · 현상학적인 반성 단계 | 6단계 | 주제를 분석한다. |
| | | | 7단계 | 본질적 주제를 결정한다. |
| 4 | 변형된 의미 단위를 연구현상에 대한 일반적 구조적 기술로 통합하기 | 4 해석학적 · 현상학적 글쓰기 단계 | 8단계 | 참여자의 일상 언어에 집중한다. |
| | | | 9단계 | 예제를 다양하게 사용한다. |
| | | | 10단계 | 글을 쓴다. |
| | | | 11단계 | 글을 고쳐 쓴다. |

출처: 신경림 외(2005)에서 재구성함.

### ③ 연구의 평가

　질적 연구결과에 대한 엄격성과 확실성을 어떻게 확보할 것인가에 대해 양적 연구와 다른 방식의 평가기준을 가지는 것은 당연한 일이다. 여러 학자에 의한 평가기준이 제시되었지만, 여기서는 Guba와 Lincoln(1981)의 평가기준에 따라 사실적 가치(truth value), 적용성(applicability), 일관성(consistency) 및 중립성(neutrality)을 연구의 평가기준으로 설명하고자 한다.

- 사실적 가치: 연구의 발견이 얼마나 실재를 정확하게 반영하였는가에 초점을 둔다. 이는 신빙성(credibility)이라고도 표현되는데, 현상을 얼마나 생생하고 충실하게 서술하고 해석하였는가를 의미한다. 이를 위해 참여자에게 연구 면담 기록 내용과 분석결과를 보여 주고, 연구자의 분석이나 기술이 참여자의 경험과 일치하는지를 살펴보는 것이다.

- 적용성: 양적 연구의 외적 타당도와 유사한 개념인데, 외적 타당도란 연구결과가 일반화될 수 있는가를 측정하는 것이다. 그러나 Guba와 Lincoln(1981)은 적용성을 적합성(fittingness)이라는 개념으로 설명할 수 있다고 하였다. 적합성은 더 이상 새로운 자료가 나오지 않을 때까지 자료를 심층적으로 수집하고 포함시킴으로써 이루어진다. 또한 연구결과가 이루어진 상황 밖에서도 적합한지, 그리고 독자가 연구결과를 읽고 자신의 고유한 경험에 비추어 보았을 때 의미 있고 자신의 경험에 적용할 만한 것으로 볼 때 이 기준이 충족된다고 할 수 있다.

- 일관성: 양적 연구에서는 신뢰도를 의미하는 것으로, 비슷한 참여자와 비슷한 설정에서 연구가 반복되었을 때 그 연구결과가 동일한 것인지를 나타낸다. Guba와 Lincoln(1981)은 이러한 일관성이라는 용어보다는 감사 가능성(audibility)이라는 용어가 더 적절할 수 있음을 제안하였다. 왜냐하면 사람들의 경험과 환경의 독특성을 강조함으로써 공통적인 반복(replication)이 아니라 경험의 다양성을 추구하기 때문이다. 따라서 한 연구자가 사용한 분명한 연구절차를 다른 연구자가 따라갈 수 있고 연구자의 자료·시각·

상황에 따라 전혀 모순되지 않는 비슷한 결론에 도달할 수 있을 때 일관성
이 높다고 볼 수 있다. 이를 위해 연구방법과 자료 수집 과정을 상세하게
기술하고 경험이 풍부한 학자에게 결과 평가를 하도록 의뢰함으로써 일관
성을 높일 수 있다.

- 중립성: 연구 과정과 결과에서 편견이 배제되어야 함을 의미한다. 양적 연
구에서는 신뢰도와 타당도가 높을 때 이 기준이 충족되며, 이는 확인 가능
성(conformability)이라고 표현된다. 이를 위해 연구자는 자신의 선이해, 가
정, 편견 등을 개인 일지에 기술하는 작업을 지속할 필요가 있다. Lincoln
과 Guba(1985a)는 중립성을 확보하기 위해서는 앞의 사실적 가치, 적용성,
일관성이 확립되어야 한다고 하였다.

## 3) 사례연구

### (1) 기본 이해

사례연구(case study)는 맥락 속에서 풍부한 여러 가지 정보원을 포함하는 세부
적이고 심층적인 자료 수집을 통해 시간의 경과에 따라 하나의 경계 지어진 체
계나 하나의 사례를 탐색하는 것이다. Woods와 Catanzaro(1998)는 사례연구를
한 개인·가족·집단·지역사회 또는 다른 단위(단체, 공동체, 조직, 문화, 사건 등)
에 대한 철저하고 체계적인 조사이며, 배경·현재 상태·환경적인 특성 및 상호
작용 관련의 심층적 자료를 자연적인 상태에서 조사연구하는 것이라고 하였다.

우리는 심리학, 의학, 법학, 정치학의 사례연구에 대해 친숙하다. 사례연구법
은 역사적으로 사회학과 인류학의 영향을 크게 받았다. 사례연구법을 체계적으
로 사회과학에 적용한 최초의 학자는 프랑스 사회학자인 Leplay다. 또한 사례
연구법은 하나의 비통계적 방법으로 문화인류학자들이 미개 문화를 연구하는
데 널리 사용되었다. 오늘날 사례연구 저자들은 사례연구 개발을 위한 광범위
한 텍스트와 접근을 가지고 이를 발전시켜 나가고 있다. 질적 연구와 양적 연구
모두를 지지하는 Yin(1994)과 교육 분야에서 질적 연구에 대한 탐색을 제시한

Merriam(1988)은 사례연구가 특정 영역 내의 맥락화된 당대의 현상을 탐구하는 특정한 종류의 질적 연구라고 주장한다.

사례연구는 어떤 현상에 대해 아는 것이 없거나 개인, 조직 또는 사건의 특성이 일반적이지 않을 때 행해진다. 사회적 현상 가운데서 비교적 적은 경험을 하여 학문적으로 정립이 안 되어 있는 분야에 대해 통찰력을 자극하고, 조사연구를 위한 가설을 찾기 위해 소수의 한정된 사례에 대한 집중적 연구에 사용된다. 또한 사례연구는 이론을 설명, 증명 또는 시험하기 위해서 사용된다(Yin, 1981a). 많은 심리분석적인 사례연구가 이러한 목표를 가지고 이루어졌다. 경험의 이해, 확장 및 확신의 증거가 목적일 때 사례연구는 매우 적합하다. 사례연구는 문제가 야기되고 이에 대한 해결책을 필요로 할 때도 사용될 수 있다. 사례연구의 결과는 상담이나 심리적 치료상의 조치를 위한 권고나 정책의 형태로 제시될 수 있다.

사례연구는 일반화의 문제를 지니고 있다. 확신을 가지고 하나의 사례에서 확인한 것을 전체의 패턴이라고 주장하기는 어렵다. 이에 대해 자연주의적 일반화라는 개념이 등장하는데, Stake(1995)는 "자연주의적 일반화(naturalistic general-ization)는 인생의 사건에 대한 개인적인 참여 또는 직접적으로 자신에게 일어났듯이 너무나 잘 구상된 대리 체험을 통해 도달한 결론이며, 설명·이야기·연대기적 발표·개인적 묘사·시간과 장소의 강조는 대리 경험의 좋은 재료를 제공한다."라고 하였다. 자료로부터 자연주의적 일반화를 이끌어 내고 사람들이 그 사례에서 배울 수 있는 것을 사례 모집단에도 적용하는 일반화를 가능하게 한다.

사례연구는 몇 가지 윤리적 이슈에 민감할 수 있는데, 연구자에 의해 자료의 왜곡이 일어나거나 반박 자료를 빠뜨리고 보고하지 않는다거나 선입견이 있는 해석을 할 수 있다는 것이다. 이를 방지하기 위해 외부 감사의 활용, 구성원의 검토, 증거 기반 해석 등이 활용될 수 있다. 또한 연구참여자나 사이트의 익명성을 보장해야 한다. 가장 중요한 원칙은 참여자들에게 적용되는 자료는 참여자들이 소유한다는 것이다(Guba & Lincoln, 1981).

## (2) 연구과정

### ① 자료 수집

사례연구에서 자료 수집은 종합적이고 심층적인 자료 수집을 필요로 한다. 구체적으로 자료 수집은 관찰, 면접, 문서, 시청각 자료, 설문지, 측정도구, 의료 및 사무소 기록, 인생 프로파일, 사진, 개인의 삶에서 존재론적인 문제의 순간, 고문서, 유물 등과 같은 다중적인 정보원을 포함한다. Yin(1989)은 문서, 문서 기록, 면접, 직접관찰, 참여관찰, 물리적 인공물 등 여섯 가지 정보 유형을 제시하였다. 질적 증거와 양적 증거를 주로 함께 사용하며, 증거는 다양한 출처에서 나올 수 있다.

사례연구의 신뢰성 및 질 향상을 위한 자료 수집의 세 가지 원칙은 다음과 같다. ① 다수의 증거의 출처를 활용하고, ② 사례연구의 기반을 구축하며, ③ 일련의 증거를 유지하는 것이다. 사례에 대한 철저한 묘사를 위해서는 광범위한 자료 수집을 해야 한다. 한편, 사례연구를 위한 좋은 자료 수집의 원칙은 장기간에 걸쳐 증거를 수집하는 것이다. 이러한 장기적인 연구는 넓은 시야를 제공하고, 지속적인 관찰은 깊이를 제공할 수 있다.

사례연구에서 표본추출 방식은 다양한 형태로 이루어질 수 있다. 표본추출 방식은 질적 연구에서 매우 중요한 결정 사항이며, 연구의 성격에 따라 명확한 기준과 합리적 근거를 가지고 이루어져야 한다. 〈표 5-3〉은 Miles와 Huberman(1994), 조용환(2000)이 제시한 효과적인 질적 연구를 위한 표본추출 전략 유형을 혼합하여 간략하게 제시한 것이다.

ooo **표 5-3** 표본추출 유형

| 표본추출 유형 | 목적 |
| --- | --- |
| 최대 변량<br>(maximum variation) | 다양한 변이(variation)를 기록하고 중요한 공통적 패턴을 확인한다. |
| 모든 사례 선택<br>(comprehensive selection) | 연구자가 확인할 수 있는 모든 사례를 선택한다. |

| 동질적(homogeneous) | 초점화하고 줄이며 단순화하여 집단면접을 촉진한다. |
|---|---|
| 할당 선택<br>(quotea selection) | 모집단의 하위 집단을 확인한 다음 각각 몇 사례를 할당하여 선택한다. |
| 결정적 사례<br>(critical case) | 논리적 일반화와 다른 사례들에 대한 최대한의 정보 적용을 가능하게 한다. |
| 이론 기반<br>(theory based) | 이론적 구성체의 예를 발견하고 그것에 대해 상세히 설명하며 고찰한다. |
| 확증적/비확증적 사례들<br>(confir-ming and<br>disconfirming cases) | 초기 분석에 대해 상세히 설명하고 예외를 탐색하며 변이를 찾는다. |
| 눈덩이 또는 연쇄<br>(chain) | 풍부한 정보를 가진 사례에 대해 알고 있는 사람으로부터 출발하여 관심 사례(cases on interest)를 찾는다. |
| 네트워크 선택<br>(network selection) | 한 집단/개인으로 하여금 다음 집단/개인을 선택하게 한다. |
| 이상적 사례 선택<br>(ideal case selection) | 최선의 사례를 먼저 선택한 다음 그에 버금가는 사례를 차례로 선택한다. |
| 대조적 사례 선택<br>(comparable case selection) | 한 사례와 대비되는 사례를 선택하여 비교한다. |
| 연계적 사례 선택(progressive<br>and sequential selection) | 한 사례를 선택한 다음 그 사례와 다르거나 대립적인 사례를 계속 선택한다. |
| 극단적 또는 일탈적 사례<br>(Extreme or deviant case) | 관심 현상이 매우 특이하게 표출되는 것으로부터 사례를 선택한다. |
| 유일한 사례 선택<br>(unique case selection) | 특이하거나 희귀한 현상의 연구에 유용하다. |
| 유명한 사례 선택<br>(reputational case selection) | 대중적 평판이나 전문가의 조언에 따라 선택한다. |
| 전형적 사례(typical case) | 정상적이거나 평균적인 것을 강조한다. |
| 강도(intensity) | 현상을 강렬하지만 극단적이지 않게 표출하는, 풍부한 정보를 제공하는 사례를 선택한다. |
| 무작위 의도적<br>(random purposeful) | 가능한 의도적 표본이 너무 클 때 표본에 신빙성(credibility)을 더해 준다. |
| 층화된 의도적<br>(stratified purposeful) | 하위 집단을 묘사하고 비교를 촉진한다. |
| 기준(criterion) | 몇 개의 기준을 충족시키는 모든 사례들, 질 보증에 유용하다. |
| 기회적(opportunistic) | 새로운 단서(leads)를 따른다. 기대하지 않았던 것을 이용한다. |
| 조합 또는 혼합<br>(combination or mixed) | 다원화(triangulation), 융통성(flexibility), 다양한 관심과 욕구를 충족시킨다. |
| 편의(convenience) | 정보와 신빙성(credibility)을 희생하는 대가로 시간, 비용, 노력을 절약한다. |

② 자료분석

사례연구에서 자료분석은 사례나 현장에 대한 꼼꼼한 기술로 구성된다. 통계분석과 달리 사례연구에서 자료분석은 확립된 공식이 거의 없고 전략과 기술이 명료하지 않다. 따라서 많은 부분이 연구자의 스타일과 엄밀한 사고, 그리고 충분한 증거의 제시, 대안적인 해석에 대한 면밀한 고찰에 따라 좌우된다. 사례연구의 자료분석의 주요 전략은 탐구적/설명적 전략, 이론적 오리엔테이션 전략, 유사법적 전략으로 나누어 설명할 수 있다(〈표 5-4〉 참조).

○○○ **표 5-4** 사례연구에서 자료분석 방법

|  | 탐구적/설명적 전략 | 이론적 오리엔테이션 전략 | 유사법적 전략 |
|---|---|---|---|
| 특징 | • 내용분석법, 분석적 귀납법, 정항비교법, 현상분석법<br>• 자료분석이 수집과 동시에 이루어짐<br>• 자료는 더 작은 분석 단위로 분할되고 하나의 전체적 개념으로 재통합됨<br>• 자료해석이 중요한 목표<br>• 연구자 반성(reflection), 비교, 창조력을 사용 | • 미리 설정한 이론적 관점 또는 틀이 사례분석의 지침 역할<br>• 패턴 조화시키기: 이론에서 파생된, 미리 예측된 패턴을 관측 패턴과 비교함으로써 패턴들이 서로 조화를 이루는지를 봄<br>• 설명 구축하기: 근거이론 전략과 유사, 하지만 자료 자체에서 이론을 전개하는 것이 아니라 초기 이론적 진술 또는 명제를 가지고 시작함 | • 첫 단계: 문제 또는 이슈를 정확하게 진술<br>• 문제 또는 현상이 이해되는 맥락 제공을 위해 배경 정보 수집<br>• 되도록 많은 기존 명제를 배제하기 위해 충분한 증거를 수집하는 데 모든 증거를 대변하면서 그 어떤 증거도 반박할 수 없는 증거를 지속적으로 찾기 |
| 공통점 | 세 가지 접근의 궁극적 목표는 증거를 공평하게 다루며, 설득력이 있는 분석적 결론을 제시하고 대안적 해석을 배제하는 것이다. 사실을 찾는 것이 목적이 아니라 잘못된 해석을 제거해서 가장 타당하고 설득력 있는 연구 사례를 구축하는 것이다. | | |

출처: 신경림 외(2005)에서 재구성함.

③ 사례연구의 글쓰기

사례연구에서 글쓰기에 대해 Stake(1995)는 다음과 같은 전체적인 개요를 제시하였다.

- 독자로 하여금 연구되는 시간과 장소에 대한 느낌을 갖도록 하는 삽화로 시작하여 대리 경험을 제공
- 연구의 쟁점, 목적 및 방법을 설명하여 독자에게 연구의 진행, 연구자의 배경, 사례를 둘러싼 쟁점을 알도록 함
- 사례와 맥락(상대적으로 논쟁의 여지가 없는 자료의 본체)에 대한 폭넓은 기술을 제시하여 독자로 하여금 자신이 거기 있는 것처럼 느끼게 함
- 이후에 몇 가지 쟁점을 제시하여 독자가 사례의 복잡성을 이해할 수 있도록 함. 이 복잡성은 다른 연구에 근거하거나 다른 사례에 대한 연구자의 이해를 통해 형성
- 그다음에 여러 가지 쟁점이 더 면밀히 조사됨. 이 시점에 연구자는 증거를 확증하거나 반증함
- 연구자의 주장이 제시되면, 사례에 대해 연구자가 이해한 것과 초기의 자연주의적 일반화와 개인적 경험을 통해 도달하거나 독자를 위한 대리 경험으로 제공된 결론이 개념적으로 변환되어 왔는지, 또는 도전을 받아 왔는지에 대한 요약을 제시
- 마지막으로, 연구자는 독자로 하여금 이 보고서는 한 개인과 복잡한 사례와의 만남이라는 사실을 상기시키면서 종결 삽화와 경험적 기록으로 끝을 맺음

Lincoln과 Guba(1985)는 사례연구 보고서의 구성 요소를 다음의 네 가지로 제시하였다. ① 문제 또는 이슈에 대한 설명, ② 현상이 일어난 현장/상황에 대한 구체적 설명, ③ 연구초점과 관련된 현장/상황 내의 과정 및 상호작용에 대한 완벽한 서술, ④ 연구의 결과로 배워야 하는 교훈에 대한 논의를 통한 관심 현상에 대한 이해 등이다.

사례연구 보고서의 글쓰기는 Stake(1995)처럼 삽화를 이용한 보고 양식을 활

용할 수도 있고, Lincoln과 Guba(1985)가 제시하는 실재적 사례 보고 양식을 활용할 수도 있다. 또한 사례 유형에 따라 다양한 방식의 기술이 가능하다(Yin, 1989). 효과적인 사례연구의 글쓰기는 사례의 맥락과 현장에 대한 기술에 있어서 폭넓은 묘사에서 더 좁은 묘사로 접근하는 경향이 있다. 또한 사용된 기술의 양 대 분석의 양, 해석이나 주장의 양에 대한 균형이 유지될 필요가 있다. Merriam(1988)은 적절한 균형은 기술이 60% 대 40% 혹은 70% 대 30% 정도로 더 많은 것이 좋다고 하였다.

## 4) 문화기술지 연구

### (1) 기본 이해

문화기술지(ethnography)는 문화적 집단 내에서 현장연구를 수행하던 인류학자들에 의해 발전된 질적 연구의 고전적 형태로, 문화적 또는 사회적 집단이나 체계에 대한 기술과 해석이다. 문화기술지는 연구과정과 그 결과를 산물로 포함하는데, 과정으로서의 문화기술지는 탐구 집단 구성원들의 일상생활에 몰입된 참여관찰(participant observation) 및 면담을 통해 이루어진 문화공유 집단의 행동, 언어, 상호작용의 의미를 연구한다. 이러한 과정을 통해 이루어진 문화기술지 연구의 결과는 그들이 지니는 행동, 신념, 이해, 태도 등에 대한 단행본 정도의 보고서 형태로 나타나게 된다.

문화기술지는 문화인류학에 그 기원을 두고 있으며, Boas, Malinowski, Radcliffe-Brown, Mead와 같은 20세기 초 인류학자들과 그들의 비교문화 연구를 통해 발전하였다. 그들이 비록 자연과학을 연구의 모델로 삼기는 했지만, 수년 동안 특정 부족 사회에서 생활하면서 참여관찰을 통해 가급적 자세하게, 그리고 포괄적으로 기록하는 총체론적 접근을 통해 자료를 수집하고 해석함으로써 전통적인 접근과 차별화되었다. 1920~1930년대에는 시카고 대학교의 Park, Dewey, Mead와 같은 사회학자들이 미국 문화 집단을 연구하는 데 인류학적 현장조사 방법을 적용하였다. 최근 문화기술지에 대한 과학적 접근들은 구조적 기능주의, 상징적 상호작용주의, 문화인류학과 인지인류학, 페미니즘, 마르크스주의, 민속방법론, 비판이론, 문화연구, 포스트모더니즘과 같은 다른 이론적 지향과 목적을 가진 학파나 하위 유형을 포함하는 방향으로 확대되어 왔다(Atkinson & Hammersley, 1994; Creswell, 2005에서 재인용). 문화기술지는 초기에 이방문화에 대한 관심에서 출발하여 점차적으로 자문화 속의 타자성에 대한 인식으로 초점을 이동했다. 또한 초기 문화기술지 연구자들은 그 사회의 문화 요소들을 총망라하여 관찰 분석하는 것이 특정 인간 집단을 충분히 이해하는 길이라고 주장하였으나, 점차적으로 사회조직이나 사회구조에 한정하여 집중적으로 자료를 수집하는 조사연구가 필요하다고 강조하였다.

문화기술지의 인식론적 특징에 대해 신경림 등(2005)은 귀납적 사유(inductive reasoning), 주관성(subjective), 발견(discovery), 기술(description) 및 과정 중심(process orienting)으로 요약하여 제시하고 있다. 이를 살펴보면 다음과 같다. 문화기술지는 사회적 세계는 기술적인 것이 아니라 그 사회적 상황에 참여하고 있는 사람들에 의해 구성된 주관적 의미가 포함되어 있다고 본다. 따라서 세상을 있는 그대로 본다는 것은 부적절하며, 사실은 배운 대로 본다고 하는 편이 더 적절하다. 또한 인간은 객관적인 실체가 아니라 주관성을 지닌 존재라고 간주하며, 실재는 절대적인 것이 아니라 맥락 내에서 구성되는 상대적인 것이므로 맥락을 통제하기보다는 맥락 속에서 만들어 가며, 연구참여자의 관점(emic)에서 자료를 도출하고 기술하는 것을 중요시한다. 문화기술지 연구에서 자료를 분석하고 이론을 생성하기 위해 귀납적 접근을 하며, 연구참여자들은 공동 연구자로서 문화 구성원으로 인식하는 상호작용적 접근을 한다.

## (2) 연구과정

### ① 자료 수집

문화기술지 연구는 사실상 활용 가능한 모든 자료를 수집하며, 참여관찰과 심층면접을 주로 활용한다. Crane과 Angrosino(1992; 홍현미라 외, 2008에서 재인용)는 문화인류학의 현지조사 방법에 근접학(proxemics, 공간에 대한 인간의 지각 및 사용과 관련된 것), 지도 작성, 친족계보표, 정보 제공자 면담, 참여관찰, 생애사, 개인적 기술, 문화사, 민간 전승, 민족의 의미론, 조사, 공식적 조직연구, 사진 촬영, 커뮤니티 연구를 포함하였다.

문화기술지 연구는 현장조사라 불리는 현장에서의 폭넓은 작업에 관여하게 되며, 문화공유 집단(culture-sharing group)에 대한 하나의 그림을 발전시키고 문화적 수립을 수립하는 데 도움이 되는 관찰과 면접, 재료들을 통해 정보를 수집한다. 문화기술지 연구자는 연구현장에 진입하도록 할 수 있는 사람인 문지기(gatekeepers)를 통해 집단에 접근하는 것과 같은 현장연구의 이슈들에 민감해야 한다. 또한 주요 정보 제공자(key informants)들을 정하게 되는데, 이들은 집단에 대한 유용한 통찰을 제공하고 연구자를 정보 쪽으로 안내하고 접촉하도록 할 수 있는 사람들이다. 문화기술지 연구들은 이런 사람들과의 접촉을 통하여 문화공유 집단 속으로 들어가는 것이다.

현지조사에서 참여관찰을 하면서 자료를 수집할 때 연구자는 완전한 참여자에서부터 완전한 관찰자에 이르기까지 다양한 역할을 하게 된다. 완전한 참여자로서의 역할을 하는 연구자의 활동은 전적으로 은폐된다. 즉, 연구현장에서 하나의 구성으로서의 역할이 아니라 실제로 구성원이 되는 것이다. 그러나 이런 방법은 윤리적 문제와 자료 수집의 범위 및 특성이 제한되는 한계가 있다. 참여자로서의 관찰자와 관찰자로서의 참여자의 역할을 하는 경우의 연구자는 제보자들의 일상생활 속에서 살면서 그 사람들과 집중적이고도 거의 계속적인 상호 관계를 통해 그들과 그들의 언어 그리고 삶의 방식을 알게 되는 실천을 의미한다. 이 스펙트럼의 또 다른 극단에는 완전한 관찰자로서의 역할을 하는 경우가 있는데, 이는 연구자가 관찰하는 사람과 접촉하거나 상호작용하지 않는다. 이 역할은 매우 제한된 정보를 다룰 수밖에 없고 불가피한 상황에서만 선택된다. 문화기술지 자료 수집에서 주의할 점은 방대한 자료의 양과 종류 때문에 더 큰 혼란을 경험할 수도 있으므로 체계적인 정리가 필요하다는 것이다.

② 자료분석

문화기술지 연구에서는 전통적으로는 정형화된 자료분석 절차를 발전시키지 않았다. 그러나 최근 문화기술지 연구는 비교적 정형화된 절차를 적용하고 있다. 대표적으로 신문화기술지 연구자인 Spradley(1979, 1980)는 체계적인 절차로 정보 제공자 찾기(사회적 상황을 선택하기), 정보 제공자와 면접하기(참여관찰하기), 문화기술지 기록하기, 서술적 질문하기(서술관찰하기), 문화기술지 면접 분석하기, 영역 분석하기, 구조적 질문하기(집중관찰하기), 분류분석하기, 대조 질문하기(선별관찰하기), 성분분석하기, 문화적 주제 발견하기 등을 제시하였다.

이 책에서는 교육인류학적 관점에서 문화기술지적 분석방식을 제시한 Wolcott(1994)의 입장에 초점을 맞추어 문화기술지 연구의 자료분석에 대해 설명하고자 한다. 다음에서 설명하는 내용은 Creswell(2005)을 토대로 요약 정리한 것이다.

문화기술지 연구는 문화공유 집단이나 개인에 대한 자세한 기술(description), 주제 또는 관점들에 의한 문화공유 집단에 대한 분석(analysis), 사회적 상호작용의 의미와 인간의 사회생활에 대한 일반화를 위한 문화공유 집단에 대한 해석(interpretition) 등을 필요로 한다(Wolcott, 1994).

기술은 질적 연구가 이루어지기 위한 토대가 된다. 여기서 연구자는 독자에게 자신이 본 것을 독자의 눈을 통해 볼 수 있도록 초대하는 이야기꾼(storyteller)이 된다. 기술은 현장과 사건에 대해 있는 그대로 기술하는 것으로 시작한다. 각주도 달지 않고, 침투적 분석도 아닌, 단지 사실을 적절히 상세한 수준에서 주의 깊게 표현하고 흥미롭게 엮는 것이다. 이러한 기술은 연대기적 순서에 따라 제시하거나 연구자 또는 이야기하는 사람의 순서에 따라 분석될 수 있다. 또는 중요한 사건에 초점을 두거나, 줄거리와 인물이 있는 이야기를 전개할 수도 있다.

분석은 분류과정으로서 질적 연구의 양적 측면이다. 이 과정은 기술 단계에서 소개된 구체적인 자료들을 강조하거나 표, 차트, 다이어그램, 그림 등을 통해 결과를 보여 주는 것이다. Wolcott(1994)이 언급하였듯이, 아마도 가장 많이 사용하는 분석절차는 자료 내에서 패턴화된 규칙(patterned regularities)을 찾는 것이다. 분석의 다른 형태는 문화 집단을 다른 집단과 비교하고 표준이라는 견지에서 집단을 평가하며 문화공유 집단과 커다란 이론적 틀 사이의 관계를 끌어내는 것이다.

문화기술지적인 문화공유 집단에 대한 해석은 자료 변형 과정이다. 여기에서 연구자는 데이터베이스를 넘어선 무엇을 연구한다. 연구자는 독자에게 의문이나 질문을 야기하는 엉뚱한 비교 해석을 심사숙고한다. 연구자는 자료로부터 추론을 끌어내거나 자신이 내린 해석의 구조를 제고하는 이론으로 되돌아간다. 또한 연구자는 해석을 개별화한다. 즉, '이것이 내가 그것에 대해 생각하는 것' 또는 '이것이 바로 연구경험이 어떻게 나에게 영향을 미쳤는가' 하는 것 등을 염두에 둔다. 마지막으로, 연구자는 시나 소설 또는 공연과 같은 표현을 통해 해석을 만들어 낸다.

### ③ 글쓰기

문화기술적 글쓰기는 상세한 기술(thick description. Denzin, 1989)을 특징으로 한다. 문화적 장면이나 사건을 매우 상세하게 기술하여 관찰된 사건에 대한 감정과 사실을 제대로 전달하기 위해 노력해야 한다. 문화기술지의 결과물을 제시하는 데에서 자주 일어나는 오해 중 하나는 '있는 그대로' 쓴다는 것이다. 문화기술지는 자료를 체계화할 때 참여자의 토착적 개념만을 사용하는 것이 아니라 연구자의 분석적 개념을 조화시켜야 한다. 즉, 참여자의 진술을 있는 그대로 제시하기보다는 이를 분석하여 이론으로 일반화한 최종 산물을 제시하게 된다. 간혹 문화기술지는 이론 없는 사실의 수집가 또는 복잡하기만 하고 난잡한 기술만을 산출한다는 비난을 받게 된다. 이 비난은 연구자가 자신의 가정을 깨닫지 못하거나 모호하여 진술이 불완전하고 일관되지 못하며, 내부적으로 모순을 가진 비논리적인 기술을 하기 때문이다. 한편, 문화기술지를 작성할 때 과학적 연구를 지향한다는 명분하에 각 문화가 담고 있는 지혜와 지식을 희생하거나, 문화 이해를 돕는다는 명분하에 연구자의 통찰력을 과신하여 창작 작품을 만드는 것도 조심해야 한다(신경림 외, 2005).

## 5) 합의적 질적 연구법

### (1) 기본 이해

합의적 질적 연구(consensual qualitative research: CQR)는 Hill, Thomson과 Williams(1997)에 의해 개발되었다. 핵심적 요소는 다음과 같다. 첫째, 개인의 경험에 대해 보다 깊이 있고 삶 전반을 통해 일관성 있는 자료의 수집을 가능하게 하는 반구조화된 자료 수집방법으로, 개방형 질문을 가진 전형적 면담을 사용한다. 둘째, 다양한 관점을 위해 자료분석 과정 내내 여러 명의 평정자를 참여시킨다. 셋째, 자료의 의미 결정을 합의(consensus)를 통해 진행한다. 넷째, 적어도 한 명의 감사자(auditor)가 1차 집단에서 초기 작업한 내용을 검토하고, 1차 집단에서 이루어진 집단 사고의 효과를 최소화하는 역할을 한다. 다섯째, 자료분석에서 영역(domains), 중심개념(core ideas) 및 교차분석(cross-analysis)을 사용한다.

CQR은 현상학적 요소(Giorgi, 1985), 근거이론(Strauss & Corbin, 1998), 포괄적 분석과정(Elliott, 1989)의 주요 특징을 포함하고 있다. CQR은 이러한 질적 접근방법들로부터 결과 구성 시 평정자의 합의를 사용하는 것과 자료의 의미를 숫자보다 단어로 반영하는 것에 대한 강조점을 채택한다. 또한 탐구적이고 발견적 지향방법, 즉 참가자들 전체에 걸친 일관성 있는 자료 수집과 다양한 평정자들의 사용, 평정자들의 동의를 강조하는 방법들을 통합한다(Hill et al., 2005).

CQR의 철학적 입장은 구성주의적 관점을 지배적으로 표방하며, 일부 후기실증주의적 요소를 갖고 있다. Ponterotto(2005)의 다섯 가지 구성개념인 존재론, 인식론, 가치론, 수사적 구조와 방법론을 나누어 설명하면 다음과 같다(Hill et al., 2005).

첫째, 진리의 본질, 즉 존재론에 관해서 CQR은 구성주의적이다. CQR은 사람들이 그들의 현실을 구성하고, 그것은 다면적이고 타당하며 사회적으로 구성된 진리의 해석이라고 인식한다. 또한 현실을 다른 형식으로 구성하고 있는 참가자들의 경험들 사이에서 공통점을 모색한다.

둘째, 인식론에서 참여자와 연구자 사이의 관계에 관해서는 구성주의적이며, 어떤 면은 후기실증주의적 색채를 띠고 있다. CQR에서 연구자와 참여자는 서로 간에 영향을 미치는 것으로 본다. 참여자는 연구자에게 현상에 대해 알려 주며, 연구자는 참여자가 자신의 경험을 탐색할 수 있도록 도와줌으로써 참여자에게 영향을 미칠 수 있다. 참여자들에게 정보를 얻기 위해 개인적 경험을 깊게 탐색하는 것을 질문이나 규칙을 포함한 표준화된 프로토콜을 이용한다는 점에서는 후기실증주의적 경향이 있다.

셋째, 과학적 절차나 연구자의 가치관과 관련된 가치론적 측면에서 CQR은 구성주의와 후기실증주의 사이에 자리하고 있다. CQR에서는 연구자의 선입견을 피할 수 없고, 결과에 과도하게 영향을 미치지 않으며(후기실증주의적), 지속적인 점검이 가능할 수 있도록 상세히 논의되어야 한다(구성주의적)고 믿는다.

넷째, 잠재적 청중에게 연구 결과와 과정을 보여 주기 위해 사용되는 언어와 관련된 수사적 구조에 있어서 CQR은 제삼자에게 자료를 보고한다는 점에서 다소 후기실증주의적 입장을 취하고 있다. CQR에서는 참여자들의 언어로 요약하며, 해석으로 껑충 뛰어오르기보다는 자료 자체에 가깝게 머무르면서 객관적이기 위해 애쓴다. 또한 참여자들 전반을 아우르는 주제를 찾아보고, 적어도 어느 수준의 모집단으로 일반화할 수 있기를 바란다.

다섯째, CQR에서는 자연적이고 상호적인 자료 수집방법에 의지한다는 점에서 명백한 구성주의적 입장이다. 비록 삼각측량을 위해 질적 결과를 양적 결과와 비교할 수는 있겠지만, 실험 혹은 유사 실험적 방법 등 어떤 다른 양적 방법도 사용하지 않는다. 또한 연구팀은 참여자들이 보고한 내용을 공정하게 기술하기 위해 그들의 선입견을 배제하려고 노력하면서 자료에 대한 해석을 구성하는 데 합의를 사용한다.

다음으로, CQR의 중요 개념으로 합의, 연구자의 선입견, 연구팀에 대해 간단히 살펴보고자 한다(Hill et al., 2005). 합의(consensus)는 합의적 질적 연구법의 정수(Hill et al., 1997)라고 할 수 있다. 합의는 상호 존중, 동등한 참여 권력의 공유를 토대로 하고 있다. 합의를 사용한다는 것은 널리 통용되는 관점과 소수의 관점 모두를 고려함으로써 결정적 특질을 향상시키는 것으로 알려져 왔다 (Sundstorm, Busby, & Bobrow, 1997). 합의에 이르기 위한 과정은 팀 구성원들의 감정과 반대 의견에 대해 논의할 것을 요구하고, 이에 팀 구성원들이 서로를 좋아하고 존중하는 것뿐만 아니라 능숙한 대인관계 기술을 갖는 것을 필요로 한다. 효과적인 합의를 위해서는 모든 팀 구성원이 축어록을 읽는 것뿐만 아니라 인터뷰 테이프를 들어 볼 것을 추천한다.

　연구자의 선입견과 관련하여 Hill 등(1997)은 독자가 결과를 평가할 때 고려할 수 있도록 연구자의 기대나 선입견을 모두 밝히도록 제안하였다. 연구자의 선입견은 다양한 원천에서 나타날 수 있는데, 팀의 인구학적 특성으로부터 생겨날 수도 있다. 연구방법을 기술할 경우, 주제에 대한 인구통계학적 정보와 감정 및 반응에 대한 정보를 보고하는 것이 필요하다. 연구자는 연구의 논의에서 제한점을 기술할 때 자신의 기대나 선입견이 자료분석에 어떻게 영향을 미쳤는지를 밝힐 필요가 있다. 선입견은 어떤 연구에서도 자연스러운 부분임을 인식하고 이해할 필요가 있다. 그러나 보다 중요한 것은 자료분석에 연구자의 선입견이 과도한 영향을 미치지 않도록 노력하는 것이다. 이를 위해 연구자들은 참여자들의 이야기를 있는 그대로 받아들이고 있는지, 언제 팀 구성원들이 다른 구성원에 비해 빠르게 동의하는지, 혹은 증거 없이 한 의견을 고집스럽게 고수하는지를 주의 깊게, 그리고 공개적으로 살펴보아야 한다.

　CQR에서 연구팀에 대해 살펴보면, 1차 집단은 할당(set)이나 순환(rotating) 팀 모두 적용 가능하다. 모든 팀 구성원은 모든 자료에 대해 깊이 몰입해야 한다. 적어도 3명 이상이 1차 집단을 구성해야 한다. 팀 구성원들의 교육 수준은 주제의 추상성과 맞아야 한다. 보다 명시적인 권력을 가진 팀 구성원은 전문가 지위를 요구해서는 안 된다. 권력 문제는 공개적으로 논의되어야 한다. 그리고 특정한 구성원의 과도한 영향력을 줄이기 위해 첫 번째 발언하는 기회를 돌아가며 맡는 것이 좋다.

## (2) 연구과정

### ① 자료 수집

CQR에서 자료 수집을 위한 표본은 신중하게 판단된 균질적 모집단에서 참가자를 무선으로 추출하는 것을 권한다. 이때 참여자들은 현상에 대해서 잘 알고 있는 사람들이어야 한다. 한두 번의 면담을 사용한다면 8~15명의 참여자가 적절하다. 면담은 문헌을 검토하고 전문가와 면담 프로토콜을 개발하기 위한 논의를 할 필요가 있다. 효과적인 면담을 위해서는 한 시간당 8~10개 정도의 개방형 질문이 포함되는 것을 권장한다. 한편, 개인의 경험에 대해 더 잘 알 수 있도록 추가적인 촉진 질문을 할 필요가 있다. 면담 프로토콜을 만들기 위해서는 파일럿 면담을 사전에 몇 차례 실시해야 한다. 초심 면담자들은 사전에 훈련을 시켜야 한다. 이상적으로는 최소 두 번 정도 각 참여자들의 면담을 해야 한다. CQR의 자료 수집 양식은 면대면 면담, 전화면담, 이메일 형식, 설문지 형식 등이 사용된다. 전화면담은 연구자와 참여자의 거리가 멀다는 점 때문에 비판을 받아 왔지만, 최근 연구들에서는 면대면 면담보다 더 많은 사생활과 비밀 보장이 제공되기 때문에 면담을 하는 사람이 취약하거나 당황스러울 수 있는 상황에서는 더 많이 선호되기도 한다(Hill et al., 2005).

### ② 자료분석

CQR에서 자료분석은 세 개의 주요 단계, 즉 영역코딩, 중심개념 코딩, 교차분석으로 구성되어 있다.

- 영역코딩: 면담 질문이나 논문으로부터 파생된 시작 목록(strat list)이나 축어록으로부터 출발하여 영역을 발전시켜 나간다. 처음 몇 사례에 대해 1차 집단 전원이 자료를 영역으로 코딩한다. 남은 코딩은 1명의 연구자에 의해 진행되고 다른 사람에 의해 검토될 수 있다.
- 중심개념(core idea) 코딩: 참여자의 단어를 간결하고 명확하게 하며, 사례들

에 두루 걸쳐 유사한 형태로 편집하는 과정이다. 대명사는 일관성을 위해 변경하고, 반복은 삭제하며, 망설임과 비언어적 측면은 발화의 내용을 핵심으로 추출되어야 한다. 중심개념 코딩을 위해 참여자의 언어로 표현하는 것이 중요하다. 이때 해석적인 분석을 피해야 한다. 전체 팀 구성원들이 처음 몇 사례에 대한 중심개념을 코딩하고, 남은 중심개념들은 1명의 연구자에 의해 진행되며, 이를 팀이 검토하는 방법이나 모든 구성원이 영역을 코딩하고 중심개념을 코딩하는 작업을 함께할 수 있다.

- 교차분석(cross check): 자료를 더 높은 추상화로 옮겨 가는 것이다. 이때 자료 특성을 나타내는 데 빈도 표시를 사용한다. Hill 등(1997)은 '일반적인(general)' 결과들은 모든 사례에 적용되어도 '전형적인(typical)' 결과들은 적어도 사례의 반에 적용되며, '변동적인(variant)' 결과들은 적어도 두세 개 그러나 반보다는 적은 사례에 적용되는 것으로 제안했다. Hill 등(2005)은 일반적인 경우는 전부 혹은 1개를 제외한 전부의 경우, 전형적인 경우는 반 이상에서 일반적인 절단점까지, 변동적인 경우는 2개 사례부터 대표적인 절단점까지 적용하라고 하였다. 더불어 15개 이상의 사례가 포함되었을 경우 '드문(rare)'은 2~3개의 사례에 적용할 수 있다. 하나의 사례에 적용되는 발견은 기타 범주에 포함시키고 결과표에서 제외할 것을 권하고 있다. 빈도 비교와 관계된 또 다른 고려 사항은 한 연구 안에서 하위 샘플(subsample)들의 비교다. 하위 샘플을 비교하는 경우, 적어도 2개의 빈도 차이가 날 경우에만 일반적인 또는 변동적인 등으로 결과를 다르게 나타낼 수 있다. 해석을 할 때는 끊임없이 원본 자료를 참조하는 것이 필요하다. 정교하고 엄격해질 때까지 교차분석은 계속 수정된다. 만약 자료의 대부분이 '변동적' 혹은 '드문'에 해당하거나 잡다한 품목이 많다면 교차분석을 다시 해야 한다. 예를 들어, 범주를 묶거나 사례를 하위 분할하거나 더 많은 자료를 모아야 할 수 있다. 교차분석에 대해서는 다른 사람의 피드백을 받아야 한다.

CQR의 자료분석에서 감사과정(auditing)은 중요하다. 감사자는 원자료가 올바른 영역에 있는지, 모든 중요한 요소가 중심개념에서 충실하게 대표되고 있는지, 중심개념에 대한 표현이 원자료의 본질을 간명하게 제시하고 있는지, 자료분석이 자료를 명쾌하고 충실하게 나타내는지를 점검하는 것이다. 그러므로 감사자는 분석과정의 각 단계에 대한 상세한 피드백을 제공한다. 영역과 중심개념 코딩에는 내부 혹은 외부 감사 모두 적합하지만, 교차분석에는 적어도 한 명의 외부 감사가 포함되는 것이 바람직하다. 경험이 적은 연구자의 경우 자료가 정확하게 분석되었다는 확신이 들 때까지 감사에게 점검받는 것이 도움이 된다. 감사는 면담 프로토콜을 검토할 때도 포함되어야 한다.

CQR에서 안정성을 점검하기 위해 Hill 등(2005)은 모든 사례에 대한 영역코딩, 중심개념 코딩 작업이 완료된 다음 적어도 두 개의 사례를 초기 교차분석에서 제외하여 이 사례들의 모든 자료가 만들어 놓은 범주에 맞는지, 이 두 사례에 의해 일반적·전형적·상이한 표시가 실제로 변화하는지를 결정하는 검사로 사용하도록 제안하였다.

③ 글쓰기

CQR에서 Hill 등(1997)은 영역들에 걸친 범주들 간의 관계, 특히 사건의 순서를 나타내는 자료를 시각적으로 설명하기 위해 결과를 도표로 만들 것을 추천하였다. 연구자들이 시각적으로 자료를 제시하는 것은 많은 이점이 있다. 일반적이고 전형적인 영역들에 걸친 범주 사이의 연관성을 도표화할 수도 있고, 범주 간의 상호 관계를 조직적인 도식이나 거미줄로 만들어 낼 수도 있다. 이러한 시각적 설명을 사용하는 것은 공간에 비해 많은 정보를 담아낼 수 있으며 내용의 풍부함을 증진시킬 수 있다.

글쓰기를 할 때 비록 모든 범주가 표에 포함되었다고 하더라도 적어도 일반적인 것과 전형적인 범주는 결과 부분에 충분히 설명하여야 한다. 중심개념이나 인용은 결과를 상세히 설명하는 데 이용될 수 있다. 그리고 사례 예시는 전 영역에 걸친 결과들을 예증하는 데 이용될 수 있다. 논의에서 결과를 단순히 반복하는 글쓰기를 피하고 의미 있는 방법으로 연결하고 이론으로 발전시키는 노력이 필요하다.

제6장
# 상담학연구에서의 연구설계

| 황재규 |

상담학은 인간의 인지, 정서 및 행동 특성이 가진 양적·질적 상태에 관심을 두고 있으므로 이를 위한 연구는 관련된 현상이나 특성들을 다양한 이론으로 설명하고 예언하며 통제할 수 있어야 한다. 그래서 무엇보다도 개념적·조작적 과정을 통해 관찰 가능한 행동으로 전환하여 과학적인 방법을 사용하여 관련 특성들을 연구할 필요가 있다. 왜냐하면 상담학은 상담의 실제 과정 및 실천에서 발생하는 문제들, 즉 목적이나 내용, 방법 등을 과학적으로 탐색하는 학문이기 때문이다.

그렇다면 '과학적 관찰로서의 연구가 되기 위해서는 어떠한 관찰이 되어야 하는가?' 하는 문제가 생긴다. 먼저, 과학적 관찰로서의 연구가 되기 위해서는 연구하고자 하는 구성개념인 변인을 관찰 가능한 대상으로 객관화해야 한다. 이를 위해 의도적인 관찰을 함으로써 오류를 줄여야 하고, 관찰대상으로서의 표본이 대표성을 가지게 함으로써 과잉 일반화의 문제에 빠지지 않게 하여야 하며, 관찰되는 현상에 대해 합리성을 지녀야 한다. 또한 연구를 통해 얻은 결과가 다른 사람들에 의해 경험적으로 정확성과 타당성이 검증될 수 있어야 한다. 더 나아가 주어진 연구결과를 얻기 위한 연구절차도 반복 가능해야 한다. 이러한 과학적 관찰로서의 연구를 통해 도출된 결과만이 과학적 지식이 되고, 이러한 요건을 갖춘 연구결과로서의 과학적 지식만이 논리적·경험적·인과적 지식이라는 특징을 가지게 되며, 동시에 경험적 검증 가능성, 수정 가능성, 재생 가능성을 지닌 규칙성을 도출하게 되는 것이다.

이 장에서는 연구설계의 본질, 목적 등과 함께 신뢰롭고 타당한 연구설계가 되기 위한 요건, 연구설계의 유형, 연구설계의 절차와 과정 등을 살펴봄으로써 연구설계의 기본 개념과 절차를 정리하고자 한다.

# 1. 연구설계의 본질

## 1) 연구설계의 정의

연구설계에 대한 학자들의 정의는 다양하지만, 특히 상담학연구에서 연구설계 체제는 과학적 연구의 모든 과정과 결과에 관한 객관성·경험성·정밀성·재생 가능성 차원의 연구결론이 과학적 방법을 통해 얻은 과학적 지식을 담아내는 그릇이어야 한다(문수백, 2003). 대체로 연구설계란 연구자가 자료를 수집·분석·해석하는 일련의 과정을 체계적으로 수행할 수 있도록 하는 일종의 계획이며, 연구자로 하여금 관찰과 실험을 통해 변수 간의 인과관계를 추론하고 이를 증명할 수 있게 하는 논리적 추론이고, 연구목적을 달성하기 위한 연구계획의 줄거리로서 청사진 제시라는 견해가 지배적이다. 즉, 과학적 관찰로서의 상담학연구가 되기 위해 필요한 일련의 과정을 체계적으로 수행할 수 있도록 하는 일종의 계획이 바로 연구설계(research design)이며, 연구자가 설정한 연구문제에 대한 구체적인 조사 및 가설 검증을 실시함에 있어서 필요한 제반 요소들을 전략적으로 구성·설계하는 과정을 일반적으로 연구설계라고 한다.

따라서 연구설계에서는 먼저 연구를 통해 도출하고자 하는 것이 무엇인지 명확히 구체화해야 하고, 또한 연구할 수 있는 최선의 방법이 무엇인지 결정해야 하며, 이는 자료 수집 등의 본격적 연구를 수행하기에 앞서 실행되어야 하는 가장 중요한 단계라 할 수 있다(문수백, 2003).

이러한 연구설계는 연구의 유형에 따라 그 중요성이 다르지만, 다음 두 가지가 특히 중요하다.

첫째, 연구자가 알아내고자 하는 대상을 되도록 명확하게 규정해야 한다. 예를 들면, '대학생의 학습전략에 관한 연구'에 관심이 있다면, 구체적으로 무엇에 관심이 있는지를 분명하게 밝혀야 한다. '학습전략'이란 무엇을 의미하는지, 구체적으로 어떤 전략을 지칭하는 것인지, 동시에 '대학생'은 구체적으로 무엇을 의미하는 것인지, 또 연구의 목적이 학습전략의 진단 정도만을 알고자 하는 것인지 아니면 학습전략과 관련된 원인까지 설명하고자 하는 것인지, 무엇보다 왜 이와 관련된 주제를 연구하고자 하는 것인지 등을 분명히 밝혀야 한다.

둘째, 연구자는 연구에 가장 적합한 방법을 결정해야 한다. 예를 들면, 학습전략 프로그램, 학습유형, 학습시간 등의 독립변수가 학업성취도와 같은 종속변수

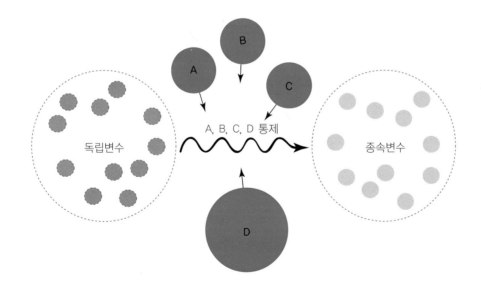

[그림 6-1] 실험설계의 구성적 측면

에 미치는 효과를 알아보는 연구에서 A, B, C, D 등의 외생변수를 통제하고 실험하는 것이 실험설계다. 그러나 현실적으로 외생변수의 완전한 통제는 불가능하므로 무선화함으로써 모든 변수에 동일한 조건을 만들어 주거나, 혹은 설계에 의한 변수의 통제, 통계적 방법 등으로 외생변수를 통제하고자 하는 것이 조사설계다.

연구설계는 연구대상의 명확한 규명과 가장 적합한 연구방법의 결정 등을 감안하여 무엇을 연구할 것이고, 무엇을 조사해야 하며, 구체적인 자료 수집과 결과의 분석 등에 관한 물음에 대한 과학적 해답을 정의하는 과정이라 할 수 있다.

## 2) 연구설계의 구성 요소

어떤 사실을 발견하거나 확인하기 위해 체계적이고 과학적으로 접근하는 작업을 연구라고 하며, 우주에 존재하는 많은 사실을 발견하고 증명하는 데에는 과학적 방법이 사용된다. 따라서 연구설계는 무엇을 연구할 것이고, 무엇을 조사해야 하며, 타 연구와의 차이점은 무엇인지 구체적인 자료 수집과 결과분석 등에 관한, 즉 연구문제에 대한 답을 구하도록 짜인 연구의 계획이다.

연구는 과학적 방법에 따라 이루어져야 하며, 어쩌다 우연히 발견한 사실은 연구라고 할 수 없다. 문제해결을 위해 좀 더 체계적이고 과학적인 방법이 사용되어야 하고, 그에 따른 방법으로 얻은 결과를 이론이라 하며, 그 결과물을 토대로 인과관계를 증명할 수 있다. 따라서 연구설계는 다음과 같은 구성 요소를 필요로 한다.

- 연구문제: 연구자가 가장 어려워하는 일로, 문제 제기와 필요성에 따른 주제의 선정과 연구목적을 설정해야 한다. 이를 위해 주제 선정 이유와 다른 연구와의 차이점을 파악하는 것이 필요하다.
- 연구명제: 연구범위 내에서 조사해야 하는 대상에 집중을 유도하고, 연구자가 개념적 틀로 일정한 명제를 정립해야만 연구가 정확한 방향으로 진행될

수 있다.

- 연구분석의 단위: 초기의 연구문제를 어떻게 정의하는가와 밀접한 관련이 있고, 변인이 무엇인가에 관한 근본적인 정의에 해당하며, 이는 연구문제가 무엇인지 정확하게 구체화할 수 있다. 이를 위해 선행연구의 검토를 통해 분석의 단위를 결정하는 것이 좋다.
- 연구의 논리적 연결: 대상이나 현상에 관한 연구자료를 수집하여 연구범위 내에서 정확한 연구를 위해 연구명제의 연결이 필요하다.
- 연구를 통해 발견한 것을 해석하기 위한 기준: 연구목적의 달성을 위해 연구결과의 해석 기준을 마련하는 것이다.

## 3) 연구설계에 필요한 주요 개념

### (1) 연구목적

연구에 있어서 국내외의 자료를 수집한 후 연구가설을 설정하고 그에 따른 주제 선정과 서론이 작성되는데, 문제 제기로 인한 연구의 필요성이 연구목적의 핵심이다. 연구의 목적에는 여러 가지가 있지만, 사회과학 분야의 연구가 그러하듯이 상담의 영역에서도 가장 일반적인 목적은 탐색(exploration), 기술(description), 설명(explanation), 예측(prediction) 및 통제(contol)에 있다. 대부분의 연구는 이 다섯 가지 중 하나 이상의 연구목적을 가지지만, 각 연구목적들은 연구설계상 차이를 가지기 때문에 따로 떼어서 보아야 한다(권대봉, 현영섭, 2004).

첫째, 탐색은 연구자가 자신의 관심사 또는 연구대상을 더 잘 이해하기 위한 것이며, 이와 같은 탐구의 목적으로 진행되는 연구를 탐색적 연구(exploratory research)라고 한다. 이는 연구문제를 명확히 규정하고 연구에 대한 사전 지식과 경험을 얻기 위해 실행하는 것이며, 새로운 분야를 개척할 때 필수적이다.

둘째, 기술적 연구는 연구과제로 주어진 대상이나 현상의 특성 등을 범주화하여 구체적으로 묘사하거나 계량적인 정보를 있는 그대로 서술하고, 통계분석

결과를 기술하는 것을 목적으로 하는 연구다. 즉, 실제 현상 속에서 발생한 사건이나 자료를 수집하고 통계분석하여 관찰한 대로 기술하는 것을 의미하며, 탐색적 연구보다 훨씬 구조화된 형태다. 예를 들면, '전국 청소년 학습심리 특성 조사연구'의 목적은 특정 지역에 살고 있는 전체 청소년 집단의 다양하고 광범위한 학습 특징들을 정확하고 세밀하게 서술하는 것이다. 수많은 질적 연구가 기술적 목적으로 행해지며, 대부분의 연구자는 기술적 연구의 결과물들을 바탕으로 다음 단계인 설명적 연구를 수행한다.

셋째, 설명은 현상에 대한 원인 규명, 즉 '왜 그러한가?' 하는 의문에 대한 답을 찾는 것이며, 일반적으로 원인과 결과 간의 관계를 규명함으로써 그 이유를 밝히는 설명의 목적으로 진행되는 설명적 또는 인과적 연구(explanation or causal research)라고 한다. 예를 들면, 어떤 학습방법을 선택할 것인가를 기술적 연구라 하면, 왜 그 학습방법을 선택하게 되었는가를 살펴보는 것이 바로 설명적 연구다.

넷째, 예측은 앞으로 어떻게 될 것인가와 같이 미래의 변화나 새로 발생하게 될 현상에 관심을 두고 이론적 기반과 통계적 기법을 활용하여 예측(추리)하는 것을 목적으로 하는 연구다. 예를 들면, 어떤 학교에서의 학습 욕구 조사에서 10년 전 학습 욕구는 외국어 영역을 절대적으로 우선시했고, 그 후인 5년 전 학습 욕구 조사에서도 여전히 다른 욕구보다 높게 나타났지만, 특히 모바일·스마트 기기 활용의 욕구가 크게 부각된 결과가 나타났다. 그 후 최근의 학습 욕구 조사결과에서 그 학교 학생들의 외국어 학습 욕구와 모바일·스마트 기기의 활용 욕구가 서로 비슷한 우선순위로 나타났다면, 외국어 학습 욕구의 우선순위는 10여 년간 지속적으로 줄어드는 반면, 모바일·스마트 기기의 활용 욕구가 지속적으로 성장해 오고 있다는 근거자료를 확인할 수 있다. 그렇다면 앞으로는 모바일·스마트 기기의 활용 욕구가 더 커질 것이며, 지금까지의 욕구 변화 곡선을 토대로 가중치를 부여하여 앞으로의 모바일·스마트 기기 활용 욕구의 표출 시기를 예측할 수 있을 것이다. 그렇게 된다면 정부나 관련 기관은 능동적으로 이러한 욕구 변화에 대응할 준비를 할 수 있게 될 것이다.

다섯째, 통제는 현대사회 패러다임의 변화에 따른 어떤 사실이나 현상에서 가치판단의 문제가 발생될 때 그것을 임의로 조작하거나 좀 더 긍정적인 방향으로 변화되도록 하는 것을 목적으로 하는 연구다.

## (2) 분석 단위

연구설계에서는 연구하고자 하는 대상 또는 분석 단위(units of analysis)를 규정하게 된다. 분석 단위란 연구하고자 하는 특성을 가진 자료들을 분석하는 단위로서 개인, 집단 등이 해당한다. 예를 들면, 학습환경이 우수한 가정에 속하는 사람인지 혹은 열악한 가정에 속하는 사람인지, 대학 교육을 받은 부모인지 아닌지 등으로 한 개인을 서술할 수 있다.

개인이 분석 단위가 되는 경우, 기술적 연구에서는 개인들의 총합인 모집단(population)의 특성을 서술하는 것이 연구의 목적이 되고, 설명적 연구에서는 모집단 내에서 발생하는 역동(dynamics)을 발견하는 것이 연구의 목적이다.

개인 다음의 분석 단위로는 집단이 있다. 집단 수준의 분석 단위로는 실험·비교·통제 집단 등이 있다. 한 집단 내의 개인들을 분석 단위로 하는 것과 집단 자체를 분석 단위로 하는 것에는 차이가 있다. 예를 들면, 학습자 심리를 연구하려면 학습집단 내에 속하는 개인을 분석 단위로 하게 되지만, 학습집단 사이의 차이를 연구하려면 학습자 개인이 아닌, 학습집단이 분석 단위가 된다. 또한 프로그램의 효과를 검증하려면, 실험·비교·통제 집단 간의 차이를 검증해야 한다. 이러한 분석 단위는 연구자가 무엇을 관찰하고 결론 내릴 것인가와 밀접하게 관련되어 있다. 따라서 연구자는 연구설계의 단계에서 분석 단위를 명백하게 규정해야 한다.

## (3) 연구의 초점

연구설계를 할 때에는 분석 단위의 어떤 측면에 초점을 두느냐가 중요하다. 일반적으로 분석 단위가 갖는 특성(characteristics), 동향(orientation) 및 행위(action)에 초점을 두게 된다.

특성은 개인을 분석 단위로 하는 경우에 성, 연령, 출생지, 결혼 여부 등이 해당된다. 사회적 집단과 공식적 조직을 분석 단위로 하는 경우에는 그 집단의 크기, 조직, 위치 또는 그 구성원들의 총합 등이 특성에 해당한다. 동향은 개인이나 집단이 현재의 환경이나 시간 등의 흐름을 인식하려는 것을 말한다. 행위는 조사자에 의해 직접 관찰될 수도 있고, 간접적인 방법으로 확인될 수도 있다. 대학생의 학습전략의 수준을 검사할 때 검사대상에게 학습전략 정도를 직접 물어보는 대신 학습전략 질문지를 통해 학습전략 정도를 확인하는 것은 간접적인 방법에 해당한다.

### (4) 관찰조건

학업성취도, 학습만족도, 진로결정 수준, 대인관계 만족도 등과 같은 변인의 관찰에서는 관찰자의 관점에 따라 대상이나 현상이 시지각의 오류 또는 판단의 오류, 기준의 오류 등 다르게 보일 수 있는 주관적 측면이 있다. 따라서 연구설계의 관찰조건은 연구문제의 해답을 얻고 가설을 검증하기 위해 수행해야 할 모든 활동을 말하는데, 사전에 결정된 연구의 관찰조건이라고 할 수 있다.

## 2. 연구설계의 목적과 요건

### 1) 연구설계의 목적

일반적으로 연구설계의 목적은 주어진 연구문제에 대한 타당하고 객관적인 해답을 경제적이고 효율적으로 얻기 위해 불필요한 변량을 통제하는 것이다(김찬희, 2004). 연구문제의 해답을 얻기 위해서는 연구문제에 대한 가설을 설정하고 검증해 보아야 하기 때문에, '연구문제에 대한 해답을 얻는다'는 말은 '가설을 검증한다'는 말로 대치할 수 있다. 따라서 연구설계는 가설을 검증하는 방안을 제공하고 그 검증과정에서 변량을 통제하는 목적을 가지고 있다고 할 수 있다

(우종필, 2012).

연구설계가 변량의 통제를 목적으로 한다는 것은 관찰하고자 하는 독립변인의 영향을 극대화시키는 동시에, 종속변인에 영향을 미치는 불필요한 외부 변인들의 변량을 통제하며, 표집과 측정 과정에서 야기되는 오차변량을 극소화시키는 것을 말한다.

## 2) 연구설계의 요건

연구설계가 주어진 연구문제에 적절한 대답을 제공하고 변량을 통제하기 위해서는 연구설계 방안, 무선화 원칙, 일반화 가능성, 통계분석 방법 등 다음의 네 가지 요건을 만족시켜야 한다.

첫째, 연구문제의 적절한 해답을 얻기 위해, 먼저 연구문제가 무엇이고, 가설이 무엇이며, 종속변인과 독립변인이 무엇인가를 정확히 분석해서 이에 적합한 연구설계 방안을 선정하거나 새로 고안해야 한다. 예를 들면, 행동적 학습전략 프로그램이 대학생의 학업성취도에 미치는 영향이나 교수방법이 학업성취도에 미치는 영향 등의 결과를 얻기 위해 이에 대한 연구설계 방안의 선정이나 고안이 필요하다.

둘째, 독립변인의 변량을 극소화시키고 무선화(randomization) 원칙을 지켜야 한다. 실험적인 상황에서 독립변인과 종속변인의 관계를 상이하게 만드는 모든 변인을 통제하는 기법을 말한다. 무선화는 무작위로 관찰되는 대상들을 실험집단과 통제집단으로 나눔으로써, 즉 모든 대상에게 두 집단 각각에 같은 확률을 부여함으로써 이루어진다.

셋째, 연구결과의 일반화 가능성을 높여야 한다. 일반화 가능성을 높인다는 것은 한 연구의 결과를 다른 실험대상자나 다른 집단 또는 다른 조건에도 일반적으로 적용할 수 있도록 하는 것이다. 일반화 가능성을 높이기 위해서는 여러 계층의 다양한 실험대상자를 표집하고, 실제의 상황과 비슷한 현장에서의 연구를 실시하는 등의 연구설계가 필요하다(이종승, 2006).

넷째, 어떠한 통계적 분석방법을 쓸 것인지, 그리고 분석방법의 적용이 가능한 것인지를 고려해야 한다. 연구가설의 내용이나 자료의 성질에 따라서 자연과 집단에서 일어나는 현상을 체계적으로 설명하고 이론을 정립하여 이를 지지하는 자료를 수집하여 분석하는 연구를 경험연구라고 한다. 경험연구에서는 통계가 필요한데, 이는 이론을 도출하거나 지지하고 거부, 수정하기 위해 수집된 자료를 이용하여 가설을 검증하는 확률적 판정이다(문수백, 2003). 예를 들면, 두 가지 학습법으로 연구대상에게 학습법을 실시한 후 학업성취도 검사를 실시하여 얻어진 자료를 가지고 두 가지 학습법에 따라 학업성취도에 차이가 있는지를 검증할 수 있는데, 이때 두 집단과 시기 간에 차이가 있는지를 확률적으로 밝히는 것이 통계적 검증이다.

## 3. 연구설계의 타당도

가치가 있는 연구설계가 되기 위해서는 연구설계로서의 타당성을 지녀야 한다. 즉, 연구설계의 타당도(validity)란 연구자가 주어진 연구설계를 통해 해당 가설이나 연구문제를 얼마나 정확하게 설명할 수 있는가 하는 개념이며, 이러한 연구설계의 타당도는 연구설계의 핵심 조건 중 하나다(우종필, 2012).

이러한 연구설계의 타당도는 크게 연구가 밝혀내고자 하는 변인들 간의 관계를 정확하게 검증하고 있는가 하는 내적 타당도와, 연구에서 도출된 결론을 다른 상황에도 적용시킬 수 있는가 하는 외적 타당도의 두 측면을 의미한다.

### 1) 내적 타당도와 외적 타당도

#### (1) 내적 타당도

내적 타당도(internal validity)는 주어진 연구가 가외변인에 의한 영향이 아닌, 연구하고자 하는 독립변인에 의한 영향만을 정확하게 설명하고 있는가에 관한 척도다. '어떤 특정한 실험에서 X(독립변인)의 실험 처치 또는 조작이 Y(종속변인)에 실제로 유의한 변화를 일으켰느냐?' 하는 정도를 말한다.

연구조건을 제대로 통제하지 않으면, 다른 불필요한 변인들 때문에 내적 타당도가 낮은 연구결과를 얻게 될 수 있다. 따라서 검증하고자 하는 변인들(독립변인과 종속변인) 사이의 관계를 다른 불필요한 변인들의 영향을 받지 않으면서 정확하게 밝힐 수 있도록 연구조건을 통제할 필요가 있다(김석우, 최태진, 2007).

### (2) 외적 타당도

외적 타당도(external validity)는 '특정 실험에서 얻어진 연구결과가 다른 사람들의 전집, 다른 상황, 다른 시간대 등에 얼마나 잘 일반화될 수 있는가'에 관한 개념으로서 연구결과의 일반화 가능성을 의미한다.

## 2) 타당도를 위협하는 요인

주어진 연구설계가 검증하고자 하는 특정 가설을 제대로 검증하고 있는가를 확인하기 위해 연구자는 내적 및 외적 타당도를 위협하는 요인들의 효과를 이해하고, 또 이들을 통제해야 한다(성태제, 2005). 종속변인에 영향을 미치는 요인들을 통제하지 않으면 신뢰할 수 있고 타당한 결과를 얻을 수 없다(우종필, 2012). 예를 들면, 내적 타당도가 높다는 것은 특수 상황이라는 의미이므로 일반 상황에 적용되기 어렵고, 내적 타당도가 낮으면 외적 타당도를 논할 가치가 없는, 즉 실험 자체에 문제가 있다는 것이다.

### (1) 내적 타당도를 위협하는 요인

밝혀내고자 하는 인과관계에서 통계적으로 가장 유의미한 원인을 찾아내기 위해서는 수많은 대안적 설명을 검증하여야 한다. 연구설계의 내적 타당도를 위협하는 요인들은 바로 이 경쟁적 설명인 것이다. 종속변인에 우연적으로 영향을 주는 일이 없도록 실험연구를 잘 통제하면 내적 타당도는 높아진다(우종필, 2012).

### (2) 외적 타당도를 위협하는 요인

실험에서 얻어진 결과를 다른 대상에게 일반화시킬 수 있을 것인지의 일반화 가능성을 외적 타당도라고 할 때, 외적 타당도를 위협하는 요인은 표본선정의 문제와 가장 관련이 깊다. 표본이 모집단을 대표하지 못하기 때문에 그 대표성을 확신할 수 없는 경우에는 일반화 가능성이 낮다고 할 수 있다(이종승, 2006).

### (3) 내적·외적 타당도를 모두 위협하는 요인: 반작용효과 요인

반작용효과(reactivity effects)란 연구대상자가 자신이 측정되거나 관찰되고 있다는 것을 의식하고 행동하는 것을 의미한다. 반작용은 변인들 간의 인과관계와 일반화에 문제를 가져오므로 내적·외적 타당도 모두에 대한 심각한 위협이 된다. 반작용효과 요인에는 실험대상자들에게 가설을 추측하는 데 도움이 되는 정보를 알게 모르게 전달해 주는 모든 상황적 단서(김찬희, 2004), 연구대상자들이 연구자에게 긍정적 이미지를 제공하고 적어도 부정적 이미지는 제공하지 않으려 하는 평가 우려 요인(성태제, 시기자, 2006), 그리고 연구자 자신의 신체적·사회적·심리적 특성과 관련된 생물학적 특성(성태제, 시기자, 2006)이 있다.

## 3) 타당도를 높이는 방법

내적 타당도는 표본의 동질성을 향상시킴으로써 높일 수 있는데, 표본의 동질성을 높이는 가장 좋은 방법은 무선배치(random assignment) 방법이다(문수백, 2003). 무선배치는 선정한 연구대상을 실험처치 상황에 균등하게 노출시키기 위한 절차다. 모든 실험대상자가 조건 A에 배치될 확률과 조건 B에 배치될 확률을 같게 만드는 것이다. 가외변인의 위협을 제거함으로써 연구자는 변인들 사이의 인과관계를 분명히 할 수 있게 된다(김석우, 최태진, 2007; 우종필, 2012).

그러나 연구자는 실험대상자들을 각 집단에 무선적으로 배치함으로써 동질적인 집단이 창출되었다고 가정하지만, 창출된 그 집단들은 실제로 다를 수도 있다. 무선배치를 통해 동질집단이 창출된다는 것은 보장된 사실이라기보다

낮은 신뢰도 & 보통 타당도

높은 신뢰도 & 높은 타당도

**[그림 6-2] 신뢰도와 타당도의 관계**

는 하나의 가정일 뿐이다. 각 집단들이 유의미하게 다를 수 있는 확률은 작지만 인정해야만 하는 확률로서, 통계적 검증에서 확률 수준을 밝혀야 한다(문수백, 2003).

　외적 타당도는 표본의 대표성을 향상시킴으로써 높일 수 있다. 대표성을 지닌 표본을 추출하기 위해서는 단순 무선표집과 체계적 표집을 포함하는 여러 확률적 표집방법들, 즉 무선표집 방법을 선택하여 사용해야 한다. 만약 편의적 표집과 같은 비무선적 표집방법을 사용한다면 전집의 대표성을 보장할 수 없게 되어 외적 타당도가 떨어진 연구결과를 얻게 된다.

## 4. 연구설계의 유형

　연구설계는 학자들의 견해에 따라 다양한 방식으로 분류할 수 있다. 일반적으로 연구설계는 다음과 같이 대립된 유형으로 분류할 수 있다.

## 1) 양적 연구와 질적 연구

양적 연구는 정량화된 자료를 통하여 증거를 제시하고 분석하여 체계적인 절차와 관찰을 통해 설정된 가설을 증명하는 연구로, 그 방법 및 논리는 경험주의에 바탕을 두고 있다. 양적 연구에서는 통계적으로 분석 가능한 수치 자료를 산출하므로, 측정 기술이나 표집방법, 통계조사 등이 중요하며, 자연적 또는 실험실 연구상황에서 사용할 수 있다(문수백, 2003).

질적 연구는 연구자의 직접적인 경험과 직관적 통찰을 통하여 인간의 동기와 의도, 상호 관계를 이해하려는 연구방법이며, 수치로 된 자료 대신 말(words)의 형태로 된 자료를 사용하는 연구 유형을 가리킨다. 질적 연구의 대상이 되는 자료에는, 예를 들면 대안학교의 운영 기록, 대화의 녹취록과 같은 의사소통의 기록 문서, 신문 논설이나 TV 프로그램과 같은 미디어 제작물 등이 있다.

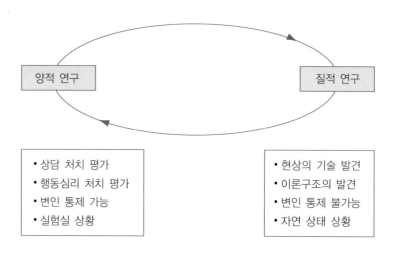

[그림 6-3] 양적 연구와 질적 연구의 특성

## 2) 해석적 연구와 기능적 연구

해석적 연구는 연구자의 직관적인 통찰에 따라 사회문화 현상에 담긴 인간의 동기나 목적 등 주관적 행위 요소를 이해하려는 연구방법이며, '의미에 관한 연구' '인간이 의사소통 행위를 통해 세계를 이해하는 방식'에 관한 연구다. 사람들의 일상적인 대화를 연구하거나 공고 연설, TV 프로그램, 영화의 내용을 분석하는 것 등은 이러한 의사소통 산물의 '의미'를 탐구하는 것이기 때문에 해석적 연구라고 할 수 있다.

기능적 연구는 외형적인 제도나 규범이 어떠한 활동과 기능을 수행하기 위해 만들어졌는가 하는 관점에서 대상이나 현상을 연구하려는 접근방법이며, 대상자의 자료를 기초로 하여 다양한 의사소통 형태의 행동적·태도적 효과를 조사하는 연구다.

## 3) 실험적 연구와 자연적 연구

변인의 조작 가능성에 따른 분류로, 실험적 연구는 독립변인을 조작한 후 그에 대한 인간의 반응을 관찰하는 연구로서 기능적·양적·전통적인 과학적 연구라고 할 수 있다. 예를 들면, '학습전략 프로그램에 따른 학습성취도에 관한 연구'를 한다고 하자. 이때 실험집단을 인위적으로 둘로 나누어서 한 집단에는 학업성취도가 높은 사람들을, 다른 한 집단에는 학업성취도가 낮은 사람들을 배치해서 실험처치에 따른 두 집단의 학업성취도를 살펴볼 수 있다. 이러한 설계를 통해 변인 간의 인과관계를 밝힐 수 있는 것이다.

자연적 연구란 인위적으로 독립변인을 조절할 수 없는 상황에서 독립변인과 종속변인의 관계를 사후적으로 파악하는 연구설계다. 즉, 관찰환경을 조작하지 않고 일상생활에서의 지속적인 의사소통 행위를 관찰, 기록하는 연구다. 자연적 연구는 기능적이기보다는 해석적이며, 자료분석을 위해 양적 또는 질적 분석 방법을 사용할 수 있다.

## 4) 실험실 연구와 현장연구

실험실 연구는 독립변인과 종속변인 간의 인과관계를 밝히기 위해 가외변인을 철저히 통제할 수 있는 실험실 안에서 조사하는 연구 유형으로, 순수 실험설계가 이에 해당한다. 실험실 연구는 실험대상자를 통제된 환경에 두고 그들의 언어적·비언어적 행위를 관찰하는 것이다(권대봉, 현영섭, 2004).

현장연구란 현장에서 직접 수행되는 연구로서, 실험실, 문헌연구, 비공식적혹은 비구조화된 면접을 통해 실제 생활의 상황을 연구하는 것이다. 가외변인의 효과를 철저히 통제할 수 있는 실험실 연구가 불가능할 때, 실제로 현상이 일어나는 현장에서 실시하는 연구다.

## 5) 참여적 연구와 비참여적 연구

조사자가 행하는 역할에 따라 연구설계 유형을 구분한 것으로, 특히 참여적연구는 관찰하고 있는 실험과정에 연구자가 능동적으로 참여하는 연구다. 이때연구대상자들은 참여관찰자(participant observer)가 그들의 행위를 연구하는 연구자라는 것을 알 수도 있고 모를 수도 있다.

비참여적 연구는 연구자가 연구하고자 하는 실험과정에 참여하지 않고 외부에서 관찰하는 연구를 말한다. 조사자는 목표가 되는 실험 상호작용에 어떤 방법으로든 관여하지 않는 외부관찰자가 되는 것이다.

## 6) 공개적 연구와 비공개적 연구

연구대상자가 그들이 관찰되고 있다는 사실을 아느냐 혹은 모르느냐에 따라연구설계를 구분할 수 있다. 공개적 연구에서 연구자는 실험상황을 공개적으로관찰하므로 연구대상자들은 연구자의 참석을 알고 있다. 비공개적 연구는 실험되는 행위나 사건, 상호작용의 상황으로부터 연구자가 제외되는 연구 유형을 말한다. 따라서 연구대상자들은 그들이 조사되고 있다는 사실을 알지 못한다. 또한 측정행위 자체가 연구대상자들의 행위를 변화시키거나 자료를 혼란시키면 안 된다.

## 7) 기초연구와 응용연구

연구설계는 기초적이냐 또는 응용되느냐에 따라서 구분될 수 있다. 기초연구는 연구결과의 실제적 함의보다는 이론적 관계를 탐구하고자 한다. 따라서 대체로 실험실에서 행해지는 기초연구는 그 결과를 실제 상황에 일반화시키는 것과는 거리가 멀다.

응용연구는 실용적 속성을 지니고 있기 때문에 일상적인 행위와 상호작용에 관련된 문제를 이해하고 해결하기 위해 이론적 관계를 탐구한다. 상담 여론조사나 상담이론 선호도 분석과 같은 조사연구는 응용연구를 지향하는 경향이 있다.

## 8) 탐색적 연구, 기술적 연구 및 가설 검증 연구

연구의 목적에 따라 연구설계를 분류할 수 있다. 탐색적 연구는 연구문제의 발견, 변인의 규명, 가설의 도출을 위해 실시하는 조사다. 전문가 의견조사, 문헌조사, 사례조사 등을 이용할 수 있고, 주로 본 조사를 위한 예비조사로서 실시한다. 기술적 연구는 현상이나 모집단의 특성에 대한 분포, 발생 빈도 등의 특성 파악을 위해 행하는 조사로서 표본조사가 이에 속한다. 가설 검증 연구는 변수들 간의 관계를 규명하기 위한 연구로서 상관관계 연구와 인과관계 연구가 이에 속한다.

## 9) 횡단적 연구와 종단적 연구

시간적 차원에 따라서도 연구설계를 분류할 수 있다. 횡단적 연구는 한 시점을 기준으로 한 연구다. 시간의 흐름에 따라 나타나는 변화를 관찰할 수 없으며, 오직 현재의 상태만을 관찰한다. 탐색적 연구와 기술적 연구는 주로 횡단적 연구에 속한다. 예를 들면, 대학생의 학습행동 연구는 주어진 시기에 특정 대학생의 학습행동을 기술하기 위한 것이다.

종단적 연구는 시간의 흐름에 따른 대상이나 현상의 변화를 조사하는 연구로서, 예를 들면 어떤 상담기관 상담원의 상호작용이 시간에 따라 어떻게 변화하는가를 살펴보고자 한다면 종단적 연구가 적합할 것이다. 종단적 연구는 중요한 자료를 수집하는 데 큰 효과가 있으나, 오랜 기간에 걸쳐 계속 조사해야 하기 때문에 많은 시간과 경비를 감수해야 한다.

## 5. 연구설계의 절차와 과정

연구는 과학적 방법에 따라 이루어진다(우종필, 2012). 연구라는 말을 사용할 때에는 항상 어떤 해결해야 할 문제가 존재한다는 공통점이 있다. 문제에 대한 해결책 또는 해답을 얻기 위해 각기 다른 접근방법을 사용하거나 문제해결을 시도하는 절차와 과정이라는 측면에서, 상담심리학의 연구는 인간을 대상으로 변인이 가진 양적·질적 상태에 관심을 두고, 무엇보다도 과학적이고 논리적이며 체계적인 관찰이라는 전제가 보장된 연구다(문수백, 2003).

과학적 관찰로서의 연구가 되기 위해 필요한 일련의 과정을 체계적으로 수행할 수 있도록 하는 일종의 계획이 바로 연구설계라고 정의할 수 있으며, 연구설계는 건축에서의 건축 설계도와 같고, 공장 설비 신축에서의 공장 설계도와 같다. 구체적이고 체계적으로 구성된 연구의 계획은 진행과정에서 불필요한 노력이나 비용의 낭비를 줄이면서 효율적으로 연구과제를 수행할 수 있다. 왜냐하면 설계도에 따라 재료를 적재적소에 사용하지 않았을 때 생각했던 건물이나 공장이 완성되지 않는 것과 같이, 연구를 실시하기 전에 연구설계를 하지 않고 상식에 따라 연구를 한다면 연구목적을 달성할 수 없다.

연구설계의 절차와 과정에서 연구문제의 발견, 연구계획의 필요성, 연구설계 양식, 연구설계 평가에 대해 살펴보고자 한다.

## 1) 연구문제의 발견

대부분의 사람들이 주제를 확정하기까지 여러 가지 문헌과 자료를 뒤적이며 다른 사람들과 의논하거나 홀로 깊이 사색하는 등 오랜 기간을 두고 상당히 고심한다는 사실로 미루어 보아 좋은 연구문제를 발견하는 일이 힘들고 어렵다는 것을 충분히 짐작할 수 있다. 연구는 연구하고자 하는 주제 또는 문제의 발견에서부터 출발한다. 흥미 있는 주제, 해결해야 할 주제, 알고 싶은 문제가 있을 때 연구를 하게 되기 때문이다. 따라서 연구활동의 첫 단계는 연구의 주제를 결정하는 일이다. 연구주제를 정하는 데 어떤 일정한 방식이 있는 것은 아니다. 연구에 익숙한 사람이건 초보자이건 간에 연구하고자 하는 사람에게 연구주제를 정하는 한 가지 요령을 알려 준다면, 그것은 일단 자신이 평소에 관심을 갖고 있었거나 흥미를 느끼는 어떤 것에서 출발하라는 것이다(김석우, 최태진, 2007). 이를 위해 국내외의 관심 분야 자료 수집은 아주 중요하다.

연구주제를 결정하거나 연구문제를 발견하는 것은 아주 쉬운 일 같아 보이지만, 연구문제를 찾기 위해 애써 본 사람들은 누구나 그것이 그렇게 쉽지 않다는 것을 공감할 것이다. 결국 연구문제를 발견하기까지 연구자의 많은 노력과 지혜를 필요로 하며, 평소 자기의 관심 분야에 대한 여러 가지 문헌과 자료의 탐색이 필요하다. 또한 선행연구자들의 연구가 많을 때에는 문제 제기를 통해 접근하고, 관심 분야의 연구가 부족할 때에는 연구의 필요성에 따라 연구가 시작되는 것이다.

## (1) 연구문제 발견의 세 가지 일반적 원칙

### ① 문제의식과 주의 깊은 관찰

무엇보다도 연구하려는 사람이 여러 가지 대상이나 현상에 대해 주의 깊은 관찰을 할 때 좋은 연구문제를 발견할 가능성이 높아진다. 예를 들면, 교사가 현장교육연구를 위한 문제를 찾고자 한다면, 가장 중요하고 또한 가장 가까운 문제의 원천은 그 교사가 현재 가르치고 있는 교실 내에서 벌어지고 있는 갖가지 일일 것이며, 그가 소속한 학교와 지역사회일 것이다. 이러한 주변 환경에서 발생하는 각종 문제들, 해결해야 할 과제들, 그리고 알아보고 싶은 일 등이 연구해 볼 만한 좋은 연구대상이 된다.

그러나 같은 사건이나 현상을 보고 같은 문제에 직면해 있더라도, 이것을 보는 각 사람의 동기와 지각 체계에 따라서 연구문제를 찾아내는 능력에는 큰 차이가 있다고 할 것이다. 문제의식을 가지고 사물을 주의 깊게 관찰하는 사람들에게만 문제가 보이기 마련이고, 교사의 주변에는 연구를 기다리는 문제들이 얼마든지 있으며, 또 계속 나타난다. 이때 필요한 것은 문제에 대한 연구자의 감수성이며, 많은 사람이 문제의식의 부족으로 주변에 산재한 문제들을 발견하지 못하는 수가 허다하다. 연구문제는 먼 곳에 있는 것이 아니라 우리 주변에 가까이 있으며, 주변 곳곳에 산재해 있다. 일상적으로 반복되는 현상이라도 그것이 왜 일어나고, 어느 경우에 두드러지며, 그 결과는 어떻게 되는가를 주의 깊게 관찰해야 한다. 우리의 주변은 가정과 학교, 지역사회로 확대되며, 이 넓어지는 주변의 곳곳에 적절한 이론이나 연구의 뒷받침이 되어 있지 않은 문제들이 많다. 세상은 넓고 연구해야 할 대상이나 현상도 많다.

### ② 최신 정보와 연구동향 파악

연구문제는 새로운 것이어야 가치가 있다(이종승, 2006). 다른 연구자가 기존에 했던 연구를 다시 할 필요는 없으며, 참신하지 않은 문제는 연구자 개인뿐만 아니라 사회적으로도 낭비가 될 수 있다. 그런데 새로운 연구문제를 찾아내기 위해서는 무엇보다도 해당 분야의 학문 발전이나 최신 연구동향에 관한 정보에 밝아야 하며, 또한 기술의 발달과 사회의 변화에 민감해야 한다. 끊임없이 쏟아져 나오는 수많은 연구물을 전부 다 읽어 볼 시간은 없다. 각종 연구결과들을 간추린 요약판을 읽거나 중요하다고 판단되는 것만을 골라서 읽는 데에도 많은 시간이 소요된다. 결국 관심 분야의 문제 제기나 연구의 필요성은 연구자가 관심 있는 분야의 국내외 다양한 정보를 빨리 수집함으로써 연구문제를 잡을 수 있다 (권대봉, 현영섭, 2004). 선행연구가 부족한 연구문제는 필요성으로 접근하고, 선행연구가 다수인 연구문제는 문제 제기를 통해 접근할 수 있다.

### ③ 다양한 분석과 고찰

연구하고자 하는 해당 분야의 관련 문헌 및 선행연구를 다양하게 분석하고 고찰함으로써 연구의 경향을 파악하고, 앞으로 필요로 하는 새로운 연구문제를 찾아낼 수도 있다.

### (2) 연구문제를 발견하는 요령

상담학은 상담 실제를 위한, 상담 실제에 관한 학문이며, 상담의 실천과정에서 발생된 목적, 내용, 방법 등의 문제들을 과학적으로 탐색하는 학문이다. 따라서 연구문제의 원천은 어디에 있으며 어떻게 연구문제를 인식해야 하는가에 있어서, 연구문제를 발견하거나 어떤 큰 주제에서 구체적인 연구문제로 좁혀 나가는 데 활용할 수 있는 요령이 필요하다.

첫째, 최근 발표된 연구논문들을 요약하면서 연구의 핵심사항 등을 검토하는 것이 필요하다. 연구에서 예상하지 못한 내용을 탐색하는 것, 연구자들이 제언 부분에 언급하는 후속연구에 관한 아이디어나 시사점을 주의 깊게 읽어 보는 것, 연구의 기초를 이루는 가설에 도전해 보거나 반박하는 것, 기존의 설명이나 이론을 새로운 주제나 상황에 확장해서 적용해 보는 것, 새로운 연구방법이나 연구 대상 및 조건 등에 적용하면 어떻게 될 것인지에 대해 생각해 보는 것 등이다(문수백, 2003).

둘째, 대상이나 현상을 주의 깊게 관찰하며 사고하는 것이다. 이를 위해 대상이나 현상 간의 관계를 유추해 보고, 우연히 새로운 사실을 발견했으면 그것을 개념화하고 그 현상이 어느 정도로 일반화될 수 있는가를 생각해 보며, 고정관념에서 탈피하여 특정 연구방법이나 연구대상을 고려하지 말고 우선적으로 연구문제를 찾도록 노력하는 것이다.

셋째, 다른 연구자들과 아이디어를 교환하며 토론해 보는 것이다. 관심 분야에 관한 지식이 있는 사람들에게 그들이 생각하는 연구문제를 질문해 보고, 자신과 의견을 달리하는 사람들의 자문을 구하고 연구할 만한 문제에 대하여 논의해 보는 것이다. 또한 논문발표회나 학술대회 등에 참석하여 그곳에서 쟁점이 되는 사항, 활발히 논의되는 문제에 주의를 기울여 보는 것도 좋으며, 자신이 가지고 있는 문제나 아이디어를 머릿속으로만 생각하지 말고 다른 사람들에게 설명해 보는 것도 좋은 방법이 된다. 방사형 사고를 통한 연구문제의 발견은 수렴적 종속변인 발견을 가능하게 한다.

## 2) 연구설계 계획의 수립과 실제

잘 이은 지붕에는 비가 새지 않으며, 헌 집을 새로 지으려면 이사할 집을 구해 놓아야 한다. 그래야 풍찬노숙을 피할 수 있다. 좋은 건축물을 짓기 위해서는 철저한 건축 설계를 해야 하고, 좋은 제품을 생산하는 공장 설비의 확충은 좋은 설비 계획에서 시작된다는 것은 기본이다. 집을 지을 때 설계도 없이 주먹구구식으로 짓는다면 집의 구조가 어떻게 될지 알기 힘들며, 또한 무슨 재료가 언제 얼마나 필요할지 가늠하기가 어렵다. 집을 효율적으로 짓기 위해서는 잘 짜인 설계도가 필요하다. 이와 마찬가지로 연구계획을 구체적으로 수립하는 일은 연구과제를 효율적으로 실행하기 위해 필수적으로 요구되는 일이다. 따라서 연구계획서를 쓰는 작업도 중요한 연구과정 중 하나라고 할 수 있다. 연구계획 수립의 필요성과 작성방법은 다음과 같다.

- 연구계획서는 연구자의 생각을 정리하고 연구문제를 분명히 하는 데 도움을 준다. 특히 상담 분야의 학위논문을 쓰려고 하는 연구자는 머릿속으로만 생각하는 불분명한 계획을 연구계획서로 구조화함으로써 불분명한 문제를 해결하게 되고, 또 연구에 도움이 되는 새로운 아이디어도 얻을 수 있다.

- 연구계획서는 연구를 수행하는 길잡이 역할을 한다. 언제 무엇이 필요하고 어떤 일을 해야 하는지 연구 진행에 앞서서 필요한 자료의 수집과 진행 절차를 명확하게 해 준다. 미리 짜인 계획대로 연구를 진행하게 됨으로써 시행착오를 범하지 않고, 단계별로 시간적 여유를 가지며, 효율적으로 연구를 수행할 수 있게 된다. 이를 위해 연구계획에 따른 연구지도(map)를 그려 보는 것이 도움된다.

- 연구계획서는 연구문제와 연구 진행과정에 관하여 좀 더 조직적으로 심도 있게 사고할 수 있는 시간을 갖게 해 준다. 연구 수행과 관련하여 예상하지 못한 어떤 결함이나 불합리한 점을 미리 찾아내어 적절한 조치를 취할 수 있는 기회를 제공한다.

- 연구계획서는 해당 연구과제에 대한 연구자의 생각과 의도를 다른 사람들에게 분명히 전달하는 도구로 사용될 수 있다. 다른 사람들과 연구에 관하여 의논하고 비판과 조언을 받고자 할 경우, 연구계획서는 정확한 의사소통의 매개체로 유용하게 쓰일 수 있다.

- 연구계획서는 진행할 연구과정을 서술한 계획서다. 설정된 주제에 대한 구체적인 연구 절차나 방법을 체계화할 수 있고, 연구의 가치와 질, 전공 분야와의 유관성, 연구 수행의 가능성, 결과에 대한 응답 획득 가능성, 학문 분야에 대한 공헌 등 연구자가 연구 진행과정에서 직면할 수 있는 문제들을 가능한 한 많이 지적하고 해결책 마련에 도움을 준다.

- 연구계획서의 양식은 기본적으로 논문의 구성과 같으며, 연구계획서에 따른 연구를 끝낸 상태에서 연구결과와 논의, 결론 및 제언 부분을 보강한 것이 논문이다. 기대되는 결과는 일반적으로 연구계획서에 포함시키지 않으

```
┌─────────────────────────┐   ┌─────────────────────────┐
│      - 논문 목차 -        │   │    - 연구계획서 목차 -    │
│                         │   │                         │
│  제목:                   │   │  제목:                   │
│  Ⅰ. 서론                 │   │  Ⅰ. 서론                 │
│  Ⅱ. 이론적 배경          │   │  Ⅱ. 이론적 배경          │
│  Ⅲ. 연구방법             │   │  Ⅲ. 연구방법             │
│  Ⅳ. 연구결과             │   │     1. 연구대상          │
│  Ⅴ. 논의                 │   │     2. 연구절차          │
│  Ⅵ. 결론 및 제언         │   │     3. 측정도구          │
│  참고문헌                │   │     4. 연구가설 및 분석방법 │
│  부록                    │   │  Ⅳ. 기대되는 결과        │
│                         │   │  Ⅴ. 연구일정             │
└─────────────────────────┘   └─────────────────────────┘
```

**[그림 6-4] 논문과 연구계획서 목차의 비교**

나, 이론적인 배경과 경험적 배경이 강할 경우에는 연구결과가 어떻게 될 것이라는 것을 대강 예견할 수 있으며, 지도교수나 자문위원, 지도위원들로부터 조언과 지적을 받을 수 있다.

- 연구주제는 해당 연구의 내용과 방향을 짐작할 수 있도록 표시하되, 되도록 간결하게 기술하는 것이 바람직하다. 연구주제는 종속변인과 독립변인 등 변인들 간의 관계를 분명히 함으로써 연구의 유형을 표현할 수 있어야 한다.

- 연구계획서의 서론에서는 연구문제의 진술, 즉 문제 제기나 연구 필요성이 제시된 연구목적과 연구가설, 연구의 기여도와 중요성과 같은 의의를 쓸 수 있으며, 용어의 정의나 연구의 제한점, 연구의 가정 등을 쓴다.

- 연구의 목적은 연구하려는 문제를 선정하게 된 이유 또는 동기를 밝히고 왜 이러한 문제를 연구해야 할 필요가 있는가에 관해서 기술하도록 한다. 만약 연구의 필요성이 분명하지 않다면 문제 제기를 통해 설득력 있고 명확하며 참신하고 독창적인 접근을 해야 한다.

- 연구문제와 가설의 진술에서 가설이란 제기된 연구문제에 대한 연구자 자

신의 예측된 잠정적인 결론 또는 해답이라고 할 수 있다. 이론적 배경 작성 과정에서 이미 밝혀진 사실이나 결론을 정리하고, 또한 관련된 선행연구의 결과들을 면밀히 분석한 다음 얻은 지식을 바탕으로 하여 가설을 설정하게 된다. 가설은 변인과 변인 간의 관계로 기술하며, 간단명료하고 가치중립 적이며 경험적으로 검증 가능해야 한다.

- 이론적 배경에서는 그 연구와 관련된 이론이나 선행연구를 체계적으로 정 확하게 제시한다. 연구자가 해결하려는 연구문제나 사용하려는 연구방 법 등에 관련된 문헌의 내용을 조사·분석하여 체계적으로 기술하도록 하 는 것이다. 이러한 개념적 정의는 연구문제에 관한 조작적 정의의 바탕이 된다.

- 선행연구의 고찰에 따른 이론적 배경에서는 연구의 골격을 이루는 중요한 문헌을 인용하면서 연구의 이론적 기반을 세우는 부분이 되고 가설의 근 거를 연역적으로 설명할 수 있다. 이론적 배경의 구성으로는 종속변인과 독립변인, 종속변인과 독립변인의 상관관계, 연구의 효과, 대상의 특성 등 이 밝혀져야 한다. 종속변인의 의미를 조작적으로 정의하고 학자들의 견해 를 분석하여 자신의 용어로 서술하는 것이 필요하다. 또한 종속변인을 어 떤 척도로 평가할 것인가를 기술하고, 여러 평가도구 중 이 도구를 사용할 수밖에 없는 이유를 기술해야 한다. 아울러 독립변인의 의미를 조작적으로 정의하고 학자들의 견해를 분석하여 자신의 용어로 서술하는 것이 필요하 다. 프로그램 개발의 경우 자신의 구성방법이 최선인 이유를 밝히고 프로 그램을 구성하는 순서와 사용되는 기술을 서술한다. 종속변인과 독립변인 간의 상관관계를 밝히기 위해서는 연구문제에 대해 가설을 다시 제시하고, 연구를 통해서 가설이 증명될 수 있음을 주장해야 한다.

- 연구방법에서는 가설을 검증하기 위한 최선의 방법을 제시해야 하는데, 연 구를 실시하는 세부 절차를 기록하는 부분이므로 구체적이고 상세하게 기 술해야 한다. 연구대상, 연구도구, 연구절차, 통계처리 방법 등이 명확하게 제시되어야 한다.

- 연구방법은 연구문제와 유형에 따라서 달라지게 된다. 만약 실험연구를 한다고 가정하면, 연구방법을 기술할 때 연구대상, 자료의 수집 및 통계 처리 등이 포함되는 것이 일반적이다. 연구대상의 경우, 먼저 연구대상의 전집이나 표집에 대해 언급하고, 어떻게 연구대상을 뽑을 것인지 그 표집방법을 구체적으로 기술해야 한다. 자료의 수집에 대해서는 연구에 필요한 자료들을 어떤 절차와 방법으로 수집할 것인가에 대해 자세히 서술하는 것이 좋다. 연구에 사용할 검사도구의 내용과 특성, 그리고 해당 도구의 신뢰도와 타당도는 어느 정도인지를 밝혀야 한다. 연구자가 직접 검사도구를 만들어서 사용하게 될 때에는 그것의 내용 및 제작 과정 등을 제시하고, 기존의 검사를 사용할 경우에는 그 출처를 밝힌다. 자료의 분석과 관련하여 수집한 연구의 자료를 어떻게 분석·처리할 것인가에 관하여도 기술한다. 가능하면 설정한 각 가설을 검증하기 위해 구체적으로 어떠한 통계적 방법을 사용할 것인가를 명시해 주는 것이다.

- 연구일정은 연구기간과 세부적인 연구작업에 필요한 기간을 단계별로 서술하는데, 연구내용에 따라 연구일정이 결정되고 어떤 연구작업이 언제부터 언제까지 진행되는지를 기록함으로써 연구를 계획적으로 추진할 수 있다. 연구일정에 대해서 연구전문가나 지도교수의 조언을 받는 것이 바람직하다.

- 참고문헌은 연구자가 해당 연구를 하는 데 참고한 또는 참고할 문헌들을 가나다순 혹은 알파벳순으로 정리하여 제시한다. 독자는 참고문헌 목록을 봄으로써 연구자가 어떠한 문헌을 참고하였는지, 어느 정도 이론적 고찰을 하였는지, 최근의 연구동향 등에 대해 짐작할 수 있다. 다시 말하면, 참고문헌 목록은 연구문제에 대해 연구자가 어떤 식으로 접근하고 얼마나 탐색하였는가를 간접적으로 알려 주는 자료가 되는 셈이다. 따라서 참고문헌은 최신의 자료들을 가급적 많이 수집하여 참고하는 것이 바람직하고, 가급적 박사학위논문을 참고하는 것이 실험처치에 관한 사전, 사후, 추후 검사도구나 처치에 사용된 프로그램의 원문을 구하기가 용이하다.

## 3) 연구설계 평가

연구의 요건은 창의성, 정확성 및 객관성이라고 할 수 있다. 연구자가 연구설계를 할 때에 이러한 요건들을 고려하고 작성한다면 효과적이고 훌륭한 내용을 만들어 낼 수 있을 것이다. 연구설계를 평가하는 데 특별한 원칙이 있는 것은 아니며, 연구에서 필요한 항목을 제대로 지키고 있는가를 확인하는 일종의 체크리스트가 연구설계 평가라고 할 수 있다(문수백, 2003).

연구설계를 평가하는 과정에서 연구문제, 연구가설 그리고 연구방법 등 중요한 영역만을 간단히 평가할 수도 있지만, 연구설계를 상세하게 평가하는 것은 연구를 검토하고 문제점을 보완하여 완벽한 연구의 출발이 될 수 있게 하려는 이유를 포함하고 있다(이종승, 2006).

---

### 연구설계 평가

1. **연구 제목**
- 연구 제목은 간결하면서도 연구의 내용을 파악할 수 있을 만큼 적절한가?
- 연구 제목은 연구의 성격을 분명하게 해 줄 정도로 명료한가?
- 종속변인과 독립변인이 나타나 있는가?

2. **문제의 진술**
- 연구문제를 간결하고 분명하게 진술하였는가?
- 연구문제에 관련된 모든 사실과 설명에 대해 철저한 분석이 이루어져 있는가?
- 문제에 관련된 사실이나 요인들 간의 상호 관계가 철저하게 체계적으로 탐색되어 있는가?
- 문제 제기와 필요성이 논리적으로 제시되어 있는가?

3. **이론적 배경**
- 관계 문헌의 고찰은 포괄적이면서도 심층적으로 이루어졌는가?
- 해당 분야의 현재 연구동향을 충분히 참고하고 있는가?

- 종속변인과 독립변인, 종속변인과 독립변인의 상호작용, 대상의 특성, 효과 등이 제시되어 있는가?

### 4. 가설의 설정

- 가설을 명확하게 진술하였는가?
- 가설은 다른 어떤 경쟁 가설보다도 연구문제와 관련하여 많은 사실을 설명하는가?
- 가설은 검증이 가능한가?
- 가설은 이전에 알려져 있지 않은 사실과 관계를 예언하는 데 도움을 주는가?

### 5. 연구의 방법

- 선정된 문제를 연구하는 데 필요한 도구, 기술 및 대상을 확보할 수 있는가?
- 제기한 연구문제에 대해 명확하고 타당한 해답을 얻을 수 있는가?
- 연구설계에 제시된 절차와 방법에 따라 다른 사람도 연구를 재생할 수 있는가?
- 예비실험이 필요한 경우 그 절차가 정확하고 간결한가?
- 연구대상을 분명하게 규정하고 있는가?
- 표집과정이 분명하게 제시되어 있는가?
- 표집의 크기는 적절하며 모집단의 특성을 대표할 수 있는가?
- 자료분석을 위한 구체적 방법과 절차를 제시하고 있는가?
- 가설 검증에 적합한 통계적 분석방법을 적용하고 있는가?
- 참고문헌이나 자료는 충분히 포괄적이고 관련 있는 것인가?
- 본문에서 언급된 문헌이나 자료 중 참고문헌 목록에 빠진 것은 없는가?
- 참고문헌은 최신의 자료를 활용하고 있는가?

제7장
# 상담학연구를 위한 통계와 자료 분석[1]

| 김재철 |

    통계는 과학적 탐구를 위한 기본 도구로 볼 수 있다. 이 장에서는 상담학연구를 위해 필수적으로 알아야 할 '통계의 기본 개념'과 상담학연구에서 많이 활용되고 있는 '통계 및 자료 분석의 방법'들을 소개하고 있다. 우선, 통계의 기본 개념 부분에서는 여러 가지 기준에 의한 변수의 구분, 집중경향과 변산도의 개념과 특징, 가설 검정의 알고리듬 등을 다루고 있다. 그리고 통계 및 자료 분석의 방법 부분에서는 $x^2$검정, 상관분석, $t$검정, 분산분석, 회귀분석, 공분산분석, 요인분석, 구조방정식의 기본 개념, 목적 및 실례 등을 살펴본다.

---

1) 이 장은 김재철(2008)의 일부를 발췌하여 수정 및 추가하였음을 밝힌다.

# 1. 통계의 기본 개념

## 1) 변수의 구분

변수(variable, 변인)는 연구자가 관심을 지니는 연구대상의 속성을 말한다. 예를 들면, 성별, 학점, 학업성취도, 온도, 키, 몸무게 등은 변수에 해당한다.

### (1) 질적 변수와 양적 변수

변수는 측정 수준에 따라서, 분류를 위해 정의된 질적 변수(nonmetric variable, 정성적 변수, 유목변수, 범주형 변수)와 양의 크기를 나타내기 위해 수량으로 표시하는 양적 변수(metric variable, 정량적 변수)로 나눌 수 있다. 질적 변수는 명명변수와 서열변수로, 양적 변수는 동간변수와 비율변수로 세분화할 수 있다.

- 명명변수(nominal variable): 동일 여부만 판단할 수 있는 변수다. 인종(황인종, 백인종, 흑인종), 성별(남자, 여자), 눈 색깔(갈색, 파란색, 초록색) 등은 명명변수의 예다.
- 서열변수(ordinal variable): 동일 여부뿐만 아니라 서열성 여부를 판단할 수 있는 변수다. 여기서 서열성이란 대소 여부를 판단할 수 있는 경우를 말한다. 학점(A, B, C, D, F), 평어(수, 우, 미, 양, 가) 등은 서열변수의 예다.
- 동간변수(interval variable): 동일 여부, 서열성 여부뿐만 아리라 동간성을 인정할 수 있는 변수다. 여기서 '동간성'이란 임의의 두 척도 간 간격이 같으면 이를 동일한 차이로 볼 수 있는 경우를 말한다. 예를 들면, 1950년과 1960년 간의 차이와 2000년과 2010년 간의 차이, 20°C와 30°C 간의 차이와 50°C와 60°C 간의 차이는 동일한 물리량을 나타내며, 이런 경우 연도와 온도는 "동간성이 있다."라고 한다. 그러므로 연도와 온도는 동간변수에 해당한다. 이에 비해 성취도의 경우, 50점과 60점 간의 차이와 80점과 90점 간

의 차이는 동일한 수준의 성취도 차이라고 보기 어렵기 때문에 동간변수가 아니라 서열변수로 보는 것이 타당하다. 자아개념, 태도, 스트레스 등과 같이 사회과학에서 관심 있는 대부분의 변수는 서열변수에 해당한다.

- 비율변수(ratio variable): 동일 여부, 서열성 여부, 동간성 여부뿐만 아니라 비율성을 인정할 수 있는 변수다. 여기서 '비율성'이란 한 측정치가 다른 측정치의 몇 배라고 할 수 있는 경우를 말한다. 예를 들면, 100kg인 사람은 50kg인 사람에 비해 2배 더 무겁다고 할 수 있기 때문에 몸무게는 비율변수에 해당한다. 동간변수의 경우 임의영점을 가지는 반면, 비율변수는 절대영점을 가진다. '임의영점을 가진 변수'란, 온도와 같이 특수한 상황(물이 어는 점)에 0(℃)이라는 숫자를 임의로 할당한 변수다. 이에 비해 '절대영점을 가진 변수'란 키, 부피 등과 같이 물리적으로 아무것도 없는 상태에 0이라는 숫자를 할당한 변수다. 키, 부피 등과 같이 자연과학에서 관심 있는 대부분의 변수는 비율변수에 해당한다.

어떤 측정 수준의 정보를 가진 변수인지에 따라서 적용하는 통계적 분석방법이 달라진다. 명명변수나 서열변수인 경우 빈도분석, 교차분석, $x^2$검정, 비모수적 통계방법, 스피어만 상관 등이 활용되는 반면, 동간변수나 비율변수인 경우 평균 및 표준편차 분석, $t$검정, 분산분석, 피어슨 적률상관분석, 회귀분석 등이 활용된다.

동간변수와 비율변수에는 동일한 통계분석 방법이 적용된다. 특히 지능, 창의성, 가치관, 학업성취도와 같이 포인트 수가 많은 서열변수의 경우, 동간변수로 간주하고 분석에 활용하는 것이 관례다. 한 가지 유의해야 하는 것은, 동일한 변수일지라도 척도화 방식에 따라서 측정의 수준은 달라질 수 있다는 점이다. 예를 들면, 일반적으로 연령은 비율변수이지만 연령을 '20세 미만, 20세 이상 30세 미만, 30세 이상 40세 미만, 40세 이상'으로 구분하였다면 이는 서열변수에 해당한다. 명명변수 또는 포인트 수가 적은 서열변수에서의 척도를 흔히 '범주(category, 유목)'라고 한다. 예를 들면, 성은 남자와 여자 등 두 가지 범주로 구성되어 있다.

명명변수, 서열변수, 동간변수 및 비율변수는 각각 명명척도, 서열척도, 동간 척도 및 비율척도라는 용어로 대신할 수 있다. 전자는 연구자가 관심을 가지고 있는 연구대상의 속성을 강조한 용어다. 그리고 후자는 사물의 속성을 구체화 하기 위한 측정의 단위를 강조한 용어다.

### (2) 독립변수와 종속변수

변수는 인과관계에 따라서 독립변수와 종속변수로 나눈다. 독립변수 (indepen-dent variable, 예언변수)는 다른 것을 설명하거나 예언해 주거나 영향을 주는 변수다. 이에 비해 종속변수(dependent variable, 기준변수)는 독립변수에 의 해 설명이나 예언이 되는 변수, 영향을 받는 변수를 일컫는다. 교수방법이 학업 성취도에 미치는 영향이 어떠한지를 분석하는 경우, 교수방법은 독립변수에, 학 업성취도는 종속변수에 해당한다.

### (3) 매개변수, 조절변수, 가외변수 및 제3의 변수

매개변수(mediator variable, 중재변수[intervening variable])는 독립변수와 종속 변수 간의 관계를 연결해 주는 변수다. "변수 X는 변수 Z를 통해서 변수 Y에 영 향을 미친다."라고 할 때, X는 독립변수, Y는 종속변수, Z는 매개변수에 해당 한다. 매개변수가 포함되어 있으면, 매개효과(mediate effect, 간접효과[indirect effect])를 평가할 수 있다.

예를 들면, [그림 7-1]에서 부모의 사회경제적 지위가 학업성취도에 직접적 으로 미치는 영향을 '직접효과(direct effect)'라고 하고, 부모의 관심과 교육 투자 를 통해서 미치는 영향을 '매개효과'라고 한다. 직접효과와 매개효과를 합한 값 을 '전체효과(total effect)'라고 한다. 학업성취도에 대한 부모의 사회경제적 지 위의 직접효과의 크기는 이들 사이의 표준화 경로계수인 'a'이며, 부모의 관심 과 교육 투자를 통한 매개효과의 크기는 표준화 경로계수의 곱인 'bc'이고, 전체 효과의 크기는 이들의 합인 'a+bc'다. 직접효과, 매개효과 및 전체효과가 통계

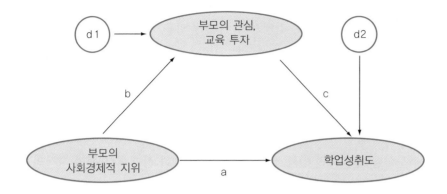

[그림 7-1] 직접효과와 매개효과가 동시에 포함된 모형의 예

적으로 유의미한지는 가설 검정 과정을 거쳐야 한다. 특히 매개효과는 LISREL, EQS, Mplus, Amos 등의 통계 패키지 프로그램을 활용한 구조방정식(structural equation model) 또는 경로분석(path analysis)을 통해 분석이 가능하다.

조절변수(moderate variable)는 상호작용효과를 갖게 하는 독립변수다. 변수 X와 변수 Z가 Y에 대해 효과가 있는지를 분석하고자 할 때, 변수 Y에 대한 변수 X의 효과 및 변수 Y에 대한 변수 Z의 효과를 '주효과(main effect)'라고 하고, 변수 X가 변수 Y에 미치는 영향력이 변수 Z에 따라서 다를 때 이를 '상호작용효과(interaction effect)' 또는 '조절효과(moderate effect)'라고 한다. 예를 들면, 교수방법(A와 B)에 따라 학업성취도가 달라진다면 "교수방법은 학업성취도에 대해 주효과가 있다."라고 하고, 교수방법(A와 B)이 학업성취도에 미치는 영향력이 성별에 따라서 달라진다(예: 교수방법 A는 남학생에게 더 효과적이고 교수방법 B는 여학생에게 더 효과적이다.)고 할 때 "교수방법과 성은 학업성취도에 대해 상호작용효과 또는 조절효과가 있다."라고 한다. 이때 성은 교수방법과 학업성취도 간의 관계를 조절하기 때문에 '조절변수'라고 불린다.

가외변수(extraneous variable)는 종속변수에 영향을 미칠 것으로 예측되지만, 연구에서는 다루어지지 않아야 할 변수다. 예를 들면, 특정 지역에 위치한 학교를 다님으로써 교육효과의 유리함 혹은 불리함을 받는 현상을 '교육격차'라고 정의하고, 이를 경험적으로 검정하기 위해 졸업을 앞둔 시점에서 학력의 지역 간 차이를 분석했다고 하자. 이때 입학 시점에서 학력의 지역 간 차이가 존재하였다면 졸업 시점에서의 지역 간 차이를 분석할 때 입학 당시의 학력은 통제해야 할 가외변수가 된다. 가외변수를 통제하기 위한 대표적인 방법은 공분산분석(ANCOVA), 중다회귀분석(multiple regression) 등이 있다. 공분산분석이나 중다회귀분석을 활용하면 입학 시점의 학력을 통제한 상태에서 졸업 시점의 지역 간 학력 차이가 통계적으로 유의미한지를 분석할 수 있다.

제3의 변수(third variable)는 허구효과를 갖게 하는 변수다. 허구효과(spurious effect)는 두 변수 간의 직접적인 관계는 없으나 제3의 변수에 의해 동시에 영향을 받음으로써 두 변수 간에 관계가 있는 것처럼 보이는 경우를 말한다. 예를 들면, 소방관의 수와 피해액 간의 관계는 화재의 크기라는 제3의 변수에 의한 허구효과가 작용한다(김계수, 2001). 허구효과를 제외하려면 부분상관(partial correlation) 분석을 실시해야 한다.

매개변수, 조절변수, 가외변수 및 제3의 변수는 모두 독립변수의 특수한 경우에 해당한다.

### (4) 외생변수와 내생변수

변수는 다른 변수에 의해 설명되는지의 여부에 따라서 외생변수와 내생변수로 나눈다. 외생변수(exogenous variable)는 [그림 7-1]에서 부모의 사회경제적 지위와 같이, 다른 변수에 의해 설명되지 않는 변수를 말한다. 이에 비해 내생변수(endogenous variable)는 [그림 7-1]에서 부모의 관심, 교육 투자, 학업성취도와 같이, 다른 변수에 의해 설명되는 변수를 말한다. 다른 변수들에 의해 완벽히 설명되는 내생변수는 거의 존재하지 않는다. 그러므로 내생변수에는 다른 변수들에 의해 설명되거나 예측될 수 없는 부분이 수반되는 경우가 일반적이다. 내생변수 중 연구자가 설정한 독립변수로 설명할 수 없는 부분을 '설명오차(residual error)'라고 한다. [그림 7-1]에서 d1과 d2가 설명오차에 해당한다.

## 2) 집중경향과 변산도

### (1) 집중경향

집중경향(central tendency)은 전반적 수준을 나타내는 지수로서 '대푯값'이라고도 한다. 집중경향으로는 산술평균(mean), 중앙값(median), 최빈값(mode) 등이 있다. 평균으로는 전체 합산 점수를 사례 수로 나눈 산술평균이 가장 많이 사용된다. 변수 X에 대한 산술평균은 E(X)로 표현할 수 있다.

중앙값은 서열상 가운데에 위치한 피험자의 점수다. 예를 들면, 10, 13, 15, 17, 19에서 중앙값은 15다. 사례 수가 짝수(2n)인 경우의 중앙값은 n 번째 점수와 n+1 번째 점수의 평균이다. 예를 들면, 10, 13, 15, 17, 19, 20에서 중앙값은 15와 17의 평균인 16이다.

최빈값은 빈도가 가장 높은 점수다. 최빈값은 두 개 이상이 될 수도 있다. 예를 들면, 1, 2, 2, 2, 3, 3, 4, 4, 4, 5에서 최빈값은 2와 4다. 명명변수인 경우 유일하게 사용할 수 있는 집중경향은 최빈값이다. 예를 들면, 100명의 학생에게 가장 선호하는 국립공원이 어디인지를 조사한 자료에 대한 집중경향은 최빈값이 적절하다.

집중경향으로 가장 많이 활용하는 산술평균의 특징은 다음과 같다. 첫째, 산술평균은 중앙값과 최빈값과 달리 모든 사례의 영향을 받으며, 특히 극단적인 점수(outlier)를 가진 사례의 영향을 크게 받는다. 예를 들면, 1, 2, 3, 3, 4, 5는 산술평균, 중앙값, 최빈값이 모두 3인 반면, 1, 2, 3, 3, 4, 35는 중앙값과 최빈값은 3이지만 산술평균은 8로서 극단적인 점수인 35의 영향을 크게 받는다. 일반적으로 극단적인 부적편포(분포의 가늘고 긴 꼬리 부분이 왼쪽에 길게 뻗어 있는 분포)인 경우 '산술평균 < 중앙값 < 최빈값'이며, 극단적인 정적편포(분포의 가늘고 긴 꼬리 부분이 오른쪽에 길게 뻗어 있는 분포)인 경우 '최빈값 < 중앙값 < 산술평균'이다. 극단적인 점수가 포함되어 있어 집중경향으로 산술평균을 활용하기 어려운 경우, 그 대안으로 중앙값과 절삭평균(trimmed mean)을 사용할 수 있다. 절삭평균은 극단적인 점수의 영향을 줄이기 위해서 꼬리값 부분을 제거하고 그 나

머지 피험자를 대상으로 구한 평균을 의미한다. 양쪽에서 5%씩 제거하면 '5% 절삭평균'이라 한다. 0% 절삭평균은 산술평균과 동일하며, 50% 절삭평균은 중앙값과 일치한다. 절삭평균은 체조, 피겨 스케이팅 등에서 객관도를 높이기 위해 심사위원들이 평점을 구할 때 많이 활용한다. 둘째, 모든 사례에 대하여 특정 수를 더하거나 빼면 산술평균은 그만큼 증감하며, 특정 수 a를 곱하면 산술평균도 a배 커진다.

### (2) 변산도

변산도(variability)는 점수가 흩어진 정도로서 '산포도(dispersion, 분산도)'라고도 한다. 변산도가 크다는 것은 개인 간 차이가 크다는 것을 의미한다. 변산도를 나타내는 지수로는 범위, 사분위수범위, 사분편차, 평균편차, 표준편차, 분산, 변동계수 등이 있다.

- 범위(range): 최댓값에서 최솟값을 뺀 값으로, 이는 극단적인 점수의 영향을 크게 받을 수 있음
- 사분위수범위(interquartile range): 중앙값보다 큰 관찰값의 중앙값(Q3, 제3사분위수)에서 중앙값보다 작은 관찰값의 중앙값(Q1, 제1사분위수)을 뺀 값. 사분위수범위는 극단적인 점수의 영향을 크게 받는 범위의 단점을 보완하기 위한 변산도 지수로서, 상위와 하위 25%를 절삭하고 나머지 피험자를 대상으로 범위를 구한 것임
- 사분편차(quartile deviation, semi-interpercentile range, 사분위편차): 사분위수범위를 2로 나눈 값
- 평균편차(average deviation): 편차점수 절댓값의 평균
- 분산(variance, 변량): 편차제곱의 평균. 분산의 제곱근을 '표준편차(standard deviation)'라고 함
- 변동계수(coefficient of variation): 표준편차를 평균으로 나눈 값. 변동계수는 단위에 영향을 받지 않는 표준편차라고 볼 수 있음

표준편차는 변산도로 가장 많이 활용되는 지수로서, 다음과 같은 특징이 있다. 첫째, 특정 수를 더하거나 빼더라도 표준편차는 변하지 않으며, 특정 수 a를 곱하면 표준편차는 |a| 배 커진다. 둘째, 표준편차는 극단적인 점수의 영향을 통제하지 못한다. 이에 대한 대안으로 사분편차를 이용할 수 있다. 셋째, 평균을 기준으로 한 편차제곱의 평균은 다른 어떤 기준의 편차제곱 평균보다 더 작다.

## 3) 가설 검정

표본에서 얻은 통계량을 활용하여 점 또는 구간으로 모수를 예측하는 것을 '추정(estimation)'이라 한다. 미지의 모수가 확률적으로 포함되어 있을 것으로 판단되는 구간을 표본을 활용하여 추정한 것을 '신뢰구간(confidence interval)'이라 한다. 신뢰수준 95%에서의 신뢰구간이란 '전집에서 표본을 얻는 방법을 100번 반복하여 신뢰구간을 얻었을 때, 100번의 신뢰구간 중에서 모평균($\mu$)을 포함하는 신뢰구간이 95번 있다'는 것이다.

예를 들면, 어느 지역에서 무선으로 100명을 선정하여 몸무게를 조사한 결과, 100명의 평균인 $\overline{X}$는 70kg이었고 이들의 표본표준편차 $\hat{\sigma}$는 10kg이라고 할 때, 이 지역 학생의 평균 몸무게에 대한 95% 신뢰구간을 구할 수 있다. 이를 위해서는 먼저 중심극한정리를 이해해야 한다. 중심극한정리(central limit theorem)란 모평균이 $\mu$, 모표준편차가 $\sigma$인 전집에서, 표본의 크기 $n$의 독립적인 무선표집으로부터 얻은 표본평균($\overline{X}$)들의 분포는 표본의 크기 $n$이 증가함에 따라서 정규분포를 따른다는 것이다. 표본평균들의 평균과 표준편차는 다음과 같다.

$$E(\overline{X}) = \mu$$
$$\sigma(\overline{X}) = \frac{\sigma}{\sqrt{n}}$$

이때 모표준편차가 없다면 모표준편차 $\sigma$ 대신 표본표준편차인 $\hat{\sigma}$을 이용할 수 있다. $s$와 $\hat{\sigma}$는 표본에서 구해지는 표준편차라는 점에서는 동일하지만, $s$는 사례 수인 $n$으로 나눈 값인 반면, $\hat{\sigma}$는 자유도인 $n$-1으로 나눈 값이라는 점에서는 차이가 있다. 통계에서는 전집을 대상으로 하는 경우가 거의 없으며, 대부분 표본을 통해 전집을 예측하게 된다. 모표준편차가 없는 경우에는 표본에서의 표준편차를 이용하여 모표준편차를 추정하게 된다. 이때 표본의 크기가 아니라 표본의 자유도로 나누어 구한 표준편차가 모표준편차를 더 정확히 추정할 수 있다. 즉, 자유도를 고려한 추정치가 전집의 모수를 추정하는 데 더 좋은 추정치가 된다.

$$s = \sqrt{\dfrac{\sum\limits_{i=1}^{n}(X_i-\overline{X})^2}{n}}$$

$$\hat{\sigma} = \sqrt{\dfrac{\sum\limits_{i=1}^{n}(X_i-\overline{X})^2}{n-1}}$$

중심극한정리를 활용하면, 앞의 예에서의 95% 신뢰구간을 다음과 같이 구할 수 있다.

$$P(|Z| \leq z_{.025}) = .95$$
$$P(|\frac{\overline{X}-\mu}{\hat{\sigma}/\sqrt{n}}| \leq z_{.025}) = .95$$
$$P(\overline{X}-z_{.025} \cdot \hat{\sigma}/\sqrt{n} \leq \mu \leq \overline{X}+z_{.025} \cdot \hat{\sigma}/\sqrt{n}) = .95$$
$$P(70-1.96 \cdot 10/\sqrt{100} \leq \mu \leq 70+1.96 \cdot 10/\sqrt{100}) = .95$$
$$\therefore [68.04, 71.96]$$

이에 비해 가설 검정(hypothesis test)이란 두 가지 상반되는 가설을 세우고, 그중 어느 가설이 옳은지 수집된 자료에 근거하여 확률적으로 판단하는 과정이다. 이때 설정하는 두 가설은 대립가설과 원가설이다. 대립가설(alternative hypothesis)은 '연구가설($H_A$)'이라고도 하며, 연구자가 새롭게 주장하려는 가설이다. 대립가설은 통계량 간의 차이 또는 관계가 표집오차에 의한 우연적인 것이 아니라 모수 간의 유의미한 차이 또는 관계에 의한 것이라고 주장하는 가설이다. 이에 비해 원가설(original hypothesis, null hypothesis, 영가설, 귀무가설, 통계적 가설[$H_0$])은 대립가설에 대응하는 것으로서 '평균 간에 차이가 없다' 또는 '변수 간에 상관이 없다'와 같이 주로 '변함이 없다' '이전과 같다'라는 식으로 진술된다. 원가설은 통계량 간의 차이 또는 관계가 표집오차에 의한 우연적 결과라고 주장하는 가설이다.

가설 검정을 달리 표현하면, 원가설의 기각 여부를 확률적으로 판단하는 과정으로도 볼 수 있다. 원가설 기각 여부의 근거는 '연구자가 실제 수집한 표본에서의 검정통계량이 표집분포에서 나타날 확률'이다. 예를 들면, 새로운 교수방법의 효과를 검정하기 위해 무선으로 얻은 표본을 대상으로 성취도를 측정한 후 새로운 교수방법을 적용했다고 하자. 그리고 성취도를 다시 한번 측정했다고 하자. 이때 새로운 교수방법을 적용한 후의 성취도 평균이 적용하기 전의 성취도 평균보다 훨씬 더 크면 원가설을 기각할 수 있을 것이다. 이처럼 가설 검정은 표본에서 얻은 검정통계량을 기초로 원가설과 대립가설 중 어느 한쪽을 옳다고 판단하는 절차다.

검정통계량(test statistic)이란 수집된 표본자료의 분석을 통해 원가설의 옳고 그름을 판단하는 기준이 되는 통계량을 일컫는다. 그 예로는 $z$값, $x^2$값, $t$값, $F$값 등이 있다. 원가설이 참이라는 가정하에 연구자가 실제로 얻은 자료의 검정통계량이 표집분포에서 나타날 확률에 근거하여 원가설을 기각하거나 채택하게 된다. 이때 원가설을 기각할 수 있는 영역을 '기각역(critical region, 유의수준)'이라 한다. 표집분포는 원가설이 참이라는 가정하에 이론적으로 도출되는 수학적인 분포다. 표집분포로부터 연구자가 실제로 얻은 자료에서의 검정통계량이 나타날 확률이 매우 작으면 연구자는 이것의 원인이 원가설을 잘못 설정하였기 때문이라는 '모험'을 하게 된다. 이러한 이유에서 기각역은 표집분포에서 극단에 존재하게 된다.

대립가설이 "모평균이 어떤 값과 같지 않다."인 경우의 가설 검정을 '양측검정(two-tailed test, two sided test)'이라고 한다. 이에 비해 대립가설이 "모평균이 어떤 값보다 크다 또는 작다."인 경우의 가설 검정을 '단측검정(one-tailed test, one sided test)'이라고 한다. 유의수준이 5%라면, 양측검정에서는 양극단 각각에 2.5%의 기각역이 있으며, 단측검정에서는 양극단 중에서 한쪽에 5%의 기각역이 있다.

'검정통계량이 표본에 의존한다'는 점과 '표본은 편파될 가능성을 가지고 있다'는 점을 고려하면 연구자가 내린 가설 검정의 결론은 항상 오류의 가능성을 가지고 있다. 예를 들면, 고등학생들의 키가 남녀 간에 차이가 있는지 검정하기 위해 남녀 각각 100명을 표집하였다고 하자. 이때 공교롭게도 남학생은 모두 165cm 이하인 사람만 표집되고 여학생은 모두 170cm 이상인 학생만 표집될 가능성도 있다. 이러한 경우, 전집에서는 남학생 키의 평균이 여학생의 그것보다 더 크다 하더라도 가설 검정 결과에서는 여학생의 키가 남학생의 키보다 더 크다는, 전집과는 다른 결론을 내릴 수도 있다. 원가설이 참인데 이를 잘못 기각하는 오류를 '제1종 오류(type I error)'라고 한다. 예를 들면, 교수방법 A가 효과가 없는데 효과가 있다고 하는 경우는 제1종 오류에 해당한다. 이에 비해 대립가설이 참인데 원가설을 잘못 채택하는 오류를 '제2종 오류(type II error)'라고 한다. 예를 들면, 교수방법 A가 효과가 있음에도 효과가 없다고 하는 경우는 제2종 오류에 해당한다. 새로운 표본에서 얻은 검정통계량에 근거하여 새로운 주장을 하는 사람이 인정하는 본인 주장의 오류 가능성의 최댓값을 '유의수준(significance level, 유의도 수준)'이라고 한다. 유의수준은 원가설이 옳음에도 이를 잘못 기각하는 확률, 즉 제1종 오류의 최대 허용 확률로서 '기각역의 넓이'와 일치한다. 사회과학에서 유의수준은 주로 .05 또는 .01 또는 .001을 활용한다. 이에 비해 원가설이 참이 아닐 때 이를 기각함으로써 올바른 결정을 내릴 가능성의 정도를 '통계적 검정력(statistical power)'이라고 한다. 예를 들면, 교수방법 A가 효과가 있을 때, 효과가 있다고 주장하는 경우가 여기에 해당한다.

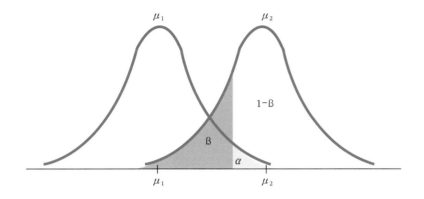

$H_O : \mu = \mu_1$이고 $H_A : \mu = \mu_2$라 할 때, 제1종 오류, 제2종 오류, 통계적 검정력을 그림으로 표현하면 [그림 7-2]와 같다. 일반적으로 사례 수나 측정의 신뢰도 등이 변하지 않는다면, 제1종 오류($\alpha$)가 작아질수록 제2종 오류(ß)는 커지고 통계적 검정력(1-ß)은 작아진다. 제1종 오류와 제2종 오류를 동시에 줄이면서 통계적 검정력을 높일 수 있는 방법은 사례 수를 늘리는 것이다. 유의확률($p$)은 표집분포에서 검정통계량의 위치를 나타내기 위한 것으로, 양측검정의 경우 검정통계량의 바깥 부분의 넓이의 2배다. 유의확률이 유의수준보다 작거나 같으면 원가설을 기각하게 된다.

## 2. 통계 및 자료 분석의 방법

### 1) $x^2$검정

'선호하는 담임교사 유형이 어떠한가?' '수학 태도가 가장 떨어지는 상황은 언제인가?' 등과 같이 기대되는 응답이 질적인 변수인 경우에는 빈도분석과 교

○○○ **표 7-1** 수학 태도가 가장 떨어지는 경우에 대한 교차분석 결과

| 배경변수 | 항목 | 교사가 일방적으로 수업할 때 | 시험을 못 봤을 때 | 어제 풀었던 문제를 오늘 못 풀 때 | 실용적이지 못하다고 느낄 때 | 합계 | $x^2$ |
|---|---|---|---|---|---|---|---|
| 성별 | 남학생 | 4※(15.4) | 4(15.4) | 15(57.7) | 3(11.5) | 26(100) | 12.690** |
| | 여학생 | 13(38.2) | 11(32.4) | 5(14.7) | 5(14.7) | 34(100) | |
| 전체 | | 17(28.3) | 15(25.0) | 20(33.3) | 8(13.3) | 60(100) | |

** $p < .01$

※: 관찰빈도$=4$, 기대빈도$=26 \times \dfrac{17}{60} ≒ 7.37$

차분석을 이용하여 자료를 요약하게 된다. 〈표 7-1〉에서 수학 태도가 가장 떨어지는 경우에 대한 항목별 빈도와 백분율을 구하는 것을 '빈도분석(frequency analysis)'이라고 하고, 성별 등의 배경변수의 각 유목별 빈도분석을 행하는 것을 '교차분석(crosstab analysis)'이라고 한다. 교차분석의 경우, 반응빈도 및 백분율의 분포가 배경변수의 유목에 따라서 통계적으로 유의미한 차이가 있는지를 보기 위해서 $x^2$검정을 시도한다.

　$x^2$검정의 기본 원리는 관찰빈도와 기대빈도를 이용한 다음의 통계량이 자유도가 (A-1)(B-1)인 $x^2$분포를 따른다는 점을 활용한다.

$$\sum_{j=1}^{B} \sum_{i=1}^{A} \frac{(O_{ij}-E_{ij})^2}{E_{ij}} \sim x^2[(A-1)(B-1)]$$

(단, O: 관찰빈도, E: 기대빈도)

　여기서 관찰빈도(observed/obtained frequency)는 실제 관측된 빈도이고, 기대빈도(expected frequency, 이론빈도)는 변수들이 서로 독립적이라고 가정하였을 때 각 셀에 기대되는 빈도를 말한다. 예를 들면, 〈표 7-1〉에서 '※'셀의 관찰빈도는 4다. 이에 비해 기대빈도는 "수학 태도가 가장 떨어지는 경우는 남녀 간에 17 : 15 : 20 : 8로 동일하다."라는 가정하에서 '※'셀에 기대되는 빈도로, 약

$7.37(≒26\times\dfrac{17}{60})$이 이에 해당한다.

자유도(degree of freedom)의 일반적 개념은 '독립적인 행위 차원의 수'를 말한다. $x^2$검정에서의 자유도는 주변 빈도가 고정된 상태에서 '자유롭게 변할 수 있는 빈도의 개수'로 정의한다. 예를 들면, 〈표 7-1〉에서 주변 빈도인 '7, 15, 20, 8' 및 '26, 34'가 고정된 상태라면 8개 셀 중에서 3개 셀에서의 빈도만 결정되면 나머지 셀에서의 빈도는 자동적으로 결정되기 때문에 자유도는 3(=(4-1)(2-1))이다.

관찰빈도와 기대빈도 간의 차이를 이용한 다음의 검정통계량이 자유도 3인 분포에서 어디에 위치하는지를 근거로, 남녀 간의 의견이 동일하다고 할 수 있는지를 평가할 수 있다. 일반적으로 자유도 3인 분포에서 12.690의 오른쪽의 넓이를 '유의확률'이라 하며, 이 값이 유의수준(.05 또는 .01 등)에 비해 작거나 같으면 반응빈도 또는 백분율이 집단 간에 통계적으로 유의미한 차이가 있다고 해석하게 된다.

$$x^2 = \sum_{j=1}^{4}\sum_{i=1}^{2}\frac{(O_{ij}-E_{ij})^2}{E_{ij}} = 12.690$$

## 2) 상관분석

'상관(correlation)이 있다'는 것은 한 변수로 나머지 변수를 예측할 수 있는 경우를 의미한다. [그림 7-3]에서 (a)와 (b)는 상관이 있는 경우다. (a)는 '정적상관'이 있는 경우로 상관계수가 1에 가깝다. 이에 비해서 (b)는 '부적상관'이 있는 경우로 상관계수는 -1에 가깝다. (c)와 (d)는 상관이 없는 경우로 상관계수는 0에 가깝다. 상관계수는 $-1 \leq r \leq +1$ 사이의 값을 가지게 된다. 상관계수가 +1 또는 -1에 가까우면 '상관이 높다'고 하며, 상관계수가 0에 가까우면 '상관이 낮다' 또는 '상관이 없다'고 한다.

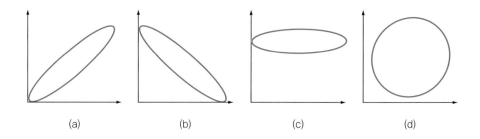

[그림 7-3] 정적 상관, 부적 상관, 상관없음의 예

상관계수로 가장 많이 활용되는 것은 피어슨 적률상관계수다. 피어슨 적률상관계수는 '변수 X의 Z점수와 변수 Y의 Z점수 곱의 평균'으로 정의될 수 있다.

$$\text{CORR(X, Y)} = \rho_{XY} = \frac{\sum_{i=1}^{N} Zx_i Zy_i}{N} = \frac{\sum_{i=1}^{N} x_i y_i}{N\sigma_x \sigma_y} = \frac{\text{COV(X, Y)}}{\sigma_x \sigma_y}$$

단, $N$: 사례 수

CORR(X, Y): 변수 X와 변수 Y 간의 피어슨 적률상관계수

Z: Z점수

x: 편차점수

COV(X, Y): 변수 X와 변수 Y 간의 공분산

이에 비해 공분산(covariance, 공변량)은 '변수 X의 편차점수와 변수 Y의 편차점수 곱의 평균'이다. 피어슨 적률상관계수는 척도의 영향을 받지 않지만, 공분산은 척도의 영향을 받는다. 예를 들면, 키와 몸무게 간의 관계를 구하는 과정에서 키를 180cm라고 한 경우와 1.8m라고 한 경우를 비교할 때, 피어슨 적률상관계수에서는 차이가 발생하지 않지만 공분산에서는 차이가 발생한다. 일반적으로 피어슨 적률상관계수는 각 변수에 특정 상수를 더하거나 빼거나 곱하거나 나누어도 그 값의 크기는 변하지 않는다.

$$\mathrm{CORR(aX+b,\ cY+d)=CORR(X,\ Y)}$$

$$\mathrm{COV(aX+b,\ cY+d)=a\times c\times COV(X,\ Y)}$$

피어슨 적률상관계수를 적용하기 위해서는 다음과 같은 선행조건을 먼저 확인하여야 한다. 첫째, 두 변수 간의 관계가 직선적인 관계인지 확인하여야 한다. 피어슨 적률상관계수는 직선적인 관계가 얼마나 되는지를 수량화한 값이다. 곡선적 관계가 있는 경우에 피어슨 적률상관계수로 변수 간의 상관을 추정하면 이들 간의 상관을 과소추정하게 된다.

둘째, 극단적인 점수(outlier)의 영향이 없는지 확인해야 한다. 피어슨 적률상관계수는 '변인 X의 Z점수와 변인 Y의 Z점수 곱의 평균'으로 정의된다. 극단적인 점수를 획득한 사례의 경우, 변인 X와 변인 Y 각각의 Z점수가 크기 때문에 변인 X와 변인 Y의 Z점수 곱도 커진다. 그러므로 피어슨 적률상관계수는 극단적인 점수의 영향을 크게 받는다.

셋째, 두 변수가 모두 양적 변수인지 확인해야 한다. 양적 변수가 아니라면 순위상관 또는 특수상관을 이용해야 한다. 다만, 질적인 이분변수와 양적 변수 간의 상관을 구할 때 사용하는 특수상관인 양류상관계수(point biserial correlation, 점이연상관계수)는 피어슨 적률상관계수와 그 값이 동일하다.

상관계수 제곱은 Y의 전체 분산 중에서 X로 예측할 수 있는 Y분산의 비율과 같으며, 이를 '결정계수(coefficient of determination)'라고 한다. 예를 들어, '$r=.5$'이면 결정계수는 .25다. 결정계수가 .25라는 것은 Y의 전체 분산 중에서 25%가 X에 의해서 설명되거나 예측될 수 있음을 의미한다. 만약 어머니 지능과 자녀 지능 간 상관이 .5이면 자녀 지능 차이 중 25%는 어머니 지능에 의해 설명하거나 예측할 수 있다는 것이다.

$$r_{xy}^2 = \frac{S_y^2 - S_{y.x}^2}{S_y^2} = \frac{S_{y'}^2}{S_y^2}$$

두 변수 간의 상관관계는 인과관계가 되기 위한 필요조건이다. 변수 간의 상관관계가 인과관계에 의한 것인지를 진술해 주기 위해서는 '이를 설명할 수 있는 이론의 축적' 또는 '실험연구를 통한 검정' 등이 수반되어야 한다. 전자를 '이론적 인과관계'라고 한다면, 후자는 '필연적 인과관계'라고 할 수 있다.

## 3) $t$검정

두 집단의 평균이 통계적으로 유의미한 차이가 있는지를 검정하는 데 일반적으로 $t$검정을 이용한다. 비교할 두 집단이 독립적(무선배치설계)인지 종속적(반복측정설계)인지에 따라서 $t$검정은 '독립표본$t$검정(independent samples $t$-test)'과 '대응표본$t$검정(paired samples $t$-test)'으로 나눌 수 있다.

독립표본$t$검정은 두 전집에서 독립적으로 추출된 표본에서의 특정 변수의 평균이 집단 간에 통계적으로 유의미한 차이가 있는지를 검정하는 분석방법이다. 예를 들면, 성별에 따른 자아존중감의 차이를 분석하는 것은 독립표본$t$검정에 해당한다. 그 이유는 남녀 두 개의 집단을 구성하는 경우 남학생 중 특정인을 선택하는 것이 여학생 중 특정인을 선택하는 것에 영향을 주지 않기 때문이다.

독립표본$t$검정에서는 일반적으로 각 처치조건별 전집의 분산이 동일한 경우와 그렇지 않은 경우를 구분하여 검정통계량이 제공된다. 처치조건별 전집의 등분산성을 검정하는 통계량으로는 여러 가지가 있으나, 그중에서 레빈(Levene)의 검정통계량이 가장 보편적으로 사용되고 있다. 레빈의 검정통계량은 '처치조건별 전집의 분산이 동일하다고 할 수 있는가?'를 검정하는 값으로, "전집에서 집단별 분산은 동일하다."를 원가설로 하고 있다. 검정통계량으로는 $F$값이 제시된다. 〈표 7-2〉는 자아존중감의 남녀 간 등분산성 검정 결과다. 〈표 7-2〉

ooo **표 7-2** 자녀에 대한 양육 방식과 자녀의 특성

| 변수 | $F$ | $p$ |
|---|---|---|
| 자아존중감 | .691 | .413 |

에 의하면 자아존중감의 분산은 남녀 간에 유의미한 차이가 없었다($F=.691$, $p>.05$). 이는 $t$검정을 실시할 때 등분산성을 가정할 수 있음을 의미한다.

〈표 7-3〉은 자아존중감의 남녀 간 평균 비교를 위한 독립표본 $t$검정 결과다. 〈표 7-3〉에 따르면, 남녀의 자아존중감 평균은 각각 10.20점, 9.13점으로 남학생이 여학생에 비해서 더 높았다($t=2.327$, $p>.05$).

ㅇㅇㅇ **표 7-3** 성에 따른 자아존중감의 평균차이 검정 결과

| 성 | $N$ | $M$ | $SD$ | $t$ | $p$ |
|---|---|---|---|---|---|
| 남학생 | 15 | 10.20 | 1.37 | 2.327 | .027 |
| 여학생 | 15 | 9.13 | 1.13 | | |

대응표본 $t$검정은 두 전집에서 종속적으로 추출된 표본에서의 특정 변수의 평균이 집단 간에 차이가 있는지를 검정하는 방법이다. 여기서 '종속적'이라는 것은 한 전집에서 하나의 사례를 선택한 것이 다른 전집에서의 사례를 선택하는 것에 영향을 줌을 의미한다. 가장 흔한 예가 반복측정치(repeated measures) 간의 차이를 분석하는 것이다. 예를 들면, 동일한 집단을 대상으로 처치하기 전과 처치한 후의 평균차이를 검정하는 경우, 쌍둥이를 대상으로 첫째와 둘째 간의 지능이 동일하다고 할 수 있는지 검정하는 경우는 대응표본 $t$검정에 해당한다.

## 4) 분산분석

분산분석(analysis of variance: ANOVA, 변량분석)은 세 집단 이상의 평균이 통계적으로 유의미한 차이가 있는지를 검정하는 통계기법이다. 분산분석에서는 독립변수가 범주형 변수이고 종속변수는 양적 변수다. 특히 독립변수와 종속변수가 각각 1개일 때를 '일원분산분석(one-way ANOVA)', 독립변수가 2개이고 종속변수가 1개일 때를 '이원분산분석(two-way ANOVA)', 독립변수가 2개 이상이면서 종속변수가 1개일 때를 일반적으로 '다원분산분석(multi-way ANOVA)'이라

한다. 그리고 다원분산분석을 위한 실험설계를 '요인설계(factorial design)'라고 하며, 종속변수가 2개 이상인 분산분석을 '다변량분산분석(multi-variate ANOVA: MANOVA)'이라고 한다.

비교하려는 집단이 독립적(무선배치설계)인지 종속적(반복측정설계)인지에 따라서 '무선배치 분산분석(ANOVA with random assignments)'과 '반복측정 분산분석(ANOVA with repeated measurements)'으로 나뉜다. 전자는 각 피험자들이 처치조건에 무선으로 배치되고 피험자들이 한 가지 처치조건만을 받는, 소위 '피험자 간 설계(between-subjects design)'에 해당되고, 후자는 동일한 피험자들이 모든 처치조건에 반복적으로 노출되는 '피험자 내 설계(within-subjects design)'에 해당된다.

일원분산분석은 표본에서 종속변수의 '전체 분산'을 '집단 간 분산'과 '집단 내 분산'으로 분할한 후, 집단 내 분산에 대한 집단 간 분산의 비율을 이용하여 전집의 집단 간 평균차이를 검정하는 기법이다. 여기서 '전체 분산'은 집단을 구분하지 않고 구한 분산이다. '집단 간 분산($\widehat{\sigma^2_{between}}$)'은 각 집단별 평균을 이용하여 구한 분산으로 집단 간 편차제곱합(sum of squares between groups: SSB)을 이들의 자유도인 $J-1$로 나눈 값이다. 이에 비해 '집단 내 분산($\widehat{\sigma^2_{within}}$)'은 각 집단 내에서 구한 분산으로 집단 내 편차제곱합(sum of squares within groups: SSW)을 이들의 자유도인 $\sum\limits_{j}^{J} (n_j-1)$로 나눈 값이다.

$$\frac{SS_{between}/df_{between}}{SS_{within}/df_{within}} = \frac{\widehat{\sigma^2_{between}}}{\widehat{\sigma^2_{within}}} = \frac{\sum\limits_{j=1}^{J} n_j(\overline{X_j}-\overline{X})^2/(J-1)}{\sum\limits_{j=1}^{J}\sum\limits_{i=1}^{n_j}(X_{ij}-\overline{X_j})^2/\sum\limits_{j=1}^{J}(n_j-1)} = F[J-1, \sum\limits_{j=1}^{J}(n_j-1)]$$

집단 간 분산은 실험효과에 의한 분산이고, 집단 내 분산은 무선적 오차에 의한 분산이다. 여기서 자유도(degree of freedom: df)는 '주어진 조건하에서 독립적으로 자유롭게 변화할 수 있는 점수나 변수의 수' 또는 '편차의 합이 0이면서 자유롭게 어떤 값도 가질 수 있는 사례의 수'를 말한다. 예를 들면, '8, 6, 7, 9, 10'이라는 5개 숫자의 분산을 구하기 위해서는 5개 숫자의 평균인 8을 구한 다음, 이를 이용하여 5개의 편차점수(0, −2, −1, 1, 2)를 먼저 구해야 한다. 결국, 평균이 8임이 결정된 상태에서 분산이 구해지기 때문에 5개 숫자 중에서 자유롭게 변할 수 있는 것은 4개뿐이다. 그러므로 5개의 숫자에서 분산을 구할 때의 자유도는 4다.

일원분산분석에서는 세 개 이상의 처치조건의 전집 평균이 동일하다고 할 수 있는지에 대한 통계적 검정을 수행한다. 이러한 통계적 검정을 '전반적 검정(overall test)' 또는 '옴니버스 검정(omnibus test)'이라고 한다. 전반적 검정에서 원가설을 기각할 수 있는 경우, 즉 처치조건 간에 통계적으로 유의미한 차이가 있는 경우에 한하여, 연구자는 좀 더 구체적으로 어떤 처치조건의 평균이 서로 통계적으로 유의미한 차이가 있는지 파악할 필요가 있다. 이처럼 분산분석을 통하여 $J$ ($J \geq 3$)개 집단의 평균이 통계적으로 유의미한 차이가 있음을 확인한 후에, 구체적으로 어떤 두 집단 간의 차이가 통계적으로 유의미한 차이가 있는지 상호 비교하는 것을 '사후비교(post-hoc comparison)'라고 한다. 사후비교 중에서 가장 통계적 검정력이 강한(sensitive, 민감한) 방법은 Fisher의 LSD방법이다. 그리고 Duncan방법, Student-Newman-Keuls(S-N-K)방법, Tukey의 HSD방법, Scheffé방법, Bonferroni 방법으로 갈수록 통계적 검정력은 약해진다(strict, 엄격하다).

〈표 7-4〉 〈표 7-5〉 〈표 7-6〉은 일원분산분석의 한 예다. 〈표 7-5〉에 따르면, 수학에 대한 태도는 교수방법에 따라서 통계적으로 유의미한 차이가 있는 것으로 나타났다($F$=4.709, $p < .05$). Tukey방법을 이용하여 사후비교분석을 실시한 결과, 〈표 7-6〉에서 보는 바와 같이 교수방법 A를 적용한 집단과 기존 방법을 적용한 집단 간의 수학에 대한 태도의 평균은 통계적으로 유의미한 차이가 있음을 확인할 수 있었다(교수방법−기존 방법=1.400, $p < .05$). 그러나 교수방법 B와 기존 방법 및 교수방법 A와 교수방법 B를 적용한 집단 간에는 통계적으로 유의미한 차이가 없었다(교수방법 A−교수방법 B=.733, $p > .05$; 교수방법 B−기존 방법=.667, $p > .05$).

○○○ **표 7-4** 교수방법에 따른 수학에 대한 태도의 기술통계 결과

| 교수방법 | $N$ | $M$ | $SD$ |
|---|---|---|---|
| 교수방법 A | 15 | 10.47 | 1.187 |
| 교수방법 B | 15 | 9.73 | 1.438 |
| 기존 방법 | 15 | 9.07 | 1.100 |

○○○ **표 7-5** 교수방법에 따른 수학에 대한 태도의 평균차이 검정 결과

| Source | $SS$ | $df$ | $MS$ | $F$ |
|---|---|---|---|---|
| between | 14.711 | 2 | 7.356 | 4.709* |
| within | 65.600 | 42 | 1.562 | |
| total | 80.311 | 44 | | |

* $p < .05$

○○○ **표 7-6** 교수방법에 따른 수학에 대한 태도의 Tukey 검정 결과

| 교수방법 | | J | |
|---|---|---|---|
| | | 교수방법 B | 기존 방법 |
| I | 교수방법 A | .733 | 1.400* |
| | 교수방법 B | – | .667 |

숫자: I평균-J평균의 값임

* $p < .05$

다원무선배치설계(multi-factor randomized designs, multi-way ANOVA)는 하나의 범주형 독립변수의 효과가 아니라 두 개 이상의 범주형 독립변수가 하나의 종속변수(양적 변수)에 어떠한 영향을 미치는지 분석할 수 있다. 흔히 '다원분산분석' 혹은 '요인설계(factorial designs)모형'이라고도 부른다. 다원분산분석에서 각 독립변수의 처치조건에 따라서 종속변수의 평균이 통계적으로 유의미한 차이가 있다면, 그 독립변수는 종속변수에 대해 "주효과(main effects)가 있다."라고 한다. 이에 비해 한 독립변수의 처치조건에 따른 종속변수의 평균이 다른 독립변수의 처치조건에 따라서 다르다면, 이 독립변수들은 종속변수에 대해 "상

호작용효과(interaction effects)가 있다.”라고 한다.

## 5) 회귀분석

회귀분석(regression analysis)이란 한 변수 이상(독립변수)이 나머지 한 변수(종속변수)를 선형적(linear)인 관계로 얼마나 설명하거나 예측할 수 있는지 분석해 주는 통계적 분석방법이다. 회귀방정식은 다음과 같이 나타낼 수 있다.

$$y' = b_0 + b_1 x_1 + b_2 x_2 + b_3 x_3 \cdots \ (\text{단}, b_0, b_1, b_2, b_3, \cdots : 회귀계수)$$

독립변수가 한 개일 때를 ‘단순회귀분석(simple regression analysis)’이라 하고, 두 개 이상일 때를 ‘중다회귀분석(multiple regression analysis)’이라 한다. 중다회귀분석은 단순회귀분석과 마찬가지로 변수들 간의 상관관계를 기초로 하여, 선행연구와 이론을 근거로 설정한 이론적 인과관계를 경험적으로 한번 확인해 보는 기법이다. 중다회귀분석이 인과관계를 규명해 주는 분석방법은 아니라는 점을 명심할 필요가 있다. “부모의 유전적 특성과 가정의 환경적 특성은 자녀에게 전달될 것이다.”라는 유전론과 환경론을 근거로 하여 부모 지능과 부모의 자녀에 대한 관심이 자녀 지능을 얼마나 예측하거나 설명하고 있는지, 어느 변수가 자녀 지능을 더 잘 예측하거나 설명하는지 검정하는 것은 중다회귀분석의 좋은 예다.

중다회귀분석의 목적은 다음과 같이 요약될 수 있다. 첫째, 두 개 이상의 독립변수가 하나의 종속변수를 얼마나 예측하거나 설명할 수 있는지 중다상관제곱($R^2_{y.123\cdots}$)을 통해 확인할 수 있다. 중다상관(multiple correlation)은 중다회귀분석에서 회귀모형에 의해 추정된 종속변수 값인 y'과, 실제 관측값인 y 간의 상관계수다. 중다상관을 제곱한 값을 ‘중다상관제곱(squared multiple correlation)’이라 한다. 중다상관제곱은 종속변수의 전체 분산 중 독립변수들에 의해 예측되거나 설명되는 분산의 비율을 일컫는다. 예를 들면, $R^2_{y.12} = .30$은 종속변수 Y의 전체 분산 중 30%가 독립변수 $X_1$과 $X_2$에 의해 예측되거나 설명된다는 것이다.

둘째, 종속변수에 대한 예측력 또는 설명력이 가장 높은 독립변수가 어느 것인지 표준화회귀계수($ß_j$)를 통해 확인할 수 있다. 원점수 x, y를 활용하여 구한 회귀계수를 '비표준화회귀계수(unstandardized regression coefficient: $b_j$)'라 하고, 표준화 점수인 $Z_x$, $Z_y$를 활용하여 구한 회귀계수를 '표준화회귀계수(standardized regression coefficient: $ß_j$)'라 한다. 비표준화회귀계수는 독립변수와 종속변수의 척도의 단위에 따라서 그 값이 달라진다. 비표준화회귀계수는 −1과 +1을 충분히 벗어날 수 있으며, 특정 회귀계수가 다른 회귀계수에 비해 '더 크다' 또는 '더 작다'는 식의 상대적 해석을 할 수 없다. 이에 비해 표준화회귀계수는 척도의 영향을 받지 않으며, 다중공선성의 문제가 발생하지 않는 한 −1과 +1 사이의 값을 가지게 된다. 비표준화회귀계수는 종속변수에 대한 다른 독립변수의 영향을 통제했을 때, 특정 독립변수만큼 증가할 때 기대되는 종속변수의 증가량이다. 이에 비해 표준화회귀계수는 종속변수에 대한 다른 독립변수의 영향을 통제했을 때, 특정 독립변수가 Z점수로 1만큼 증가할 때 기대되는 종속변수의 Z점수에서의 증가량이다. 원점수로 표현한다면 표준화회귀계수는 독립변수에서 '1× 독립변수의 표준편차'만큼 증가할 때 기대되는 종속변수의 증가량이 'ß×종속수의 표준편차'임을 의미한다. 종속변수의 값을 예측하고자 할 때에는 비표준화회귀계수를 활용해야 하며, 독립변수의 상대적 기여도를 평가할 때에는 표준화회귀계수를 활용해야 한다.

셋째, 독립변수들의 값이 주어져 있고 종속변수 값은 알려지지 않은 사례가 있다고 할 때 그 사례의 종속변수의 예측값은 비표준화회귀계수($b_j$)에 의해 구해질 수 있다.

넷째, 종속변수에 대한 가외변수들의 영향을 통제한 후, 특정 독립변수의 순수한 효과가 통계적으로 유의미한지 분석할 수 있다. 이는 특정 독립변수에 해당하는 회귀계수의 유의확률($p$)을 통해 확인할 수 있다. 중다회귀분석에서 회귀계수 $b_j$의 유의확률은, 종속변수에 대한 다른 독립변수의 효과를 통제한 후, 독립변수 $X_j$의 순수하고 독자적인 효과가 통계적으로 유의미한지를 나타내 준다.

회귀계수 $b_j$의 유의확률은 독립변수 $X_j$를 회귀모형에 포함시켰을 때 '추가되는 효과'에 대한 유의확률이다. 실제로 회귀계수 $b_j$의 유의확률과, 독립변수 $X_j$를 회귀모형에 추가시켰을 때 증가된 $R^2$에 대한 유의확률은 동일하다.

중다회귀분석에서 다중공선성이 존재하면 치명적인 문제가 발생한다. 다중공선성(multicollinearity)이란 중다회귀분석에서 독립변수들 간에 높은 상관관계가 존재하는 상황을 일컫는다. 다중공선성으로 인해 다음과 같은 문제가 발생한다. 첫째, 회귀계수의 표준오차가 매우 커서 표준화회귀계수가 $-1.0 \sim +1.0$를 벗어나는 경우가 발생한다. 둘째, 한두 개의 사례가 추가 또는 누락되는 것임에도 회귀계수가 지나치게 크게 달라지는 경우가 발생한다. 셋째, 회귀계수의 부호가 이론과 반대되는 경우가 발생한다. 예를 들면, 우울증과 자살 생각 간에 상관은 양수가 예상되지만, 다중공선성의 문제가 있으면 회귀계수는 음수로 나타날 수도 있다. 다중공선성의 문제를 해결하는 가장 간단한 방법은 공차한계(tolerance, 허용값)가 .1보다 작은 독립변수 또는 분산팽창요인(Variance Inflation Factor: VIF)이 10보다 큰 독립변수를 회귀분석모형에서 제외하는 것이다. 또 다른 방법은 이들 독립변수들만을 대상으로 주성분분석(principal component analysis)을 실시하여 서로 독립적인 주성분들을 추출한 후, 이들을 회귀분석모형에 대신 투입하는 것이다.

〈표 7-7〉은 중다회귀분석 결과의 한 예(이종승 외, 2003)다. 이것은 '과제해결

ㅇㅇㅇ **표 7-7** 네 가지 독립변수와 문항 오답률 간의 관계에 대한 회귀분석 결과

| 독립변수 | $b$ | S.E. | $\beta$ | $t$ | $R^2$ |
|---|---|---|---|---|---|
| 상수 | -2.518 | 5.150 | -.489 | | |
| 과제해결에 소요되는 시간 | 2.567 | 1.659 | .112 | 1.547 | |
| 문제 형태의 복잡성 정도 | 2.252 | 1.200 | .101 | 1.877 | .207** |
| 오답의 매력도 정도 | 3.336 | 1.004 | .244 | 3.322** | |
| 문제해결을 위해 요구되는 언어 단위 | 2.844 | 1.208 | .146 | 2.354* | |

*$p < .05$  **$p < .01$
출처: 이종승 외(2003).

에 소요되는 시간' '문제 형태의 복잡성 정도' '오답의 매력도 정도' '문제해결을 위해 요구되는 언어 단위'가 언어 영역의 문항 오답률을 얼마나 설명할 수 있는 지를 보여 주고 있다. 〈표 7-7〉에 의하면, 4개의 독립변수가 문항 오답률 전체 분산의 20.7%를 설명하고 있음을 알 수 있다. 독립변수별로 본다면 '오답의 매력도 정도'의 설명력이 가장 컸고, '문제해결을 위해 요구되는 언어 단위'가 그 뒤를 따랐다. 그러나 '과제해결에 소요되는 시간' '문제 형태의 복잡성 정도'의 예측력은 통계적으로 유의미하지 않았다.

## 6) 공분산분석

교육격차를 '대도시 혹은 읍·면 지역에 소재한 학교에 다님으로써 학력(學力) 향상에 유리함 또는 불리함을 받는 현상'으로 정의한 후, 중학교에서 대도시와 읍·면 지역 간에 교육격차가 존재하는지를 실증적으로 검증하고자 한다. 이 경우, 중학교 3학년에서의 학업성취도에 대한 대도시와 읍·면 지역 간 차이는 대도시 혹은 읍·면 지역에 소재한 학교에 다닌 것에만 영향을 받은 것이 아니라 지능, 부모의 사회경제적 지위, 입학 당시의 학업성취도 등에도 영향을 받았을 수 있다. 이런 경우 대도시 혹은 읍·면 지역의 교육적 효과를 보다 정밀하게 검정하기 위해서 종속변수인 3학년에서의 학업성취도의 분산 중에서 지능, 부모의 사회경제적 지위, 입학 당시의 학업성취도 등에 의한 영향 부분을 제거할 필요가 있다. 이와 같이 종속변수에 대한 가외변수의 영향을 통계적으로 통제한 후, 집단 간 차이를 검정하는 통계적 분석방법을 '공분산분석(analysis of covariance, 공변량분석: ANCOVA)'이라 한다. 이때 지능, 부모의 사회경제적 지위, 입학 당시의 학업성취도와 같이 통제해야 할 가외변수를 '공변수(covariate, 공변인)'라고 한다. 가외변수는 독립변수의 일종으로 볼 수 있다.

공분산분석은 t 검정과 분산분석과 달리 비교하려는 집단의 개수가 2개인 경우와 3개 이상인 경우를 구분하지 않는다. 즉, 비교하려는 집단이 2개이든 3개 이상이든 모두 공분산분석에 해당한다. 그리고 공변수의 개수도 1개이든 2개 이상이든 모두 공분산분석이다. 다만, 종속변수에서 통제하려는 변수인 공변수를 제외한 범주형 독립변수의 개수가 2개 이상인 경우를 '다원공분산분석(multi-way ANCOVA)'이라고 부른다. 다원공분산분석에서는 공변수의 영향을 통제하였을 때 범주형 독립변수의 주효과와 상호작용효과를 분석할 수 있다. 이에 비해 종속변수가 2개 이상인 공분산분석을 '다변량공분산분석(multi-variate ANCOVA 또는 MANCOVA)'이라고 한다.

〈표 7-8〉과 〈표 7-9〉는 공분산분석의 한 예다. 이 표는 교우관계 증진을 위해 개발한 교수방법 A와 교수방법 B의 효과성을 기존 방법과 비교한 결과다. 이러한 결과를 얻기 위해, 먼저 세 가지 교수방법에 각각 20명을 배치하여 교우관계를 미리 측정하였다. 그리고 세 가지 교수방법을 일정 기간 적용한 후, 교우관계를 다시 한번 측정하였다. 사전검사에서 교우관계가 세 집단 간에 차이가 있었기 때문에($F = 11.139, p < .01$), 공분산분석을 활용하여 사전검사의 영향을 통

○○○ **표 7-8** 교수방법에 따른 교우관계의 기술통계 결과

| 교수방법 | 사전검사 | | | $F$ | $p$ | 사후검사 | | | 조정된 사후검사 | |
|---|---|---|---|---|---|---|---|---|---|---|
| | $N$ | $M$ | $SD$ | | | $N$ | $M$ | $SD$ | $M$ | $SE$ |
| 교수방법 A | 20 | 2.73 | .37 | | | 20 | 3.88 | .33 | 3.998 | .075 |
| 교수방법 B | 20 | 3.27 | .43 | 11.139 | .000 | 20 | 3.63 | .31 | 3.567 | .069 |
| 기존 방법 | 20 | 3.26 | .44 | | | 20 | 3.23 | .34 | 3.173 | .069 |

$N$: 표본의 크기, $M$: 평균, $SD$: 표준편차, $SE$: 표준오차

○○○ **표 7-9** 교수방법이 교우와의 관계에 미치는 영향에 대한 공분산분석 결과

| Source | | $SS$ | $df$ | $MS$ | $F$ |
|---|---|---|---|---|---|
| covariate | | 1.116 | 1 | 1.116 | 12.454** |
| adjusted | between | 5.347 | 2 | 2.674 | 29.837** |
| | within | 5.018 | 56 | .090 | |
| | total | 10.367 | 59 | | |

**$p < .01$

계적으로 통제한 후 사후검사에서 교우관계가 집단 간에 차이가 있는지 검정하였다. 분석결과, 교우관계 사전검사 점수를 통제하더라도 세 가지 교수방법에 따른 교우관계 사후검사 점수의 평균은 통계적으로 유의미한 차이가 있음을 확인할 수 있었다($F = 29.837$, $p < .01$). 이는 교우관계에 대한 세 가지 교수방법의 효과는 차이가 있음을 의미한다.

## 7) 요인분석

요인분석(factor analysis)의 주된 목적과 관심은 일군(一群)의 변수 혹은 그 변수를 측정하는 검사들을 보다 적은 수의 차원(dimension)에 관한 선형관계로 표현하고자 하는 데 있다. 이 점에서 보면, 요인분석의 목적은 과학적 절약의 법칙 혹은 경제의 법칙(parsimony)을 추구하려는 것이라고 말할 수 있다. 요인분석이 추구하고 있는 기본 논리는 어떤 개념을 측정하고 있는 관찰치들 사이에 복잡하게 얽혀 있는 상호 관계 밑에 존재하는, 우리가 직접적으로 관찰할 수 없는 잠재구인(latent construct) 혹은 요인(factor)이 무엇인가를 찾아보려는 수학적 · 통계적 논의라고 볼 수 있다. 즉, 요인분석은 측정변수(measured variable)들 간의 상관계수들로부터 이론변수(theoretical variable) 혹은 잠재변수(latent variable)를 추론하는 과정이다. 예를 들면, 언어능력과 수리력을 측정하는 문항들이 존재한다고 할 때, 문항 각각을 의미하는 측정변수로부터 '언어능력' 혹은 '수리력'과 같이, 직접 관찰할 수 없는 추상적 개념인 이론변수 혹은 잠재변수를 찾아내거나 확인하는 과정으로 볼 수 있다.

요인분석은 탐색적 요인분석과 확인적 요인분석으로 구분할 수 있다. 탐색적 요인분석(exploratory factor analysis)은 통계적 응축(condensation)을 효과적으로 행하기 위해서 요인분석을 활용하는 입장으로, 상관행렬에 포함된 정보를 될 수 있는 한 완전하게 그리면서, 동시에 보다 적은 수의 독립된 요인으로 기술하고 설명하려는 입장이다. 이러한 입장은 요인분석이 처음 발전하기 시작했을 때의 절약의 법칙에 기초하는 것으로, 주어진 상관행렬 밑에 놓여 있는 잠재적 구인이 무엇인가를 경험적 자료에 의해 탐색하려는 입장이다. 이에 비해 얻어진 경험적 자료에 대해 요인분석을 실시하기 전에 구체적인 어떤 가설이나 이론을 가지고 있어서, 이에 따라서 요인분석을 시도할 수도 있다. 이와 같이 기대하는 어떤 가설이나 이론을 확인하기 위해 실시하는 요인분석을 '확인적 요인분석(confirmatory factor analysis)' 혹은 '가설 검정적 요인분석'이라고 한다. 예를 들면, 연구자가 어떤 요인구조를 상정하고, 관찰된 자료에서 이와 같은 가설구조가 유의하게 확인되는지를 검정하는 것은 확인적 요인분석의 한 예가 될 수 있다.

## 8) 구조방정식

구조방정식(structural equation model: SEM)은 관측이 가능한 측정변수를 이용하여 관측이 불가능한 잠재변수를 추정해 낸 다음, 잠재변수 간의 상관관계를 기초로 하여 연구자가 선행연구와 이론을 근거로 설정한 이론적 인과관계를 실제 자료가 얼마나 지지해 주고 있는지 탐색하는 통계적 분석방법이다. 측정변수에서 잠재변수를 추정해 내는 과정은 요인분석의 원리가 이용되고, 잠재변수 간의 이론적 인과관계를 분석하는 과정은 경로분석의 원리가 이용된다. 경로분석은 측정변수들 간의 이론적인 인과관계에 관심이 있는 반면, 구조방정식은 잠재변수들 간의 이론적인 인과관계를 파악하는 데 목적이 있다는 점에서 구분된다. 구조방정식은 잠재변수들 간의 매개효과까지 분석할 수 있다는 점에서 중다회귀분석보다 더 정교한 분석방법으로 볼 수 있다. 측정의 오차를 통제한 상태에서 "부모의 사회경제적 지위는 부모의 교육열을 통해 자녀의 학업성취도에 영향을 미칠 것이다."라는 이론적 인과관계가 실제 자료에서 구현되고 있는지를 검정하는 것은 구조방정식의 한 예다. 여기서 주의할 점은, 구조방정식에서의 인과관계는 연구자가 선행연구나 이론을 근거로 다소 주관적으로 설정한 이론적인 인과관계에 불과하며, 실험연구를 통한 필연적 인과관계와는 구분된다는 것이다.

구조방정식의 또 다른 특징은 모수치 추정과 더불어 모형의 간명성과 적합도를 제공한다는 점이다. 이러한 특징은 경로분석과 유사한 반면, 중다회귀분석과는 구분된다. 적합도(fitness)란 선행적으로 설정한 가설이 관찰된 자료에서 유의하게 나타나는 정도를 의미한다. 모형의 적합도와 간명성(parsimony)은 서로 상충적이다. 즉, 적합도가 높아질수록 간명성은 낮아지고, 반대로 간명성이 높아질수록 적합도는 떨어진다. 적합도는 절대적 적합도 지수와 상대적 적합도 지수로 구분된다. 절대적 적합도 지수(absolute fit index)는 이론적으로 도출한 모형의 적합도를 최악의 독립모형의 적합도와 상대적으로 비교하여 평가하지 않고, 이론적으로 도출한 모형이 실제 자료와 얼마나 잘 부합하는지 절대적으로 평가한 적합도 지수다. 이에 해당하는 것으로 $x^2$검정, NC, GFI(Jöreskog & Sörbom, 1984), AGFI(Jöreskog & Sörbom, 1984), RMSEA(Steiger & Lind, 1980) 등이 있다. 이에 비해 상대적 적합도 지수(relative/incremental fit index)는 이론적으로 도출한 모형의 적합도를 최악의 독립모형의 적합도와 상대적으로 비교하여 이론적으로 도출한 모형이 얼마나 자료를 잘 설명하는지 보여 주는 적합도 지수다. 이에 해당하는 것으로 NFI(Bentler & Bonett, 1980), TLI(Bentler & Bonett, 1980; NNFI), CFI(Bentler, 1990) 등이 있다.

〈표 7-10〉과 〈표 7-11〉 그리고 [그림 7-4]는 구조방정식의 한 예다(김재철, 조현분, 최원형, 2010). [그림 7-4]에서 부모애착, 교사애착, 친구애착 등과 같이 검사도구를 통해 직접 관측이 가능한 변수를 '측정변수'라고 하고, 애착, 학교폭력 피해경험, 분노, 학교폭력 가해경험과 같이 검사도구로부터 직접 관측이 불가능한 변수로서 요인분석의 논리를 활용하여 측정변수에서 측정오차를 제외하고 이론적으로 도출한 변수를 '잠재변수(이론변수)'라고 한다. 그리고 애착과 같이 다른 변수에 의해 설명되지 않는 변수를 '외생변수'라고 하고, 학교폭력 피해경험, 분노, 학교폭력 가해경험과 같이 다른 변수에 의해 설명되는 변수를 '내생변수'라고 한다.

김재철, 조현분과 최원형(2010)의 연구결과를 이용하여 구조방정식의 결과 제시 및 해석방법을 예시하고자 한다. 〈표 7-10〉과 〈표 7-11〉 그리고 [그림 7-4]를 통해 다음을 확인할 수 있었다. 첫째, 적합도를 평가한 결과, 검정을 기준으로 한다면 다소 문제가 있다고도 볼 수 있지만 $x^2$검정이 사례 수에 민감하다는 한계점이 있으므로 TLI, CFI, RMSEA를 종합적으로 활용하여 적합도를 평가하였다. 그 결과, TLI와 CFI는 .90보다 컸고 RMSEA는 .05보다 작았기 때문에 모형의 적합도는 양호하다고 평가할 수 있었다. 둘째, 학교폭력 가해경험에 대해 애착은 부적인 영향을 미치고, 학교폭력 피해경험과 분노는 정적인 영향을 미치는 것으로 나타났다($\beta = -.142, p < .01$; $\beta = .179, p < .01$; $\beta = .190, p < .01$). 셋째, 분노에 대해 애착은 부적인 영향을 미치고 학교폭력 피해경험은 정적인 영향을 미치는 것으로 나타났다($\beta = -.285, p < .01$; $\beta = .103, p < .01$). 넷째, 애착은 학교폭력 피해경험에 부적인 영향을 미치는 것으로 나타났다($\beta = -.097, p < .01$). 다섯째, 애착은 학교폭력 피해경험, 분노 각각을 매개로 하여 학교폭력 가해경험에 영향을 주거나($\beta = -.017, p < .01$; $\beta = -.054, p < .01$), 학교폭력 피해경험과 분노를 순서대로 매개로 하여 학교폭력 가해경험에 영향을 주었다

○○○ **표 7-10** 구조방정식의 예: 적합도분석 결과

| $X^2/[df]/p$ | TLI | CFI | RMSEA |
|---|---|---|---|
| 91.206 / [21] / .000 | .939 | .964 | .037 |

출처: 김재철, 조현분, 최원형(2010).

○○○ **표 7-11** 구조방정식의 예: 최종모형의 매개효과와 전체효과 결과

| 기준변수 | 매개변수 | 예측변수 | 매개효과 | | | 전체효과 |
|---|---|---|---|---|---|---|
| | | | b | s.e. | ß | |
| 학교폭력 가해경험 | 학교폭력 피해경험 | 애착 | -.004** | .002 | -.017 | -.215** |
| | 분노 ← 학교폭력 피해경험 | 애착 | .000* | .000 | -.002 | |
| | 분노 | 애착 | -.013** | .003 | -.054 | |
| | 분노 | 학교폭력 피해경험 | .036** | .013 | .020 | .199** |
| 분노 | 학교폭력 피해경험 | 애착 | -.005* | .002 | -.010 | -.295** |

*$p < .05$  **$p < .01$
출처: 김재철, 조현분, 최원형(2010).

($\beta$=-.002, $p$ < .05). 여섯째, 학교폭력 피해경험은 분노를 매개로 학교폭력 가해
경험에 영향을 주었다( $\beta$ =.020, $p$ < .01). 일곱째, 애착은 학교폭력 피해경험을
매개로 분노에 영향을 주었다( $\beta$ =-.010, $p$ < .05).

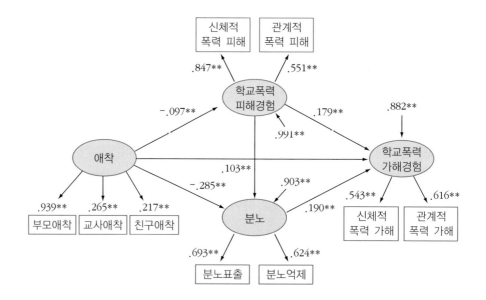

[그림 7-4] 구조방정식의 예: 표준화 경로계수, 요인부하량, 설명오차 결과

출처: 김재철, 조현분, 최원형(2010).

# 제4부

# 상담연구의 실제

## 제8장
# 검사 개발 과정과 평가[1]

| 탁진국 |

 이 장에서는 심리검사를 개발하는 과정과 개발 후 평가하는 과정 및 방법에 관해 기술하고자 한다. 먼저, 측정이란 무엇인지에 관한 정의를 시작으로 검사를 개발하는 전체 과정에 관해 살펴보고자 한다. 검사 개발을 위해서는 먼저 검사의 사용 목적을 파악하는 것이 중요하다. 검사의 구성개념을 측정하는 행동을 파악한 후 문항을 개발하게 되며, 문항내용에 대해 전문가에게 검토받은 후 사전검사를 거쳐 일부 문항을 수정하고 본격적으로 본 검사를 실시하여 문항분석, 검사 신뢰도, 타당도 등의 분석을 거쳐 최종 검사를 완성하게 된다. 마지막으로 검사 특성에 따라 규준을 완성하고 검사 매뉴얼을 작성하게 된다.

 다음으로는, 문항 하나하나를 분석하여 문제가 있는 문항은 수정 또는 제거하는 문항분석 과정에 관해 살펴보고자 한다. 문항분석을 거쳐 검사의 신뢰도를 추정하는 방법과 타당도를 분석하는 방안에 대해 논의한다. 신뢰도 분석은 검사-재검사법, 동형법 그리고 단일검사시행법에 속하는 반분법과 내적 일관

---

성계수에 대해 설명하다. 타당도 분석은 내용타당도, 구성개념타당도 그리고 준거관련타당도 등 세 가지 타당도 분석방법에 대해 설명한다.

## 1. 측정의 정의

측정(measurement)이란 규칙에 의거해서 대상이나 사건에 수를 할당하는 과정 (Stevens, 1946)을 의미한다. 보다 엄밀히 말하면, 대상이라기보다는 대상의 속성 (attribute)에 수를 할당하는 과정을 뜻한다. 예를 들어, 사람의 키나 몸무게와 같은 물리적 속성 또는 외향성과 같은 개인의 심리적 속성을 재는 것이지 개인 자체를 측정하는 것은 아니다. 한편, 키와 몸무게 같은 물리적 속성은 직접적으로 측정할 수 있으나 개인의 정직성과 같은 심리적 속성은 직접적으로 측정할 수 없다. 따라서 물리적 속성과 구분하기 위해 심리적 속성을 구성개념(construct)이라고 부른다. 구성개념은 인간의 행동을 설명하기 위한 이론을 만들어 내기 위해 사회과학자들이 상상 속에서 만들어 낸 추상적이고 가설적인 개념이라 할 수 있다. 사실 개인의 정직성이라는 심리적 구성개념을 정확하게 측정할 수는 없다. 단지 개인의 행동을 관찰함으로써 정직성의 정도를 추론할 수 있을 따름이다.

구성개념이 어떠한 과정을 거쳐서 만들어지고 그 속성을 어떻게 측정하는지를 예를 들어 살펴보자. 성격심리학자가 어린아이들의 행동을 관찰하면서 일부 아이들이 다른 아이들과 잘 어울리지 않고 서로 말도 잘 하지 않으며 수줍어하는 행동을 많이 보임을 발견했다. 심리학자는 이러한 행동을 '내향성'이라고 명명했다. 이 심리학자는 몇몇 유사한 행동을 묶어서 '내향성'이라는 심리적 구성개념을 만들어 낸 것이다.

심리적 구성개념을 만들어 냈으면 그것을 어떻게 측정할 것인지를 생각해야 한다. 먼저, 심리적 구성개념을 구체적인 행동 용어로 정의하는 것이 필요하다. 즉, 조작적 정의를 내리는 것이 필요하다. 조작적 정의를 통해 특정 상황에서 보이는 어떠한 행동 유형이 '내향성'을 특징화하는지 결정한 다음, 이와 관련해서 개인들이 보이는 행동들을 관찰하게 된다. 이러한 행동의 관찰을 통해서 하나의 검사가 만들어진다. 따라서 검사란 특정 영역에서 일련의 행동을 표집하는 표준 절차라고 정의할 수 있다(Crocker & Algina, 1986).

심리적 속성을 측정한다는 것은 검사를 사용해서 측정대상이 심리적 속성과 관련된 행동을 얼마나 많이 보이는지를 숫자로 나타낸 것이다. 예를 들어, 초등학생들을 대상으로 '공격성'이라는 속성을 측정하려고 할 때, 어떤 아이가 일정 시간 동안 보인 행동 중 '공격성'과 관련된 행동을 세어서 숫자로 표시하면, 그 값이 바로 그 아이가 어느 정도나 공격적인 속성을 가지고 있는지를 간접적으로 나타내는 것이다.

이와 같이 구성개념을 측정함으로써 심리학자들은 유사한 행동들을 한데 묶어서 하나의 이름으로 분류할 수 있다. 이러한 범주화 과정이 없다면, 우리 주변의 수많은 행동을 각각 해석해야 하는 아주 혼란스러운 상황에 처하게 될 것이다. 예를 들어, 초등학교에서 교사가 아이들의 행동을 관찰해서 생활기록부에 기록하는 경우, 일일이 하나의 행동 모두를 관찰 기록하는 것은 불가능하다. 그러나 구성개념을 사용해서 유사한 행동들을 한데 묶으면 그만큼 관찰하고 기록하는 것이 수월해진다.

또한 구성개념은 심리학자가 인간 행동에 관한 이론을 만들어 내는 데 도움을 준다. 예를 들어, 아이들의 공격성과 학업성취도라는 구성개념을 측정함으로써 아이들의 공격성이 학업성취도에 어떠한 영향을 주는지를 알 수 있고, 이를 통해 학업성취도에 영향을 주는 요인에 관한 바람직한 모형을 만들어 낼 수 있게 된다.

## 2. 검사 개발과정

검사를 개발할 때에는 일반적으로 여러 단계를 거치게 되며, 여기서는 이러한 과정에 대해 간단히 설명하고자 한다.

## 1) 검사의 사용 목적 파악

검사를 개발할 경우 가장 먼저 생각해야 할 점은 검사의 사용 목적이다. 검사의 사용 목적에 따라 검사를 개발하는 기본 방향이 결정된다. 예를 들어, 개인의 검사점수를 다른 사람들과 비교해서 얼마나 높은지 또는 낮은지에 관한 상대적 정보를 얻는 것이 주요 목적인 검사가 있는 반면, 개인의 검사점수를 다른 사람들과의 점수와 비교하는 것이 아니라 연구자가 미리 설정한 기준 점수와 비교해서 그 점수보다 높은지 또는 낮은지의 정보를 얻는 것이 주요 목적인 검사가 있다. 전자와 같이 다른 사람과의 상대적 비교가 주요 목적인 경우의 검사를 규준참조검사(norm-referenced test)라고 하며, 대부분의 성격, 지능, 성취 및 적성 검사 등이 이에 속한다. 예를 들어, 지능검사에서 중요한 정보는 특정 개인이 다른 사람들과 비교해서 지능이 얼마나 높은지에 관한 정보가 중요하게 된다.

반면에 대학생들을 대상으로 엑셀을 다룰 수 있는 교육을 이틀 동안 시킨 후 교육의 효과가 어느 정도나 있는지를 평가하기 위한 검사를 개발한 경우, 담당 강사에게는 몇 점을 합격 점수로 결정할 것인지가 중요하다. 또한 학생들도 내가 합격이나 불합격인지가 중요한 것이지 다른 학생과 비교하여 얼마나 잘했는지는 중요하지 않다. 이러한 검사를 준거참조검사(criterion-referenced test)라고 한다.

## 2) 구성개념을 대표하는 행동 파악

대부분의 검사에서 다음 단계는 검사가 측정하려고 하는 심리구성개념(psychological construct)을 표현하는 하나 또는 그 이상의 행동 유형을 생각하고 이러한 행동을 나타내는 문항들을 생각하여 만드는 것이다. 예를 들어, 조직 구성원들의 조직 충성도를 알아보기 위한 조직 몰입을 측정하려는 경우, 먼저 조직 몰입이라는 심리구성개념을 나타내는 몇 가지의 대표적 행동 유형을 생각해 본다. 조직의 가치관을 자신의 것으로 받아들이려는 자세나 조직을 위해 무엇이든 하려는 노력 정도 등의 행동 유형이 가능할 것이다. 다음은, 이러한 대표적 행동 유형에 적합한 문항들을 여러 개 만들어 내면 된다. 그러나 이러한 방법은 검사 개발자의 주관적 판단에 크게 의존하기 때문에 경우에 따라서는 중요한 행동 유형을 포함시키지 않거나 중요하지도 않은 영역을 포함시키는 결과를 초래할 수 있다. 예를 들어, 이 예에서 조직을 떠나지 않고 계속해서 남아 있으려는 마음가짐도 조직 몰입의 중요한 요소로 볼 수 있으나, 검사 개발자가 모르고 포함시키지 않을 수도 있는 것이다. 이러한 문제점을 개선해 줄 수 있는 다음과 같은 몇 가지 방법이 있다.

### (1) 내용분석

내용분석(content analysis)은 개방형(open-ended) 질문법을 통해 사람들로부터 측정하려는 구성개념과 관련 있다고 생각하는 행동들을 자유롭게 쓰게 한 후, 그 반응들을 몇 개의 범주로 구분하는 방법을 의미한다. 이 방법을 통해 구분된 범주들은 심리구성개념의 주요 구성 요소가 된다. 진로 미결정에 관한 검사를 개발하려는 경우, 개방형 설문과 관련된 지시문으로는 "진로를 아직 결정하지 못한 이유가 무엇인지를 기술해 주십시오."와 같은 내용이 가능하다. 응답자들이 기술한 내용을 하나씩 카드에 적거나 또는 워드로 파일을 만든 후 프린트해서 각 문항을 하나씩 가위로 오려서 모든 문항을 살펴보면서 내용이 비슷한 것끼리 묶는 작업을 해 나가게 된다. 처음에는 조금 비슷한 부분이 있으면 관련 문항들을 동일한 범주로 묶으며(예: 20개 범주), 이 범주들을 다시 보면서 비슷한 범주들을 묶고(예: 15개 범주), 이러한 과정을 반복하다 보면 최종적으로 원하는 범주를 얻게 된다.

### (2) 관찰법

검사 개발자가 직접 관찰을 함으로써 심리구성개념과 관련 있는 행동을 파악하는 방법이다. 예를 들어, 간호사에게 스트레스를 주는 직무 스트레스원(job stressor)이 무엇인지 알아보는 검사를 개발하려는 경우, 병원에 직접 가서 간호사들의 행동을 직접 관찰하는 것이다.

(3) 문헌연구

현재 측정하려는 심리구성개념과 관련된 내용을 다루는 과거 검사나 관련 문헌을 참고함으로써 검사의 주요 행동 범주에 관한 정보를 얻을 수 있다.

검사 개발자는 이와 같은 방법들 가운데 한 가지 또는 그 이상의 방법을 병행하여 측정하려는 심리구성개념의 주요 행동 범주를 파악하기 위한 충분한 정보를 가질 필요가 있다.

## 3) 범주별 상대적 중요도 결정

검사를 구성하는 주요 행동 유형 또는 범주를 파악했으면, 다음은 각 범주의 상대적 중요도를 결정해야 한다. 검사 개발자가 좀 더 중요하다고 생각하는 범주는 좀 더 많은 문항을 개발할 수 있다.

## 4) 문항 개발

각 범주별 문항 수가 대략적으로 결정되면, 다음 단계는 문항을 작성하는 과정이다. 문항 개발을 위해 고려해야 할 사항들은 다음과 같다.

(1) 문항의 반응 양식 결정

문항에 대해 반응하는 양식을 살펴보면 다음과 같다.

① 이분화 동의-부동의 양식

태도측정이나 성격검사 등에서 많이 사용하는 방식 가운데 하나로 이분화 동의-부동의 양식(dichotomous agree-disagree format)이 있으며, 다음과 같이 문항을 제시하고 동의하는지 아닌지를 선택하게 하는 방식이다.

| 결혼 전 순결은 반드시 지켜야 한다. | 동의한다 | 동의하지 않는다 |
|---|---|---|

### ② 리커트 양식

태도조사나 성격검사에서 가장 많이 사용되는 반응 양식은 Likert(1932)가 제안한 방식이며, 다음과 같이 제시한 문항에 대해 어느 정도나 동의하는지 적합한 점수에 체크하도록 한다. 예를 들어, "다음은 여러분의 성의식이 얼마나 개방적인지를 알아보려는 검사입니다. 주어진 문항에 대해서 얼마나 동의하는지 아래 방식에 의거 적당한 번호에 동그라미 하십시오."

```
1: 전혀 동의하지 않는다.
2: 동의하지 않는 편이다.
3: 그저 그렇다(동의하지도 동의하지 않는 것도 아니다).
4: 동의하는 편이다.
5: 전적으로 동의한다.

결혼 전 순결은 반드시 지켜야 한다.          1   2   3   4   5
```

### ③ 양극형용사 체크 양식

양극형용사기법은 Osgood, Suci와 Tannenbaum(1957)이 가장 먼저 사용하였는데, 한 쌍의 형용사(의미가 서로 반대가 됨)가 양극에 주어지며, 이 사이에 5점 또는 7점의 연속선이 있어서 응답자는 적당한 곳에 표시하면 된다. 예를 들어, "다음은 국진 기업의 이미지를 알아보기 위한 조사입니다. 각 문항에서 양 끝에 주어진 형용사를 잘 읽고 국진 기업의 이미지가 어느 형용사와 더 부합되는지 그 정도에 따라 적당한 곳에 표시(✓)하십시오.

| 차갑다 __ __ __ __ __ 따뜻하다 |
|---|

### (2) 문항 작성

구체적인 문항 작성 시 고려해야 할 점들을 동의-부동의 양식이나 리커트 양식에 초점을 두어 살펴보면 다음과 같다(Crocker & Algina, 1986).

① 가능한 한 문장을 현재 시제로 작성한다.
② 사실적이거나 사실적인 것으로 해석될 수 있는 문장을 사용하지 않는다 (예: 규칙적인 운동은 몸에 좋다).
③ 한 가지 이상으로 해석될 수 있는 문장은 피한다.
④ 거의 모든 사람이 '예' 또는 '아니요'라고 답할 가능성이 많은 문장을 피한다(예: "나는 화가 날 때가 가끔 있다." 이 경우 모든 사람이 '예'로 답할 가능성이 있으며, 따라서 문항의 변별력이 떨어진다).
⑤ 긍정적인 감정과 부정적인 감정을 표현하는 문항 수를 되도록이면 비슷하게 한다.
⑥ 될 수 있으면 문장의 길이를 짧게 한다.
⑦ 문법상의 오류가 없는 문장을 사용한다.
⑧ 모두, 항상, 전혀, 결코와 같이 전체 긍정이나 전체 부정을 나타내는 낱말은 혼돈을 일으킬 수 있으므로 가능한 한 피한다(예: "결코 화를 내지 않는다." 이 경우 대부분의 응답자들이 '아니요'로 답할 가능성이 많으며, 따라서 문항의 변별력이 떨어진다).
⑨ 단지, 거의, 많은 등의 형용사 사용을 피한다.
⑩ 가능한 한 '만약 ~한다면' 또는 '~하기 때문에'와 같은 절을 포함하는 문장의 형태를 피하고, 문장을 단순하게 한다.
⑪ 이해하기 쉬운 문장을 사용한다.
⑫ 이중부정의 문장은 피한다.

이 밖에 문항의 수는 처음에 많은 수의 문항을 만든 후, 나중에 문항분석을 통하여 줄여 나가는 방법을 사용하는 것이 바람직하다. 그러나 문항의 수가 너무 많을 경우 응답자들이 성의껏 반응하지 않는 경향이 있으므로 주의해야 한다.

한편, 설문지를 실시하는 과정에서 모든 응답자가 문항을 제대로 읽고 반응하리라고 기대하기 힘들다. 리커트 양식의 경우 응답자가 모든 문항을 동일한 번호에만 표시했다면 이 응답자의 반응은 분석에서 제거하면 된다. 그러나 응답자가 문항을 제대로 읽지 않고 적당한 번호에 대충 체크한 경우, 연구자는 이 사람이 문항을 제대로 읽고 반응했는지 아닌지를 파악하기 어렵게 된다.

이러한 문제점을 줄이기 위해 모든 사람에게 맞거나 틀리는 내용을 담은 문항을 포함시키거나 다른 문항들과 내용상으로 반대가 되는 부적 문항들을 포함시킨다. 예를 들어, 성격검사에서 "나는 숨을 쉴 수 있다." 또는 "나는 배고프거나 목마를 때가 있다."라는 문항을 포함시킨다. 이 문항들은 모든 사람이 '예'로 답을 해야 하는데 만약 '아니요'로 답한 사람이 있다면, 이 사람은 분명히 문항을 제대로 읽지 않고 응답한 것으로 판단하고 이 사람의 응답을 분석에서 제거하는 것이 바람직하다.

또한 조직 구성원의 조직 몰입을 측정하기 위해 5점 리커트 양식으로 반응하게 한 경우, 대부분의 문항이 긍정적 문항이라면(예: "나는 조직을 위하여 열심히 노력할 각오가 되어 있다."), 나머지 몇 문항은(대략 전체 문항의 10~15% 정도) 부적 문항을 만드는 것이 바람직하다(예: "나는 가까운 장래에 이 조직을 떠나려 한다."). 만약 어떤 응답자가 긍정 문항에 "전적으로 동의하지 않는다."를 나타내는 번호 (1)에 체크했다면 부적 문항에는 '동의하는 편이다(4점)' 또는 '전적으로 동의한다(5점)'에 체크하는 것이 정상일 것이다. 만약 응답자의 반응이 그렇지 않고 부적 문항에도 1번이나 2번에 체크한다면 이 응답자는 문항을 제대로 읽지 않고 대충 반응한 사람으로 간주할 수 있으며, 그 응답자의 반응 역시 분석에서 제외시키는 것이 바람직하다.

## 5) 문항 검토

문항 작성이 다 끝났으면 다음은 그 방면의 전문 지식이 있는 사람들에게 부탁해서 문항이 해당 구성개념을 제대로 측정하는지, 적절한 낱말을 사용했는지, 문법적으로 문제가 없는지, 애매모호한 점은 없는지, 문항이 검사의 목적과 일치하는지, 문항내용을 반응자가 이해하는 데 어려움은 없는지 등을 검토해 보는 것이 좋다.

## 6) 사전검사 실시

문항에 대한 검토가 끝나면 전체 문항들을 소수의 응답자들에게 실시하여 어떠한 문제점이 없나를 파악하는 과정이 필요하다. 보통의 경우에는 20~30명 정도의 인원이면 충분하지만, 상업적 용도로 사용하려는 경우에는 더 많은 인원이 필요하기도 하다(약 100~200명 정도). 문항이 많은 경우는 문항을 나누어서 여러 집단에 실시할 수 있다.

사전검사(pilot-test)를 통해 검사 개발자는 응답자가 실시과정 중 어떠한 반응을 보이는지 자세히 관찰할 필요가 있다. 예를 들어, 응답하는 도중에 이해하기 어렵다는 행동을 보이는지 등을 관찰할 필요가 있다.

검사를 실시한 후, 응답자들로부터 특정 문항에서 이해가 잘 안 가는 부분이 있었는지, 실시 시간은 어떠했는지, 검사를 향상시키기 위해 제언할 내용은 있는지 등에 관한 피드백을 얻는 것이 바람직하다.

## 7) 검사 실시

사전검사를 통해서 전체적으로 검사 자체에 별다른 문제점이 없는 것으로 나타났으면, 이제 본격적으로 검사가 잘 만들어졌는지를 분석하기 위해 많은 사람을 대상으로 검사를 실시한다. 이때 표집대상은 나중에 검사를 실시할 대상과 동일한 사람들이어야 한다.

심리검사를 실시하는 과정에서 소음이나 조명과 같은 물리적 환경뿐 아니라 피검사자가 불안해하지 않고 안심한 가운데 검사를 치를 수 있는 분위기 조성과 같은 심리적 환경이 검사점수에 상당한 영향을 미칠 수 있기 때문에 주의를 기울여야 한다.

## 8) 자료분석

검사를 실시하여 자료를 얻었으면 먼저 문항분석을 각 문항별로 실시하여 문제가 있는 문항을 제거 또는 수정한 후, 검사의 신뢰도와 타당도를 분석하여 검사가 원래 목적한 바대로 잘 만들어졌는지를 확인한다. 문항분석, 신뢰도 및 타당도는 이 장의 후반부에서 설명한다.

## 9) 검사의 규준화

앞 단계까지의 과정을 통해 검사 개발자가 의도한 대로 검사를 잘 만들었다는 것이 검증되었으면, 다음 단계는 검사를 규준화하는 과정이 필요하다. 이 과정에서는 먼저 검사를 실시하게 될 대상(모집단)을 대표할 수 있는 집단(규준집단, norm group)을 선택하는 것이 중요하다. 대표 표집이 되지 못할 경우, 여기서 나온 결과는 신뢰하지 못하게 된다. 대표 표집으로부터 얻은 자료를 토대로 규준표(norm table)를 작성하게 된다. 사람들의 점수를 가장 낮은 점수에서 가장 높은 점수 순으로 늘어놓고, 그 옆에 각 점수가 전체 사람들 중에서 어느 정도의 위치에 있는 점수인가를 나타내는 지표를 표시한다. 예를 들어, 사람들의 수리 적성을 알아보려는 경우, 표집으로부터 얻은 사람들의 점수를 크기 순서에 따라 위에서 아래로 늘어놓고, 그 옆에 각 점수의 백분위를 표시한다. 가능한 점수가 0~150점인 경우, 90점의 백분위가 70이라고 하면 그 점수는 전체 사람들 중에서 상위 30%에 해당되는 점수임을 알 수 있다.

규준표가 필요한 이유는, 검사를 다 만들어 놓은 다음 어떤 사람이 와서 자신의 적성을 알아보려고 할 때 검사를 실시해서 이 사람이 언어 적성에서 또래의 다른 사람들과 비교해서 과연 어느 정도의 능력이 있는지를 말해 주어야 하기 때문이다. 이때 규준표가 없으면, 이 사람의 절대적인 검사점수만 알 수 있을 뿐, 다른 사람과 비교해서 수리 적성에서 얼마나 능력이 있는지는 알 수 없다. 미리 만들어 놓은 규준표가 있다면, 이 사람의 점수를 규준표에 나와 있는 점수와 비교해 봄으로써 얼마나 능력이 있는지를 쉽게 알 수 있다.

물론 모든 검사마다 다 규준표 작성이 필요한 것은 아니다. 조직 구성원들의 직무만족도, 대학생들의 보수적 정치 성향 또는 개방적 성의식 정도와 같은 태도조사의 경우나 연구의 주요 목적이 개인들의 검사점수와 다른 변인점수의 관련성 등을 파악하는 데 초점을 두는 경우, 검사의 규준표 작성은 필요하지 않다. 그러나 성격검사나 적성검사와 같이 검사의 주요 목적이 개인의 성격이나 적성을 상담 또는 진단해 주는 경우에는 규준표의 작성이 반드시 필요하다. 규준표가 있어야만 개인별로 검사를 실시한 후 개인의 점수를 규준표와 비교함으로써 그 개인의 성격이나 적성이 어느 수준에 있는지를 알 수 있기 때문이다.

## 10) 검사 발행과 수정

규준표 작성이 끝났으면 검사의 개발과정은 거의 마무리가 된 상태다. 마지막으로 앞서 언급했던 과정들을 종합해서 안내서(manual)를 작성하는 단계가 필요하다. 이 안내서에는 검사목적부터 검사 개발과정, 검사 실시, 채점 및 해석 방법, 신뢰도 및 타당도, 규준화 과정 및 규준표 등의 내용이 포함되어야 한다. 또한 검사시간, 채점방법, 검사 실시과정에 대한 설명 등을 포함해서 이들이 검사점수에 영향을 줄 수 있는 가능성을 최대한 배제함으로써 검사가 표준화(standardization)될 수 있도록 만들어야 한다.

한편, 처음에 작성한 규준표를 영원히 사용해서는 안 된다. 시대가 변화함에 따라 검사대상자들의 점수가 전반적으로 향상될 수 있다면 규준표도 변화에 맞게 다시 새로운 규준집단으로부터 자료를 얻어서 수정되어야 한다. 예를 들어, 여성들의 자기실현욕구를 알아보기 위해 1960년대에 만들어진 규준표를 30년이 지난 1990년대까지 사용해서는 안 될 것이다. 여성들의 교육 향상 및 개방화 등 여러 여건에 의해 현재 여성들의 자기실현욕구는 과거 30년 전보다 많이 높아졌을 것이라고 생각할 수 있다. 따라서 자기실현욕구검사에서 50점을 받은 여성이 30년 전의 규준표에 따르면 상위 30%에 속하지만, 현재도 50점을 받은 여성이 전체 여성 가운데 상위 30%에 속한다고 보기 어렵다. 전반적인 점수의 향상으로 아마도 현재는 중간 정도의 점수일 수 있다. 이러한 점을 고려하여 규준표는 연구자가 판단하여 일정 기간이 경과하면 다시 자료를 얻어서 수정하는 것이 바람직하다.

# 3. 문항분석

새로운 검사 개발 시 모든 검사 개발자가 바라는 것은 가능한 한 적은 수의 문항으로 높은 수준의 신뢰도와 타당도를 얻는 일이라고 할 수 있다. 이는 신뢰도와 타당도를 낮추는 데 기여하는 문항들은 제거하고 신뢰도와 타당도를 높이는 데 기여하는 문항들만을 포함시킴으로써 가능해진다. 어떠한 문항이 좋은 문항인지를 알기 위해서는 문항 하나하나를 분석하는 과정을 거쳐야 하며, 이러한 과정을 문항분석(item analysis)이라고 한다. 여기서는 다양한 문항분석 기법에 대해 살펴보고자 한다.

## 1) 평균 및 표준편차

문항의 평균과 표준편차와 같은 기술통계치를 통해 문항이 잘 만들어졌는지를 파악할 수 있다. 예를 들어, 대학생의 성의식을 알아보기 위하여 리커트식 5점 척도를 사용했는데, 어떤 문항의 평균이 4.8이 나왔다면 이는 대부분의 응답자들이 이 문항에 대해 '5'에 표시한 것으로 볼 수 있다. 달리 말하면, 성의식이 보수적이거나 개방적인 사람들에 상관없이 거의 모든 응답자들이 동일한 번호인 '5'를 선택한 것이다. 따라서 이 문항은 응답자들의 성의식 성향을 충분히 변별해 주지 못하는, 즉 변별력이 낮은 문항인 것으로 해석할 수 있으며, 제거하는 편이 바람직하다.

만약 다른 문항에서 평균치가 3.2가 나왔다면 이는 사람들이 이 문항에 대해서 다양하게 대답했을 것이라는 간접 추론이 가능하다. 그러나 이러한 추론이 정확한지를 알아보기 위해서는 문항의 표준편차를 살펴봐야 한다. 만약 문항의 표준편차가 0.1이라면 이는 응답자들이 이 문항에 대해 다양한 번호를 선택한 것이 아니라 대부분이 '3'을 선택했음을 입증하는 것이다. 이 경우 역시 문항의 변별력이 거의 없음을 의미하는 것이기 때문에 제거하는 편이 바람직하다.

## 2) 문항의 변별력

문항의 변별력(item discrimination)이 높다는 의미는 그 문항이 전체 검사에서 높은 점수를 받은 사람과 낮은 점수를 받은 사람을 잘 변별(또는 구분)해 준다는 뜻이다. 달리 말하면, 문항의 변별력이 높다면 전체 검사에서 높은 점수를 받은 사람이 그 문항을 맞출 확률이 높거나(예: 지능검사와 같이 정답이 있는 경우) 그 문항에서도 높은 점수를 받을 가능성이 높음을(예: 태도조사의 리커트 척도) 의미한다. 또한 검사에서 낮은 점수를 받은 사람은 그 문항을 맞출 확률이 낮거나 문항에서 낮은 점수를 받을 가능성이 높게 된다.

또한 변별력이 높은 문항은 문항점수를 통해 검사점수가 높은지 낮은지를 정확하게 아는 데 기여하며, 이는 문항과 검사가 동질적이라는 것을 의미한다고 볼 수 있다. 문항이 검사와 동질적인 내용을 측정하고 있다면 이 문항은 검사의 신뢰도를 높이는 데 기여하는 문항이라고 해석할 수 있다.

### (1) 문항-전체상관

문항-전체상관(item-total correlation)은 주로 리커트 척도를 이용한 태도조사와 같은 경우에 사용하는 문항분석 기법으로서, 문항점수와 전체 검사점수 간의 상관계수를 말한다. 문항-전체상관이 높으면 문항에서 높은 점수를 받은 사람이 전체 점수에서도 높은 점수를 받고, 반면에 문항에서 낮은 점수를 받은 사람은 전체 점수에서도 낮은 점수를 받을 가능성이 높음을 뜻한다. 이는 개인이 특정 문항에서의 점수가 높은지 또는 낮은지를 알 경우 그 사람의 전체 점수가 높은지 또는 낮은지를 가려낼 수 있음을 뜻하기 때문에, 문항의 변별력이 높음을 말해 준다. 문항-전체상관이 낮으면, 개인이 특정 문항에서 높은 점수 또는 낮은 점수를 받았는지 안다고 해도 그 사람이 전체적으로 어느 정도의 점수를 받았는지 말하기 어렵기 때문에, 문항의 변별력은 낮다고 할 수 있다.

### (2) 문항제거 시 검사의 신뢰도

문항분석의 기본 목적은 검사의 신뢰도와 타당도를 낮추는 데 기여하는 문항들을 제거해서 결과적으로 검사의 신뢰도와 타당도를 향상시키는 데 있다. 만약 전체 문항 가운데 특정 문항을 제거하고 나머지 문항들로 다시 계산한 신뢰도가 처음의 신뢰도보다 높아졌다면 어떻게 하겠는가? 이는 특정 문항이 검사에 포함됨으로써 검사의 신뢰도를 낮추는 데 기여했다고 해석할 수 있으며, 이러한 문항은 과감히 제거하는 것이 검사의 신뢰도를 높일 수 있는 방법이다. 반대로, 특정 문항을 제거했을 때 검사의 신뢰도가 떨어진다면 그 문항은 검사의 신뢰도를 높이는 데 기여하고 있는 문항이므로 반드시 검사에 포함시켜야 한다.

## 3) 표집 크기

문항분석을 하기 위해 최소한 몇 명 이상의 표집이 필요하다는 명확한 기준은 마련되어 있지 않다. 일반적으로 전국 규모의 지능검사와 같은 경우의 문항분석은 수천 명 정도의 사람들이 필요하고, 단순히 대학원생의 석사논문을 위해 설문조사에 필요한 문항을 개발하려고 하는 경우는 인원이 적어도 무방하다. 대부분의 경우에는 최소한 200여 명 정도의 인원이 필요하다(Crocker & Algina, 1986). 또한 문항 수의 5~10배 정도의 조사대상자가 필요하다는 기준선을 제시하는 학자(Nunnally, 1978)도 있다.

# 4. 신뢰도 분석

대부분의 검사에서 검사가 본래 측정하려고 하는 속성은 변화하지 않음에도 불구하고 여러 번 실시할 때마다 검사점수가 계속 변화하는 경우가 있다. 만약 중학교 2학년인 국진이가 학기 초에 실시한 지능검사에서 지능지수가 120이 나왔다고 하자. 국진이가 한 달 후에 동일한 지능검사를 받았더니 이번에는 135가 나왔고, 다시 한 달 후에는 105가 나왔다고 하자. 중학생의 지적 능력이 짧은 시간에 이와 같이 큰 폭으로 변화할 수 있는 것인가? 물론 매번 측정 시 오차 때문에 동일한 점수를 얻기는 어려울 것이다. 그러나 이와 같이 검사점수의 변화가 클 경우, 국진이의 부모는 틀림없이 이 지능검사가 엉터리라고 생각할 것이다. 이와 같은 결과를 전문적 용어로는 심리검사의 신뢰도가 낮다고 표현한다. 심리검사의 신뢰도란 검사점수가 시간의 변화에 따라 얼마나 일관성 있게 나타나는지의 정도를 의미한다.

검사의 신뢰도는 검사가 제대로 만들어졌는지를 판단하는 데 가장 기본이 되는 분석이다. 만약 검사의 신뢰도가 매우 낮게 나타난다면 검사의 타당도를 분석할 필요 없이 그 검사를 사용하지 않는 것이 바람직하다.

신뢰도 추정 방법을 살펴보면, 다음과 같다.

## 1) 검사-재검사법

검사-재검사법(test-retest method)은 사람들이 하나의 검사에 대해 서로 다른 시점에서 얼마나 일관성 있게 반응하는지를 알아봄으로써 신뢰도 추정치를 구하는 방법이다. 먼저, 새로 개발된 검사를 한 집단에게 실시하고, 동일한 검사를 일정한 시간이 경과한 후 동일한 집단에게 다시 실시한 뒤, 두 검사점수 간의 상관계수를 구하면 이 계수가 바로 신뢰도 추정치가 된다. 각기 다른 시점에서 실시된 두 검사 사이의 상관계수이기 때문에 안정도계수(coefficient of stability)라고도 부른다.

동일한 검사가 두 번 실시되기 때문에 두 번째 검사는 첫 번째 검사와 동형(parallel)이고, 따라서 두 검사점수 사이의 차는 측정오차에 기인한다고 가정할 수 있다. 이 상황에서 검사점수의 변화에 영향을 미친 주요 측정오차는 개인의 일시적인 기분 상태에서의 변화가 되겠고, 이 외에 일반적인 실시상의 오류를 비롯해 추측, 실수, 채점 등의 오류도 영향을 줄 수 있다.

이 방법에서 가장 고려해야 할 점은 과연 두 검사 간의 시간 간격을 어느 정도로 두느냐 하는 점이다. 너무나 짧아서 사람들이 답을 기억하면 안 되고, 반면에 너무 길어서 성숙효과가 나타나서도 안 된다. 이 시간 간격에 대한 명확한 답은 없으나, 검사목적에 따라서 신중하게 고려되어야 한다. 예를 들어, 유아의 정신운동발달 수준을 평가하려는 검사라면, 너무 어리기 때문에 처음에 했던 반응을 기억할 염려는 거의 없다고 볼 수 있다. 그러나 검사 사이의 시간이 너무 길 경우(예: 6개월), 아이들이 정신적으로 성숙되어서 검사점수에 큰 영향을 미칠 수 있다. 따라서 하루에서 일주일 정도가 적절한 시간 간격이라고 볼 수 있다.

반면에 성인용 직업적성검사인 경우, 시간 간격을 짧게 두면 처음 검사에서의 반응을 기억해 다음 검사에서의 반응에 영향을 줄 수 있다. 그러나 유아용 검사와는 달리 시간 간격을 길게 둘 경우, 특별히 문제될 점은 없을 수 있다. 성인의 직업에 대한 적성이 단기간에 변화될 가능성은 없기 때문이다. 또한 직업적성검사는 주로 고등학생 또는 대학생에게 실시해서 몇 년 뒤 이들이 졸업한 후 어떠한 직업을 택하는 것이 바람직하다고 말해 주는 상담용으로 사용되기 때문에, 6개월에서 2년 정도의 시간 간격을 두고 검사를 다시 실시하는 것이 바람직하다.

이 방법으로 신뢰도 추정치를 구할 경우 몇 가지 단점이 있다. 첫째, 앞에서도 잠시 언급했듯이 두 검사 사이의 시간 간격을 너무 길게 할 경우, 측정대상의 속성이나 특성이 변화될 가능성이 높다는 점이다. 예를 들어, 초등학교 저학년의 독해력을 측정하기 위해 개발한 검사를 3월에 처음 실시하고 9월에 재실시 한다고 하자. 6개월 동안 아이들의 독해 실력은 개인의 노력 또는 부모의 극성에 의해 개인에 따라 상당한 변화가 있을 가능성이 있다. 만약 6개월 동안에 특정 아이들의 독해력이 향상된다면 이는 독해검사에서 이들의 진점수가 변화함을 뜻한다. 따라서 두 번째 검사에서 아이들은 첫 번째 검사에서와는 매우 다른 점수를 받을 가능성이 높고, 이에 따라 두 검사점수 간의 상관계수가 낮아질 가능성이 있다.

이 결과만을 가지고 해석하면 낮은 상관계수 때문에 검사의 신뢰도가 낮다는 결론을 내리게 된다. 그러나 이러한 결과가 나타난 이유는 실제로 검사 자체에 문제가 있기 때문이 아니라, 두 검사 사이의 기간을 너무 길게 두었기 때문이라고 할 수 있다. 검사 간의 시간 간격을 너무 길게 둘 경우 신뢰도 추정치가 낮게 나올 가능성이 있으며, 이 경우 결과를 해석하는 데 신중을 기해야 한다.

둘째, 검사를 치르는 경험이 개인의 진점수를 변화시킬 가능성이 있다는 점이다. 이를 반응민감성(reactivity)이라 하는데, 예를 들어 학교에서 화학시험을 치른 후 일부 학생들은 확실하지 않은 답에 대해 책을 찾아볼 수 있다. 이에 따라 이들의 화학에 관한 지식은 늘게 되며(즉, 진점수가 변화된다.), 이는 두 번째 시험점수에 큰 영향을 미치게 된다. 첫 시험에서 점수가 낮은 학생이 열심히 답을 찾아본다면 다음 시험에서는 높은 점수를 받을 수 있고, 처음에 좋은 점수를 받은 학생이 답을 더 찾아보지 않고 그대로 시험을 치른다면 별다른 점수의 변화는 없을 것이다. 두 시험에서 개인의 점수가 이와 같이 변화할 경우 두 검사점수 간의 일관성이 낮아지고, 이에 따라 상관계수는 낮게 되며, 궁극적으로 검사의 신뢰도 추정치가 낮다는 잘못된 결론을 내리게 된다.

정답이 없는 성격검사의 경우에도 이와 같은 경향을 엿볼 수 있다. 예를 들어, 처음에 불안검사를 받은 뒤 일부 사람들에게서, 자신의 불안수준이 높지나 않을까 또는 높으면 어떻게 하나와 같은 불필요한 생각 때문에 오히려 처음보다 불안수준이 증가될 가능성(즉, 진점수의 변화)이 있다. 이에 따라 두 번째 불안 점수가 일부 사람들의 경우 증가될 가능성이 있고, 결과적으로 검사의 신뢰도 계수는 낮게 나올 가능성이 높다.

셋째, 만약 두 검사 사이의 시간 간격이 짧다면(예: 하루) 검사대상자들 가운데는 재검사 시 첫 번째 검사 때 자신이 답했던 것을 기억해서 그대로 답을 쓰는 사람들이 다수 있을 것이다. 이러한 방법으로 처음의 검사가 재검사에 미치는 영향을 이월효과(carry-over effect)라고 한다. 많은 사람이 이와 같이 답했다면 이들의 첫 검사에서의 점수와 재검사 시의 점수는 유사하게 되고, 결과적으로 두 검사점수 사이의 상관계수는 높아진다. 이 경우, 검사의 신뢰도 추정치가 높다고 해서 이를 그대로 믿을 수 없다는 문제점이 생겨난다.

마지막으로, 동일 검사를 두 번 실시하는 것은 시간도 오래 걸리고 비용도 이중으로 든다는 단점이 있다.

그러나 검사점수가 오랜 시간이 흐른 뒤에 어떠한 결과가 나타나는지를 알아보려는 경우에는 검사-재검사법이 바람직하다. 예를 들어, 새로운 선발검사를 개발할 때, 검사 개발자는 이 검사를 통해 조직에 들어온 사람들이 일정한 시간이 흐른 후에 일을 제대로 수행할지에 가장 큰 관심이 있을 것이다. 이 경우 선발검사의 신뢰도를 알아보기 위해서는 검사-재검사법을 사용하는 것이 바람직하다.

## 2) 동형법

동형법(alternate form methods)은 연구자가 개발한 검사와 가능한 한 여러 면에서(내용, 반응과정, 통계적 특성, 예: 일반 지능 검사의 다양한 유형) 동일한 다른 검사를 개발하고, 두 검사점수 간의 상관계수를 구하여 검사의 신뢰도를 추정하는 방법이다. 완전하게 동질적인 검사를 만들어 냈다면 사람들의 두 검사점수는 동일해야 한다. 만약 점수에서 차이가 있다면 그것은 검사가 동질적이지 못하다는 의미가 된다.

신뢰도를 구하는 과정은 먼저 개발한 검사 A를 한 집단에게 실시하고, 동형의 검사 B를 응답자들이 피곤을 느끼지 않을 정도의 시간을 주고 바로 이어서 동일 집단에게 실시한 후, 두 검사점수 사이의 상관계수를 구하면 이 계수가 바로 신뢰도 추정치가 된다. 이 계수를 동등계수라고도 하며, 이 계수가 클수록 두 검사를 상호 교환해서 사용할 수 있다.

한편, 검사를 두 번 실시할 때 발생할 수 있는 순서효과가 있는지 알아보기 위해 전체 응답자를 무선적으로 반으로 나눈 뒤, 첫 번째 집단에는 검사 1, 검사 2의 순으로 실시하고, 두 번째 집단에는 그 반대로 검사 2, 검사 1의 순으로 실시하여 두 상관계수를 구하는 것도 바람직하다.

이 방법의 장점은 검사-재검사법에서 문제점으로 지적된 요인들을 상당히 완화시킬 수 있다는 점이다. 먼저 두 검사 사이의 기간이 짧기 때문에 측정 속성에서의 변화가 일어날 가능성이 적고, 자신이 답한 문제를 찾아볼 시간이 없기 때문에 반응민감성이 미치는 영향도 크게 줄게 된다. 또한 문제가 유사하기는 하나 서로 다르기 때문에 이월효과도 상당히 줄일 수 있다.

그러나 동형의 검사를 개발하는 데 시간과 비용이 많이 들고, 그러한 검사를 개발하기가 쉽지 않으며, 또한 두 검사가 서로 동질적이라는 보장을 하기가 어렵다는 단점이 있다.

## 3) 단일검사 시행

검사-재검사법이나 동형검사법은 검사의 신뢰도 추정치를 구하기 위해 모두 동일 또는 동형의 검사를 재실시해야 한다는 단점이 있다. 검사를 한 번만 실시해서 신뢰도 추정치를 구할 수 있다면 시간과 비용 면에서 상당한 절약을 할 수 있을 것이다. 여기서는 검사를 한 번만 실시해서 신뢰도 추정치를 구하는 방법에 대해 살펴보고자 한다.

### (1) 반분법

반분법(split-half method)은 먼저 한 집단에게 검사를 실시하고 전체 검사문항들을 반으로 나누어서 하위 검사 1, 2로 만든 다음, 모든 사람이 두 하위 검사에서 얻은 점수 사이의 상관계수를 구하는 방법이다. 이 방법은 하위 검사 2를 동형검사로 간주한다.

이 방법의 장점은 검사를 한 번만 실시하면 되기 때문에 시간과 비용 면에서 절약이 크다는 점이다. 또한 동일한 이유 때문에 검사-재검사법에서 나타난 측정 속성의 변화, 이월효과, 반응민감성 등의 문제점을 극복할 수 있다.

그러나 전체 문항들을 반으로 나누는 데 많은 방법이 있으며, 각 방법에 따라 신뢰도 추정치가 달라진다는 단점이 있다. 이상적인 방법으로는 모든 방법을 통해서 계산된 상관계수들을 평균한 값을 신뢰도 추정치로 삼는 것이지만, 문항 수가 많을수록 반으로 나누는 방법이 너무 많아지기 때문에 이 역시 현실적으로 좋은 방법은 못 된다. 참고로 전체 문항 수가 20개인 경우 이를 반으로 나누는 방법은 총 190가지($_{20}C_2 = 20 \times 19/2 = 190$)가 된다.

또한 전체 문항을 반으로 나누는 방법에서 전반부의 문항 반과 후반부의 문항 반으로 나누는 경우 신뢰도를 구하는 데 문제가 생긴다. 예를 들어, 응답자들이 후반부의 문항에 대해 반응할 때 전반적으로 피로나 집중력의 저하로 전반부에 비해 낮은 점수를 받을 가능성이 있다. 또한 학교에서 치르는 시험과 같은 능력검사(power test)인 경우 일반적으로 후반부의 문항들이 어려운 경향이 있다. 따라서 상당수의 응답자들이 후반부 검사점수에서 낮은 점수를 받을 가능성이 있다.

한편, 적성검사나 지능검사와 같은 속도검사(speed test)의 경우 충분한 시간이 주어지지 않기 때문에 후반부의 문항에 답할 시간이 없어서 역시 후반부 검사에서 낮은 점수를 받게 된다. 이와 같이 상당수 응답자들이 후반부에서 얻는 점수가 전반부에서의 점수와 일관성이 없을 경우 개인별로 두 검사점수 간에 차이가 발생하게 되고, 이에 따라 상관계수는 낮아지게 되며, 따라서 검사의 신뢰도를 낮게 추정하게 된다.

이러한 문제점을 극복하기 위해서 전체 문항을 나눌 때, 홀수 번호 문항을 하위 검사 1, 짝수 번호 문항을 하위 검사 2로 나누는 방법을 많이 사용하고 있다.

반분법의 경우, 실제적으로는 전체 문항의 반만을 사용해서 검사의 신뢰도를 추정하기 때문에 검사의 신뢰도를 과소추정하게 된다. 이 문제점을 해결하기 위해 다음과 같은 Spearman-Brown 교정 공식을 이용하여 반분법을 사용해 구한 신뢰도를 교정하도록 권고하고 있다.

$$r_t = \frac{2 \cdot r_s}{1+r_s}$$

여기서 $r_s$는 반분법에서 구한 신뢰도계수이고 $r_t$는 원검사의 신뢰도계수다.

## (2) 내적 일관성 방법

반분법이 검사를 반으로 나누는 방식의 수만큼이나 신뢰도 추정치가 많아진다는 문제점은 앞에서도 지적하였다. 이러한 문제점을 제거하고, 단일 추정치를 계산해 내기 위한 방법들이 제시되었는데, 내적 일관성 방법(internal consistency method)은 바로 이에 대한 해답을 제공한다.

반분법은 반으로 나뉜 하위 검사 2가 하위 검사 1과 동형이라는 가정하에 신뢰도계수를 구하는 것이다. 따라서 동형법과 동일한 개념하에서 이해할 수 있다. 내적 일관성 방법도 문항 하나하나를 검사로 생각하면 동형법과 같은 개념으로 이해할 수 있다. 검사의 신뢰도란 검사를 실시할 때마다 사람들의 점수가 얼마나 일관성 있게 나타나는지의 정도를 뜻한다고 설명하였다. 만약 문항들이 동질적이라면 사람들이 각각의 문항에 얼마나 일관성 있게 답했는지를 파악함으로써 검사의 신뢰도를 추정할 수 있을 것이다. 물론 각 문항에서 사람들의 점수가 일관성 있게 나타날수록 그 검사의 신뢰도는 높을 것이다.

예를 들어, 리커트식 5점 척도를 이용해서 대학생의 성의식을 측정하는 검사에 대한 응답자들의 반응이 〈표 8-1〉과 같이 나왔다고 하자. 이해를 쉽게 하기 위해 문항 수는 4개이고 응답자 수도 4명이라고 가정한다. 문항점수가 높을수록 성의식이 개방적임을 의미한다. 〈표 8-1〉에서 보듯이, 4명 모두 각 문항에 대해서 일관성 있게 반응했음을 알 수 있다. 예를 들어, 응답자 1은 문항점수가 일관성 있게 높고, 응답자 2는 문항점수가 일관성 있게 낮다. 각 문항점수를 하나의 검사점수로 생각한다면 응답자들의 검사점수가 일관성이 있다는 의미이므로 검사의 신뢰도는 높다고 볼 수 있는 것이다.

○○○ **표 8-1** 성의식 검사에 대한 응답자들의 반응

|  | 문항 1 | 문항 2 | 문항 3 | 문항 4 | 검사점수(문항점수의 합) |
|---|---|---|---|---|---|
| 응답자 1 | 4 | 5 | 5 | 4 | 18 |
| 응답자 2 | 1 | 1 | 2 | 1 | 5 |
| 응답자 3 | 3 | 4 | 3 | 3 | 13 |
| 응답자 4 | 3 | 2 | 2 | 2 | 9 |

내적 일관성 방법에 따라 신뢰도계수를 추정하는 데에는 여러 가지 방법이 있다. 그중 가장 많이 사용되는 방법은 Cronbach(1951)가 만든 크론바흐 알파(Cronbach alpha)다. 이 공식은 다음과 같다. 공식에서 k는 문항 수이고, $\sigma_i^2$는 각 문항 i의 분산, $\sigma_x^2$은 검사점수의 분산이다.

$$\alpha = \frac{k}{k-1} \left( 1 - \frac{\sum \sigma_i^2}{\sigma_x^2} \right)$$

〈표 8-1〉의 예를 통해 $\alpha$를 계산해 보면, k=4, $\sigma^2 1 = 1.67$, $\sigma^2 2 = 1.58$, $\sigma^2 3 = 3.33$, $\sigma^2 4 = 2.00$, $\sigma_x^2 = 30.92$다.

$$\alpha = \frac{4}{3} \left[ \left( 1 - \frac{(1.67 + 1.58 + 3.38 + 2.00)}{30.92} \right) \right]$$

Cronbach(1951)는 알파계수의 올바른 해석에 대해서 다음과 같이 논의하고 있다. 먼저, 검사의 알파계수가 높으면 이는 문항 간의 정적 상관이 높음을 의미한다. 따라서 내적 일관성의 지표로만 사용될 뿐이지 검사점수의 안정성이나 동형검사에서 점수의 동등성에 관한 정보는 주지 못한다. 둘째, 알파계수는 모든 가능한 반분법으로 구한 신뢰도계수들의 평균과 같다.

알파계수가 높다는 의미는 단순히 평균적으로 전체 검사를 반으로 나눈 두 하위 검사의 점수가 높은 상관이 있음을 의미할 뿐이다. 두 하위 검사가 검사자가 본래 측정하려 했던 구성개념을 제대로 측정하는지는 말해 주지 않는다. 달

리 말해서, 검사는 무엇인가를 일관성 있게 측정할 뿐이다. 무엇을 측정하고 있는지는 정확히 알 수 없으며, 이를 정확하게 알기 위해서는 검사의 타당도를 분석해야 한다.

한편, 알파계수가 큰 경우, 검사의 차원이 하나를 의미하는 것으로 해석되는 경향이 있다. 이 문제를 해결하기 위해서는 먼저 주성분분석(principal component analysis)을 실시해서 요인의 수가 하나로 나타나면, 알파계수는 검사가 하나의 차원을 나타낸다고 결론지을 수 있다. 즉, 주성분분석 결과만으로는 그 특성상 요인이 하나라는 결론을 내리기 어려운 점이 있는데, 이 경우 알파계수는 검사의 차원이 하나임을 검증하는 확인적 방법으로 사용될 수 있다(Cortina, 1993).

### (3) 단일검사에 따른 신뢰도계수 해석 시 유의 사항

신뢰도란 검사점수가 시간의 변화에 따라 얼마나 일관성 있게 나타나는지의 정도를 의미하는 것이다. 즉, 시간에 따른 안정도(stability)를 의미한다. 따라서 단일검사 시행에서 설명한 반분법이나 내적 일관성 방법은 모두 이러한 정의에서 벗어난 것이다. 만일 반분법과 내적 일관성 방법에 의해 특정 검사의 신뢰도를 구한 결과 1.0이 나왔다고 가정하면, 이는 검사의 모든 문항이 동일한 특성(속성)을 측정하고 있음을 시사한다. 그러나 검사가 시간의 변화에 따라 얼마나 안정도가 있는지에 관한 정보는 알 수 없다. 반대로, 검사점수가 시간의 변화에 따라 거의 비슷하게 나왔다 하더라도 이 검사문항들이 모두 내적으로 동일한 개념을 측정하고 있다고 말할 수 없을 것이다. 결론적으로 단일검사법에 의한 신뢰도계수 추정치는 검사-재검사법이나 동형법에 의한 신뢰도계수 추정치를 100% 대치하지 못한다는 점에 주의해야 한다(Campbell, 1990).

# 5. 타당도 분석

앞에서 검사의 신뢰도에 관해 설명하였다. 검사의 신뢰도가 높다고 해서 그 검사가 완성 단계에 이른 것은 아직 아니다. 앞에서도 설명했듯이, 높은 신뢰도가 의미하는 바는 검사를 여러 번 실시했을 때 단지 검사점수가 일관되게 나온다는 것이다. 완전한 심리검사가 되기 위해서는 신뢰도 이외에 검사의 타당도를 분석해야 한다. 검사의 타당도란 그 검사가 원래 측정하려 했던 것을 실제로 잘 측정하는 정도를 말한다. 예를 들어, 새로운 지능검사를 개발했을 경우 그 검사가 지능이라는 특성을 제대로 측정하는지, 아니면 지능과는 무관한 특성을 측정하는지를 말해 준다.

검사의 신뢰도와 타당도 사이에는 밀접한 관련이 있다. 많은 경우에 검사의 신뢰도가 높으면 타당도도 높지만, 반드시 그렇지는 않다는 사실에 주의해야 한다. 검사의 신뢰도가 높아도 타당도는 낮게 나올 수 있다. 예를 들어, 성인의 지능을 측정하기 위한 검사를 만드는 데 지능과는 관련이 없는 성격 특성을 묻는 문항들로 검사를 만들었다고 하자. 이 경우 검사의 신뢰도는 높을 수 있지만 타당도는 낮게 된다. 왜냐하면 이 검사는 원래 측정하려 했던 지능이 아닌 성격 특성을 재고 있기 때문이다. 따라서 심리검사가 얼마나 잘 만들어졌는지를 평가하기 위해서는 검사의 신뢰도 분석만으로는 충분하지 못하다. 반드시 검사의 타당도를 분석해야 한다.

엄격히 말해, 심리검사의 경우에는 검사의 타당도 분석을 한다고 해도 그 검사가 본래 측정하려 했던 특성을 얼마나 제대로 측정하는지를 평가할 명확한 외적 기준은 없다. 물리적 특성을 측정하는 경우 이러한 기준은 존재한다. 예를 들어, 30cm 자를 만든다면 그 자가 정확한지는 쉽게 평가할 수 있을 것이다. 그 자를 정부에서 인정하는 공신력 있는 기관에 가서 기존의 정확한 자와 비교해 보면 되기 때문이다. 그러나 심리검사의 경우, 예를 들어 지능검사를 길동이에게 실시하여 지능지수 110이 나왔다면 이 점수가 정확한 것인지를 평가할 직접적인 외적 기준은 없다. 따라서 심리학자는 간접적인 방법을 통해 심리검사의 타당도를 분석하게 된다. 나중에 다시 언급하겠지만, 이와 같이 간접적인 방법을 통해 심리검사의 타당도를 평가하기 때문에 한 가지 방법보다는 다양한 방법을 통하여 분석한 뒤 그 분석자료를 종합하여 최종 결정을 내리는 것이 바람직한 방법이라 할 수 있다.

검사의 타당도를 분석하는 방법에는 여러 가지가 있다. 크게 내용타당도, 구성개념타당도 및 준거관련타당도의 세 가지로 구분된다. 검사의 특성과 검사가 사용되는 상황에 따라 더 중요한 타당도 분석방법이 존재할 수 있으나, 일반적으로 가장 이상적인 방법은 이 세가지 분석방법을 모두 사용해서 검사의 타당도를 분석하는 것이다.

## 1) 내용타당도

내용타당도(content validity)는 검사문항들이 측정하고자 하는 내용 영역(domain)을 얼마나 잘 대표하는지의 정도를 평가하는 방법이다(Crocker & Algina, 1986). 예를 들어, 초등학교 저학년을 대상으로 실시하는 수학시험에서 미분과 적분 공식을 적용해야만 풀 수 있는 문제보다는 10 더하기 15는 얼마인지를 묻는 문제가 초등학생의 수학능력을 더 정확하게 평가할 수 있다. 이런 경우, 수학 전문가가 아닌 일반인이 문제를 살펴보기만 해도 어떤 문제가 더 타당한 내용을 포함하고 있는지 쉽게 알 수 있을 것이다. 물론 검사의 내용타당도 분석은 검사가 측정하려는 내용 영역에 관해 지식이 있는 전문가들의 판단에 의존하게 된다. 전문가들이 검사문항을 보고 각 문항이 검사가 측정하려는 전체 내용을 적절하게 나타내고 있는지를 평가하게 된다.

검사의 내용타당도 분석은 주로 관련 전문가들의 주관적 판단에 의존하며, 엄격히 말해 검사의 내용타당도를 분석하는 통계치는 없다고 할 수 있다(Murphy & Davidshofer, 1991). 그러나 몇몇 연구자는 수치를 계산하는 방법을 제시하였으며, 이들 가운데 Lawshe(1975)는 문항의 내용타당도를 평가할 수 있는 방법의 하나로 내용타당도비율(content validity ratio)이란 공식을 발표했다. 다음의 공식에서 볼 수 있듯이, 만약 5명의 전문가 가운데 3명이 특정 검사문항이 검사의 내용 영역을 잘 측정한다고 평가했다면, 이 문항의 내용타당도비율은 3-2.5/2.5=0.2가 된다. 이와 같은 공식 외에도 전체 평가자 가운데 몇 명 정도가 특정 문항의 내용타당도에 동의했는지를 계산하는 방법이 있다. 그러나 구체적으로 그 값이 얼마 이상이어야 된다는 명확한 기준도 없을 뿐 아니라, 이러한 방법들 자체가 엄밀히 말하면 검사문항의 내용타당도를 평가한다기보다는 문항에 대한 평가자들의 단순한 일치도를 나타내는 것이라고 해석할 수 있다.

$$내용타당도비율 = \frac{Ne - N/2}{N/2}$$

(Ne는 특정 문항이 내용 영역을 잘 측정한다고 평가한 사람의 수를,
N은 전체 평가자 수를 뜻한다.)

검사의 내용타당도를 수량화할 수 있는 방법을 찾는 것도 중요하지만, 내용타당도 분석의 신뢰성을 높이기 위해서는 내용 영역을 얼마나 자세하고 정확하게 기술하느냐가 더 중요하다. 내용 영역의 범주를 상세하게 기술할 수 있다면 검사의 내용타당도 분석은 이미 반 이상 끝난 것이나 다름없다. 후에 검사문항을 읽고 내용 영역의 범주와 일치하는지를 평가하는 과정은 그리 어려운 작업이 아니기 때문이다.

그러나 내용 영역에 관한 기술이 상세히 이루어지고 검사문항이 내용 영역을 잘 대표한다는 평가가 내려진 후에도 100% 안심할 수 있는 것은 아니다. 예를 들어, 문항 작성 시 이중부정을 사용한다거나 또는 애매한 반응 양식을 사용함에 따라 반응자들이 문항에 정확하게 반응하는 데 장애가 되는 경우가 발생할 수 있기 때문이다. 결론적으로 검사의 내용타당도가 높다고 해서 그 검사의 타당도에 대한 분석이 끝났다고 할 수는 없다. 반드시 구성개념타당도나 준거관련타당도의 분석을 추가로 실시해서 검사의 타당도에 대한 최종 결론을 내려야 한다.

## 2) 구성개념타당도

예를 들어, 상담심리학자가 청소년용 진로성숙도 검사를 개발하려 한다고 하자. 진로성숙이란 물리적으로 존재하는 것이 아니며, 따라서 객관적으로 관찰 가능한 대상이 되지 못한다. 진로성숙은 추상적인 개념을 뜻한다. 진로성숙뿐 아니라 심리학에서 측정하려는 많은 직무만족, 동기 또는 내향성과 같은 성격 특성 모두 추상적 개념이며, 이러한 개념을 구성개념이라 한다. 이 구성개념은 직접적으로 관찰할 수 없지만 개인의 행동을 이해하고 예측하는 데 중요하다. 구성개념 자체가 본질적으로 추상적이기 때문에 이를 측정하는 심리검사의 타당도를 분석하는 방법 또한 복잡하다. 심리검사가 심리적 구성개념을 제대로 측정하고 있는지를 평가하는 방법을 구성개념타당도(construct validity) 분석이라고 한다. 구성개념타당도를 분석하는 방법은 다음과 같다.

### (1) 상관분석

상관분석은 연구자가 개발한 검사와 다른 검사의 상관을 구해서 개발한 검사의 구성개념타당도를 평가하는 방법이다. 어떤 유형의 검사와 비교를 하는지에 따라서 두 가지 방법으로 구분해 볼 수 있다.

#### ① 수렴타당도

수렴타당도(convergent validity)는 연구자가 새로 개발한 검사를 동일하거나 유사한 특성을 측정하는 기존의 검사들과 비교해서 두 검사 간의 상관계수를 구하는 방법이다. 만약 새로운 검사의 구성개념타당도가 높다면 이미 신뢰도와 타당도가 입증된 기존의 유사 검사들과의 상관계수가 높게 나타날 것이다. 예를 들어, 새로 개발한 진로성숙도 검사를 기존의 진로성숙도 검사 또는 이와 유사한 진로결정검사와 비교해서 두 검사 간의 상관계수가 높게 나타났다면 새로운 진로성숙도 검사는 진로성숙이라는 구성개념을 제대로 측정하고 있다는 간접 결론을 내릴 수 있다. 이때 이 검사의 수렴타당도가 높다고 한다. 만약 두 검사 간의 상관계수가 낮게 나왔다면 새로운 진로성숙도 검사의 수렴타당도는 낮을 것이다.

여기서 명심해야 할 것은 새로운 검사와 비교되는 기존 검사의 신뢰도와 타당도가 반드시 높아야 한다는 점이다. 기존의 검사가 좋지 않다면 그 때문에 두 검사 간의 상관계수가 낮게 나타날 가능성이 있기 때문이다.

② 변별타당도

변별타당도(discriminant validity)는 수렴타당도 분석과 달리 연구자가 새로 개발한 검사를 이와는 다른 특성을 측정하는 기존 검사와의 상관계수를 구해서 분석하는 방법이다. 만약 새로운 검사의 구성개념타당도가 높다면 다른 특성을 측정하는 검사와의 관련성은 낮아야 한다는 가정을 세울 수 있다. 이 가정이 입증되었을 경우, 새로운 검사의 변별타당도가 높다는 결론을 내릴 수 있다. 예를 들어, 새로운 지능검사를 개인의 외향성을 측정하는 검사와 비교해서 둘 간의 상관계수를 구한다고 하자. 개인의 지능수준에 따라 성격 특성의 하나인 외향성이 높거나 낮다는 가정을 할 수 있는 근거가 전혀 없기 때문에 지능과 외향성 간의 상관은 낮을 것으로 가정할 수 있다. 따라서 둘 사이의 상관계수가 낮게 나온다면 이러한 가정은 맞게 되고, 연구자가 개발한 지능검사는 외향성과 변별이 된다는 것을 밝힌 것이기 때문에 변별타당도가 높다는 결론을 내리게 된다. 만약 상관계수가 높게 나온다면 이는 지능검사가 지능을 제대로 측정하지 못해서 외향성과 변별이 되지 않는다는 결과이기 때문에 변별타당도가 낮다는 결론을 내릴 수 있다.

물론 여기서도 새로운 검사와 비교가 되는 다른 검사의 신뢰도와 타당도가 높다는 것이 사전에 검증되어야만 한다. 그래야만 상관계수가 높게 나올 경우 문제가 다른 검사에 있지 않고 새로운 검사에 있다는 결론을 내릴 수 있을 것이다. 한편, 다른 특성을 측정하는 검사와도 우연(예: 응답자들이 반응을 엉터리로 한 경우)에 의해 상관계수가 높게 나올 수 있기 때문에 변별타당도 분석만을 가지고 새로운 검사의 구성개념타당도에 관한 결론을 내리는 것은 성급하다고 할 수 있다. 다른 추가 분석을 통해 여러 결과를 종합해서 결론을 내려야 한다.

### (2) 요인분석

검사의 구성개념타당도를 평가하는 또 다른 방법은 요인분석(factor analysis)을 실시하는 것이다. 요인분석을 통해 검사 개발자는 검사 개발 시 가정했던 이론적 구성개념이 얼마나 정확하게 나타나는지를 분석할 수 있다. 예를 들어, 검사 개발자가 사람들이 진로를 결정하지 못한 이유를 측정하기 위해 진로미결정 탐색검사를 개발하면서 이 검사의 구성개념은 크게 자기이해 부족, 직업에 대한 정보 부족, 그리고 우유부단한 성격 등의 세 가지 요인으로 구성된다고 가정한 후 문항을 만들었다고 하자. 요인분석을 통한 분석결과 가정한 세 개의 요인이 나타난다면, 이 검사의 구성개념타당도는 높다고 할 것이다. 반면에 처음에 가정한 세 가지 요인이 제대로 나타나지 않는다면, 이는 만들어 낸 문항들이 검사 개발자가 가정한 추상적 개념을 제대로 대표하지 못한다는 의미이므로 이 검사의 구성개념타당도는 좋지 못하다고 할 것이다. 즉, 요인분석을 통해 처음에 가정했던 요인의 수와 요인의 내용이 동일하게 나타나는지를 검증하게 된다. 요인분석은 검사의 구성개념타당도를 분석하기 위해 가장 많이 사용되는 대표적 방법이라고 할 수 있다. 그러나 이 분석방법을 설명하기 위해서는 많은 지면이 필요하기 때문에 이 장에서는 설명하기 어렵다. 관심 있는 독자는 요인분석에 대해 다루고 있는 통계 서적을 참고하기 바란다.

## 3) 준거관련타당도

심리검사의 타당도를 평가하는 또 다른 방법은 준거관련타당도(criterion-related validity) 분석을 실시하는 것이다. 간단히 말하면, 준거관련타당도란 심리검사와 준거의 관련성을 분석하는 방법이다. 준거란 검사를 평가하기 위한 기준을 의미한다. 심리검사를 개발하는 연구자는 응답자의 심리검사 점수를 통해 그 사람이 다른 행동 준거에서 어느 정도의 수행을 보일 것인지를 예언하는 데 큰 관심이 있다. 예를 들어, 진로성숙도 검사를 개발한 연구자들은 검사점수가 학생들의 구직활동을 얼마나 잘 예언해 줄 수 있는지에 큰 관심을 가질 수 있다. 이 경우 구직활동이 진로성숙도 검사의 타당도를 평가할 수 있는 기준이 된다. 이 상황에서 진로성숙도 검사를 사용하는 주요 이유는 이 검사에서 높은 점수를 받은 사람이 준거인 구직활동에서도 높은 점수를 받을 수 있다고 생각하기 때문이다.

특히 조직에서 사용하는 성격검사나 적성검사의 경우 바로 특정 성격이나 적성이 조직에 들어와서 일을 하는 데 중요한 특성이라고 판단되었기 때문에 신입사원 선발 시 그러한 검사를 사용하는 것이다. 따라서 검사가 본래 측정하려 했던 성격이나 적성을 제대로 측정하고 있다면, 검사에서 높은 점수를 받은 사람은 직무에서 요구되는 성격이나 적성을 갖고 있는 셈이며, 이러한 성격이나 적성을 가진 사람은 조직에 들어와서 맡은 일을 잘 해낼 수 있을 것이다. 예를 들어, 회사에서 기계직에 필요한 사람을 선발하기 위하여 기계 적성을 측정할 수 있는 검사를 개발했다고 하자. 이 검사가 정말로 기계 적성을 제대로 측정한다면, 우리는 이 검사에서 높은 점수를 얻은 사람이 낮은 점수를 얻은 사람에 비해 선발된 후 맡은 일을 더 잘해 나가리라 기대할 수 있을 것이다. 이 경우 검사 성적과 직무수행 간의 관계는 높게 나타날 것이다.

이와 같이 검사와 준거 간의 관계를 분석해서 검사의 타당도를 평가하는 방법을 준거관련타당도 방법이라고 한다. 이 경우 검사와 준거 간의 상관계수를 구하게 되는데, 이를 타당도계수라 한다. 타당도계수가 높으면 검사의 준거관련타당도는 높고, 타당도계수가 낮으면 검사의 준거관련타당도는 낮다는 결론을 내릴 수 있다. 타당도계수를 구하는 방법에는 크게 다음의 두 가지 방법이 있다.

## (1) 예언타당도

앞에서 예로 든 대학생을 위한 진로미결정탐색검사의 예언타당도(predictive validity)를 분석하려 한다고 가정해 보자. 이를 위해서는 진로를 결정하지 못한 학생들에게서 일정 시간이 지난 후 나타날 수 있는 행동(즉, 준거)이 무엇일지를 생각해 봐야 한다. 만약 4학년을 대상으로 검사를 한다면, 졸업은 가까워 오는데 아직 진로를 결정하지 못했기 때문에 시간이 갈수록 불안하고 걱정스러운 마음이 커질 것으로 예상할 수 있다. 따라서 이 경우 불안수준이 적절한 준거가 될 수 있다. 구체적인 타당도계수를 구하는 과정은 먼저 이 검사를 대학생들에게 실시하여 각 개인의 점수를 얻고, 일정 기간이 지난 후(예: 6개월 후) 이들에게 불안검사를 실시해서 불안점수를 얻은 다음, 두 점수 간의 상관을 구하면 된다.

이때 타당도계수가 높게 나오면 이는 진로미결정탐색검사의 예언타당도가 높음을 의미한다. 이는 이 검사에서 높은 점수를 받은 사람이 불안검사에서도 높은 점수를, 진로미결정검사에서 낮은 점수를 받은 사람은 불안검사에서도 낮은 점수를 받는 경향이 강함을 뜻한다. 즉, 개인의 진로미결정 점수를 알면 그 사람의 불안수준이 어느 정도일지를 잘 예언할 수 있음을 뜻하므로 검사의 예언타당도가 높게 된다.

이 방법을 이용해 검사의 타당도계수를 구할 때 주의해야 할 점은 진로미결정검사를 실시한 후 일정 기간이 지난 후 불안검사를 실시해야 한다는 점이다. 진로를 결정하지 못해서 현 시점에서 다소 불안하기는 하겠지만 좀 더 심한 불안이 나타나기 위해서는 어느 정도 시간이 걸려야 하기 때문이다.

### (2) 공존타당도

예언타당도 분석방법의 큰 단점은 검사의 타당도계수를 구하기 위해 오랜 시간을 기다려야 한다는 점이다. 검사 개발자 입장에서 새로 개발한 검사의 타당도를 알아보기 위해 인내하면서 오랜 시간을 기다리길 원하는 사람은 많지 않을 것이다. 물론 예언타당도 분석으로 타당도계수를 구하는 것이 바람직하기는 하지만, 사람들은 좀 더 빨리 타당도계수를 구할 수 있는 방법을 찾게 되었고, 공존타당도(concurrent validity) 분석은 이 문제를 해결해 줄 수 있는 방법이다.

공존타당도 분석으로 타당도계수를 구하는 과정을 앞서 예로 든 진로미결정탐색검사를 통해 살펴보면, 대학생들에게 이 검사를 실시하고 바로 이어서 불안검사를 실시하여 점수를 얻은 후 두 검사점수 간의 상관계수를 구하면 된다. 이

상관계수가 바로 타당도계수가 되며, 이 타당도계수의 값이 크면 검사의 공존타당도가 높음을 의미한다.

이 방법은 타당도계수를 얻기 위해 오랜 시간을 기다리지 않아도 된다는 장점이 있지만, 현 시점에서 진로를 결정하지 못한 사람이 동시에 불안을 느낀다고 가정하는 것이 타당한지에 대한 논란이 있을 수 있다.

## 4) 타당도 분석방법 사이의 중복 개념

지금까지 검사의 타당도를 분석하는 세 가지 방법에 대해 살펴보았다. 앞서도 언급했듯이, 이 세 가지 방법은 검사를 타당화하는 방법에서 서로 다른 접근방법을 사용할 뿐이다. 세 가지 모두 검사의 타당도를 입증하는 방법이기 때문에 한 가지 방법만을 사용해서 검사의 타당도 분석을 끝낼 것이 아니라 세 가지 방법을 모두 사용하여 검사의 타당도를 입증하는 것이 바람직하다.

예를 들어, 어떤 연구자가 교양 과목으로 과학사를 수강하고 있는 대학 신입생들이 그 과목에서 얼마나 잘할 수 있는지를 평가하려 한다고 가정해 보자. 이 연구자는 학생들의 과학 전반에 걸친 전문 지식을 읽고 이해하는 능력이 매우 중요하다고 판단하여 대학생 수준에 맞는 교재에서 물리, 화학 및 생물 등에 관한 내용을 발췌하여 그 내용을 읽고 답하게 하는 사지선다 문항들을 만들었다. 먼저 내용타당도 접근방법에서 생각해 보면, 각 문항이 발췌 내용과 얼마나 관련이 있으며 발췌한 내용이 수업시간에 사용되는 교재 내용을 얼마나 잘 대표할 수 있는지를 분석해야 한다. 또한 이 성취검사의 준거관련타당도를 평가하기 위해서는 학생들의 시험점수와 이들이 학기말에 받게 될 과목 성적의 상관계수(즉, 타당도계수)를 계산하면 된다. 그러나 이것만으로 끝난 것은 아니다. 검사 문항이 과학에 관한 전문 지식을 포함하는 내용을 읽고 이해하는 능력을 제대로 측정하고 있는지를 평가하기 위해서는 구성개념타당도 분석이 필요하다. 즉, 이 검사가 일반 과학 지식 또는 일반적인 독해력과는 구성개념이 다른 전문지식 이해 능력이라는 구성개념을 제대로 측정함을 입증하기 위해서는 구성개념타당도 분석까지 거쳐야 한다.

물론 검사 유형에 따라서 좀 더 적합한 방법이 있을 수 있다. 예를 들어, 내용타당도 분석은 개인의 학업성취도를 평가하기 위해 학교에서 실시하는 성취검사에 적합하며, 적성검사와 성격검사와 같이 추상적 개념을 다루는 검사의 경우에는 구성개념타당도 분석이 더 적합하다고 볼 수 있다. 그러나 더 적합하다고 해서 다른 타당도 분석을 무시해서는 안 될 것이다. 추상적 개념을 다루는 경우도 내용 영역을 명확히 하기 어렵기 때문에 내용타당도 분석을 적용하기는 어려운 점이 있으나 전혀 불가능한 경우는 아니기 때문이다.

세 가지 타당도 방법 가운데 어느 방법이 가장 중요한지에 관해서는 많은 논란이 있어 왔다(Guion, 1980). 일반적으로 세 가지의 타당도 방법을 크게 보면 모두 구성개념타당도란 개념에 포함되는 것으로 볼 수 있다는 주장이 설득력 있게 인정받고 있다(Guion, 1977; Messick, 1980). 검사문항이 사전에 정의된 내용 영역과 얼마나 일치하는지를 분석하는 내용타당도는 검사문항이 사전에 정의된 구성개념과 얼마나 적합한지를 분석하는 구성개념타당도와 개념적으로 크게 다를 바 없다. 또한 구성개념타당도에서 새로운 검사와 유사한 특성을 측정하는 다른 검사의 관련성을 비교하는 수렴타당도 분석도 준거관련타당도에서 검사와 준거의 관련성을 분석하는 것과 큰 차이가 없다고 볼 수 있다.

제9장
# 상담 및 심리교육 프로그램의 개발 및 평가

| 김형수 |

상담 영역에서의 프로그램은 특히 심리사회적 안녕과 복지를 높이기 위해 실시되는 적극적인 조력 활동이다. 상담현장에서는 대상들의 요구와 주제 영역에 따라 여러 프로그램이 개발되고 평가과정을 거쳐 광범위하게 활용되고 있다.

이 장은 프로그램을 개발하고 효과를 평가하는 데 필요한 절차적 지식을 제공하려는 목적으로 기술되었다. 먼저, 상담 및 심리교육 프로그램의 개념과 주요 영역, 프로그램 개발의 원리 및 모형 그리고 개발절차를 살펴본다. 특히 본 개정판에서는 프로그램 평가 중 효과 제시와 관련한 부분을 보완하였다.

## 1. 상담 및 심리교육 프로그램의 개발

상담 및 심리교육은 개인의 심리적 발달 및 성장과 관련된 다양한 문제에 대해 관여할 뿐 아니라, 대인관계의 문제해결과 각 사회조직의 조화로운 발전을 위해 필요한 다양한 심리사회적 문제의 해결을 그 목적으로 한다고 볼 수 있다. 여기서는 상담 및 심리교육적 접근방법 중 프로그램을 통해 접근하고자 할 때, 상담자가 프로그램을 개발하고 그 효과를 평가하는 일련의 연구과정을 알아보고자 한다. 상담 및 심리교육 프로그램의 주요 영역, 개발의 원리, 개발모형 그리고 개발절차에 대해 살펴본다.

## 1) 상담 및 심리교육 프로그램의 개념과 주요 영역

### (1) 개 념

프로그램의 사전적인 의미는 진행 계획, 순서, 진행 목록 등을 의미한다. 프로그램은 계획된 일련의 활동과 순서를 통해 달성하고자 하는 목표가 있다. 프로그램은 "특정 목표를 달성하기 위해 체계적으로 조직된 활동"(Royse, Thyer, Padgett, & Logan, 2001), "목표를 달성하기 위한 일련의 상호 의존적인 활동" 또는 "조직적 활동의 집합을 단일집단의 산출로 나타내는 것"(York, 1980) 등의 정의로 표현된다. 이와 같은 정의들은 몇 가지 공통 부분, 즉 ① 목적이나 목표, ② 일련의 활동, ③ 활동의 구성 원리가 존재한다.

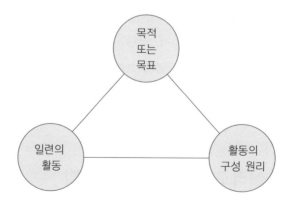

[그림 9-1] 프로그램의 세 가지 공통 요인

상담 및 심리교육 프로그램 자체는 앞서 살펴보았듯이 공통점을 갖고 있지만, 사회복지나 평생교육의 영역과 달리 프로그램을 실시하는 맥락이 어떤가에 따라 공통 요인의 내용 차이를 보일 수밖에 없다. 사회복지 영역에서 프로그램은 사회복지 제도 및 정책과 밀접한 관련을 맺고 있고, 이를 구현하기 위한 목적으로 실행되며, 아울러 프로그램이 실행될 때도 중앙정부나 지방자치단체, 비영리단체 혹은 영리단체 등 여러 기관과의 연계를 통해 구체적인 활동이 조직되고 시행되는 경우가 많다. 따라서 이와 같은 측면이 사회복지 영역의 프로그램의 중요한 특성으로 부각될 수 있다. 상담 및 심리교육 영역의 프로그램과 달리 구체적인 활동내용에서뿐만 아니라 활동의 목적(혹은 목표)이나 구성 원리 등에서도 고유한 특성을 반영하고 있는 것이다.

물론 상담 및 심리교육 프로그램도 사회복지 영역의 프로그램처럼 국가나 지역사회 등의 정책이나 기관과의 연계를 필요로 할 때도 있다. 그러나 대부분의 상담 및 심리교육 프로그램은 개인이나 집단의 심리적 변화에 초점을 두고 있기 때문에 프로그램의 목적이나 개발과정에서도 이와 같은 제도적 측면의 고려를 우선적으로 하는 것은 아니다.

평생교육 프로그램에서도 목적이나 목표에서는 지역사회의 교육문제 해결을 지향하고 있으며, 그 활동의 조직 원리는 기본적으로 교육과정과 유사한 것으로 보되 기관 혹은 대상별로 유연성 있는 형태로 바꿀 수 있도록 하고 있다.

상담 및 심리교육 프로그램은 개인이나 조직의 심리적 발달과 성장에 보다 초점을 두고 있기 때문에 주관적인 심리적 흐름에 훨씬 민감한 방식으로 프로그램의 활동을 구성하게 된다. 그런 점에서 상담 및 심리교육 프로그램도 프로그램의 세 가지 중심 요소에서 다른 영역의 프로그램들과 구별되는 다음과 같은 특성을 지니게 된다. 첫째, 상담 및 심리교육 프로그램의 목적이나 목표는 그 대상이 되는 개인 및 집단의 심리적·교육적 문제를 해결 또는 예방하거나, 혹은 심리교육적 욕구의 충족이라고 볼 수 있다. 둘째, 상담 및 심리교육 프로그램은 이 목적을 해결하기 위한 일련의 활동들로 구성되어 있다. 셋째, 상담 및 심리교육 프로그램은 정서적 상태나 태도와 관련된 변화를 그 목표로 하는 경우가 많기 때문에 프로그램의 활동을 구성할 때는 심리적 흐름을 염두에 두고 세심하게 구성할 필요가 있다(김창대, 2002).

### (2) 주요 영역

상담 및 심리교육 프로그램의 영역은 개인 및 집단의 성장과 학습, 가치관, 행동양식, 적응 기술 등 그 범위가 매우 광범위하다고 볼 수 있다. 또한 인간이 속한 집단, 즉 가족, 친구관계, 학교, 지역사회 등에서 발생될 수 있는 여러 가지 문제해결 및 적응과 관련된 문제가 그 영역이 될 수도 있다.

상담 및 심리교육 프로그램의 영역은 문제의 심각성 정도에 따라 구분할 수도 있다. 미국의 집단전문가협회(The Association for Specialist in Group Work: ASGW)는 문제의 심각성 정도에 따라 각기 다른 형태의 집단을 상정하고, 그와 같은 집단을 이끌기 위해 집단 전문가가 어떤 능력을 갖추어야 하는지에 대해 다음과 같이 기술하였다.

- 과제 및 작업 집단: 각종 위원회, 정책 입안 회의, 조직, 학습집단 등에서 조직개발, 자문, 경영 등과 같은 분야를 다룰 때 집단의 원리를 적용하여 그 과정이 효과적으로 진행될 수 있도록 할 수 있다.
- 생활지도 및 심리교육 집단: 약물 남용 예방, 스트레스 관리, 부모 효율성 훈련, 자기주장 훈련 등 현재 생의 위기에 처해 있는 것은 아니지만, 앞으로 그와 같은 문제에 접할 가능성이 있는 대상들에 대한 교육 및 심리장애 예방 교육이 있다.
- 상담 및 대인문제 해결 집단: 대인문제 해결 능력을 개발시켜 미래에 닥칠 유사한 성격의 문제들을 쉽게 처리할 수 있도록 하는 것으로, 진로, 교육, 개인적 · 사회적 · 발달적 문제들을 다룬다.
- 심리치료 및 성격 재구성 집단: 급성 혹은 만성인 정신적 · 정서적 문제를 다룰 수 있다. 우울, 성적 장애, 불안 및 정신/신체 장애 등과 같은 문제들이 이에 해당된다.

상담 및 심리교육 프로그램의 영역은 아동기, 청소년기, 성인기 등 연령대별로 구별하여 생각해 볼 수도 있다.

- 아동기: 아동기는 사회정서적·인지적 발달을 돕는 측면에서 자기존중감, 성취 동기, 의사결정 능력, 문제해결 기술, 대인관계 기술, 대화의 기법, 책임성, 다문화 사회의 적응과 같은 능력을 개발하고 유지할 수 있는 프로그램을 제공해야 한다.
- 청소년기: 이 시기에 가장 중요한 문제는 비행이 될 수 있다. 따라서 비행과 관련된 성적 스트레스, 입시 부담, 집단따돌림 등의 문제도 다룰 필요가 있다. 가정이나 가족의 문제, 학교 환경 그리고 개인적 소인이 함께 작용하여 여러 가지 정신장애가 발생하는 경우가 많다. 그 밖에 이 시기에 다루어야 할 문제로는 알코올과 약물 남용, 감정 다루는 법, 성적 문제, 정체감 문제, 부모와의 갈등 등의 문제가 있다. 대학생의 경우도 학업 및 대인관계, 취업 등의 문제를 다루어야 한다.
- 성인기: 성인기의 남성 혹은 여성의 경우에도 각종 정신건강과 스트레스에 대한 개입이 가능하다. 예를 들어, 우울 등의 정신건강, 스트레스, 부부 문제, 자녀 문제, 직장 문제, 가정폭력 문제, 알코올 중독 문제, 노인기의 적응 문제 등을 다루어야 한다.

이와 같이 광범위한 주제를 다루는 상담 및 심리교육 프로그램의 영역은 크게 문제의 심각성 정도에 따른 문제 영역과 연령대별 문제 영역 축으로 나누어 볼 수 있다. 이 두 가지 축을 조합하여 주요 문제 영역을 정리하면 〈표 9-1〉과 같다.

○○○ **표 9-1** 상담 및 심리교육 프로그램의 주요 영역 예시

| 구분 | 예방 및 발달 | 치료 |
|---|---|---|
| 아동 | • 사회성 발달<br>• 진로<br>• 학습<br>• 또래관계 능력 향상<br>• 심성 계발 | • 놀이치료<br>• ADHD 아동 치료<br>• 음악치료<br>• 미술치료 |
| 청소년 | • 스트레스 관리<br>• 자기주장 훈련<br>• 진로 탐색<br>• 학습기술<br>• 대인관계 능력 증신<br>• 자살 예방<br>• 인터넷 중독 예방<br>• 약물 남용 예방 | • 우울 및 불안 감소<br>• 대인공포증 치료<br>• 약물이나 인터넷 중독 치료<br>• 자살이나 비행 행동<br>• 금연 |
| 성인 | • 이성관계 능력 증진<br>• 부모 훈련<br>• 은퇴 후 적응 | • 불안 감소<br>• 대인공포증 치료<br>• 약물 중독 회복<br>• 부부관계 회복<br>• 성폭력 피해 치료 |

## 2) 상담 및 심리교육 프로그램의 개발 원리 및 모형

### (1) 개발 원리

상담 및 심리교육 프로그램은 다양한 문제 영역을 포괄하고 있다. 이와 같은 문제들을 적절히 다루기 위해서는 기존의 프로그램을 잘 활용하는 것도 중요하지만, 내담자의 특성이나 문제의 성격에 맞게 적절한 형태로 프로그램을 수정하거나 새로 개발할 수 있어야 한다.

프로그램 개발은 특정한 목적의 달성을 위해 필요한 활동을 구체적이고 체계적으로 계획하는 것이라고 볼 수 있다. 그러나 실제로 프로그램 대상의 필요에 적합한 형태로 구성되었는지를 알기 위해서는 기획과 설계만 필요한 것이 아

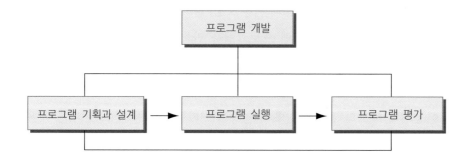

**[그림 9-2] 프로그램 개발에 필요한 활동**

출처: 황성철(2005).

니라 프로그램의 방향을 설정하는 단계부터 대상 집단의 요구를 조사하고, 어느 정도 활동을 구성한 다음에도 얼마나 의도한 목적을 이룰 수 있을 것인지에 대한 전반적인 평가와 피드백이 시행되고 반영되는 순환적인 과정이 필요하다 (Patti, 1983).

이러한 프로그램 개발과정의 기본적 원리는 다음 네 가지로 요약해 볼 수 있다.

- 이론적 기반 체계화: 프로그램을 개발하고자 할 때는 문제 행동 및 상태에 대한 이론적 기반에 근거하여 이를 변화시킬 수 있는 적절한 개입변인을 찾아낼 필요가 있다.
- 체계적 평가절차 실시: 이론적 기반이 있는 개입변인이라 하더라도 어떤 형태로 구현되는가에 따라 그 효과는 달라질 수 있으므로, 과학적이고 체계적인 평가절차를 거쳐 그 효과를 구체적으로 측정할 필요가 있다.
- 대상 집단의 요구조사: 프로그램 실시 대상의 요구가 무엇인지에 대해 조사를 통해 잘 파악하고 있어야 하며, 이에 기반한 프로그램 개발이 필요하다.
- 순환적 평가실시: 개발과정에서도 지속적으로 프로그램의 내용 및 절차에 대한 평가와 피드백을 실시하여 이를 프로그램에 반영한다.

　이와 같은 네 가지 원리 가운데 이론 또는 원리를 기반으로 하는 프로그램 개발과정이 매우 중요하다. 어떤 프로그램을 만들어 적용하고자 할 때, 구성과 하위 요소를 정하기 위해서는 고려하는 내용들이 목적을 이루어 줄 것이라고 믿게 할 만한 원리와 이론적 기반이 요구된다. 예를 들어, 파괴적 행동을 보이는 아동에게 부모의 일관된 양육의 영향이 크다는 근거를 갖고 있다면, 적용되는 프로그램은 부모 훈련과 적절한 반응에 대한 강화를 통해 일관된 양육을 촉진하는 부모 코칭 프로그램을 적용하게 될 것이다. 프로그램의 원리와 이론적 기반을 찾고자 할 때, 가장 손쉽게 고려할 수 있는 것은 목표행동에 대한 기존의 모형을 찾아보는 것이다. 예를 들어 살펴보자. 청소년들에게 학습기술 프로그램을 만들어 적용하고자 한다면, 연구자는 교수–학습 일반 모형을 떠올리고 학습자의 자기조절 행동에 영향을 주는 동기와 인지적 요소들을 촉진하는 프로그램을 구성할 수 있다. 만일 동기를 촉진하는 심리교육 프로그램을 만들고 싶다면, 동기를 촉진하는 교수–학습 모형을 고려할 수 있을 것이다. 즉, 주의를 높이고(A), 과제와 학습자 간의 관련(R)을 지어 주는 활동을 만들어 격려(C)하며, 활동 결과에 대해 보상(S)하는 Keller의 ARCS 모형 같은 것이 예가 될 수 있다.

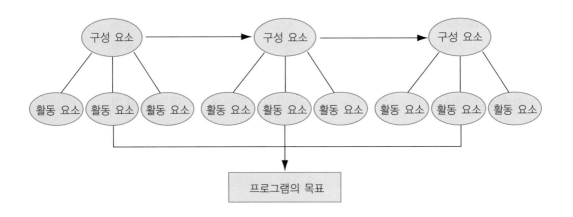

[그림 9-3] 프로그램의 구성 요소와 활동 요소

## 3) 상담 및 심리교육 프로그램의 내용 구성

### (1) 프로그램 구성의 개념

프로그램의 구성 단계는 우선 이론적 구인을 추출하고, 이를 프로그램의 구성 요소로 삼아 구체적인 활동 요소로 잘 연결 지어 조직하는 과정까지를 포함한다.

[그림 9-3]은 프로그램의 구성 요소와 활동 요소를 조직하여 프로그램의 틀을 만드는 구성 단계의 개념을 도식화한 것이다. 먼저, 이론과 다양한 실제 자료를 검토하여 프로그램의 목표를 달성할 수 있는 구성 요소를 산출한다. 그리고 그 각각의 구성 요소는 다시 이를 구현할 수 있는 활동 요소로 구현되는 것이다.

프로그램의 구성 요소는 전체 프로그램을 통해 직선적 혹은 순환적으로 여러 회기에 걸쳐 제시되는 경우가 많다. 그렇게 되면 각 회기는 회기 전체의 활동을 통해 구현해야 할 구성 요소가 무엇인지 분명하게 포함해야 하며, 이를 구체적으로 구현하기 위해 필요한 프로그램의 활동 요소를 잘 선택하고 조직적으로 배열하여야 한다. 일반적으로 프로그램의 한 회기는 2~3개의 활동 요소로 구성되는 경우가 많다. 그러나 4~5개의 더 많은 활동 요소로 구성되기도 한다. 프로그램을 구성할 때, 프로그램의 구성 요소 및 활동 요소가 구체적으로 어떻게 나타나는지 예를 들어 보면 〈표 9-2〉와 같다.

### (2) 프로그램 구성의 절차

프로그램의 목적 및 목표를 제대로 구현할 수 있도록, 프로그램의 구성 요소 및 활동 요소를 구성하는 절차는 다음과 같이 정리할 수 있다.

- 프로그램의 이론적 기반 및 요소를 먼저 구체화하고, 이와 관련된 충분한 개념적 탐색을 하는 것이 필요하다.
- 기존의 자료 수집은 새로운 활동 요소를 개발하는 것 이상으로 매우 중요하다.

ooo **표 9-2** 프로그램 회기별 구성 요소 및 활동 요소의 예

| 주 | 회기 | 영역 및 특성 | 회기 | 영역 및 특성 | 회기 | 영역 및 특성 |
|---|---|---|---|---|---|---|
| 1주 | 우리 이제 함께해요 | 조망 수용<br><br>• 조각 붙이기 작업<br>• 배려송 만들기<br>• 예체능 수업 연계 | 다르다고 틀린 것은 아니요 | 조망 수용<br><br>• 그림, 사진 자료 활용<br>• 재량 시간 활용, 도덕 시간 연계 가능 | 배려맨 1 | 배려 몰입 촉진 활동 및 동기 전환<br><br>• 배려맨 선정<br>• 재량 시간 활용 |
| 2주 | 관점 안경 | 조망 수용<br><br>• 안경 바꾸기 활동<br>• 예체능 수업 연계 | 춤추는 거울 | 공감<br><br>• 동작을 통한 공감 향상 활동<br>• 체육 수업 연계 가능 | 끼리끼리 공놀이 | 배려 몰입 촉진 활동 및 동기 전환<br><br>• 가상왕따게임 활동<br>• 체육 수업 연계 가능 |
| 3주 | 5NO YES | 배려 몰입 촉진 활동 및 동기 전환<br><br>• 배려 걸림돌 행동과 디딤돌 행동 인식<br>• 도덕, 재량 시간 가능 | 알아줘서 고마워 | 공감<br><br>• 공감 표현 활동<br>• 예체능 수업 활용 | 이상한 무궁화꽃 | 배려 몰입 촉진 활동 및 동기 전환<br><br>• 가상왕따게임 활동<br>• 체육 수업 연계 가능 |

출처: 양미진, 김은영, 이상희(2008).

• 수집된 자료는 체계적인 방법을 통해 정리되어야 한다.
• 기존 프로그램의 활동 요소를 수집하면서 각 요소의 장단점을 주의 깊게 살펴보고, 그것의 대안이 될 수 있는 새로운 프로그램 활동 요소를 개발하여야 한다.
• 다양한 프로그램 활동 요소 중 가장 적절하면서도 효과적인 프로그램 활동을 선정하기 위한 기준을 구체화하고, 개발자의 의견뿐 아니라 프로그램 참여자 및 진행자의 평가도 반영하여 프로그램 활동을 선정하여야 한다.
• 프로그램 활동 요소의 내용뿐 아니라 적절한 배열 순서도 프로그램의 효과에 중요한 영향을 미친다.
• 프로그램의 실시 이전에 예비 프로그램의 실시를 통해 프로그램이 실행될 때 발생할 수 있는 한계점들을 되도록 미리 발견하고 수정·보완할 필요가

있다. 동시다발적인 프로그램 운영이 필요할 경우 처치의 표준화를 위해서 프로그램 매뉴얼을 제작하는 것이 필요할 수도 있다.

### (3) 프로그램 활동 요소의 수집

상담 및 심리교육 프로그램을 개발하고자 할 때, 프로그램 개발자는 대부분 프로그램의 개발 및 실시를 통해 도움을 주고 싶은 대상 집단과 그 집단의 다양한 문제에 관심을 가진다. 또한 관심대상 집단과 그 문제에 대해 해결방안이 될 수 있는지 검토해 보게 된다. 이와 같은 과정을 통해 기존 프로그램의 한계가 보다 분명해진다면 새로운 내용과 형태의 프로그램을 계획하게 될 가능성이 있다. 그러나 자칫 이 과정에서 간과하기 쉬운 것이 기존 프로그램에 대한 충분한 검토다. 물론 직간접적인 방식으로 기존 프로그램에 접해 보고 그 한계에 대해 알고 있다 하더라도, 체계적인 검토와 분석 작업을 충분히 거치지 않고 새로운 프로그램을 개발하고자 한다면 기존 프로그램의 내용과 크게 다를 바 없는 프로그램을 재생산해 내는 데 그칠 수도 있다.

기존 프로그램을 충분히 검색하고 수집하여, 새로운 프로그램 개발의 필요성에 대한 충분한 확신과 이를 뒷받침할 수 있는 논리적인 근거들을 얻는 것은 매우 필요한 일이다.

### ① 기존 자료 수집을 위한 준비

일반적으로 가장 보편적으로 사용하는 자료 수집방법은 프로그램의 제목이나 핵심어를 학술논문이나 학술정보가 담긴 인터넷 사이트를 통해 검색해 보는 것이다. 하지만 자료들을 어떤 기준을 가지고 검토할지 미리 정해 놓지 않으면, '정보의 바다'에서 길을 잃을 수도 있다. 따라서 프로그램과 관련된 기존의 자료를 검색하기 전에 다음과 같은 질문을 가지고 자료에 접근하는 것이 좋다.

- 이 프로그램의 대상이 되는 집단의 특징은 무엇인가?
- 이 프로그램은 어떤 문제를 주로 다루고자 하는가?

- 이 문제의 해결과 관련된 <u>중요한 이론</u>은 무엇인가?
- 이 문제의 개입과 관련된 <u>중요한 변인</u>은 무엇인가?
- 기존 프로그램의 <u>내용상 · 절차상의 한계</u>는 무엇이었는가?

그리고 이와 같은 정보를 얻기 위해 어떤 키워드가 필요할지를 정하고, 그 정보를 구할 수 있는 관련 자료나 프로그램으로 무엇이 있을지도 미리 그 영역을 모색해 본 다음 자료 검색에 임할 필요가 있다. 〈표 9-3〉은 자료 수집을 위한 키워드 추출방법의 예시를 보여 준다.

∘∘∘ **표 9-3** 키워드 추출방법의 예

| 영역 | 문제 | 키워드 | 관련 정보 영역 |
|---|---|---|---|
| 대상 집단의 특징, 다루고자 하는 문제 | • 대상이 되는 청소년의 일반적인 특징은 무엇인가?<br>• 보급하고자 하는 지역 학생의 특수성이 있는가?<br>• 학교폭력의 실태와 양상은 어떤가?<br>• 이 지역 학생들의 학교폭력에는 특수한 실태와 양상이 있는가? | • 학교폭력<br>• 학교폭력의 실태<br>• 학교폭력의 유형 | 학교폭력 실태조사 자료 |
| 중요 이론 | • Weiner의 비행 분류<br>• 기타 비행 관련 이론 | • 비행<br>• 비행이론 | • 비행과 관련된 문헌 |
| 개입 관련 주요 변인 | • 의사소통 기술<br>• 분노조절 능력<br>• 정서적 공감 능력 등 | • 의사소통 기술<br>• 분노조절 능력<br>• 정서적 공감 능력 | • 의사소통 기술 향상 프로그램<br>• 분노조절 프로그램<br>• 공감 능력 향상 프로그램<br>• 학교폭력 예방 프로그램 |
| 내용상 · 절차상 한계 | • 기존 소집단 중심 프로그램은 학급 등과 같은 대집단에서 적용이 어려움<br>• 학교폭력의 다양한 유형에 대한 개별적 개입 방안 미흡: 최소한 왕따 유형과 폭력 유형에 대한 개입방법은 구별이 되어야 함 | • 학급 단위<br>• 왕따, 따돌림 등<br>• 폭력 | • 학급 기반 프로그램<br>• 왕따 예방 프로그램<br>• 폭력 예방 프로그램 |

② 프로그램 활동 요소의 다양한 출처

프로그램의 활동 요소는 그 형태나 출처가 매우 다양한 방식으로 존재한다. Sussman(2001)이 제시한 다양한 자료의 출처를 중심으로 상담 및 심리교육 영역과 관련된 정보들을 함께 살펴보고, 아울러 다양한 정보 출처에는 어떤 것이 있으며 이 출처에서 자료를 얻을 때 주의할 점이 무엇인지도 살펴보고자 한다.

- **국내외 저널**: 저널에 실린 프로그램의 경우 비교적 이론적 근거가 명확하고, 기존 연구에 대한 자세한 검토에 기반을 두어 프로그램이 개발되었으며, 그 효과에 대해서도 비교적 잘 구성된 연구설계에 근거한 경우가 많다. 그러나 정작 프로그램의 내용에 대해서는 자세하게 기재되어 있지 않다. 또한 저널에 실린 프로그램들은 각 분야에서 가장 최근에 개발된 프로그램의 형태가 아닐 가능성이 높다.
- **개관논문**: 각 영역별로 개관논문을 참고하면, 프로그램에 구체적으로 들어갈 내용에 대한 정보는 없지만 프로그램 개발 시 중요하게 고려해야 하는 관련 변인들이 무엇인지 파악하는 데에는 도움이 된다.
- **메타분석**: 특정한 문제에 대해 개입방법이 다양하게 시도되고, 그 결과가 누적된 경우 대상별·개입전략별 효과크기를 검토하기 위해 메타분석을 실시하는 경우가 많다. 이 정보는 개정 프로그램 구성에 도움이 된다.
- **관련 영역의 책**: 상담 및 교육 영역과 관련된 책을 읽어 보는 것도 도움이 된다. 〈표 9-3〉에서 제시한 바와 같이 키워드와 관련된 책, 그리고 상담학이나 교육학은 아니지만 인접 학문의 영역에서 같은 주제에 대해 다루고 있는 책이 있다면 그 내용을 읽어 보는 것도 프로그램의 개발에 도움이 될 수 있다.
- **정부기관 및 연구소 출판 자료**: 정부기관이나 다른 연구소에서 출판된 연구보고서, 연구비 지원을 받아 진행되고 있는 프로그램의 목록 등도 어느 영역에서 프로그램을 개발해야 할지, 또 최근 어느 분야에 대한 관심이 높아지고 있는지 등에 대한 정보를 제공한다.

- 학회나 각종 워크숍 자료: 각종 저널에 실린 논문에 비해서는 아직 그 효과성을 평가받는 절차를 충분히 거치지 않았을 가능성이 높다. 그러나 아이디어 수준에서는 충분히 검토해 볼 만한 자료들이 많이 있다.
- 상담 및 교육기관의 프로그램: 각 지역의 상담 및 교육기관(예: 청소년회관, 사회복지관, 시·도청소년상담실, 건강가정지원센터 등)에서 실시되고 있는 프로그램이 어떤 것이 있는지에 대한 정보도 유용하다.
- 상업적 자료: 기업화된 형태로 보급되고 있는 프로그램들은 이론적 근거보다는 참여 성과를 중심으로 제시되는 경우가 많다. 그래서 이론적 근거나 효과성에 대해서는 보다 검증이 필요한 것이 사실이다. 그러나 어떤 점에서 이와 같은 프로그램이 상업적 성과를 거둘 만큼 내담자 혹은 상담 및 교육의 대상이 되는 집단에게 호소력을 갖게 되는지 그 내용과 전달방법 등에 대해서는 주목해 볼 필요가 있다.
- 다양한 웹 사이트: 공신력에 있어서는 검증과정이 필요하지만, 잠재적인 상담 및 심리교육의 대상자가 될 수 있는 사람들의 생각과 감정 등을 담고 있는 글들이 많은 만큼 프로그램의 개발을 위한 아이디어를 얻는 데 도움을 줄 수 있는 정보들이다.
- 프로그램 개발자 및 저자에게 직접 연락하기: 프로그램의 구체적인 내용을 알기 위해서는, 저널에 게재된 논문의 경우 교신저자의 이메일 등과 같은 경로로 정보를 문의해 볼 수 있다.

③ 수집한 활동 요소의 정리

수집한 활동 요소가 도움이 되는 형태로 정리되지 않으면 프로그램 개발에 활용하기가 어려울 것이다. 프로그램을 찾고 검토한 다음에는 일차적인 자료 정리를 해 두어야 한다. 이때 기록해 두어야 하는 부분에는 프로그램명과 개발 혹은 수정 연도, 프로그램 개발자(이름, 소속, 주소, 전화번호, 팩스, 이메일), 프로그램의 목적, 목표집단, 내용에 대한 간략한 기술, 프로그램 효과 평가결과, 운영기관 및 출처 등이 포함된다.

더불어 프로그램 주제, 필요성, 목적, 유사 프로그램들의 특성 등을 조사하여 함께 정리해 두면, 기존 프로그램과의 유사성 및 신규 프로그램의 차별성을 보다 명확히 할 수 있을 것이다.

이와 같이 수집된 자료는 〈표 9-4〉와 같은 형태로 비교분석하여 보다 요약된 형태로 각 프로그램의 활동내용을 정리할 수도 있다. 또한 프로그램 활동내용을 비교하여 유사 프로그램들이 모두 포함하고 있는 주요 요소와 그렇지 않은 요소를 비교하는 형태의 프로그램 활동내용 요소 비교표를 〈표 9-5〉와 같은 방식으로 작성하는 것도 매우 요긴하다.

ooo 표 9-4 프로그램 비교분석표

| 프로그램명/활동명 | 프로그램 A | 프로그램 B | 프로그램 C |
|---|---|---|---|
| 프로그램에 대한 요구 | | | |
| 목표집단 | | | |
| 개입상황(장소, 장면) | | | |
| 이론적 틀 | | | |
| 변화 전략 | | | |
| 프로그램 길이와 기간 | | | |
| 행동적 목표 | | | |
| 활동내용 | | | |
| 활동방법 | | | |
| 준비물 | | | |
| 효과 | | | |
| 한계 | | | |
| 기타 유의점 | | | |

ooo 표 9-5 프로그램 활동내용 요소 비교표 예시(전공 및 진로 탐색 프로그램 요소 비교)

| 영역 | 프로그램 A | 프로그램 B | 프로그램 C |
|---|---|---|---|
| 자기이해 | ○ | ○ | ○ |
| 직업정보 | ○ | ○ | ○ |
| 학업 관련 정보 | ○ | ○ | ○ |

| | | | |
|---|:---:|:---:|:---:|
| 진로결정 | ○ | ○ | ○ |
| 진로계획 | ○ | ○ | ○ |
| 구직, 적응, 발전 | ○ | ○ | × |
| 생애 역할과 진로의 관계 이해 | ○ | × | × |
| 다양한 경험 | × | ○ | × |

이와 같이 정리가 된다면, 유사 프로그램들이 공통적으로 고려하는 활동내용 요소들과 개별 프로그램 간의 차이를 한눈에 파악할 수 있게 된다. 그리고 새롭게 개발하려는 프로그램의 내용을 구성할 때 경험적인 근거를 제시할 수 있는 자료로 활용할 수 있다.


## 2. 상담 및 심리교육 프로그램의 평가

프로그램 평가는 효율적 운영이라는 현실적 측면과 연구 측면에서 그 필요성이 부각된다. 첫째, 현실적 측면에서 프로그램 평가의 필요성을 살펴볼 수 있다. Royse 등(2001)은 프로그램이 만들어지고 활용되는 목적이 대개 한 개인의 이익보다는 집단을 대상으로 한 공익적 성격을 지닌다고 하였다. 즉, 제한된 자원으로 보다 효율적인 운영이 이루어지고 있는지를 밝힐 필요가 있다는 것이다. 둘째, 연구 측면에서 프로그램 평가의 필요성을 살펴볼 수 있다. 체계적인 프로그램 평가과정은 연구의 형태를 띠게 되며, 이때 평가연구가 가져다주는 정보의 유용성은 프로그램 평가활동의 필요성을 부각시킨다.

지난 수십 년 동안 상담 분야에서는 다양한 내담자를 대상으로 많은 주제 영역에서 여러 프로그램을 설계하여 시행해 왔다. 그리고 그러한 프로그램들에 대해 평가의 중요성이 확산되었다. 그러나 여전히 평가대상에 포함되지 않은 많은 프로그램이 명확한 근거 없이 활용되고 있다.

상담에 종사하는 사람들 가운데 과학적인 연구의 필요성을 느끼고 몰두하려는 사람들은 많지 않아 보인다. 연구가 자신의 주 업무라고 생각하지 않는 사람일지라도 믿을 만한 연구도구를 사용하여 서비스와 프로그램에 대해 평가하는 것이 가치 있다는 점에 동의할 것이다.

여기서는 프로그램 평가의 일반적 개념을 먼저 기술하고 상담적 관점에서 평가의 개념을 살펴보고자 한다. 평가의 개념에서는 프로그램 평가의 필요성과 목적을 함께 살펴보며, 그러한 실제 평가활동이 기반하고 있는 주요 원리와 평가모형에 대해 살펴본다.

## 1) 프로그램 평가의 개념과 구성 요소

### (1) 개 념

프로그램 평가는 조사과정이 논리적이고 순서가 갖춰진 절차를 따른다는 측면에서 기초연구와 비슷한 면이 있다. 프로그램 평가 역시 연구문제와 가설에서 시작하며, 그에 적합한 연구설계 방법이 개발되어 왔다. 따라서 프로그램 평가에 대해 성과와 관련된 '사실이나 원리들을 찾는 데 사용되는 체계적인 절차'로 간단히 정의하기도 한다(Barker, 1995). 연구의 관점에서 프로그램 평가를 살펴보면 다음과 같다.

첫째, 프로그램 평가는 관리과정의 일부로서 응용연구 분야에 속한다. 프로그램 평가는 실용적 이유를 갖기 때문에 프로그램에 대해 체계적으로 검토하는 과정을 거치게 된다.

둘째, 프로그램 평가는 논리와 연구 순서에서 기초연구와 비슷하다. 연구와 평가 모두 문제와 질문 혹은 가설로부터 시작한다. 연구나 평가 모두 과제중심 혹은 문제해결 과정과 비슷하지만, 프로그램 평가는 그로부터 얻어진 정보를 특정 프로그램에 적용하려는 것을 우선 목적으로 하고 있다.

셋째, 프로그램 평가는 비교기준이 포함된다. Schalock과 Thornton(1988)은 프로그램 평가를 '구조화된 비교'라고 정의하였다. 한 기관에서 시행된 프로그램은 같은 기관 내 혹은 다른 기관에서 시행된 유사 프로그램과 비교될 수 있다.

이러한 관점에서 먼저 염두에 두어야 할 것은 어디까지나 실제적인 목적을 위한 노력이며, 학술적인 이론을 세우거나 필히 사회과학 지식을 발전시키려는 것이 우선 목적은 아니라는 점이다.

### (2) 목적

프로그램 평가는 평가의 여러 대상 가운데 프로그램을 대상으로 하여 이루어지는 평가활동이다. 기능적 관점에서 평가의 정의는 무엇에 대한 평가인가와 관련성을 지닌다. 프로그램 평가는 일반적인 평가 자체의 목적과 특정 프로그램의 목적을 함께 고려하여 이루어지게 된다. 일반적인 평가 자체의 목적은 프로그램 기획과 실행에 필요한 정보 획득, 책무성 이행 확인 그리고 이론 형성에 대한 기여 등을 포함한다.

효과성 평가는 개별 프로그램들의 목적을 고려하여 이루어지게 된다. 이때의 목적은 보통 어떤 문제 혹은 필요 상황이 전제가 되는데, 우리나라의 상황에서는 물질 남용, 청소년 문제, 진로, 정신질환, 아동학대, 가정폭력, 범죄, 심인성 질병 문제 등이 포함된다고 할 수 있다. 이와 같은 개념에 기초할 때, 결국 프로그램은 프로그램 참여자들에게 영향을 주기 위한 일련의 개입이나 서비스가 된다. 따라서 평가는 이러한 개입이 유효한가를 밝히는 것이 된다.

### (3) 구성

프로그램 평가는 체계적인 관점에서 볼 때, 투입, 전환(throughputs), 산출, 성과 등을 기본 구성 요소로 포함한다.

- **투입**: 프로그램 목표를 달성하기 위해 요구되는 여러 자원
- **전환**: 서비스를 전달하는 활동과정
- **산출**: 프로그램 적용을 통해 기대하는 결과를 얻기 위한 서비스의 양
- **성과**: 서비스 수혜자가 프로그램을 통해 삶의 질 측면에서 이루어진 측정 가능한 변화. 프로그램 실시 후 수혜자가 얻은 이익, 변화 혹은 효과 등을 의미

이와 함께 프로그램 평가과정에서 주의 깊게 고려해야 할 점이 있다. 상담연구자들이 실시하는 프로그램 평가가 충분한 힘을 갖도록 개선되기 위해서는 다음의 사항을 고려해야 한다.

첫째, 평가는 충분한 지적 기초가 필요하다. 평가에 필요한 새로운 방법론과 기법을 다른 학문에서 빌려 활용하려는 노력이 필요하다. 둘째, 평가는 반복해서 이루어져야 한다. 이에 따라 거의 모든 평가자에 의해서 메타분석에 대한 필요성이 제시되고 있다. 셋째, 프로그램 평가자들은 평가의 정치적 특성을 이해해야 한다. 프로그램 평가가 반드시 합리적인 것은 아니며 경우에 따라 강한 정치적 의도를 지니기도 한다.

## 2) 프로그램 평가의 원리 및 모형

### (1) 평가원리

프로그램 평가과정은 그 구성이 체계적이며 논리적인 일관성을 지녀야 한다. 평가자가 평가체계를 구성할 때 먼저 정하는 것은 평가의 철학 혹은 이념이며, 이는 평가행위가 기반하는 가치와 관련된다. 수혜자에 초점을 맞춘 원리에서 비롯되는 핵심적인 평가 원칙을 네 가지로 요약하면 다음과 같다.

- 이용자의 욕구 및 제공된 서비스에 대한 평가를 반복적으로 실시해야 한다.
- 성과 측정, 평가대상, 평가기간, 평가정보의 활용을 포함한 체계를 갖춰야 한다.
- 수혜자의 욕구에 대한 조사가 정기적으로 전문적이고 행정적인 방식으로 이루어져야 한다.
- 평가결과의 활용은 서비스 수혜자와 제공자 그리고 지원체계 모두에 적절히 전달되어야 한다. 그리고 계획을 수립하는 데 다시 활용되어야 한다.

평가과정에서 발생할 수 있는 저항 요인들도 있는데, 이는 다음과 같다.

- 프로그램 효과에 대한 과대 혹은 과소한 기대감
- 상위 기관 또는 관계자로부터의 부적절한 압력
- 평가가 오히려 쇄신을 가로막을 수 있다는 걱정
- 프로그램이 중지될 수 있다는 걱정
- 평가정보가 남용될 수 있다는 걱정
- 비밀 보장이 잘 될 수 있을 것인가에 대한 걱정

### (2) 평가모형

평가는 목적이 무엇인가에 따라서 평가방법과 운영과정이 달라질 수 있다. 프로그램의 평가목적과 운영과정에 따른 프로그램 평가모형을 살펴보면 다음과 같다.

#### ① 평가목적을 기준으로 한 모형

평가목적을 기준으로 한 평가모형은 〈표 9-6〉과 같이 대략 여덟 가지 모형으로 제시할 수 있다.

ㅇㅇㅇ **표 9-6 평가목적에 따른 평가모형 구분**

| 분류 | 모형 | 주요 내용 및 특징 |
|---|---|---|
| 고전적 평가 모형 | 실험 모형 (experimental model) | • 실험연구 방법 활용<br>• 프로그램의 인과적 효과성 평가<br>• 프로그램 효과, 평가과정의 내적 타당도 중요 |
| | 목표중심 모형 (goal-oriented model) | • 교육평가 방법 활용<br>• 학습자의 교육목표 성취 여부 평가<br>• 진술된 교육목표와 성취 수행 결과 간의 비교에 초점 |
| | 인증 모형 (accreditation model) | • 전문가 준거 활용<br>• 전문가 집단의 기관 방문 평가<br>• 프로그램 및 기관과 준거 간의 비교에 초점 |

| | 의사결정중심 모형<br>(decision-focused<br>model) | • 프로그램 개선을 위한 평가자 정보 활용<br>• 의사결정자를 위한 평가<br>• 의사결정 항목에 대해 평가자의 가치가 배제된 평가 정보 제공에 초점 |
|---|---|---|
| 대안적<br>평가<br>모형 | 반론중심 모형<br>(adversary model) | • 사법적 심리절차 활용<br>• 합리적 의사결정을 위한 심의 형태 평가<br>• 찬성 및 반대 입장 간의 비교를 통해 프로그램 장단점 파악에 초점 |
| | 전문성중심 모형<br>(expertise-oriented<br>model) | • 전문가 권위 및 식견 활용<br>• 전문가의 비평적 태도 또는 심의 체계를 통한 평가<br>• 전문가의 프로그램 장점 및 가치에 대한 견해에 초점 |
| | 이용자중심 모형<br>(user-oriented model) | • 이용자 또는 수혜자의 인식 활용<br>• 이용자의 자연스러운 참여와 반응에 의한 평가<br>• 이용자 개개인의 다양한 욕구 및 가치에 초점 |
| | 반응중심 모형<br>(responsive model) | • 프로그램 관련자들의 다양한 요구와 가치 활용<br>• 프로그램 관련자들의 평가 참여와 이를 통한 자연스러운 반응에 따른 평가<br>• 평가방식 안내 및 프로그램 활동에 관련된 다양한 관심, 문제, 결과의 포괄적 정보 제공에 초점 |

출처: 김창대, 김형수, 신을진, 이상희, 최한나(2011)에서 재인용.

② 운영과정을 기준으로 한 모형

운영과정을 기준으로 한 모형은 크게 네 가지, 즉 형성평가(formative evaluation), 과정평가(process evaluation), 총괄평가(summative evaluation), 혼합평가로 구분된다.

첫째, 형성평가는 프로그램 초기 평가로서 프로그램의 형성에 초점을 둔 평가모형이다. 형성평가는 프로그램의 전달방법, 효율성 그리고 결과를 향상시키려는 목적으로 프로그램 초기에 실시된다. 형성평가자는 프로그램 수혜자와 실시자, 관리전략과 철학, 프로그램 비용들 간의 상호작용을 본다. 형성평가는 어떤 서비스가 누구에게, 언제, 얼마나 자주, 어떤 상황에서 이루어졌는지를 밝히는 것이다. 형성평가를 통해 초기 프로그램의 강점과 약점을 확인할 수도 있다.

형성평가의 실용적인 절차는 크게 세 단계를 거치게 된다. 우선, 기준과 비교한다. 유사한 프로그램이 국가기관에서 개발된 것이 있다면 특정 프로그램(local program)을 이 기준과 비교하여 어떤 차이가 있는지를 검토한다. 다음으로, 전문가의 자문을 구한다. 마지막으로, 임시 평가위원회를 구성한다.

둘째, 과정평가는 프로그램이 진행되는 과정에 실시된다. 경우에 따라서는 형성평가도 결과물이 아닌 개입에 초점을 둔다는 점에서 종종 과정평가로 여겨지기도 한다. 형성평가와 과정평가를 분리할 때 그 주된 차이점은, 형성평가가 프로그램 개발의 초기 단계에 영향을 주는 것이라고 하면, 과정평가는 어느 때든지 심지어 프로그램 마지막에도 실시될 수 있다는 것이다. 과정평가의 목적은 크게 프로그램 기술/설명(program description), 프로그램 모니터링(program monitoring), 질 관리(quality assurance) 차원에서 이루어진다.

상담 및 심리교육 프로그램의 경우 과정평가 연구가 개인 수준에서 이루어지는 경우는 드물다. 그러나 국가의 지원을 받는 정신보건기관에서 이루어지는 대규모 프로그램들의 경우는 과정평가가 이루어지는 경우가 있다. 그러나 두 경우 모두 비용 효율성 측면에서 이루어지는 연구는 매우 찾아보기 힘들다. 이것은 전달된 프로그램의 효과를 경제적 가치로 환원할 수 있는 계량적인 지표를 마련하여 환산하기가 어렵다는 점에 기인한다. 그러나 정책적 지원의 확실한 기초 자료 제공 측면에서나 프로그램 적용 활동의 전문성 담보 측면에서 이러한 연구 수행이 매우 필요하다. 과정평가를 위한 정보 수집방법은 다양하며, 면대면 인터뷰, 전화면담, 설문조사, 핵심인물 면담, 초점집단면접, 기록 분석, 프로그램 기록 분석, 관찰, 사례연구 등이 모두 활용될 수 있다.

셋째, 총괄평가는 동시에 목표 지향적 평가로서 프로그램이 의도한 목표를 얼마나 잘 성취했는가에 초점을 둔 평가모형이다. 총괄평가는 프로그램의 효과성과 효율성을 평가하며, 대개 프로그램이 종결된 후에 실시된다.

넷째, 혼합평가는 과정평가와 총괄평가를 통합한 평가모형이다. 혼합평가는 대개 총괄평가를 한 후 과정평가를 통해 운영과정의 타당성과 프로그램 효과성을 검토하게 되며, 이를 통해 총괄평가의 타당성과 신뢰성을 확인할 수 있다.

○○○ **표 9-7** 과정평가에 유용한 자료 유형

① 내담자의 사회인구학적 특징
② 내담자가 받은 서비스(서비스 유형, 서비스 양)
③ 근거자료
④ 운영진 특징: 전문성, 경력, 사회인구학적 특징
⑤ 프로그램 활동: 특정 사건과 모임, 운영진 모임, 제공된 훈련, 프로그램 프로토콜ㆍ절
   차ㆍ훈련지침
⑥ 운영진, 위원회 미팅 시간
⑦ 프로젝트와 관련된 기록
⑧ 내담자 만족도 자료
⑨ 재정 자료, 프로그램 비용 및 지출 비용

## 3) 프로그램 평가 과정 및 전략

### (1) 프로그램 평가과정

여기서는 프로그램 평가를 실시하는 과정에서 발생할 수 있는 시행착오를 줄이기 위한 보편적인 절차를 살펴보고자 한다. 대체로 프로그램 평가는 전반적인 서술에서 시작하여 목표 확인, 평가실시, 결과 분석 및 보고서 작성 등의 과정을 거친다. 여기서는 프로그램 평가의 과정을 일곱 단계로 살펴본다.

첫째, 평가준비 단계는 문제의식의 형성 단계이며, 동시에 무엇을 어떻게 시작해야 하는가를 확인하는 단계다. 조력 전문직의 경우, 프로그램을 관리하기 위해 〈표 9-8〉에서 제시하는 몇 가지 질문들에 대해 명확히 하는 것이 필요하다. 통상의 경우, 프로그램 효과연구는 말 그대로 프로그램 효과성에 초점을 맞추는 경우가 대부분이다. 그러나 노력성이나 효율성과 같은 다른 항목들 역시 프로그램 평가의 중요한 근거가 된다는 점을 고려할 수 있어야 한다. 〈표 9-8〉 프로그램 평가근거 점검표에서 제시하는 항목은 크게 노력성, 효과성 그리고 효율성이다. 프로그램 수행 비용, 예산 결정 근거의 타당성, 그리고 소요 비용의 상대적 효율성 평가가 포함된다. 이러한 평가근거에 대한 항목들은 평가의 필요성, 조력 전문직의 전문성 향상과 책무성 달성 측면에서 중요하게 고려되는

ㅇㅇㅇ **표 9-8** 프로그램 평가근거 점검표

| 구분 | 항목 |
|------|------|
| 노력성 | 1. 프로그램 목표를 달성하기에 자원이 충분한가? |
| | 2. 프로그램 실시자들이 충실한가? |
| | 3. 프로그램이 확대 또는 축소되어야 하는가? |
| 효과성 | 4. 서비스 수혜자의 만족도는 어떠한가? |
| | 5. 서비스나 처치가 효과성을 지니는가? |
| | 6. 수혜자의 욕구가 충족될 수 있는가? |
| | 7. 지역사회 여론 형성에 효과적인가? |
| 효율성 | 8. 프로그램 비용이 적정한가? |
| | 9. 프로그램 평가에 근거하여 예산 배정이 결정되는가? |
| | 10. 프로그램의 비용 효율성은 적정한가? |

출처: Austin (1982)을 수정하여 제시함.

항목들이다.

둘째, 평가목적 확인 및 진술 단계에서는 평가를 실시하는 이유 또는 목적을 구체적으로 기술하고 평가 내용 및 하위 요소를 결정한다. 평가의 적절한 범위를 밝힘과 동시에 범위를 선정하게 된 적절성을 제시하여야 한다.

셋째, 평가설계 단계에서는 연구실험설계를 한다. 몇 가지 내용을 강조하면, 우선 필요한 자료를 효과적으로 정확하게 수집 · 분석 · 비교할 수 있는 절차를 세운다. 프로그램 평가를 위한 일반적인 실험설계에는 진실험설계와 준실험설계, 모의실험설계, 단일사례설계 등이 포함된다. 〈표 9-9〉는 각 설계별 특성을 비교하여 제시하였다. 연구자는 평가목적을 고려하여 적절한 설계를 결정해야 한다.

넷째, 평가실시 단계에서는 측정도구를 선정하고 자료를 수집하게 된다. 측정도구는 널리 활용되는 것을 사용하거나, 필요에 따라 기존 도구의 수정 제작 또는 새롭게 제작하는 과정을 밟게 된다. 평가자료는 프로그램 기록 검토, 자기보고식 평가, 면접 그리고 관찰 등의 방법으로 수집된다. 자료 수집 시에는 〈표

9-10〉에서 제시하는 구체적인 항목들을 고려하여 효율적인 방법을 결정하는 것이 바람직하다.

ㅇㅇㅇ 표 9-9 프로그램 평가 설계방법들의 특성 비교

| 설계방법 | 진실험설계 | 준실험설계 | 모의실험설계 | 단일사례설계 |
|---|---|---|---|---|
| 독립변수 조작 | ○ | ○ | ○ | ○ |
| 사전 · 사후 측정 | ○ | ○ | ○ | ABAB 설계 시 |
| 실험 및 통제 집단 구성 | ○ | ○ | ○ | 기초선 이용 |
| 무선 배정 | ○ | × | × | 해당 없음 |
| 외적 타당도 | 대체로 높음 | 낮음 | 매우 낮음 | 낮음 |
| 내적 타당도 | 높음 | 대체로 높음 | 매우 높음 | 대체로 높음 |

ㅇㅇㅇ 표 9-10 프로그램 평가자료 수집방법 비교

| 구분 | 평가정보 수집방법 | | | |
|---|---|---|---|---|
| | 프로그램 기록 검토 | 자기보고식 평가 | 면접 | 관찰 |
| 비용 | 낮음 | 적절 | 비교적 높은 편 | 비교적 높은 편 |
| 자료 수집을 위한 훈련 요구량 | 적음 | 없거나 적음 | 비교적 많음 | 비교적 많음 |
| 소요 시간 | 기록량에 따라 달라짐 비교적 적음 | 문항 수에 따라 달라짐 | 많음 | 관찰내용에 따라 달라짐 비교적 적음 |
| 반응률 | 기록 질에 따라 달라짐 비교적 높음 | 배포량과 문항내용에 따라 달라짐 | 높음 | 높음 |
| 측정방법 | 양적 평가 질적 평가가 상대적으로 어려움 | 양적 평가 내용에 따라 질적 평가 가능 | 질적 평가 조작적 정의를 통해 양적 평가 가능 | 질적 평가 조작적 정의를 통해 양적 평가 가능 |

출처: Hatry et al. (1996)을 수정하여 제시함.

다섯째, 평가결과 분석 단계에서는 수집된 자료를 이해하기 쉽게 정리 및 요약한다. 면접 혹은 관찰 자료와 같은 질적인 자료들은 그 내용을 그대로 풀어 제시하거나 적절한 틀에 따라 내용을 정리하여 제시하게 된다.

여섯째, 평가결과 보고서 작성 단계에서는 평가결과를 분석한 것을 정리 및 요약하여 보고서 형식을 갖추어서 작성한다.

일곱째, 평가결과 활용 단계에서는 평가를 통해 얻어진 정보를 프로그램 관계자, 즉 실시자, 수혜자 그리고 지원자 등에게 전달하고 프로그램과 관련한 의사결정 등에 활용한다.

### (2) 평가전략

앞에서 설명한 내용들은 프로그램 평가를 위한 연구설계, 절차 그리고 측정방법 등에 대한 것들이다. 프로그램 평가에는 전체적인 프로그램의 효과성을 확인하려는 경우도 있으나, 경우에 따라서는 프로그램의 어떤 요소가 효과를 발휘하는지 또는 어떤 요소들을 결합하여 프로그램을 구성하는 것이 보다 효과적인지를 밝히고 싶을 때가 있다. 이러한 효과성 평가를 위해서는 그에 적합한 평가전략이 필요하다. 김계현(2000)은 상담의 성과연구를 위해 Heppner, Kivlighan과 Wampold(1999)가 제시한 여섯 가지 성과연구 전략, 즉 처치 패키지 전략, 처치요소 분할 전략, 건설 전략, 처치구조 변경 전략, 처치 간 성과비교 전략, 내담자와 치료자 변인을 변화시키는 전략을 제시하였다.

- 처치 패키지 전략: 프로그램 평가의 경우, 가장 기본적인 질문은 정해진 기준에 비춰 프로그램이 효과가 있는지를 밝히는 것이다. 이때 프로그램 효과는 프로그램의 전체적인 적용과 그에 따른 효과성을 의미한다. 이를 처치 패키지 전략이라고 한다.
- 처치요소 분할 전략: 대부분의 프로그램은 여러 개의 하위 요소를 포함하고 있다. 처치요소 분할 전략은 그러한 여러 하위 요소 가운데 결정적으로 효과를 내는 요소는 무엇인지, 그리고 어떤 요소를 결합해야만 효과가 나는

지와 같은 질문에 답하고자 할 때 적용할 수 있는 연구전략이다.

- 건설 전략: 건설 전략은 이미 효과가 검증된 프로그램에 새로운 요소를 첨가했을 때 프로그램의 효과가 커지는지를 밝히는 전략이다. 건설 전략에서는 이미 효과가 검증된 표준처치(standard treatment)를 기본으로 새로운 효과를 일으킬 것으로 판단되는 요소를 첨가하게 된다.

- 처치구조 변경 전략: 처치구조 변경 전략은 프로그램의 내용이 아닌 구조적 측면의 변화를 통해 프로그램 효과 변화를 파악하는 데 적용할 수 있는 전략이다. 예를 들면, 프로그램 적용 회기 수, 회기 시간과 같은 처치의 양을 달리했을 때 효과에 변화가 발생하는지를 밝히는 것이다.

- 처치 간 성과비교 전략: 처치법 간의 효과를 비교하는 연구문제 및 그에 따른 연구전략을 처치 간 성과비교 전략이라고 부른다.

- 내담자와 치료자 변인을 변화시키는 전략: 평가연구에서는 프로그램의 내담자와 치료자 변인을 변화시키는 경우도 고려할 수 있을 것이다. 효과의 일반화를 꾀하고자 할 때, 연구자는 적어도 세 가지 요소, 즉 대상, 시간, 장소 측면에서 구성된 프로그램이 안정된 효과를 지니는지 밝혀야 한다.

이와 같은 프로그램 평가전략은 상담의 성과연구 전략에서 활용되는 것이다. 어떤 전략을 적용할 것인가는 프로그램 평가목적에 따라 달라질 수 있을 것이다. 프로그램 평가목적이 정해질 경우, 평가항목들을 밝히기 위해 어떤 전략을 활용하면 되는지 판단하는 경우에 이 여섯 가지 전략을 이해하는 것이 도움이 될 것이다.

## 4) 프로그램 효과

평가의 관점에서 볼 때에도 프로그램 성과를 밝히는 연구는 그 효과를 '검증' 해 보거나 프로그램의 수정을 위한 자료를 수집하는 등의 활동을 의도하는 것이다. 단순히 보편적이고 전문적인 지식의 생산을 기대하는 것이 아니라, 그 프로그램이 효과가 있는지 여부와 함께 더 효과가 있으려면 어떤 수정을 가해야 하는지 등의 구체적인 목적을 가지고 실시되는 것이다. 여러모로 볼 때, 프로그램 성과연구는 효과의 강도를 밝히는 것이 매우 중요하다.

예를 들어, 프로그램의 적용 여부나 대안처치에 따른 집단 간 성과 차이를 밝히고자 할 때 사용되는 분산분석은 중다회귀분석의 특수한 경우이며, 두 통계기법들은 동일한 계산근거를 가지고 있다. 그러나 분산분석을 사용하여 결과를 보고할 때는 독립변인이 종속변인에 미치는 효과를 나타내기 위하여 대체로 F값과 유의확률(p값)만을 제시하고 마는 경우가 있다(김형수, 2014). 수행된 연구의 의의나 중요성을 나타내는 지표로서 통계적 유의도(p값)만을 제시하는 것은 처치강도에 기반한 영향력이나 처치의 중요성에 대해서는 타당한 정보를 제공하지 못하게 되므로, 연구 수행의 목적과 결과의 활용 측면에서 볼 때 상당히 부족하다.

이러한 인식에 따라 여러 학자들(Cohen, 1990; Dunnette, 1966; Lykken, 1968)에 의해 유의도를 나타내는 p값에 대한 대안적인 통계치로 효과강도(strength of effect)가 제시될 필요가 있다. 효과강도는 연합강도, 즉 독립변수와 종속변수 간의 연관 정도를 양의 개념으로 보여 준다. 그리고 연구에 따라서는 효과크기를 제시함으로써 효과강도를 보여 줄 수 있다. 효과크기는 관계의 강도(연관정도)와 함께 양의 값인가 음의 값인가에 따라서 효과의 방향 정보를 함께 지닌다. 상담에서 성과연구들은 개입 전후 집단 간 평균이나 비율 차이를 살펴보는 경우가 많으며, 변인의 영향을 살펴보는 경우는 상관관계에 기반을 하게 된다. 따라서 효과크기 역시 평균, 비율 그리고 상관관계 등에 기초하여 산출이 가능하다. 효과크기의 하나인 Cohen의 d는 표준화된 평균 차이 값이며, 에타($\eta$), 상관계수(r)는 분산분석 값에 기초하여 산출된다. 효과강도는 상관계수제곱($R^2$), 에타제곱($\eta^2$), 입실론제곱($\epsilon^2$), 오메가제곱($\omega^2$) 등에 의해 표현될 수 있다. 효과크기 값들의 일부 즉, $\eta$나 r 등은 그 값의 제곱이 효과강도가 된다. 프로그램 성과연구에서 효과크기 및 효과강도 값을 제시하게 될 경우, 통계적으로 유의한(significant) 결과뿐만 아니라 그 값의 실제적 유의성(meaningfulness)을 밝혀서 관심의 대상이 되는 현상의 크기를 상담자들에게 전달할 수 있게 된다. 아래는 효과강도 간의 관계나 계산식을 표로 정리한 것이다.

○○○ 표 9-11  효과강도 계산식

| 효과강도 | 계산식 | 비고 |
|---|---|---|
| $\eta^2$ | $\dfrac{SS_B}{SS_T}$ | $SS_B$(집단 내 제곱합), $SS_T$(합계 제곱합) |
| | $\dfrac{t^2}{t^2 + df}$ | $t$($t$ 값), $df$(자유도) |
| $R^2$ | $\dfrac{SS_B}{SS_T}$ | $SS_B$(집단 내 제곱합), $SS_T$(합계 제곱합) |
| $\varepsilon^2$ | $\dfrac{SS_B - (J-1)\, MS_W}{SS_T}$ | $J$(집단 수), $MS_W$(집단 내 분산) |
| 조정된 $R^2$ | $\dfrac{MS_T - MS_W}{MS_T}$ | $MS_T$(제곱합 전체), $MS_W$(집단 내 제곱합) |
| $\omega^2$ | $\dfrac{SS_B - (J-1)\, MS_W}{SS_T + MS_T}$ | $J$(집단 수), $MS_W$(집단 내 분산) |

개별 효과강도 값의 크기는 $\eta^2 = R^2 > \varepsilon^2 =$ 조정된 $R^2 > \omega^2$ 순으로, η2와 $R^2$값이 가장 크고, $\omega^2$값이 가장 작게 나타난다. $\eta^2$의 값 해석은 통상 .01 수준일 때 작고, .06 수준일 때, 중간이며, .14 이상일 때 큰 것으로 판단한다.

제10장
# 상담학연구의 논문 작성

| 이형국 |

일반적인 글을 작성할 때 반드시 서론, 본론, 결론의 기본적 체제(體制)와 논리에 따라 작성해야 한다는 사실은 누구나 알고 있는 사실이듯, 논문을 작성할 때도 이는 동일하다. 즉 논문 체제가 연구과정의 단순한 나열이 아니라 체계적인 연구의 진행과정에 따른 인과적 구조를 지녀야 하며, 이는 곧 연구자의 개인적 취향이 아니라 과학적 연구의 논리적 근거를 통한 검증의 절차에 따른 객관적인 구조를 지녀야 함을 의미한다. 이에 본 장에서는 상담학연구의 마지막 과정인 논문 작성에 대해 구체적인 체제와 구성 및 구체적인 논문 작성의 개요와 작성방법에 대해 알아보고자 한다.

대부분의 초보 연구자들이 연구의 결과를 공적으로 보고하는 논문을 작성할 때 당면하는 문제는 논문의 체제를 어떻게, 그리고 왜 그렇게 구성되어야 하는가 하는 체제와 관련된 문제이다. 사실 사회과학 논문이 다 그러하듯이 상담학연구에서도 논문의 체제는 연구의 모든 과정과 결과를 객관성, 경험성, 정밀성 그리고 반복 가능성의 차원에서 연구의 결론이 과학적 방법을 통해 얻은 과학적 지식임을 담아내는 그릇이라 할 수 있다(문수백, 2005).

한데 기존의 학위논문이나 학술지 논문들을 살펴보면, 대학마다 학회마다 논문의 체제가 조금씩 차이를 보이며 심지어는 지도교수에 따라서도 그 차이가 있어, 때로는 논문 체제 자체가 논문 검증과정에서 큰 논쟁의 초점이 되기도 한다. 그러나 분명한 사실은 연구의 영역과 그 성격, 그리고 연구보고의 목적과 할애된 지면에 따라 논문의 내용조직에 어느 정도의 융통성과 차이가 허용되지만, 효과적인 의사 전달과 논리적인 체계를 위해서는 일반적으로 통용되는 논문의 형식 체제에 따라 조직되어야 한다는 점이다.

따라서 연구논문의 형식과 체제에 익숙하기 위해서는 우선 선행연구자들의 논문을 많이 읽어 보고, 자신의 연구에 맞는 체제를 사전에 계획해야 한다. 또한 연구계획을 설계하고 진행하는 과정 전반에서 논문의 체제를 항상 생각하고 각 영역에 관계되는 과정이 진행될 때마다 메모해 두도록 하는 것이 중요하다. 이는 실제 논문의 체제와 형식이 미비할 때는 연구내용까지도 좋지 못한 인상을 줄 우려가 있으므로, 논문의 체제와 작성형식에 유의함으로써 내용 구성이 더욱 적절하게 될 수 있고, 의사 전달이 효과적일 뿐만 아니라 논문 전체에 대해서도 좋은 인상을 주기 때문이다(Wayne, Gregory & Joseph, 2012).

이에 각 대학 및 학회에 따라 논문 작성규정을 별도로 제시하고 있지만, 여기서는 일반적으로 통용되는 대학원의 논문 작성규정과 한국상담학회 학회지 작성기준, 그리고 미국심리학회(American Psychology Association: APA) 'Publication Manual' 등을 기반으로 상담학 관련 연구가 진행되는 일반적 과정과, 그 과정에 따라 논문의 체제 속에서 어떤 순서에 따라 어떤 내용을 포함하여야 논리적이고 과학적인 논문으로 구성하는 것인지에 대한 일반적 작성 절차와 방법을 학위논문과 학술논문으로 나누어 그 체제와 구성을 중심으로 알아보고, 구체적인 작성 개요와 작성방법을 소개하고자 한다.

# 1. 학위논문의 체제와 구성

연구논문의 대표적 한 형태인 학위논문은 소정의 학위과정을 마친 사람이 학위를 받을 만한 자격을 가지고 있고, 독창성 있는 연구를 수행하여 독자적으로 그 결과를 논문의 형태로 작성할 수 있는 능력을 갖추고 있는가를 가늠하는 논문이라 할 수 있으며, 따라서 학위의 권위에 맞는 격식도 아울러 중요시되고 있다. 이에 일반적으로 학위논문은 크게 서문부, 본문부, 참고자료부의 세 부분으로 구성되며, 일반 학술지의 게재 논문과는 다른 특수한 형식과 체제를 요구하고 있다.

이를 구체적으로 살펴보면 논문 책자의 규격과 활자의 크기, 겉표지와 속표지, 제출서 등의 서식은 대학의 규정에 따라서 약간의 차이는 있으나, 대체로 다음과 같은 체제를 갖추고 있다.

## 1) 서문부

서문부는 표제지, 제출처, 인준서, 목차, 도표 및 그림 목차, 그리고 국문초록 등으로 구성된다.

### (1) 표제지

표제지는 논문의 외형이나 서식을 설명하는 부분이다. 표제지는 두 부분으로 겉표지와 속표지가 있다. 겉표지는 학위논문 책자의 표시이므로, 규격에 맞게 ○○학위논문, 제목, 대학교(원)명, 학과명, 저자명, 발간연도 등을 두꺼운 흑색 또는 진홍색 표지에 금박 활자로 인쇄하며, 논문의 품위를 위해서 활자의 크기와 위치는 각 학교별 논문 표제지 인쇄양식에 맞추어야 한다. 논문 제목은 연구의 내용을 간결하고 전체적으로 대표하는 것으로서, 하나의 제목으로 연구의 성격을 잘 나타낼 수 있도록 간결하면서도 구체적이며 연구주제가 명확히 드러나도록 정하여 3~4개의 단어군으로 가능한 한 짧게 표현하여야 한다. 특히 논문 제목 끝에 '…에 관한 연구' 등 연구라는 단순한 의미를 가진 단어를 삽입하는 것은 피하는 것이 좋으며, '…실험연구, 조사연구, 종단연구, 사례연구, 임상적 연구' 등 연구방법에 관한 것을 요약하는 의미의 논문 제목은 바람직하다고 하겠다. 그리고 의미의 정확한 전달이 요구되는 경우에 한해서만 논문 제목에 부제를 첨가할 수 있으며, 부제는 주제 다음 줄에 "-- --" 형태로 삽입한다.

### (2) 제출서

제출서는 논문을 완성한 후 학위를 청구하는 서식으로, 논문 제목, 지도교수명, 논문 제출의 문구, 제출 연월, 대학(원)교명과 학과(전공)명, 저자명이 들어간다.

### (3) 인준서

인준서는 저자에게 ○○학위를 인정하는 서식으로, 석사학위논문인 경우는 주심을 포함하여 3명, 박사학위논문인 경우는 주심을 포함하여 5명의 논문 심사위원들이 서명·날인하는 난과 대학교(원)명 및 인준 예정일이 기입되며, 앞선 제출서와 인준서가 한 면에 들어가기도 한다.

### (4) 목차

목차는 크게 내용 목차와 함께 필요에 따라서는 표와 그림 등의 목차로 구성된다. 먼저 내용 목차는 논문의 내용과 구성이 얼마나 논리적인지를 나타내므로, 연구자의 연구 의도에 따른 논리가 잘 드러나도록 어떤 논리적 순서에 따라 작성할 것인지를 논문의 요구 체제를 기본으로 하여 구성한 다음 본문의 페이지 순서대로 정리하여 작성하여야 한다. 또한 표, 그림 등이 여러 개 제시될 경우, 독자의 편의를 위해 별도의 표 및 그림 목차를 만들어 제시할 필요가 있다.

먼저 논문의 내용 목차를 표기할 때 번호를 부여하는 방법은 제출처에 따라 여러 가지 방법이 있으나, 일반적으로 장 또는 주제의 표제 번호로는 로마숫자

(예: Ⅰ, Ⅱ 등)로, 절 또는 소제목의 표제 번호로는 아라비아숫자(예: 1, 2 등)로, 항(項) 제목의 표제 번호로는 가나다(예: 가, 나 등)로, 목(目) 제목의 표제 번호로는 반괄호된 아라비아숫자(예: 가), 나) 등) 순으로 작성하는 것이 대체적인 원칙이다. 또한 내용 목차는 너무 간략하여도 독자가 논문의 내용과 구성을 파악하는 데 어려움이 있으며, 너무 세세하여도 목차가 길어져 독자가 연구결과의 흐름을 파악하는 데 어려움이 있으므로 내용과 논리 전달의 무리가 없는 적당한 수준에서 제공해 주어야 한다.

한편, 논문에서 통계적 자료나 그래프, 도표, 다이어그램, 그림, 지도, 사진 등으로 표현되는 표나 그림 등은 특수한 사실이나 결과에 관해서 글로써 설명하는 이상으로 훌륭하고 일목요연하게 정보를 전달해 주는 수단이므로, 이들에 대해 〈표 1〉, 〈그림 1〉 또는 표-1, 그림-1 등의 방법으로 표시하는 것이 좋으며, 도표나 그림의 목차에서도 각각 페이지 번호를 명기한다. 도표 및 그림의 수가 아주 적을 때에는 둘을 합하여 도표 목차라는 하나의 제목 아래 통합하여 표시할 수도 있다.

## (5) 국문초록

논문 요약에 해당하는 국문초록은 논문의 전체적 흐름과 논지를 간단히 밝혀 적는 것으로, 논문 검색과정에서 가장 먼저, 그리고 가장 많이 읽히는 대상이며 연구의 방향을 이해하도록 도와주는 구실을 한다. 특히 최근에는 인터넷 논문검색 시스템에서 초록을 원문 대신 논문의 정보 콘텐츠로 제공하는 경우가 많은 만큼 체계적이고 간결하게 작성하여야 한다. 따라서 국문초록은 단순한 결론 부분의 요약 제공이 아니라 연구 과정 및 결과와 연구결과의 논증과 유용성 등을 요약하여 독자들이 논문의 개괄을 이해하고 논문 전체를 읽을지를 결정하게 하는 길잡이의 구실을 해야 하며, 대체로 요구하지 않을 경우는 작성하지 않고 참고자료부의 외국어 초록으로 대신한다.

## 2) 분문부

본문부는 주로 서론으로 시작하며 논문의 본 내용을 포괄하여 제시하는 자리로서, 서론의 첫 페이지가 그 논문의 첫 페이지가 되며, 쪽 번호 매김에서도 서문부의 경우는 작은 로마숫자로 장수를 표시하지만, 본문부터는 아라비아숫자로 페이지 수를 표시하여 구별한다.

### (1) 서 론

일반적으로 서론에서는 연구의 필요성 및 목적, 연구의 범위, 연구과정 및 연구방법에 대한 간략한 소개 등을 문제 제기 또는 연구의 필요성, 연구문제의 진술, 용어의 정의, 연구의의, 연구의 제한점 및 가정 등의 내용으로 개괄적으로 제시함으로써 이어질 논문의 본론에서 구체적으로 제시되는 내용의 전반을 개괄적으로 안내해 주는 기능을 한다.

#### ① 연구의 필요성 및 목적, 범위

여기서 말하는 연구의 필요성 및 목적이란 일반적으로 연구자가 연구하고자 한 연구 전반의 필요성과 목적을 독창성과 참신성 그리고 실현 가능성의 관점에서 간결하고도 균형 있고 충분하게 소개함을 의미한다. 그러므로 서론에서 첫 부분에 제시되는 만큼 그 시작을 지나치게 전문적이고 어려운 개념으로 시작하기보다는 독자가 쉽게 이해하고 흥미와 관심을 가질 수 있도록 일반적인 사실을 기술하면서 자연스럽게 시작하여 선택한 연구주제로 좁혀 들어가 끝부분에서 연구의 목적과 기대효과 등을 드러내는 방식으로 기술할 필요가 있다. 또한 연구의 범위란 본 연구에서 다루어야 할 문제의 범위를 명확히 함으로써 연구자 자신의 논지를 보호하는 구실을 하므로 되도록 구체적으로 기술할 필요가 있다.

#### ② 연구문제 또는 연구가설

연구자의 연구 실행 동기에 해당하는 연구문제는 논문 전체에서 그 분량은 작지만, 어떤 연구문제를 선정하는가에 따라 연구 절차와 방법이 결정되므로 논문 전체 연구과정의 방향을 결정하는 가장 중요한 역할을 하는 부분이다. 그러므로 앞선 연구의 필요성 및 목적에서 제시한 내용을 기반으로 어느 부분보다 명확하고 구체적으로 표현하여야 한다. 이에 연구문제를 기술하는 방법은 보통 조사연구의 경우 연구 필요성을 질문의 형태로 제시하거나(예: 학습부진 초등학생을 위한 자기주도학습 증진 집단상담 프로그램을 타당하게 구성할 수 있을 것인가?), 또는 검증연구의 경우 연구대상과 연구하고자 하는 독립변인과 종속변인, 그리고 변인 간의 관계를 질문의 형태로 명확히 제시하는 것이(예: 학습부진 초등학생을 위한 자기주도학습 증진 집단상담 프로그램은 학업성적 향상에 효과적일 것인가?) 일반적이다.

한편, 연구가설의 경우 연구문제에 대해 실증단계 전에 연구자가 예상하는 잠정적 결론을 가설로 밝히는 부분이다. 이에 모든 연구가 연구가설을 설정해서 검증하는 방식으로 진행하는 것은 아니므로, 연구의 목적과 성격에 따라 달라질 수 있다. 즉, 기존 이론이나 선행연구의 토대가 확실히 있어 연구결과가 논리적으로 자연스럽게 유도되는 연구의 경우는 연구가설을 통해 검증하는 방식이 적절하겠지만, 기존 이론이나 선행연구의 토대가 명확하지 않아 직접적 검증이 어려운 탐색적 연구의 경우 탐색하고자 하는 연구문제를 명확히 제시하는 것이 더 적절할 것이다. 이에 연구가설을 기술하는 방법은 보통 경험적으로 검증할 만한 가치와 검증의 방법이 있는 연구문제를 연구자가 예상하는 잠정적 결론을 질문의 형태가 아닌 서술의 형태로 제시하는 것이(예: 전문상담사들의 경우, 직업 요인 중 소득수준이 높은 사람일수록 직무만족도가 더 높을 것이다.) 일반적이다. 그리고 이러한 연구가설은 논리적 필요에 따라서 이론적 배경 끝에 기술되기도 한다.

### ③ 연구과정 및 연구방법

필요에 따라서는 앞선 연구의 목적과 범위, 연구문제 또는 가설을 제시하고 난 후에 이에 대한 논리적 근거 제시를 위해 연구과정에 대해 간략한 소개를 하는데, 이는 연구주제와 관련한 문제에 관한 기존 연구결과에 대해 간략하면서도 통찰력 있는 비판으로 기존 연구의 문제점이나 미비점을 소개하고 그 문제의 연구 과정 및 상황을 요약함으로써 연구자 자신의 연구에 대한 당위성을 강조할 수 있도록 약술할 수 있다. 이때 연구가설의 근거가 되는 이론이 일반적으로 널리 잘 알려진 이론일 경우는 간략히 서술될 수 있지만, 그렇지 않은 특수한 이론일 경우는 그 배경 전반을 상세하게 약술하여 연구가설의 도출 과정 및 논리적 관계나 근거를 밝혀야 한다.

또한 제시된 연구가설이나 연구문제에 대한 검증을 위해 연구자가 실행한 연구방법을 밝혀야 한다. 기존의 논문들 가운데 전혀 연구방법을 제시하지 않거나, 형식상으로 또는 본문의 내용과 관계가 없는 것을 적당히 기술하는 예도 있다. 물론 이는 이어질 본론에서 구체적인 연구방법을 제시하기 때문에 중복성을 피하고자 하는 의도겠지만, 서론을 통해 논문의 개괄과 다른 연구와의 차별성을 파악하고 자신에게 필요한 논문을 선별하고자 하는 독자들을 위해서는 개괄적인 연구방법도 기술해 주고, 본론의 연구방법을 제시하는 장에서는 연구방법론에 관한 문제를 집중적으로 거론하는 것이 더욱 타당할 것이다. 그러므로 서론에서 연구방법의 기술은 독자가 충분히 이해하여 그 연구과정을 반복할 수 있을 정도로 연구방안이나 실험방안, 경험적 자료 및 실제로 측정된 자료, 이론적 개념이나 배경과의 논리적인 관계, 표집대상의 특성, 표집방법, 실험통제의 방법, 측정방법과 자료 수집의 절차, 그리고 어떤 특수한 도구가 사용된 경우에는 그 도구의 주요 특징에 관한 기술과 통계적인 분석방법 등이 간략하면서도 상세하고 정확하게 드러나도록 기술하여야 한다.

④ 용어의 정의

그런 다음 필요에 따라서는 논문에서 사용될 주요 개념 혹은 변인들 가운데 일반적 용어가 아닌 연구목적에 맞는 구성개념을 조작적으로 정의할 필요가 있는 특수 용어들에 대해서는 독자들이 가질 수 있는 의문과 오해의 소지를 막고 효과적인 논문 내용의 이해를 돕기 위해 논문 전반에서 내린 타당성 있는 정의를 서론에서 미리 명백히 기술하여야 한다. 특히 원어의 번역어를 사용했을 때에는 그 타당성과 까닭을 명확히 제시해 줌으로써 독자들의 이해를 도와야 한다. 그러므로 조작적 정의라는 관점에서 선행연구들을 기반으로 연구자가 가장 타당한 방법으로 "~으로 정의하고자 한다. 또는 ~으로 정의하는 것이 가장 타당할 것이다." 등의 형태로 정의를 내려야 한다.

⑤ 연구의 의의, 제한점, 가정

이와 함께 연구논문이 가지는 연구의 의의와 연구의 제한점 및 가정을 서론에서 약술해 줌으로써, 독자들이 연구의 기본 가정과 한계점을 인식하고 본론을 이해할 수 있는 토대를 제공할 필요가 있다. 그래서 학자들에 따라서는 논문의 안내글이라고 할 수 있는 이 서론을 본론과 결론을 다 쓰고 나서 기술할 것을 권하기도 한다.

(2) 본 론

논문의 핵심 부분이 되는 본론에서는 앞서 서론에서 제시한 내용을 충분하고 확실한 자료를 증거로 제시하면서 이론적으로 전개해 가는 자리이므로, 구체적인 연구자료를 토대로 일관성 있게 논리를 전개하고 구명하고자 하는 연구주제를 명백히 설명하여야 한다. 이러한 본론은 크게 선행연구의 고찰을 통한 이론적 배경을 제시하는 부분과 구체적인 연구방법과 그 결과를 제시하는 부분, 그리고 이 두 부분을 통합해 고찰하고 논의하는 부분으로 나눌 수 있다.

① 이론적 배경 또는 선행연구의 고찰

먼저 기존 이론이나 선행연구 결과의 고찰을 통해 본 연구의 이론적 배경을 제시하는 부분을 기술한다. 논문에서 선행연구의 고찰을 통해 도출하고자 하는 것은 앞선 서론에서 제시한 연구문제에서의 문제나 변인들 간의 관계를 구체적으로 진술하면서 이론적으로 연구문제를 해결하거나, 연구가설을 도출한 핵심적이고 명확한 근거를 논리적으로 밝히는 것이다. 왜냐하면, 연구문제나 가설은 정립, 입증되지 않은 주장을 의미하며, 이론이나 현상체계를 연역하기 위하여 설정한 가정이므로, 이는 반드시 증거의 논리적 귀결 또는 잠정적 진술로서 검증 가능한 명제임을 밝혀야 한다. 또한 이를 통해 기존 선행연구들의 연구내용에 대비해 연구자의 연구내용의 차별성을 강조해야 중복을 피할 수 있으며, 기존 선행연구에서 생각하지 못했던 연구자의 연구내용의 독창성을 창출할 수 있다. 그래서 기존 이론의 경우는 상관이 없겠지만, 검증연구 등은 가급적 최근에 발표된 논문을 우선적으로 참고하는 것이 좋다.

이에 서론에서는 기존 연구들로부터 연구문제의 도출을 위해 필요한 결과 중심의 정보만 사용되는 반면, 본론에서는 기존 연구들로부터 연구가설의 근거를 제시하기 위해 연구방법이나 연구문제의 도출배경 전반의 정보를 기존 이론이나 선행연구 결과를 기반으로 그 관련성과 차별성을 논리적으로 상세히 기술하여야 한다. 그리고 이를 위해 선행연구의 타당성과 문제점을 평가하는 것이 가장 중요하다. 그러므로 이러한 관점에서 볼 때, 연구자가 설정한 연구문제에 대한 연구가설의 근거자료가 관련 이론일 경우에는 '이론적 배경(Theoretical Background)'이 되어야 하고, 근거자료가 관련 기존 선행연구의 결과일 경우에는 '선행연구의 고찰(Review of Related Literature)'이 되며, 이 둘 모두를 포함할 경우 '이론적 배경 및 선행연구의 고찰'이 되어야 한다.

한편, 연구문제에 따라서는 이러한 선행연구의 고찰을 통한 이론적 배경을 제시한 다음 연구가설을 기술하는 경우도 있다. 특히 변인 관련 연구의 경우, 선정된 연구문제의 변인들 간의 구체적인 관계를 예측하는 연구가설이 도출되어야 하므로, 귀납적 논리성으로 볼 때 이러한 선행연구 및 이론적 배경을 고찰한 다음 연구가설을 기술하는 것도 논리적으로 타당한 방법 중 하나이다.

### ② 연구방법

그런 다음 연구목적 달성을 위해 활용한 구체적인 연구문제의 해결방법이나 가설의 검증방법을 제시하는 부분을 기술한다. 물론 일반적으로 인과관계를 전제하지 않고 연구대상의 독특성을 이해하는 데 중점을 둔 질적 연구의 귀납적 연구방법과 현상에서 인과적 관계의 법칙을 찾고 규명하는 양적 연구의 연역적 연구방법 간에는 관심의 변수 수, 표본 수, 자료 수집방법 등에서 큰 차이가 있어 연구방법 설계에서부터 분석방법에 이르기까지 주의하여야 한다. 그러나 여기서는 일반적 관점에서 먼저 구체적인 연구방법으로 연구의 구체적 대상이 되는 모집단을 대표할 수 있는 표집된 연구대상을 밝히고, 어떠한 연구 또는 평가도구와 방법을 활용하여 어떠한 연구절차에 따라 연구가 실행되었는지, 그리고 이러한 연구방법으로 얻은 결과를 어떠한 방법으로 자료처리 방법을 활용하였는지에 대해 출처와 함께 상세히 기술함으로써 이어질 연구결과에 대한 연구설계 과정을 명확히 제시해 주어야 한다. 그래야만 이어지는 연구결과에 대해 독자들이 어떠한 기준으로 보아야 하는지를 알 수 있게 된다. 그러므로 이러한 연구방법은 연구 초기 단계에서 충분한 고려를 통해 연구문제의 해결에 가장 신뢰롭고 타당한 방법을 사전에 설계하여 검토하고 실행하여야 한다.

### ③ 연구결과

그런 다음 제시한 연구방법에 따라 도출된 연구결과를 제시하는데, 이는 논문에서 주장하는 결론을 정당화하기 위한 근거가 되는 부분이므로 이 결론을 뒷받침하는 충분한 자료를 연구자 나름의 통일성을 가지고 제시해야 한다. 이때 주의할 점은 연구결과의 기술과, 그 결과의 주관적 해석과는 명백히 구별해야 한다. 그러므로 연구결과 기술 시 연구목적에 비추어 지적인 정직성과 공정한 태도를 가지고 도표나 요약된 자료를 기반으로 도출된 결과를 있는 그대로 기술하여야 하며, 일반적으로 가설을 검증해 주는 통계적인 분석결과나 경험적 분석결과, 이론적 주장 등을 여기에 제시하게 된다. 그러므로 결론에 직접적으로 관계되지 않는 연구결과 자료는 부록으로 제시하여 필요시에 독자로 하여금 참고하도록 하여야 한다.

### ④ 논의 또는 고찰

앞서 제시한 이론적 배경과 연구결과를 통합해 연구자의 연구결과를 기존의 이론적 근거에 따라 해석 및 합리화하고, 이와 동시에 다른 연구자의 결과와 비교·검토하여 연구자의 주관, 이론 및 학설을 분명히 밝히고 비판하여 결론을 도출하는 논의 또는 고찰을 기술한다. 이때 연구자는 자신의 연구결과에 대한 타당성과 일반성 및 기존 연구와 구별되는 특이 사항을 뒷받침해 줄 수 있는 전제인 기존 이론이나 선행연구 결과들을 토대로 결과 도출의 이유를 논리적이고 일관성 있게 설명하듯 진술하여야 한다. 특히 이 과정에서 결과를 기반으로 작성하는 논의이니만큼 기존의 연구결과와 유사한 결과 도출에 대해서는 그 이유와 본 연구의 차별성을, 기존의 연구결과와 차이 나는 결과 도출에 대해서는 차이가 나는 이유를 논리적으로 설명해야 한다.

또한 연구결과로부터 연구의 목적을 규명하는 데 충분한 설명이 되는지, 또는 설정한 가설에 대한 충분한 근거를 제시하는지를 분명히 검토하여 연구자의 새로운 학설로 도출하여야 한다. 이에 연구자는 연구결과를 기반으로 학자적 관점에서 주관적 해석을 통한 학설 제시가 허용되지만, 객관적인 입장에서 자료를 여러 각도로 분석하고, 검토·해석하여 독자의 공감을 얻을 수 있을 만큼 공정해야 한다는 전제가 반드시 지켜져야 한다.

그리고 필요시 다른 연구자의 결과 중 중요한 부분을 인용하면서 자기의 연구결과를 비교·분석하거나 다른 연구자의 결과나 학설 등을 비판하고 비교·평가하여 연구자가 제기한 가설의 정당성과 타당성을 주장하여야 한다. 그러므로 논의 또는 고찰에서는 연구자가 기존 이론의 접근방법 또는 연구방법 등과 비교할 때 새로운 이론의 접근방법 및 연구방법이 보완되어 더욱 타당한 결과를 도출하였다는 기존 연구와 구별되는 새로운 면을 피력하여야 논문으로서의 가치와 독창성을 인정받게 되는 것이다. 또한 이때 그 논거의 제시와 추론의 과정이 얼마나 합리적이고 타당한가가 논문의 타당성과 가치를 결정하게 된다. 그러므로 제기한 가설이나 문제점에 초점을 맞추어 체계적으로 논거를 배열하여야 하며, 반드시 제기된 가설을 하나하나 해명하면서 연구결과가 가지는 중요성을 중심으로 소결론을 정리해 두어 비약이 일어나지 않도록 기술하여야 한다.

이를 위해 논의의 구성은 크게 연구의 목적과 연구문제, 연구절차, 분석방법 등을 요약하여 제시하는 도입부와, 설정한 가설 검증을 위해 도출된 모든 연구결과들을 기존 이론 및 선행연구 결과들과 비교, 평가하며 부합, 불부합의 이유를 밝히면서 자신의 학설로 정리하는 후반부로 구성되는 것이 일반적이다.

### (3) 결 론

결론은 논의를 통해 얻은 연구결과를 일반화하는 과정으로 주로 요약과 결론 제시로 구성된다. 그래서 그 기술도 논의 다음에 절을 다시 하여 결론 부분이 삽입되거나 또는 장을 달리하여 요약 부분과 결론 부분을 합하여 요약 및 결론이라고 하여 제시하는 경우가 일반적이다. 먼저, 요약에서는 기초적 지식을 가진 사람이면 논문 전체를 읽지 않더라도 연구의 전체 윤곽을 명료하게 파악할 수 있도록 돕기 위해 연구문제와 연구목적, 가설의 진술, 연구방법, 결과 및 논의 등 논문의 전체 과정을 간결하고도 포괄적으로 요약하는 것이 원칙이나, 결과와 결론에 많은 중점을 두어 기술하도록 한다. 한편, 연구의 결론에서는 앞서 제시한 결과와 논의를 토대로 이들을 종합하여 더욱 일반적인 수준에서 몇 개의 주요한 결론으로 제시함으로써 연구결과에서 도출한 주요 발견을 일반화하여야한다. 그러므로 연구결과가 해당 분야와 연관 영역의 어떠한 관계와 의의를 지니며 기여, 개선, 응용, 활용할 수 있는지를 간략히 제시하여야 한다. 그래서 결론은 지나친 일반화나 비약적 추리, 근거 없는 단정 등을 피하고 연구범위 내에서 결과가 도출되어야 하며, 가능한 한 수식어를 제외하고 간결하고 단순한 문장으로 표현하여야 하고, 문헌 인용은 가급적 하지 않는 것을 원칙으로 한다.

아울러 결론에서는 연구의 한계와 가급적 후속연구자의 연구와 연계된 새로운 연구방향, 논의 내용에 대한 방법론적 대안, 적용방법 등에 대한 제언을 언급할 수 있다.

## 3) 참고자료부

논문의 본문부가 끝나고 나면, 독자의 편의를 돕기 위한 참고자료부를 기술하는데, 일반적으로 참고문헌과 함께 필요에 따라서는 부록자료 및 색인을 첨부하기도 하며, 끝으로 외국어 초록으로 논문 기술을 마친다.

### (1) 참고문헌과 색인(필요한 경우)

사실 참고문헌은 논문의 부속 부분이라기보다는, 논문 전체에 대한 구체적인 근거의 자료를 제공하는 부분이다. 그러므로 논문의 내용에서 활용되고 언급된 참고문헌이 빠져서도 안 되며, 양을 늘리기 위해 보태어져서도 안 된다. 그리고 수록하는 방법은 대개 동양서를 먼저 적고, 서양서를 나중에 적는다. 동양서는 가나다순으로 쓰고, 서양서는 성(last name)의 알파벳순으로 쓰는 것이 보통이다. 그러나 참고문헌을 쓰는 구체적인 형식은 다양하고 각 학교나 전문 학회의 작성규정에서 요구하는 방법도 다르므로, 반드시 규정을 확인하고 이에 따라야 한다. 한편, 색인의 경우 논문의 내용이 복잡하면 필요시 참고문헌 뒤에 기술하여 독자에게 편리를 제공할 수 있지만 일반적이지는 않다. 기타 참고문헌과 색인과 관련된 상세한 작성방법은 상담학의 경우 일반적으로 미국심리학회인 APA(American Psychological Association)의 'Publication Manual'을 준용하는 경우가 많으므로 이를 참고하여야 한다.

### (2) 부 록

부록은 본문의 논지를 명확히 드러나게 하고 간결하게 하기 위해 본문과의 직접적 연결성이 낮거나 중요성이 낮은 원자료(low data), 세부 통계자료, 제시 프로그램의 상세 내용 및 논문에서 활용한 평가도구의 원자료 등 독자들이 필요로 하는 보충자료들을 제공하는 자리이며, 이에 일반적으로 참고문헌 뒤에 위치하게 된다.

### (3) 외국어 초록

원래 논문의 초록은 국문과 외국어가 있으며, 일반적으로 논문 내용이 국문인 경우에 외국어로 된 초록을 작성하며, 특별한 경우를 제외하고는 영문초록을 공통으로 하고 있다. 외국어 초록 역시 국문초록과 같은 내용을 포함하여 연구의 개괄을 제공하고 주요어를 제시여야 한다.


## 2. 학술논문의 체제와 구성

학술논문의 체제와 형식은 분야와 분량에 따라 차이는 있겠지만, 주로 학회지 등에 게재하게 되므로 모든 항목을 간략하면서도 엄밀하고 압축된 논문으로 만들어야 한다는 점에서 학위논문보다 더 높은 완성도가 요구되며 많은 시간이 걸린다. 이에 각 학술지마다 규정하는 체제적 차이가 일부 있지만, 대체적으로 학술논문은 학위논문과 유사하게 다음과 같은 체계를 요구한다.


### 1) 학위논문과 학술논문의 구성적 구분

학술지에 게재하는 논문을 학위논문과 비교해 볼 때, 형식과 간결성이라는 부분에서만 차이가 있을 뿐 학위논문에서와 같은 자세와 생각으로 다루어야 한다. 이에 간결성이라는 측면에서 모든 부분을 구체화할 필요는 없지만, 연구의 목적 및 연구 결과 및 논의 또는 고찰에서는 연구자가 제시하고자 하는 결론이 분명하게 드러나도록 핵심 내용이 변질되지 않는 범위 안에서 간결하게 작성하여야 한다.


### 2) 학위논문과 학술논문의 체제적 구분

학위논문은 연구의 범위가 넓고 내용을 구체적으로 다루게 되므로 분량이 많아지고 또 체제와 형식도 갖추어져야 하는 데 반해, 일반 학술논문은 연구의 범위가 비교적 한정되어 있고 간결하고 함축성 있게 작성된다는 점이 근본적으로 다르다. 이처럼 학술논문은 학위논문과 그 특성이 달라 체제상 차이가 있다. 그 체제적 차이는 일반적으로 다음 그림과 같다.

| 학술논문의 일반적 체제 | 학위논문의 일반적 체제와 비교 |
|---|---|
| (1) 논문 제목(Title) | 학위논문의 서문부/표제지 |
| ↓ | |
| (2) 저자명 및 소속(Author's name &Institution) | 학위논문의 서문부/제출서 |
| ↓ | |
| (3) 초록(Abstracts) | 학위논문의 서문부/초록 |
| ↓ | |
| (4) 서론(Introduction) | 학위논문의 본문부/서론 및 이론적 배경 |
| ↓ | |
| (5) 연구방법 | 학위논문의 본문부/연구방법 |
| ↓ | |
| (6) 연구결과(Results) | 학위논문의 본문부/연구결과 |
| ↓ | |
| (7) 논의(Discussion) | 학위논문의 본문부/논의 또는 고찰 |
| ↓ | |
| (8) 결론(Conclusion) | 학위논문의 본문부/결론 |
| ↓ | |
| (9) 참고(인용)문헌(References or Literatures Cited) 및 부록 | 학위논문의 참고자료부/참고문헌 |
| ↓ | |
| (10) 영문초록 | 학위논문의 참고자료부/외국어 초록 |

**[그림 10-1] 학술논문과 학위논문의 일반적 체제 차이**

[그림 10-1]에서와 같이 학술논문도 제목 페이지(Title Page)를 시작으로 초록, 연구목적, 이론적 배경, 연구 목적 및 가설, 연구방법, 연구결과, 고찰 또는 논의, 결론, 참고문헌 및 부록, 영문초록 등의 순으로 기술한다는 면에서, 앞서 설명한 학위논문에서와 작성방법에 큰 차이는 없다. 그러나 학술논문은 지면의 제약 등이 존재하는 만큼 핵심적 내용을 효과적으로 요약하여 기술하여야 한다. 이때의 기술 원칙은 앞선 절에서 밝힌 학위논문의 작성방법과 유사하므로, 앞선 학위논문에서 정리한 내용을 참고하고, 체제별로 포함되어야 할 내용과 체

크포인트 사항을 고려하여 기술할 필요가 있다.

## (1) 제목 페이지(Title Page)

제목 페이지(Title Page)에는 통상, 논문 제목과 저자명 및 소속 등이 수록된다. 여기서 논문의 제목은 그 기능이 단순히 독자에게 어떤 한 연구에 대해 알리기 위한 것뿐만 아니라 논문 내용을 함축적으로 제시하는 것이다. 따라서 짧으면서도 주제와 연구내용을 가장 적절하게 나타낼 수 있도록 해야 하며, 학술적이어서 독자의 관심을 끌 정도로 흥미롭고 신선미가 있어야 한다. 그러므로 논문의 대략적인 내용을 함축할 수 있도록 논문에서 다루는 이론적 논제나 주요 변인들, 그리고 그들 간의 관계를 포괄적이고 간명하게 함축하는 표현이어야 한다. 이에 "~에 관한 연구" "~에 관한 분석" "~에 관한 실험연구" 등의 군더더기 표현은 삼가야 하며 "~이 ~에 미치는 효과" "~과 ~과의 관계" "~ 관련 요인에 대한 국내 연구동향 및 메타분석" 같은 정확, 간명한 표현을 권장한다. 아울러 영어로 표기하는 경우, 관사와 전치사를 제외한 단어의 첫 글자는 대문자로 시작하며, 10단어 내외로 표현하는 것이 적당하다.

한편, 논문에서는 논문 제목 아래에 저자명과 연구가 시행된 기관명을 표기하는 것이 원칙이다. 이에 저자명의 경우 통상 국문 표기 때에서는 성(姓)을 먼저 쓰고 다음에 이름을 쓰며, 영문 표기 때에는 이름(first name) 그리고 성(last name)의 형태로 쓰며, 모든 호칭(~박사, ~교수 등)이나 학위명(PhD, PsyD, MD 등)은 생략한다. 그리고 저자가 여러 사람일 경우에는 주된 연구자의 이름을 먼저 쓰고 논문 작성에 기여한 정도에 따라 순서대로 저자의 이름을 적는다. 저자이름 다음에는 저자가 어디에서 연구를 수행했는지를 분명하게 해 주기 위해 저자의 소속 기관명을 밝힌다. 특히 저자 수가 세 명 또는 그 이상일 경우에는 저자의 이름 위에 별표 등(*, **, ***, ‡, #)을 붙이고 바로 아래에 소속을 밝히거나, 학회지에 따라서는 각주에서 소속을 밝히는 경우도 있다. 또한 통상 후속연구자의 연구상 교신을 위해 각주에 교신연구자의 구체적인 소속 주소와 메일 주소 등을 밝히기도 한다.

## (2) 초 록(Abstract)

학술논문의 전체 요약인 초록(Abstract)은 한두 단락 정도로 논문 전체 내용의 골자를 소개하는 '논문의 개요'를 제시하는 자리이며, 학회지에 따라서는 '국문 요약 또는 논문 요약'이라고도 한다. 이러한 초록은 독자가 본 논문 전체를 읽기 전에 어떤 논문인지를 파악하는 역할을 하므로, 초록은 논문의 목적, 연구방법 그리고 논문의 결론과 시사점 및 제언을 포함하여 보고체 형식으로 제시하여야 한다. 논문을 초록의 형태로 요약할 수 있다는 것은 그 논문이 문제 제기와 해결 그리고 논증을 제대로 갖추었다는 것을 의미하며, 초록은 제대로 된 논문이 완성되었다는 증거여서 통상 논문 작성 제일 마지막에 작성하게 된다. 그리고 주요어(Keyword)는 통상 논문에 포함된 중심적 내용인 연구대상, 연구의 종속변인과 독립변인 등을 바탕으로 논문 주제를 잘 나타낼 수 있는 순으로 6개 내에서 논문 검색의 색인어로 설정하며, 초록 끝에 제시한다.

〈초록에 포함되어야 할 구성 내용〉

| 연구문제 | • 가급적 한 문장 안에, 연구문제나 주제 제시 |
|---|---|
| 연구대상 | • 연구대상에 대한 명확한 정보와 특성을 요약하여 제시 |
| 연구방법 | • 자료 수집의 방법, 절차, 도구 등과 구체적인 연구방법의 핵심 제시 |
| 연구결과 | • 경험적 연구의 경우는 통계적 유의수준을 포함한 연구결과 제시<br>• 이론적 연구의 경우는 내용의 핵심 근거와 논리적 도출 결과 제시<br>• 사례연구의 경우는 사례 예시를 통해 설명된 문제의 성질이나 해법 제시 |
| 결론 | • 결론 및 시사점, 적용, 후속연구 관련 제언 등을 요약하여 제시 |

### ✓ 작성 시 체크포인트

1. 논제에 관심 있는 독자가 논문의 내용 전체를 읽을 필요가 있는지를 판단할 수 있도록 연구목적, 연구대상, 연구방법의 특징, 연구결과 및 중요성, 적용 범위와 의의 등이 간결한 문장으로 제시되어 있는가?
2. 연구주제와 관련한 일반적 지식을 가진 독자가 이해 가능한 수준에서 작성되었는가?
3. 논문 중에 밝힌 과정과 결과는 과거시제로 표현되었는가?

아울러 작성된 (국문)초록과 주요어는 동일한 내용을 희망하는 외국어로 번역하여 영문초록과 함께 제시함으로써 한국어를 모르는 독자를 배려할 필요가 있다.

### (3) 서 론

학술논문의 도입부에 해당하는 서론은 연구의 필요성과 목적 및 범위 그리고 연구문제의 이론적, 학술적 배경을 논리적으로 제시하고 연구문제 또는 연구가설을 도출하기 위해 관련된 기존 이론 및 선행연구 결과의 요약, 비평하는 과정을 통해 본 연구와의 관계와 연구의 당위성을 기술하는 자리이다. 즉, 학위논문 본문부의 서론과 이론적 배경 및 선행연구 고찰 부분에 해당한다. 또한 학술논문 경우 서론에서 연구자의 연구가 의미 있고 독창적임을 학술적 근거를 통해 강조하여야 한다. 그러므로 특히 상담학연구의 다수를 차지하는 실험, 분석 관련 연구에서는 연구문제 또는 연구가설이 이론적 배경에 기반하여 어떻게 도출되었는지에 대한 명확한 논리적 관계와 근거를 선행연구들의 비판적 고찰을 통해 간결하게 제시하여야 한다. 그리고 검증 관련 연구의 경우, 연구설계를 함축한 구체적인 측정도구를 염두에 두고 조작적으로 정의된 변인들 간의 관계를 포괄하는 구체적, 특성적 방법으로 가설을 제시하는 과정이 진술되어야 한다. 다만, 학술지에 따라서는 이론적 배경의 장을 별도로 분리하여 작성함을 원칙으로 하는 경우도 있으므로, 이 부분은 학술지별 원고 작성규정에 따라 작성하여야 한다.

〈서론에 포함되어야 할 구성 내용〉

| 연구문제<br>소개 | • 연구문제나 주제와 관련한 현상적 문제나 화두 제시<br>• 선행연구 동향 및 결과 제시<br>• 선행연구의 문제점 또는 한계점을 지적하며 연구의 필요성 제시<br>• 연구의 필요성에 기반한 구체적인 연구 목적 및 내용 제시 |
| --- | --- |

| 연구배경<br>(이론적 고찰) | • 연구의 이론적, 학술적 배경이 되는 구체적인 이론 및 개념 제시<br>• 선행연구 기반, 연구의 내용이나 관련 변인에 대한 구체적인 결과 정리<br>• 소개된 선행연구들에 대한 비판적 고찰을 통한 문제점 제시<br>• 후속 또는 새로운 연구 시도의 필요성 제시 |
|---|---|
| 연구 안내 | • 이론적 고찰에 기반한 구체적인 연구목적 제시<br>• 연구에 대한 종합적 요약 및 연구방법 중심 설계 개괄 소개<br>• 필요시 연구변인에 대한 용어의 정의(조작적 정의) 제시<br>• 연구의 의의 및 중요성 제시<br>• 구체적인 연구문제 또는 연구가설 제시 |

### ✓ 작성 시 체크포인트

1. 서론의 보편적 구성 요소인 연구배경, 필요성 및 목적, 의의 및 기대효과, 연구의 범위와 방법, 절차 그리고 연구문제 또는 연구가설 도출을 위한 기존 이론 및 선행연구 결과 제시, 확정된 연구문제나 연구가설 등이 간결한 문장으로 제시되어 있는가?
2. 연구의 필요성 및 목적에서는 연구의 기준과 방향, 연구의 중요성과 기대효과 등을 포괄하는 연구목적이 독자가 명확히 이해 가능한 수준에서 객관적이고 가시적으로 제시되어 독자의 흥미와 동기를 유발할 만한가?
3. 이론적 배경 또는 선행연구의 고찰에서는 제시될 연구문제나 가설의 당위성을 명확한 논거에 따라 객관적이고 논리적으로 도출하는 과정과 내용으로 기술하고 있는가?
4. 연구문제 또는 연구가설 설정에서는 서론에 기반하고, 설계한 연구절차 및 방법에 기반한 예견되는 연구결과의 검증기준으로 도출될 수 있는 연구문제의 가설을 정확하고 구체적으로 제시하고 있는가?

### (4) 연구방법

학술논문의 연구방법은 크게 연구대상, 연구도구, 연구절차, 자료분석 방법 등 4가지를 기본적으로 제시하는 자리이다. 즉, 학위논문 체계의 본문부의 연구방법에 해당한다. 이러한 연구방법은 연구가 실제로 어떻게 진행되었는지를 밝혀 연구의 기본적인 타당성을 확인받는 역할을 하므로 4가지 구성 내용을 기준으로 상세히 기술하여야 한다. 다만, 학술지에 따라서 자료분석 방법은 다음 장인 결과에서 서술하기도 한다.

〈연구방법에 포함되어야 할 구성 내용〉

| 연구대상 | • 연구대상으로 설정한 모집단을 대표할 수 있는 추출한 표본집단 정보 제시<br>• 연구대상의 구체적인 인구통계학적 정보 및 특성 제시 |
|---|---|
| 연구도구 | • 연구도구의 명칭 및 구성개념 제시<br>• 개발자, 개발시기 및 요약된 개발방법 제시<br>• 척도의 경우 유형, 예시 문항 제시<br>• 다양한 신뢰도와 타당도(개발연구, 본 연구결과) 제시 |
| 연구절차 | • 연구대상의 표집, 참여 과정<br>• 조사시기 및 응답의 질 관리방법 제시<br>• 결측값 처리 방법 및 결과 제시 |
| 자료분석 | • 수집된 자료의 구체적 분석방법 및 방법 선택 이유와 타당성 제시<br>• 자료처리 과정 및 자료처리의 활용 도구 제시 |

---

✓ 작성 시 체크포인트

1. 서론의 보편적 구성 요소인 연구배경, 필요성 및 목적, 의의 및 기대효과, 연구의 범위와 방법, 절차 그리고 연구문제 또는 연구가설 도출을 위한 기존 이론 및 선행연구 결과 제시, 확정된 연구문제나 연구가설 등이 간결한 문장으로 제시되어 있는가?
2. 연구의 필요성 및 목적에서는 연구의 기준과 방향, 연구의 중요성과 기대효과 등을 포괄하는 연구목적이 독자가 명확히 이해 가능한 수준에서 객관적이고 가시적으로 제시되어 독자의 흥미와 동기를 유발할 만한가?
3. 이론적 배경 또는 선행연구의 고찰에서는 제시될 연구문제나 가설의 당위성을 명확한 논거에 따라 객관적이고 논리적으로 도출하는 과정과 내용으로 기술하고 있는가?
4. 연구문제 또는 연구가설 설정에서는 서론에 기반하고, 설계한 연구절차 및 방법에 기반한 예견되는 연구결과의 검증기준으로 도출될 수 있는 연구문제의 가설을 정확하고 구체적으로 제시하고 있는가?

## (5) 연구결과

학술논문의 연구결과는 앞선 연구방법에 따라 얻은 결과자료를 분석한 내용을 보고함으로써 연구결론을 정당화하는 자료를 제시하는 자리이다. 즉, 학위논문 체계 본문부의 연구결과에 해당한다. 일반적으로 연구결과는 원자료가 주요분석을 수행하는 데 적합한지를 확인하는 사전분석, 연구 문제 및 가설을 확인하는 주요분석, 그리고 주요분석을 보완, 추가확인을 하기 위한 추가분석 등으로 구성된다. 그러므로 무엇보다 연구결과의 기술은 결론을 뒷받침하는 요약된 자료와 가설을 검증해 주는 통계학적인 결과의 제시를 의미하며, 연구결과에 대한 해석은 분석결과를 요약하여 제시한 자료에 대한 객관적 설명과 강조를 의미하므로, 주의할 점은 연구자의 주관적 해석은 결코 기술해서는 안 된다는 점이다. 아울러 연구결과의 제시방법은 객관적이고 통용되는 표와 그림·형태의 자료 형식을 활용하여야 하며, 통계적 유의도 검증기준도 명확히 제시하여 기각 여부를 밝혀야 한다.

〈연구결과에 포함되어야 할 구성 내용〉

| 사전분석 | • 연구결과의 기초가 되는 기술통계 분석결과 요약 제시<br>• 연구결과의 적합성을 확인하는 정상분포 확인 및 다중공선성 문제 확인 |
|---|---|
| 주요분석 | • 가설별 연구결과 분석 제시<br>• 실험연구의 경우, 분석절차 소개-변인 분석결과-가설 기각 여부 순으로 제시<br>• 조절연구의 경우, 조절효과 검증절차-결과-가설 기각 여부 순으로 제시<br>• 매개연구의 경우, 측정모형 검증결과-구조모형 및 직접효과 검증결과-간접(매개)효과 검증결과-가설 기각 여부 순으로 제시<br>• 질적 연구의 경우, 연구문제 및 방법에 따른 구체적인 연구결과 제시 |
| 추가분석 | • 가설과 다른 연구결과에 대한 추가적인 설명을 위한 추가 분석 |

✓ 작성 시 체크포인트

1. 수집된 자료가 연구목적 및 가설 검증에 적합한 절차와 방법에 따라 요약 및 해석되었는가?
2. 연구결과의 제시방법이 보편적이고 적절하며, 객관적으로 잘 기술되었는가?
3. 연구결과를 토대로 설정한 연구가설에 대한 기각 여부에 관해 설명하고 있는가?
3. 연구결과를 해석할 때, 지나친 일반화나 주관적 해석을 하고 있지는 않은가?

## (6) 논의 및 결론

학술논문의 논의 및 결론은 자료분석의 결과로 제시한 연구결과를 기존 이론과 선행연구와 비교하여 결론으로 이끌고, 연구의 제한점과 시사점을 제시하는 자리이다. 즉, 학위논문 체계 본문부의 논의 · 고찰 및 결론에 해당한다. 이에 연구결과가 서론에서 제시한 연구가설을 지지하는지, 관련 기존 이론이나 선행연구에서 나온 결과와 일치 또는 불일치하는지를 밝히면서 연구자 나름의 해석을 제시하여야 한다. 그러므로 도출된 연구결과를 기반으로 충분한 선행연구 결과들과의 비교, 검토를 통해 가설의 기각 여부에 따라 새롭게 확인된 연구자의 학설을 제시하지 못하는 논문은 논문으로서의 가치를 상실하게 되고, 결과만 기록하게 되면 학술논문으로서의 독창성이나 윤리성 측면에서 문제가 야기될 수 있다. 그러므로 명확한 근거가 되는 지식과 논리의 특성에 따라 연구문제에 대해 '왜, 그리고 어떻게' 그런 연구결과를 얻었는지를 설명하고 해석하여 결론을 확인하는 과정을 포함하여야 한다.

〈논의 및 결론에 포함되어야 할 구성 내용〉

| 연구목적 외 | • 연구목적, 연구방법, 자료분석, 연구의의의 요약 도입부에 제시 |
|---|---|
| 연구결과 설명 및 해석 | • 연구가설별로 연구결과가 가설을 지지하는지를 결과에 기반하여 제시<br>• 기존 이론 및 선행연구와 비교하며 연구결과의 도출 이유와 의의 제시 |
| 연구결론 | • 설정한 연구가설의 기각 여부에 따라 가설을 일반적인 수준에서 최종 연구결론으로 제시 |
| 시사점 | • 기여점, 상담 실제와 후속연구의 시사점 제시 |
| 연구 제한점 제언 | • 연구 제한점(예: 표집, 연구설계, 연구도구 및 조사방법 등) 제시<br>• 후속연구의 방향 제언 |

### ✓ 작성 시 체크포인트

1. 논의 첫 문단에는 연구목적, 연구방법, 자료분석, 연구의의 등을 요약하여 재기술하고 있는가?
2. 논의의 설득력을 뒷받침하기 위해 제시되는 이론이나 선행연구 결과들이 충분하고 타당하게 제시되었으며, 출처(각주)는 정확하게 기재하였는가?

3. 연구문제 및 연구가설과 관련이 있는 연구결과를 통계적인 용어를 사용하지 않고 설명, 요약하여 기술하고 있는가?
4. 결과를 기반으로 작성하는 논의에서 기존의 연구결과와 유사한 결과 도출에 대해서는 그 이유와 본 연구의 차별성을, 기존의 연구결과와 차이 나는 결과 도출에 대해서는 차이 나는 이유를 논리적으로 설명하고 있는가?
5. 제시된 근거자료는 연구내용과 직접적 관계를 지니며, 보편적이고 객관적이며 정확한가?
6. 선행연구의 결과에 비교해 논의할 때, 선행연구 결과와의 합치점 또는 차이점에 대해 그 원인과 이유를 명확히 설명하고 있는가?
7. 결론은 논문 전체 내용을 기반으로, 제기한 연구문제 또는 연구가설에 대해 지지 여부를 중심으로 일반적인 수준에서 핵심을 뚜렷하게 드러내도록 기술하고 있는가?

### (7) 참고문헌

논문 내의 자료가 연구결과의 해석과 결과를 지지하는 것처럼, 참고문헌의 인용은 논문 전체에 관한 진술들을 증명해 주는 역할을 한다. 그러므로 논문 내에서 인용된 모든 인용 출처들은 연구윤리적 관점에서 반드시 참고문헌 목록에 명시되어야 한다.

기타 참고문헌의 상세한 작성방법은 상담학의 경우 일반적으로 미국심리학회인 APA(American Psychological Association)의 'Publication Manual'을 준용하는 경우가 많으므로 이를 기본으로 참고하고, 학회지마다 세심한 차이를 학회지 규정에서 찾아 참고하여야 한다.

## 3. 구체적인 논문 작성의 개요와 작성방법

일반적인 글을 쓸 때도 자신이 아무리 좋은 쓸거리, 즉 소재나 재료를 많이 갖추고 있다고 할지라도 그 자체만으로는 좋은 글을 쓸 수 없는 것처럼, 논문 작성 또한 연구를 통해 잘 준비된 재료들을 효과적으로 짜 맞추어 나가는 전개의 기술이 필요하며, 특히 일반 글쓰기와 달리 논문이 가져야 할 핵심이 인과관계로의 진술인 만큼, 쓰고자 하는 논문의 일반적 체제에 맞춰 논문을 구성하고 기술하는 과정은 매우 필요하고 중요하다. 즉, 논문은 단순히 연구결과를 보고하는 수준이 아니라, 연구자가 선택한 연구주제에 대한 지식을 글이라는 매체를 통해 재구성한다는 의미를 담고 있다.

그러므로 논문은 앞서 제시한 체계와 함께 구체적인 논문 작성 시 내용 전개와 작성방법도 매우 중요하다. 그래야만 논증의 설득력에 집중하여 자신의 생각을 보편화시킨 형태로 작성된 논문을 통해, 제삼자가 확인할 수 있는 좋은 논문이 되는 것이다. 이에 다음에 제시되는 논문의 내용 전개 및 문장 형식 그리고 주요 체제별 작성방법 등을 참고하여 기술할 필요가 있다.

## 1) 논문의 내용 전개와 문장 형식

### (1) 논문 작성 시 내용 전개의 원칙과 주의점

논문의 목적은 연구자가 연구를 통하여 발견한 새로운 점들을 다른 연구자들과 공유하기 위해 집필하는 것이다. 이러한 목적을 성공적으로 달성하기 위해서는 연구자의 논지나 연구로 얻은 결과를 독자들이 쉽고 정확하게 그 의미를 파악할 수 있도록 표현해야 한다. 이를 위해 다음의 몇 가지 원칙에 따라 표현하도록 노력하여야 한다(장형우, 김봉화, 2011).

① 간결하게 표현한다: 부득이한 경우를 제외하고는 가능한 한 간결한 문장을 쓰도록 한다. 내용이 복잡하다 하더라도 하나의 긴 문장보다는 간결한 여러 문장으로 표현할 수 없는지 여러 번 검토해 보는 것이 좋다. 그리고 생략해도 내용의 이해에 오류가 생기지 않을 부분은 과감히 잘라 버려야 하며, 같은 말을 되풀이해서 쓰는 경우가 없도록 각별한 주의를 기울여야 한다. 이 같은 생략은 불필요한 문장뿐 아니라 불필요한 단어에도 적용된다.
② 객관적으로 표현한다: 객관적인 표현이란 누가 보아도 동일한 의미로 이해할 수 있는 표현을 말한다. 이는 가능한 한 구체적이고 그 뜻이 분명한 일반화된 개념들을 활용함으로써 가능해지는 것이며, 분명하거나 합의된 개

넘이 없을 경우에는 용어의 정의 등을 통해 먼저 연구자 스스로가 이를 구체적이고 분명하게 정의하고 활용하여야 한다.

③ 단락을 사고의 단위로 이용한다: 각 단락은 그 단락에서 표현하고자 하는 주제에 관한 사실이나 논지들로 구성하여야 한다. 그러나 주제와 관련된 근거자료를 많이 수집했다고 하더라도, 너무 많이 제시할 경우 오히려 혼란을 야기할 수 있으므로 중요도에 따라 선별하여 제시하여야 한다. 반면, 근거자료가 반드시 필요한데도 부족한 경우에는 추가로 자료 수집을 통해 반드시 보충하여야 한다. 그리고 무엇보다 앞뒤에 오는 단락의 주제 간에는 일관성이 있어야 한다. 단락 간의 관계를 명시하지 않고서도 일관성이 유지되도록 구성하여야겠지만, 그렇지 않은 경우는 구체적인 관계를 맺어 줌으로써 사고의 지나친 비약을 피해야 한다.

④ 비슷한 내용의 표현은 비슷한 문장 형태를 취한다: 강조하기 위해 동일한 내용을 반복할 때에는 표현방법을 달리할 필요가 없겠지만, 그렇지 않은 경우에는 비슷한 문장 형태와 표현방법을 쓰는 것이 효과적이다.

이 밖에도 논문의 문장 구성에는 주의점들이 있으니, 어떻게 하면 더 많은 독자에게 자신의 연구결과를 더 정확하게 전달할 수 있을 것인지를 끊임없이 연구하면 훌륭한 논문을 작성할 수 있을 것이다.

또한 논문의 내용을 전개할 때는 연구자의 논문을 읽는 독자들도 연구자가 남의 글을 읽을 때 활용한 바로 그 평가의 기준을 적용하면서 글을 읽는다는 점에 주의해야 한다. 그러므로 내용을 전개할 때는 다음과 같은 의문이 생기지 않도록 세심한 주의를 기울여야 한다.

① 타당성의 문제: 나의 주장이나 문헌연구가 일관성이 있는가? 없으면 그 이유는 설명되었는가? 주장을 지지하는 증거는 충분히 제시되었는가?

② 내적 일치성의 문제: 나의 주장과 다른 연구자들의 주장이 일치하는가? 일반적인 견해와도 일치하는가?

③ 전제의 문제: 전제를 분명히 밝혔는가? 이 전제를 독자들이 부담감 없이 받아들일 수 있는가? 이 전제가 결론에 미칠 영향은 논의되었는가?

④ 중요성의 문제: 더 중요한 점을 부각하고 덜 중요한 점은 종속시켰는가? 왜 특정 관점이나 결론이 다른 것들보다 중요한지를 설명했는가?

## (2) 논문 작성 시 문장의 형식

논문 작성 시 문장의 형식과 관련해서 다음의 몇 가지 사항은 주의하여야 한다.

### ① 시제

논문 작성에 있어서 문장의 시제는 현재형과 과거형을 주로 사용하고 미래형은 가설의 진술에만 사용한다. 그러므로 문자의 시제 사용에 다음의 주의사항을 염두에 두어야 한다. 먼저, 과거형을 쓸 경우는 특정한 기존 연구의 방법이나 결과를 인용하여 진술할 때 과거형을 사용하는 것이 원칙이며[예: '… 방법으로 표집하였다.'(방법), '평균의 차는 6.6이었다.'(결과)], 현재형을 쓸 경우는 기존 이론들이나 선행연구들의 결과를 토대로 연구자의 정의를 내리는 경우(예: '본 논문에서는 자아개념이란 …이라고 정의한다.')나 어떤 이론의 일반적인 진술을 인용할 경우(예: 'Piaget에 의하면 인간발달은 모든 면에 있어서 단일한 방향으로 이루어진다.') 및 논의에서 연구자의 의견을 삽입할 때(예: "… 는 … 이라고 해석된다.") 등이나 연구의 연구목적 등을 진술할 때 등이다.

### ② 인칭과 숫자

논문 작성에 있어서 문장의 인칭은 원칙적으로 3인칭을 사용한다. 이때 가능한 한 인칭을 쓰지 않기 위해 수동형을 쓰는 것(예: '연구자는 …을 조사하였다.' → '…이 조사되었다.')이 좋다. 또한 3인칭의 경우 연구자, 필자, 저자 등의 간접 표현이 허용되지만, 가급적 피하는 것이 좋다. 특히 문장은 숫자로 시작하지 않는다. 숫자로 문장을 시작하면, 각 항목의 번호와 혼동을 하게 되기 쉬우므로 이런 경우의 숫자는 문자화하든지 말의 순서를 바꾸는 것이 좋다. 한편, 숫자의 사용에서는 원칙적으로 아라비아숫자를 사용하도록 하되, 10 이내의 숫자는 하나, 둘, 셋… 등의 표현을 사용한다. 단 10 이내의 숫자라도 수를 연속적으로 나타낼 경우(예: '각 개인에게 배당된 점수는 각각 1, 3, 5, 8 …이다.'), 책의 면수와 날짜 및 고유명사로 된 번호의 표기할 경우, 저작물 일부를 참고할 때, 한 문장 내에서 같은 내용에 대해서 이미 두 자리 숫자가 사용된 경우, 점수나 백분율의 경우, 숫자 다음에 측정단위가 붙은 경우, 분수를 표기할 경우(예: 1/2, 2/3, 3/4, 1/8, 5/8), 연대, 저서의 쪽수, 질량의 수적 표기, 금액, 백분율 등을 표기할 경우(예: '1945년 8월 15일' 'p.7' '8,848m' '60kg' '33ml' '2,192,000원' '75%') 등은 아라비아숫자를 사용한다.

### ③ 외래어 및 인명

외래어로 된 전문적인 술어의 표기는 가급적 번역어를 사용한다. 그러나 번역어에 관해서 연구자 간에 통일성이 없거나 그 사용이 빈번치 않은 특수한 술어는 반드시 원어를 (   ) 속에 삽입하여 기재하도록 하되[예: 실험주의(experimentalism)], 논문 전체에서 처음 한 번에 한하며, 이때 고유명사를 제외하고는 모두 대문자를 사용하지 않는다. 또한 적절한 역어가 없거나 공통된 역어를 발견하기 어려울 때는 원어의 음을 한글로 표기하고 (   ) 속에 원어를 삽입하도록 하며[예: 오리엔테이션(orientation)], 이때 한글 표기의 원칙은 교육과학기술부 제정 외래어 표기법을 따르도록 한다(장형우, 김봉환, 2011).

한편, 인명의 표기에 있어서 한국명과 중국명은 성명을 모두 기재하고, 기타의 인명은 성만을 표기하되 언어를 그대로 표기하며, 이때 일체의 존칭(예: 선생, 씨, 교수 및 박사 등)은 생략한다. 또한 인명을 제외한 고유명사의 경우에는 한글로 그 발음을 표기하거나 역어로 표기하고, 원어를 (   ) 속에 삽입[예: 미국심리학회(American Psychological Association)]하되, 이 역시 처음 한 번에 한하며 반복하지 않는다.

④ 약어와 기호

논문의 불필요한 길이를 축소하고 표현의 간결함을 위해서 약어를 사용하되, 다음의 원칙을 지켜야 한다. 먼저 한국어의 약어는 가능한 한 사용하지 않는 것을 원칙으로 하지만, 단 일반적으로 잘 알려진 기관의 명칭이나 그 명칭이 긴 반면에 사용빈도가 많은 경우에는 약어를 규정하여 사용[예: 한고원(한국고용정보원), 서울사대(서울대학교 사범대학) 등]할 수 있다. 또한 한국어의 술어를 외국어로 약어화 또는 기호화할 때는 비교적 그 사용빈도가 높은 술어만을 약어화하여 사용[예: 피험자(S), 실험자(E), 관찰자(O), 자아개념(SC)]하도록 한다. 한편, 외국어의 약어는 일반적으로 잘 알려진 외국어의 약어의 경우 그대로 사용(예: IQ, YMCA, UN 등)하며, 외국어로 된 약어만을 사용하였을 때 그 뜻이 명확히 전달되기 어려울 때는 전어(全語)를 괄호 속에 삽입하고 다음부터는 약어만을 사용[예: TAT(Thematic Apperception Test)]한다. 한편, 실험논문에서는 단위와 양을 나타내는 기호 사용에 주의가 필요하며, 특히 같은 단위나 부호를 붙인 숫자가 둘 이상 계속될 때는 뒤쪽 수치에만 단위를 붙여서 사용(예: 5명~10명은 5~10명)하여야 한다.

⑤ 인용

논문에서의 핵심인 객관성 및 타당성 확보와 함께 필요한 이론적 근거를 제시하기 위해 특정 주제에 관한 선행연구의 결과를 제시하기 위한 인용은 필수적이다. 그러나 필요한 경우와 인용할 이유와 가치가 충분한 것만 인용을 활용하여야 한다. 왜냐하면, 논문은 어디까지나 연구자 자신의 생각이나 견해를 표현한 글이므로 가급적이면 그 분야에 권위를 인정받고 있는 저자들의 글이나 박사학위논문 또는 학술지에 게재된 논문 등을 주된 인용 소재로 삼는 것이 바람직하다. 또한 인용은 인용된 글의 원저자가 의도하는 바를 충분히 이해했는지를 검토하여 저자의 참뜻을 벗어나지 않도록 해야 하며, 그러므로 가급적 일차 자료(primary source)에서 하는 것을 원칙으로 한다. 그러나 부득이 일차 자료를 참고할 수 없을 때는 남이 인용한 것을 재인용하고 그 사실을 밝혀야 한다.

또한 인용문이 길면 독자가 연구자의 논리를 제대로 따라가지 못할 위험이 있어 문제의 초점이 흐려질 수 있다. 따라서 인용은 한 문장 이내로 하는 것을 원칙으로 하며, 길어도 반면 이상을 넘지 말아야 한다. 또한 인용이 긴 경우에는, 저작권 침해의 가능성도 고려해야 한다. 참고로 미국심리학회(APA) 등에서는 500단어까지를 허락 없이 인용할 수 있게 하고 있다. 또한 이때의 허락은 출판사뿐만 아니라 원작자에게도 받는 것을 원칙으로 한다(강진령, 1997).

이에 효과적인 인용이 되기 위해서는 그 인용구를 직접 인용할 것인가, 간접 인용으로서 주해할 것인가를 먼저 결정해야 한다. 직접 인용의 경우 원문을 그대로 자기의 글 속에 삽입하는 방법으로, 원문의 표현 이외의 표현방법을 찾을 수 없는 경우나 원문의 표현이 미묘하여 직접 인용하지 않고는 내용 전달에 오류가 생길 수 있는 경우, 그리고 직접 인용으로 연구자의 견해가 강력하게 돋보일 경우(예컨대, 원저자의 견해와 상치될 때)에 한해서만 사용하는 것이 원칙이다. 또한 이때 단어, 철자는 물론 구두점까지도 원문과 동일하게 하여 인용하여야 하며, 인용 출처를 판수 및 페이지 번호까지 반드시 밝혀야 한다. 이때 구체적인 직접 인용 방법으로는 인용문의 길이가 세 줄 이하면 문장 속에 넣고 따옴표(" ")를 이용하여 인용임을 밝히고, 인용문의 길이가 네 줄 이상이면 본문과는 별개의 단락으로 처리한다. 또한 인용 단락을 이용할 경우에는 따옴표 없이 맨 윗줄과 그 바로 위 본문 사이에 그리고 인용 단락의 맨 아랫줄과 그 아래의 본문 사이에는 빈칸을 두고, 또 인용 단락의 왼편 끝 글자들을 본문의 왼편 끝 글자들보다 다섯 자가량 들여쓰기함으로써 인용문임을 밝히며, 너무 길고 중간에 중요하지 않은 부분이 있으면 논문의 명확성과 간결성의 상위원칙을 살리기 위해 그 중간 부분을 생략하고 "중략"이라 적어 두어 간결하게 인용하거나, 군더더기 같아 보이는 부분은 생략부호를 사용하여 생략할 수 있다.

반면, 간접 인용의 경우 원문을 그대로 인용하지 않고 원문의 내용을 연구자 자신의 말로 바꾸어서 자기의 글 속에 삽입하는 방법으로, 간접 인용은 요약(summarizing)과 의역(paraphrasing)의 형태를 취하는 것이 보통이다. 어떤 형태를 취하든 간접 인용의 목적은 직접 인용과 동일하다. 간접 인용은 직접 인용보다 인용자의 창의력이 더욱 요구되기 때문에 직접 인용보다는 어려운 편이나, 저자의 주장이나 견해를 전개하는 데 효과적이라 많이 사용된다. 간접 인용의 경우 직접 인용과 달리 따옴표 없이 주석의 형식으로 출처를 밝힌다는 점에 주의해야 한다.

한편, 인용한 내용을 논문 내용에서 기술할 때에는 다음의 규정을 따르는 것이 원칙이다. 첫째로, 인용한 내용의 저자가 1명 또는 2인인 경우는 본문 내에 인용될 때마다 모두를 표기한다[예: 홍길동과 송춘희(2012)는 ~, 또는 Willams와 Lee(2011)는 ~]. 둘째로, 인용한 내용의 저자가 3인 이상인 경우 첫 인용에는 한국인은 성과 이름 전부[예: 홍길동, 홍길수, 및 송춘희(2012)는 ~]를, 외국인인 경우 성(family name)을 전부 표기하고[예: Willams, Johnes, Smeith와 Lee(2011)는 ~] 연도와 함께 표기하며, 같은 문헌이 반복 인용될 때는 한국인은 첫 저자의 이름 전부와 등(等)을[예: 홍길동 등(2012)은 ~], 외국인은 성과 등(et al.)을[예: Willams et al.(2011)은 ~] 연도와 함께 표기한다. 셋째로, 같은 저자의 복합인용의 경우는 연대순으로 하여 ","로 띄어 쓰고, 저자명은 각 논문마다 반복하지 않는다[예: (홍길동, 2010, 2011) 또는 (James, 2010, 2011) 등]. 넷째로, 같은 해에 동일 저자에 의한 한 편 이상의 논문을 인용할 경우는 연도를 기재 후 a, b, c 등으로 첨부하고 참고문헌에 이를 기재해 준다[예: (홍길동, 2010a, 2010b) 또는 (James, 2010a, 2011b) 등]. 다섯째로, 본문 내용에서 다른 저자가 같은 내용에서 인용될 때는 연도 순으로 정리하는 것이 아니라 한국인 먼저 가나다순으로 표기한 다음 외국인을 알파벳순으로 제시하고, 이때 인용 논문의 사이는 ";"을 이용하여 배열한다[예: ~에 대한 연구들(김철수, 2010; 이철수, 2009; 최철수, 2008; Brown & Smith, 2007; Williams, 2008)]. 여섯째로, 저자가 6인 이상인 경우에는 처음부터 한국인은 첫 저자의 이름 전부와 등(等), 외국인은 성과 등(et al.), 연도를 표기한다. 참고문헌에는 전체 저자의 이름을 표시한다[예: 첫 인용, 반복 인용 모두에서 홍길동 등(2012)은 ~ 또는 Willams et al.(2011)은 ~으로 표기].

⑥ 표와 그림

논문 작성을 위해 수집한 자료나 실험결과를 정리하여 표, 그림 등으로 나타내면 글로 설명하는 것보다 압축적이고 효과적으로 정보를 제공할 수 있다. 따라서 학위논문이나 학술논문을 작성할 때는 표나 그림을 적절하게 활용하는 것이 바람직하다. 특히 연구문제나 가설과 관련한 핵심적 자료분석 결과는 본문에 줄글로 제시하여야 하지만, 표와 그림은 문장 서술만으로 충분히 연구내용을 전달할 수 없거나 문장이 길어질 소지가 있고, 그렇게 한다 해도 명확하게 그 내용을 표현하기 어려운 자료나 결과를 제시할 필요가 있을 경우에만 사용해야 한다. 또한 도출된 통계수치 등의 전체 자료는 표로 제시할 때 독자가 전체 결과를 명료하게 확인할 수 있으므로 적절한 사용은 효과적이다. 그리고 많은 정보를 싣기 위하여 하나의 표와 그림에 여러 가지 항목을 더하여 복잡하게 작성하는 경우를 가끔 보게 되는데, 그렇게 하면 오히려 복잡하고, 특히 그림에서는 선이 중복되어 읽는 데 어려움만 주기 때문에 몇 개로 나누어서 작성하는 것이 좋다.

표나 그림을 작성할 때의 원칙은 APA의 'Publication Manual'을 기준으로 학회지별 작성기준에 따르는 것이 원칙이다. 그리고 표의 경우 상, 하단을 제외한 나머지의 경우 가급적 세로선을 쓰지 않아야 하며, 그림의 경우 연구모형이나 연구결과의 가시적 가독성을 높이는 경우를 제외하고는 가급적 표로 제시하는 것이 좋다.

## 2) 논문의 주요 체제별 작성방법

### (1) 서론의 작성

논문의 시작이자 연구의 첫 번째 과정인 서론에서는, 먼저 연구에서 가장 핵심이 되며 연구를 촉발한 직접적 동인이 되는 연구문제를 도출하기 위한 과정으로, 연구문제가 왜 그리고 얼마나 필요하고 중요한지에 대한 연구목적과 관련한 제기(연구의 필요성 또는 문제 제기)를 통하여 구체적으로 어떠한 연구문제나 가설을 검증할 것인지를(연구문제 또는 연구가설의 진술) 밝히게 된다. 그런 다음,

연구문제에서 다루고 있는 구체적인 중요 변인들의 정의(용어의 정의)와 함께 연구문제의 검증을 통해 얻어지는 학문적 기여(연구의 의의)와 연구 타당성의 한계(연구의 제한점), 타당성 확보를 위한 전제 조건 중 그 충족 여부 확인이 어려운 경우 이를 특별한 가정사항(연구의 가정)으로 제시하여 사전에 밝힘으로써 차후 전개될 연구내용이 오해 없이 정확히 전달되도록 제시하여야 한다.

① 연구의 목적, 연구의 필요성 또는 문제 제기

정도의 차이는 있겠지만, 일반적으로 논문이 다루려는 연구주제는 모두가 문제성을 내포하고 있기 마련이며, 이러한 문제해결이 학문적으로나 실제적으로 필요성을 가진다고 밝히는 것이 연구목적이다. 그러므로 연구자는 문제성을 인지하고 그것을 규명하는 작업에서 방향과 의미가 표출돼야 하며, 무엇보다 일반적으로 "무엇을(What) 연구한다."라는 목표성과 함께 "왜(Why) 연구한다."라는 목적성이 밝혀져야 한다. 이에 논문에서 연구목적의 진술은 그 논문의 의미와 방향을 설정하는 연구의 기본이며, 본질적으로는 연구자가 왜 해당 연구를 시행하고 논문을 쓰는가에 대한 해답을 찾는 자리이다.

한데 이러한 연구의 목적과 관련한 진술을 살펴보면, 논문마다 '연구목적' '연구의 필요성' '문제 제기' 등 다양한 용어로 기술되고 있다. 이를 구별해 보면, 먼저 연구자가 연구주제를 선정한 이유가 관련 이론이나 선행연구들이 미비하여 구체적인 연구가 필요해서일 때는 연구가 필요하다고 볼 수 있으므로 '연구의 필요성'으로 기술되어야 하고, 선행연구가 다수 있으나 연구 방법이나 대상, 프로그램, 평가방법 등에서 문제가 있어 보완이 필요해서일 때는 문제가 있다고 볼 수 있으므로 '문제 제기'로 기술되어야 하며, 이러한 문제들이 혼용되어 있거나 다른 이유로 인할 때는 좀 더 일반적 표현인 '연구의 목적'으로 기술되는 것이 논리적으로 타당할 것이다.

또한 이러한 연구의 목적, 연구의 필요성 또는 문제 제기의 기술에는 다음의 요소들이 포함되는 것이 논리적이다. 먼저, 역사적 배경 및 실제적 근거를 바탕으로 연구대상 및 연구주제의 중요성을 언급하여야 한다. 둘째로, 기존의 관련

이론이나 선행연구 결과에 대한 고찰을 통해 앞으로 제기할 연구문제의 도출 배경을 기술하기 위한 근거자료를 마련한다. 셋째로, 앞선 선행연구 고찰결과를 요약하면서 비판적으로 시각에서 관련 선행연구의 진행 상황 가운데서 문제점이나 필요성을 도출하여야 한다. 예를 들어, 선행연구가 부족하다거나, 선행연구가 있더라도 특정 분야나 대상에 편중되어 있다거나, 연구결과들이 서로 불일치한다거나 하는 식의 기술방식을 통해 문제점이나 필요성을 언급하는 것이다. 그런 다음, 이상을 바탕으로 한 연구 가능한 구체적 연구문제를 도출하고 구체적으로 선정하여야 한다. 이때 학위논문의 경우 "~하고자 한다."는 현재형으로, 학술지 논문의 경우 "~하고자 하였다."는 과거형 시제로 달리 표기하는 것이 보통이다. 이에 대한 작성방법을 간략히 예시로 제시하면 다음과 같다.

---

**【연구의 목적, 연구의 필요성 또는 문제 제기의 작성 예시】**

최근 …한 사회적 현상이 급증하고 있는 실정이다. 또는 …이 문제이다.

이렇게 볼 때 …(대상)에게 있어 …(연구주제)는 매우 중요하다.

이에 기존 관련 이론 및 선행연구 결과를 살펴보면 대표적으로 … 있다.

한데 이러한 선행연구들을 요약해 보면 …한 문제가 있다. 또는 …연구는 미비하다.

그러므로 …문제를 해결하기 위해서는 …와 관련한 보다 타당한 연구가 필요하다.

이에 본 연구에서는 …(연구대상)으로 …(연구목적)으로 …보완하여 …연구를 하고자 한다(또는 하였다).

---

이처럼 연구문제에 관한 도입과정으로 연구의 목적, 연구의 필요성 또는 문제 제기 등을 통하여 일상적인 용어로 일반적 수준에서 우선 진술한 다음에 이것을 다시 명세화하여 몇 개의 구체적인 연구목적으로 진술하는 것이 타당할 것이다.

② 연구문제 또는 연구가설의 진술

이제 앞선 연구의 목적 진술을 근거로 설정한 연구자의 연구문제가 무엇인지를 구체적으로 제시할 필요가 있다. 이를 위해 연구주제에 대한 잠정적인 대답이나 가정으로서의 연구문제 또는 연구가설을 진술하여야 한다.

한데 이러한 연구문제의 진술에서도 논문마다 '연구문제' '연구가설' 등 다양한 용어로 기술되고 있다. 일반적으로 이를 구별해 보면, 먼저 예를 들어 "대학생의 자아존중감의 정도에 따라 진로발달 정도에 차이가 있을 것인가?" 또는 "자아탄력성 증진 프로그램은 중학생의 자아탄력성 향상에 효과적일 것인가?" 식으로 의문형으로 진술하여 연구의 문제를 밝히는 경우는 '연구문제'로 기술되어야 하며, 반면에 "대학생의 자아존중감의 정도에 따라 진로발달 정도에 차이가 있을 것이다." 또는 "자아탄력성 증진 프로그램은 중학생의 자아탄력성 향상에 효과적일 것이다." 식으로 평서형으로 진술하여 연구의 가설을 밝히는 경우는 '연구가설'로 기술되어야 한다(Gay, 1996). 또한 실험을 통한 검증연구일 경우, 문장의 형식에 있어서도 단측검증(one-tail)과 양측검증(two-tail)인가에 따라 "~이 ~보다 높아질(향상될) 것이다. / 낮아질(감소할) 것이다." 또는 "~와 ~는 차이가 있을 것이다." 등으로 구별하여 기술되어야 한다.

그러나 연구문제의 진술에 있어 핵심은 개념적 설명개념이 아닌 조작적으로 규정된 측정 가능한 변인중심의 형태로 진술되어야 하며, 구체적 형식에서도 절대적 형식이 있는 것은 아니지만 Kerlinger(1988) 등이 밝힌 바와 같이 가능한 한 의문문의 형식으로 진술하고, 변인과 변인 간의 관계로 진술하며, 연구문제에 진술된 각 변인은 측정 가능하고 진술된 변인 간의 관계가 경험적으로 해결할 수 있도록 진술할 것을 권장한다(문수백, 2005, 재인용). 또한 연구문제의 진술이 복합적으로 서술될 경우, 연구자의 구체적 연구문제를 명확하게 제시하기 힘들어서 각 연구문제를 별개의 문장으로 기술하는 것이 효과적이다. 이에 대한 작성방법을 간략히 예시로 제시하면 다음과 같다.

【연구문제 작성 예시】

1. …를 대상으로 한 …프로그램(독립변인)의 경험적 타당성을 검증할 수 있을 것인가?
2-1. …프로그램(독립변인)은 …(대상)의 … 증진을 확인하기 위한 …(종속변인) 의 전체 향상에 효과적일 것인가?
2-2. …프로그램(독립변인)은 …(대상)의 … 증진을 확인하기 위한 …(종속변인) 의 …, …, …(하위변인) 향상에 효과적일 것인가?

【연구가설 작성 예시】

1. …한 …(독립변인)은 …(종속변인)에 영향을 미칠 것이다.
2. …한 …(독립변인)은 …(종속변인)을 향상(또는 감소)시킬 것이다.
3. …과 …은 차이가 있을 것이다.

③ 용어의 정의

앞선 연구문제의 진술에서 조작적으로 규정된 측정 가능한 변인중심의 형태로 진술되었다면, 필요에 따라서는 제시된 주요 변인의 개념적(conceptual) 또는 조작적(operational) 정의의 구성개념(construct)을 구체적으로 밝혀 주는 용어의 정의를 기술하여야 한다.

이러한 용어의 정의 진술 방법은, 먼저 변인의 경우 변인의 의미를 밝히는 개념적 정의와 그런 의미를 지닌 변인을 어떻게 측정했는지를 밝히는 조작적 정의가 일치되도록 하여 전후의 구성으로 함께 진술하여야 한다. 즉, 개념적 정의는 본론의 이론적 배경에서 관련 이론이나 선행연구들을 통해 연구자가 내린 연구변인의 개념적 정의를 기술하여야 하며, 연구자가 내린 연구변인의 평가방법으로서 정의한 측정도구를 활용하여 구체적으로 어떻게 측정하고 어떤 기준에서 변별하는지에 대한 조작적 정의를 동시에 밝혀야 함을 의미한다. 이에 대한 작성방법을 간략히 예시로 제시하면 다음과 같다.

---

### 【용어의 정의 작성 예시】

진로발달이란 ……….. 으로서, 본 연구에서는 …(척도 개발자)의 …척도(척도명)를 통해 측정된 점수를 말한다.

학교부적응아란 ………으로서, 본 연구에서는 입학 초기 …(척도 개발자)의 …척도(척도명)를 통해 측정된 점수를 예언변인으로 하고, …(척도 개발자)의 …척도(척도명)를 통해 측정된 점수를 준거변인으로 하여 회귀방정식을 산출하여 …척도(척도명) 점수가 회귀방정식에서 예언되는 …척도(척도명) 점수보다 예언의 표준오차인 …이상 낮은 학생을 학교부적응아로 보았다.

---

이를 통해 연구자의 입장에서는 자신의 연구문제에 대해 분명한 의미 전달과 함께 제시한 변인에 대해 연구자가 규정한 개념적 정의에 부합하는 변인을 타당하게 측정할 수 있었음의 근거를 증명해 보일 수 있으며, 독자의 입장에서는 연구자의 개념적 정의가 타당한 방법으로 측정되어 타당한 연구로 이어졌는지를 평가할 수 있는 객관적 정보가 된다.

④ 연구의 의의 및 제한점

그런 다음, 앞서 제시한 연구문제를 검증함으로써 학문의 이론적 또는 방법론적 발전 및 실제적 측면에 기여할 수 있는 것이 무엇이며 그 중요성은 어떠한지에 대해 밝히는 연구의 의의를 진술한다. 이에 대한 작성방법을 간략히 예시로 제시하면 다음과 같다.

【연구의 의의 작성 예시】

본 연구의 연구문제가 경험적으로 검증된다면 다음과 같은 의의를 찾을 수 있을 것이다.

첫째, 본 연구를 통해 개발한 …프로그램은 많은 선행연구들(김성회, 2010; 이형국, 2011)에서 …와 관련한 이론적 연구결과들을 구체적인 …을 통해 경험적으로 검증한 연구가 될 것이다(또는 될 것으로 기대한다).

둘째, 본 연구를 통해 개발한 …프로그램은 …개발모형을 구안하고 이 모형의 절차를 따라 개발한 체계적이고 타당한 …프로그램이 될 것이다(또는 될 것으로 기대한다).

셋째, 본 연구를 통해 개발한 …프로그램은 …에 더욱 효과적이도록 구성하였다. 이는 본 프로그램의 내용이 기존 … 보다 …을 위한 좀 더 통합화되고 체계화된 것임을 의미하며, …에도 좀 더 체계화된 도움을 줄 수 있을 것이다(또는 줄 것으로 기대한다).

넷째, 본 연구를 통해 개발한 …프로그램은 … 점에서 … 현장에서 구체적으로 적용하여 활용하기에 매우 유용할 것이다(또는 유용할 것으로 기대한다).

다섯째, …을 대상으로 한 다양한 …후속연구의 초석이 될 것이다(또는 될 것으로 기대한다).

또한 연구의 한계 중 하나인 연구대상의 표집상의 문제, 자료 수집의 측정방법 및 절차상의 문제 등으로 인해 연구조건을 넘어서는 범위에까지 연구결과를 일반화하는 것의 어려움을 미리 밝혀 둠으로써, 연구자의 연구결과가 타당할 수 있는 범위를 제시해 독자들의 연구결과에 대한 과잉 일반화나 해석상의 오류 가능성을 경고해 둘 필요가 있으며, 이를 밝히는 연구의 제한점을 진술한다. 그러나 이 경우, 이어지는 연구의 가정과는 구분될 필요가 있다. 이에 대한 작성방법을 간략히 예시로 제시하면 다음과 같다.

---

**【연구 제한점의 작성 예시】**

본 연구는 …(특정 지역), …(특정 대상)으로 …(특정 척도)를 사용하여 실행한 연구로서, 이 연구를 일반화하는 데에는 다음과 같은 제한점을 고려해야 할 것이다.

첫째, 본 연구는 …들을 대상으로 모집하여 이들을 대상으로 한 연구이므로, … 등의 차이가 있는 전체 집단(모집단)에까지 본 연구의 결론을 일반화하여 적용하기는 어려울 것이다.

둘째, 본 연구는 …방법으로 표집한 …를 대상으로 이루어진 것이므로, … 대상에게까지 일반화하여 적용하기는 어려울 것이다.

셋째, 본 연구에서 … 검증을 위해 사용한 측정도구는 자기보고식 척도이므로 본 연구에서 나타난 효과가 …의 실제 행동과 반드시 일치한다고 보기는 어려울 것이다.

---

### ⑤ 연구의 가정

모든 연구는 연구설계 과정에서 예상되는 문제점을 해결하고 보완하기 위해 많은 준비와 조치를 했다 하더라도 연구자의 계획과 달리 연구결과에 심각한 영향을 미칠 수 없을 만큼 완벽한 연구조건을 구성하기 어렵다. 그러므로 연구자가 다양한 문제 사항을 분명히 인식하고 이를 해결하기 위한 적절한 조처를 했음을 밝히고, 그럼에도 불구하고 연구자가 통제 불가능한 연구의 한계나 약점이 있다면 이를 밝히는 연구의 가정을 진술한다. 그리고 연구의 가정에서 밝힌 사항과 관련 연구자의 적절한 조치적 노력에 대해 표집과 피검자 관련 문제는 연구방법의 연구대상에서, 연구도구 관련 문제는 연구방법의 연구도구에서, 연구절차 관련 문제는 연구방법의 연구절차에서 구체적으로 기술하여야 한다. 이에 대한 작성방법을 간략히 예시로 제시하면 다음과 같다.

---

**【연구 가정의 작성 예시】**

본 연구는 다음과 같은 가정을 전제로 이루어졌음을 밝혀 둔다.

첫째, 본 연구에 참여한 전문가 집단은 자신의 편견이나 선입견 없이 객관적으로 평정하였을 것이며, 본 연구에 참여한 …(연구대상)은 …척도들을 이해하고 자신의 생각과 느낌과 행동을 솔직하고도 성실히 응답하였을 것이다.

둘째, 본 연구에서 실시한 …척도들의 사전-사후-추후 검사는 각각 정해진 절차에 따라 동일한 방법으로 시행되었을 것이다.

셋째, 본 연구에 참여한 …(연구대상)은 …프로그램 참여에 최선을 다하도록 동기가 형성되어 있었을 것이며, 연구변인에 영향을 줄 수 있는 상황적 특성들(예: 연구자 변인, 시간 경과 등)은 통제되었을 것이다.

넷째, 본 연구에서의 프로그램 실시자는 …프로그램의 내용과 방법에 대해 충분히 숙지하고, 그 절차에 따라 목적에 맞게 자세로 성실히 진행하였을 것이다.

---

## (2) 선행연구의 고찰 또는 이론적 배경의 작성

연구의 두 번째 과정인 선행연구의 고찰 또는 이론적 배경에서는 연구주제에 관한 기존의 원리나 법칙, 이론들을 종합하여 체계적으로 제시한다. 기존 관련 이론들이나 선행연구의 결과들을 기초로, 이들을 비판 또는 논리의 재구성을 통하여 자기의 연구와 선행연구와의 논리적 관계를 체계적으로 밝힌다. 그리고 이러한 관계에서 자신의 연구문제를 해결하는 데 기초가 되는 이론과 전제를 분명히 한다.

이에 앞선 절에서 밝힌 바와 같이, 연구자가 자신의 연구가설 설정의 근거를 기존 관련 이론을 중심으로 고찰한 결과를 토대로 한 경우와 기존 선행연구 연구결과들의 문제점을 중심으로 고찰한 결과를 토대로 한 경우에 따라 그 제목을 '이론적 배경(Theoretical Background)' 또는 '선행연구의 고찰(Review of Related Literature)'로 결정하여야 한다. 그러나 실제 대부분의 연구에서는 이 둘이 병행되는 경우가 다수이므로, 연구자가 연구가설 설정 시 어느 쪽의 비중이 더 큰지에 따라 결정하는 것이 타당할 것이다.

그런 다음, 구체적으로 기존 관련 학자들의 이론 및 선행연구 결과들을 토대로 구체적인 고찰결과를 요약하여 진술한다. 한데 상담학의 경우, 연구의 방법은 다양하겠지만 대체로 구체적인 연구의 변인들이 존재하며, 이러한 변인들은 다시 구체적으로 독립변인(independent variable)과 종속변인(dependent variable)들로 나뉘어 연구가설을 구성하므로, 이에 대한 연구자의 구체적인 의미와 구성 요소 및 구성방법 및 평가방법 등을 정의하여 밝힘으로써 연구자의 연구가설 이론적 당위성(그렇게 될 수밖에 없는 이유)을 진술하여야 한다. 그러므로 '이론적 배경' 또는 '선행연구의 고찰' 작성에서는 큰 주제가 종속변인 관련 내용과 독립변인 관련 내용 및 종속변인과 독립변인과의 관계라는 세 부분을 진술함으로써 연구가설의 당위성을 제시할 수 있어야 한다.

### ① 종속변인에 대한 진술

종속변인이란 독립변인에 따라 변화할(독립변인에 종속될) 것으로 예상하는 실험의 결과가 측정되는 변인으로서 결과(effect)가 되는 변인이다. 일반적으로 종속변인의 진술에서는 기존 관련 이론 및 선행연구들을 통해 연구자가 설정한 연구가설의 종속변인에 대한 의미, 구성 요소, 평가방법 등을 가장 타당하게 설정하여 진술하여야 한다. 이를 위해 먼저 기존 관련 이론 및 선행연구들에서 제시한 종속변인에 대한 의미, 구성 요소, 평가방법 그리고 연구대상에 있어 종속변인의 중요성 등을 확인하면서 각 학자들이 제시한 내용들에 대해 그 타당성과 문제점을 평가하여야 한다. 그런 다음, 여러 학자가 제시한 내용들의 공통점과 차별점을 요약하여 수용 가능한 부분을 선별하고, 이를 바탕으로 연구자 자신의 종속변인에 대한 의미, 구성 요소, 평가방법 등을 정의하여야 한다.

### ② 독립변인에 대한 진술

독립변인이란 다른 변화와 관계없이 독립적으로 변하는 변인이다. 종속변인에 영향을 미치거나 예언하는 변인으로서 원인(cause)이 되는 변인이며, 실험연구에서는 처치변인이라고도 한다. 이를 위해 일반적으로 독립변인의 진술에서는 종속변인과 유사한 체제로 진술하지만, 실험연구의 경우 기존 관련 이론 및 선행연구들을 통해 연구자가 설정한 연구가설의 독립변인에 대한 의미, 구성 요소, 구성방법 등을 가장 타당하게 설정하여 진술하여야 한다. 이를 위해 먼저 기존 관련 이론 및 선행연구들에서 제시한 종속변인에 대한 의미, 구성 요소, 구성방법 및 상담(훈련)방법 등을 확인하면서 각 학자들이 제시한 내용들에 대해 그 타당성과 문제점을 평가하여야 한다. 그런 다음, 여러 학자가 제시한 내용들의 공통점과 차별점을 요약하여 수용 가능한 부분을 선별하고, 이를 바탕으로 연구자 자신의 종속변인에 대한 의미, 구성 요소, 구성방법 및 상담(훈련)방법 등을 정의하여야 한다.

### ③ 종속변인과 독립변인과의 관계

앞서 진술한 종속변인과 독립변인에 대한 진술을 기반으로 연구자가 앞서 진술한 연구가설의 핵심적 근거를 밝히는 자리이며, 연구가설이 실제 결론으로 도출될 것으로 기대하는 이유를 밝히는 자리이다. 이를 위해 먼저 기존 관련 이론 및 선행연구들에서 제시한 종속변인과 독립변인과의 관계에 대한 연구결과들이나 이론들에서 도출된 결과들에 대해 그 타당성과 문제점을 평가하여야 한다. 특히 실험연구에서는 선행연구 결과들에서 효과적 결과가 도출된 경우에는 그 효과적 결과가 도출될 수 있었던 이유와, 그럼에도 불구하고 내포된 문제점과 보완방안을 제시하여야 하며, 비효과적 결과가 도출된 경우에는 그 미비점과 보완방안을 제시하여야 한다. 이를 통해 연구자가 세운 연구가설처럼 결과가 도출될 수밖에 없음에 대한 논리적이고 이론적인 지지적 근거를 확보하여야 한다.

### (3) 연구방법의 작성

연구의 세 번째 과정인 연구방법은 앞선 선행연구의 고찰 또는 이론적 배경을 통해 도출한 연구가설의 당위성을 실제로 어떤 방식으로 규명하여 가설이 사실임을 경험적으로 검증하는 것이 가장 적합한지에 대한 정당성을 제시하는 자리이다. 그러므로 이는 구체적으로는 누구로부터(연구대상), 어떤 평가방법으로

(평가도구), 어떤 절차에 따라 자료를 수집하고(연구절차), 어떤 방법으로 가설의 사실 여부를 확인할 것인지(자료처리)에 대해 규명하는 것으로서, 연구과제의 성격에 따라 문헌연구나 경험적 연구의 방법을 채택하게 될 것이지만, 일반적으로 상담학연구에서는 연구절차와 연구대상, 평가도구, 자료 수집과 분석 및 처리 방법 등에 대해 진술한다.

### ① 연구대상

연구의 방법에 따라 실험대상 또는 조사대상이 될 수 있는 연구대상을 설정할 때에는 두 가지 사항을 염두에 두어야 한다. 먼저, 비용과 시간 및 조건상의 문제로 인해 연구대상의 모집단 전체를 대상으로 실시하기 어려우므로 표집집단을 표본으로 하여야 함과, 이렇게 표집된 표본의 결과를 토대로 모집단에 일반화하여야 하므로 반드시 표본이 모집단을 어느 정도 대표할 수 있도록 표집으로 조사하여야 한다는 점이다. 그러므로 연구대상의 설정을 위해서는 먼저 명확한 모집단을 설정하고, 이를 대표할 수 있는 수준과 규모로 표지되어야 한다. 이러한 표본추출의 방법으로는 일반적으로 단순무선표본추출법(simple random sampling), 층화무작위표본추출법(stratified random sampling), 군집표본추출법(cluster sampling), 체계적 표본추출법(systematic sampling) 등의 방법이 있으며, 이들의 구체적인 방법 및 절차에 대해서는 기존 통계학 관련 교재를 참고하여 통용되는 방법과 절차를 반드시 따라야 한다. 한편, 특히 실험연구나 분석적 연구가 아닌 조사연구(survey type)에서는 전집과 표집과의 관계를 명시하는 것이 더욱 중요하다.

이에 연구대상의 작성에 있어, 핵심적 요소는 연구자의 표집대상에 대해 적어도 이론적으로 모집단과 동일한 특성을 지닌 표집인지를 명확히 독자가 변별할 수 있는 수준에서 구체적인 정보로 제공해 주어야 한다. 이를 통해 모집단의 성격을 명확히 할 뿐만 아니라, 과학적 연구의 핵심 조건인 반복 가능성(replicability)의 조건을 만족시켜 줄 수 있다. 그러므로 이를 위해 표집대상의 어느 지역의 누구를 몇 명이나 대상으로 했는지, 구체적으로 표지된 표집집단의 나이, 성별 등의 분포가 어떠한지, 그리고 이들을 어떤 방법으로 어떻게 구성하여 연구하였는지 등을 간략하면서도 명확하게 밝혀야 결과에서 제시되는 연구결과의 적용 범위 및 일반화의 한계를 독자가 파악할 수 있게 된다.

### ② 평가방법 또는 측정도구

연구가설을 경험적으로 검증하기 위해서는 각 변인을 가장 효과적으로 측정할 수 있는 평가방법이나 측정도구를 활용하여야 한다. 이에 앞선 이론적 배경에서 변인의 개념적 정의에 부합하여 설정한 가장 타당한 평가방법에 따라, 구체적으로 연구에서 활용한 평가방법 또는 측정도구가 무엇인지를 구체적으로 밝히는 자리이다.

이에 평가방법 또는 측정도구의 작성에 있어, 변인의 개념적 정의와의 부합성 및 평가방법의 타당성과 신뢰성과 관련한 정보를 제공해 주어야 한다. 이를 위해 어떤 조작적 정의로(개발 목적 또는 평가내용), 누구에 의해서(개발자 및 수정개발), 언제(개발연도), 어떻게 구성된 평가방법(하위 변인 및 평가 종류와 방법)을 활용하였으며, 그 신뢰도와 타당도는 어떠한지를 진술하여 연구자의 평가방법이 여러 다양한 방법 중 가장 적절하고 효율적인 방법임을 제시해 주어야 한다. 예를 들어, 면접방법에 의해서 연구를 하는 경우에는 면접의 성격, 절차 및 그 내용과 그 면접을 수행하는 데 적합한 면접자의 특성도 기술되어야 한다. 또는 심리검사를 사용하는 경우에는 사용될 검사의 내용과 특징 및 검사가 실시되는 상태와 조건을 명시해야 한다. 또한 실험연구에서 어떤 도구가 사용되거나 제작되는 경우에는 이 도구나 실험기구에 대한 설명과 그 실시상태와 조건 및 실험방안을 명시해야 한다. 또한 이러한 조건을 갖춘 평가방법을 선택할 수 없을 경우는 그와 관련된 개발연구가 선행되어야 한다.

### ③ 연구절차 또는 평가절차

연구절차 또는 평가절차란 앞서 결정한 연구대상과 평가방법을 활용해 어떤 과정으로 자료를 수집하였는지를 밝힘과 동시에, 연구의 잠정적 약점들을 보완하기 위해 어떤 간접적 조처했는지에 대한 일련의 과정을 밝히는 자리이다. 특히 조사연구나 실험연구의 경우, 자료 수집을 위해 누가, 언제, 어떻게 진행하였으며, 어떤 평가방법을 어떤 방법으로 활용하였는지를 구체적이고 체계적으로 시간 순으로 밝혀야 한다. 이에 평가절차의 작성에 있어, 단순히 자료 수집을 위한 과정을 기술하기보다 신뢰롭고 타당한 자료 수집을 위한 모든 일련의 진행 과정이 연구결과의 내적 타당도와 신뢰도를 극대화하는 방향으로 이루어졌음을 보여 주도록 비교적 상세히 작성하여야 한다. 이러한 절차의 구체성 정도가 과학적 연구의 핵심 조건인 반복 가능성(replicability)의 조건 충족을 좌우하기 때문이다. 또한 연구대상이나 평가방법의 선정에 관한 정보는 이미 이론적 배경에서 진술이 되었으므로, 진술의 포인트를 자료 수집과 관련된 과정과 절차에 두어야 한다.

### ④ 자료처리와 분석방법

자료처리와 분석방법이란 앞서 밝힌 대상과 평가방법과 절차에 따라 얻어진 자료를 가설 검증을 위해 어떻게 처리하였는지에 대한 구체적인 통계적 기법 등의 구체적인 분석방법을 명시하는 자리이다. 물론 분석방법은 자료가 수집되기 전에 미리 충분히 고려되어 자료 수집의 근거가 되어야 한다.

이에 자료처리와 분석방법의 작성에 있어, 수집된 자료들을 구체적인 처리방법으로 분석하였는지를 밝히고, 그 분석결과의 유의성 검증을 위해 어느 정도의 유의성 수준을 설정하여 결과의 유의성을 검증했는지를 함께 진술하여야 한다.

### (4) 연구결과의 작성

논문은 연구자가 세운 연구가설에 제기된 문제에 관해 연구한 결과를 체계적이고 논리적으로 고찰하여 그에 대한 견해나 주장을 하는 것인 만큼, 수집한 자료를 분석한 결과를 가설의 진위 여부를 밝힐 수 있도록 연구가설과 직접적 관련이 있는 연구의 결과물을 일반적으로 통용되는 양식에 따라 간단하고도 명료하게 제시하는 자리이다. 그러므로 연구결과의 작성은 크게 세 가지 요소가 포함되어야 한다. 첫째는 분석의 기초가 되는 기본 자료들을 요약해서 제시하여야 한다[예: 평가도구별, 집단별, 시기별 등의 연구자료에 대한 사례 수(n), 평균(M), 표준편차(SD) 및 필요에 따라서는 상관계수 행렬표 등의 기본적 정보 제공]. 둘째는 연구가설의 검증을 위해 가설과 직접적 관련이 있는 자료의 자료처리 결과를 통용되는 양식에 따라 제시하여야 한다. 이때 결과를 먼저 도표 및 그래프 등의 방법을 활용해 일목요연하게 요약하여 제시하여야 하며, 통계분석 결과의 경우 요약방법은 각 통계방법에서 통용되는 양식을 활용하여야 다른 연구자들이 쉽게 이해할 수 있다(APA, 1985). 셋째는 제시된 결과자료에 대한 유의성 검증을 실시하고, 이를 통해 확인된 연구가설의 기각 여부만을 기술하여 제시하여야 한다. 학술지 논문의 경우, 요구하는 체제가 연구결과와 논의를 하나로 통합하여 제시하도록 하는 경우는 결과 제시 및 기각 여부에 관한 기술과 함께 그와 관련된 논의를 기술하기도 하지만, 학위논문의 경우는 연구결과의 작성에서 결과 도출의 이유나 근거, 의미 등의 해석 및 평가는 연구결과의 진술에서 별도로 다루지 않고, 있는 그대로의 정보로서의 결과만을 보고하여야 함을 유의하여야 한다.

### (5) 논의 또는 고찰의 작성

논의 또는 고찰은 앞서 제시한 연구결과의 정보를 학문적이고 과학적인 지식으로 탈바꿈시키는 이해의 틀을 제공하기 위해 지식으로 만드는 과정을 기술하는 자리이다(문수백, 2005). 그러므로 논의의 작성은 크게 두 가지 요소가 포함되어야 한다. 먼저, 연구자가 논의하고자 하는 연구결과가 무엇인지를 미리 밝혀 안내해 주기 위해, 앞선 연구가설과 관련해 직접적 관련이 있는 연구결과를 통해 도출한 유의성 검증결과를 통계적인 전문용어 등을 사용하지 않고 풀어서 간단히 제시한다. 둘째는 이렇게 도출된 연구결과가 어떤 의미를 지니고 있으며 어떤 이유와 근거를 가지고 있는지 등을 기존 관련 이론 및 선행연구 결과 등과 비추어 해석 및 평가를 하는 내용이 뒤따라야 한다. 이를 위해 앞선 장에서 밝힌 바와 같이 연구결과에 대한 타당성과 일반성 및 기존 연구와 구별되는 특이사항을 설명하고, 결과에 대하여 이론적 근거를 바탕으로 합리적인 해석을 한다. 특히 특이한 결과에 대하여는 이해할 수 있는 논리를 설명해야 하며, 이를 통해 연구자가 세운 가설을 이제 새로운 학설로 도출하여야 한다.

물론 이 과정에서 연구자의 연구결과가 기존 관련 이론 및 선행연구 결과 등과 부합하는 경우는 기존 이론의 타당성을 경험적으로 확인시켜 주거나 선행연구 결과의 실제적 적용 범위를 확장시켜 주는 경우에 해당하므로, 일반화와 타당화의 가능성을 높인 것으로 학문적 기여를 하였음을 강조하여야 한다. 이 경우에는 논의에서 기존 관련 이론 및 선행연구 결과를 하나의 관계로 묶어 설명하면서, 자신의 연구결과가 기존 이론 및 연구결과와 어떤 점에서 차별성이 있는지, 또 그 차별성이 어떠한 효과적 결과를 도출하는 데 이바지하였는지 등을 부각해 논의하여야 한다. 반대로, 가설 검증 연구자의 연구결과가 기존 관련 이론 및 선행연구 결과 등과 부합하지 않는 경우는 잘못된 연구로 단정하지 말고, 자신의 연구과정의 오류 여부 및 과학적 방법의 조건 충족 여부를 확인하고, 이에 문제가 없을 경우 부합하지 않는 결과의 도출 이유를 논리적으로 추론하여 제공함으로써 추후 연구를 위한 새로운 시사점으로 제공하여야 한다.

## (6) 결론 및 제언의 작성

결론 및 제언은 연구결과에 대한 논의가 끝나면 연구결과 및 논의의 내용을 포함한 연구 전 과정의 핵심적 내용을 요약하여 제시하고 후속연구자들을 위해 필요한 제언들을 제공하는 자리이다. 그러므로 결론 및 제언의 작성은 크게 세 가지 요소가 포함되어야 한다. 먼저, 연구의 목적에서부터 연구가설 설정 및 가설의 검증을 위해 어떠한 과정을 거쳤는지 등에 대해 앞선 체제에서 충분히 설명되었지만, 다시 한번 간단히 요약 제시하여야 한다. 둘째로, 이러한 과정을 통해 얻은 검증결과 및 논의 내용을 연구가설별로 기존 관련 이론 및 선행연구를 배경으로 해석되었음을 간결하게 요약, 제시하여야 한다. 셋째로, 이상을 근거로 연구자가 세운 가설이 결론으로 도출되었음을 연구가설의 문장을 결론의 문장으로 변환하여 제시하여야 한다.

그리고 후속연구자들을 위해 연구자가 본인의 연구결과를 토대로 발견한 후속연구 시 주의사항, 연구자의 결과 일반화의 제한점을 확장하여 일반화 수준을

높일 수 있는 연구주제 등을 제언으로 밝혀 후속연구자들의 관련 연구방향을 제
공해 주어야 한다.

### (7) 참고문헌의 작성

논문이 갖추어야 하는 요건 중 최근 강조되는 요건들은 바로 객관성과 윤리
성의 문제이다. 학문적 연구는 학적 체계를 잘 갖춘 문헌이나 진리에 대한 확실
히 인정된 가정이나 가설 또는 참신한 내용과 과학적 방법을 통해 이룩된 선행
연구 결과를 근거로 출발되고, 진행되고, 확인되어야 하기 때문이다. 따라서 논
문의 작성을 위해 참고하였거나 논문에서 직접 인용한 자료들을 열거하는 참고
문헌에 대해 그 제출처의 정해진 형식에 따라 정확하게 밝히는 것이 중요하다.
그러므로 이러한 참고문헌의 작성은 매우 중요한 논문작업의 하나이지만 실제
참고문헌을 기재하는 양식은 학문의 세부 분야별로 다소 다르고, 또 학교 및 학
회별로 투고양식에 명시된 내용이 다양하다. 이에 APA 등에서의 일반적인 작성
방법들에 대해서만 언급하고자 한다.

#### ① 참고문헌에 포함되어야 하는 사항과 문헌 종류에 따른 작성방법

단행본과 논문을 참조한 경우는 일반적으로 저자(편자/역자)의 이름, 논문명
이나 서명, 총서명 및 그 권수, 판차(版次), 출판사항(출판지, 출판사, 출판년), 인용
페이지 또는 참조페이지 등을 포함하게 된다. 먼저, 저자(편자/역자) 이름의 경우
저자명 뒤에는 마침표( . )를 찍으며, 혹 단체가 저술의 책임을 맡은 경우는 단체
명이 저자명이 된다. 특히 APA 방식에서는 복수저자의 경우에도 모든 저자명을
함께 적도록 하고 있다(강진령, 1997). 아울러 두 번째 이후의 저자명도 첫 저자
와 마찬가지로 '성, 이름'의 도치 형식을 취한다. 둘째로, 논문명이나 서명은 표
제지에 제시된 것을 원칙으로 한다. 이때 동양서의 서명은 『　』로 구분하거나
고딕체로 기재하고, 서양서의 서명은 이탤릭체로 기재하거나 서명 아래 밑줄을
그어 구분한다. 부서명(副書名, subtitle)은 서명 뒤에 쌍점( : )을 찍고 한 칸을 띄
운 뒤에 적거나 이탤릭체로 적는다. 논문명은 " "로 묶어 적거나 이탤릭체로 적

는다(APA 방식에서는 논문명에 " "를 붙이지 않고 아무런 표시 없이 적는다). 셋째로, 초판이 아닌 경우에는 서명 다음에 마침표를 찍고, 판차(재판, 증보판 등, 영문 서적인 경우에는 rpt., 2nd ed., 3rd ed. 등)를 기재한다. 넷째로, 출판사항에는 출판지, 출판사, 출판 년도를 차례대로 적으며, 이때 출판지 다음에 쌍점( : )을, 출판사 다음에는 쉼표를 찍어야 하며, 출판 년도의 경우 저작권이 설정된 해로 명시해야 하고 저작권의 설정 년도가 여럿이면 최근의 것을 택해 기록하는데, APA 방식에서는 저자명 다음에 (   )로 묶어 적도록 하고 있다(강진령, 1997). 다섯째로 단행본이나 학위논문처럼 단권이 아닌 논문은 수록 면을 기재해야 하는데, 이때는 논문의 발행 연도 다음에 콜론( : )을 찍고, 한 칸 띄운 뒤에 첫 페이지와 마지막 페이지를 붙임표로 연결하여 적는다("17~19면"이나 "pp. 17~19", "17~19"). 그리고 문헌 종류에 따른 기재방법을 구체적 예시로 작성하면 다음과 같다.

【참고문헌의 일반적 작성 예시】

이하에서는 이상의 각 내용을 종합하여 참고문헌의 기본 형식을 상세한 예로 제시함으로써 이해를 돕고자 한다. 그러나 여기에서 제시하는 형식과 보기는 절대적으로 따라야 하는 모범이라기보다는 하나의 지침을 제시하기 위한 일반적 형식으로서, 각 학문 분야에 따라 견해를 달리할 수도 있음에 유의해야 한다.

• 국내 단행본의 경우
  김동배, 권준범(2000). 인간행동이론과 사회복지실천. 서울: 학지사.

• 국외 단행본의 번역본일 경우
  Norman, C. G., Mary, J. H., & Joseph, A. J. (2006). 진로상담의 실제[*Career counseling: Process, issues, and techniques*]. (김봉환 역). 서울: 학지사(원전은 1998에 출판).

• 국외 단행본의 경우
  Beck, A. T. (1985). *Cognitive therapy and emotional disorders*. New York: International University Press.

- **국내 학위논문일 경우**

  김미란(2007). 비합리적 신념과 진로결정 자기효능감이 진로준비행동에 미치는 영향. 석사학위논문, 제주대학교.

- **국외 학위논문일 경우**

  Swanson, J. L., & Daniels, K. K. (1995). *Theory relation of perceived career barriers to self esteem, self-efficacy, and locus of control*. Unpublished manuscript, Southern Illinois University.

- **국내 정기간행물의 논문일 경우**

  김동일, 강혜영(2002). 대학생 진로집단상담 프로그램 내용 분석. **상담학연구**, 3, 139-155.

- **국외 정기간행물의 논문일 경우**

  Betz, N. E., & Voyten, K. K. (1997). Efficacy and outcome expectations influence career exploration and decidedness. *The Career Development Quarterly, 46*, 179-189.

- **연구 또는 용역과제 보고서일 경우**

  김천식(1993). 국민건강관리 프로그램 개발. 서울: 한국체육대학 체육과학연구소

- **포스터 발표자료(Poster Session)일 경우**

  Ruby, J & Fulton, T (1994 June). Beyond redlining : Editing software that works. Poster session presented at the annual meeting of the society for scholarly publishing, Washinton. DC.

- **신문기사**

  홍길동(1998, 7월 20일). 운동선수의 상해 실태. 조선일보, 15쪽.

  New drug appears to sharply cut risk of death from heart failure(1933, July 13). The Washington Post, p 112.

② 참고문헌의 배열 순서

참고문헌을 배열할 때는 다음의 네 가지 원칙에 따르는 것이 일반적이다. 첫째로, 동양서를 먼저 기재하고 서양서는 나중에 기재한다. 둘째로, 동양서는 한글로 표시된 이름의 자모의 순으로, 서양서는 저자의 성(last name)의 알파벳순으로 배열한다. 셋째로, 동일 저자의 문헌이 다수일 경우에는 출판연도 순으로 배열한다. 특히 APA 방식 등에 따라 출판년을 저자명 다음에 표시할 경우는 동일 저자가 같은 해에 다수의 저서나 논문을 출판했을 때는 연도 다음에 a, b, c 등의 문자를 붙여 구분한다(예: 2010a, 2010b, 2010c). 넷째로, 동일 저자의 저서나 논문을 열거할 때, 그 중복을 피하기 위해 첫 번째 문헌에만 저자의 이름을 명시하고 다음 문헌부터는 이름 대신 "_____"을 그어 동일 집필자임을 나타내기도 한다.

## (8) 초록의 작성

논문의 초록은 논문이 완성된 후 주제가 무엇이며 핵심 내용이 무엇인지를 통해 연구자가 논문을 통해 무엇을 말하고자 하는지를 간략하게 표현하는 자리이다. 그러므로 초록의 작성은 일반적으로 다섯 가지의 내용을 주된 내용으로 하여야 한다. 즉, 논문에서 어떤 연구가 이루어졌는지(problem), 연구 배경 및 목적은 무엇인지(background & purpose), 어떤 방법으로 연구가 진행되었는지(method), 연구결과는 무엇인지(results), 그리고 결과의 중요성 및 연구의의는 무엇인지(implication) 등을 간략히 제시하여 논문 전체를 읽지 않더라도 논문의 연구개괄을 파악할 수 있도록 제시하여야 한다.

일반적으로 초록 작성 원칙은, 먼저 대체로 초록의 분량은 한 장 내외로, 간결한 문장구조로 작성하여야 하며, 독자가 알아보기 쉽도록 간결하게 작성하여야 한다. 둘째로, 활용하는 용어도 일반적 용어는 쉬우면서도 통용성이 높은 단어를 활용하고, 전문적 용어는 학계에서 통용되는 정확하고 보편적인 단어를 활용하여야 한다. 셋째로, 초록의 주요 기능 중 하나가 데이터베이스 검색용이므로, 논문의 핵심용어들은 모두 초록에 포함되도록 하여야 한다. 넷째로, 연구결과를 언급할 때는 '대부분, 일부, 상당히' 등 모호한 표현보다는 구체적인 수치로 표기하여야 한다. 다섯째로, 영문초록의 경우 모든 문장의 첫 단어는 대문자로 표기하며, 인칭은 3인칭으로 일관되게 작성하여야 한다. 여섯째로, 구체적인 작성법으로는 가급적이면 명사 대신 동사를, 수동태 대신 능동태를, 특정한 변수나 검증된 사실 및 발견된 사실은 과거형을, 연구자의 결과를 설명할 때는 현재형을 활용하여 작성하여야 한다. 마지막으로, 구체적인 작성 방법 및 배치는 제출처의 요구 양식에 따라야 한다.

제11장
# 상담연구에 대한 평가와 논문 게재

| 서영석 |

논문을 학술지에 출판하는 일은 연구를 수행하는 사람들에게 분명 기쁘고 보람된 일이다. 그 이유는 학술논문을 준비하고 출판하는 과정이 그만큼 복잡하고 힘들기 때문이다. 논문을 출판하기까지 연구자는 논문 주제를 발견해서 그에 따른 연구 문제 및 가설을 구상해야 하고, 자료를 수집 분석하여 원고를 작성하며, 이를 관련 학술지에 제출하고 심사를 받는 과정을 거쳐야 한다. 이 과정에서 많은 시간과 노력이 요구되며, 때로는 여러 차례 좌절을 경험하기도 한다. 이는 이제 막 연구를 시작한 초보 연구자들뿐 아니라 경험 많은 베테랑 학자들에게도 해당되는 일이다. 비록 참여한 연구와 출판된 논문의 수가 늘어나 연구 및 출판에 대한 세부적인 노하우가 증가할 수는 있지만, 논문을 심사받고 최종 출판되는 것을 지켜보면서 경험하는 불안과 긴장감은 크게 줄어들지 않는 것 또한 사실이다.

최근 들어 상담을 공부하는 사람들의 수가 증가하면서 학술지에 논문을 투고하는 경우가 부쩍 증가하고 있다. 작성되는 상담 관련 논문들의 수가 크게 증가하는 것에 비해 양질의 학술지는 한정되어 있기 때문에, 기술적으로 특정 논문이 권위 있는 학술지에 최종 게재될 확률은 그만큼 줄어들 수밖에 없는 것이 지금의 현실이다. 결국 논문 게재를 위한 경쟁이 치열해진 것이다. 따라서 유수한 학술지에 논문을 게재하는 일은, 초보 연구자들에게뿐만 아니라 이미 수십 편의 논문을 학술지에 출판한 경험 많은 학자들에게도 긴장을 늦출 수 없는 도전적인 일이 되었다.

이 장에서는 학술지를 준비하고 출판하는 일과 관련해서 연구자가 숙지해야 할 사항들을 살펴보고자 한다. 이 과정에서 논문 작성 및 제출에 관한 구체적인 지침뿐 아니라 논문을 심사받고 출판하는 것과 관련해서 연구자가 숙지해야 할 기본적인 태도도 살펴보고자 한다. 우선, 논문 출판에 대해 연구자가 갖추어야 할 태도를 설명하고, 그다음으로 논문을 학술지에 투고하고 최종적으로 출판하기 위한 실제적인 전략들을 논한다.

## 1. 논문 심사 및 출판에 대한 연구자의 태도 및 역량

논문을 준비하고 투고해서 심사받는 과정은 고생스럽고 힘든 과정이지만, 연구주제를 떠올리는 순간부터 그것이 학술지로 출판되는 순간까지 연구자는 흥미와 재미 그리고 보람을 느낄 수 있다. 논문 심사 및 출판과 관련된 경험이 많은 학자들(예: McGowan & Scholl, 2004; Thompson, 1995)은 논문을 출판하기 위해서는 다음과 같은 특성, 능력 및 태도가 필요하다는 점에 동의한다.

- 전문적인 글쓰기 관련 훈련 및 그에 따라 갖춘 역량
- 연구주제와 관련된 학문적 · 이론적 지식
- 연구주제와 관련된 실제적인(현장에서의) 지식 및 경험
- 상담현장에 실질적인 시사점을 제시할 수 있는 능력
- 심사자 및 편집위원장으로부터 받은 부정적이고 건설적인 비판을 수용하는 태도

• 비판을 견디고 이를 토대로 논문의 내용 및 질을 향상시킬 수 있는 인내심

여기서는 이와 같은 여섯 가지 태도 및 능력 중 마지막 두 가지에 대해 논하고자 한다. 많은 사람은 지적 능력이 뛰어난 사람들이 논문을 많이 출판할 것이라 생각한다. 하지만 실제로 학계에서 논문을 많이 출판하는 사람들은 지속적으로 연구를 수행하고 꾸준히 학술지에 논문을 투고하는 사람들인 경우가 많다. 연구를 수행하기 위한 지적 능력을 갖추는 일은 논문 출판을 위해 필요한 선행조건임에 틀림이 없지만, 지적 능력만큼이나 중요한 것은 예상치 못한 난관(예: '게재 불가'로 나온 심사결과)에도 불구하고 꾸준히 도전하는 태도라고 볼 수 있다. 유수한 학술지에 논문을 게재하는 일은 생각보다 어려운 일이다. 몇 달 또는 몇 년을 준비해서 제출한 논문이 '대폭 수정 후 재심사' 심지어 '게재 불가'라는 판정을 받게 된다면 이는 연구자에게 매우 실망스럽고 좌절스러운 경험이다. 특히 논문에 대한 연구자의 애착이 클수록, 예를 들어 기존의 학문적 지식 기반에 많은 기여를 할 수 있을 것으로 기대했던 논문이 게재 불가 판정을 받을 경우 실망은 더 클 수밖에 없다. 더욱이 동일 논문에 대해 여러 학술지로부터 게재 불가 판정을 받을 경우 계속해서 논문을 수정해야 할지 아니면 그만두고 다른 연구를 수행해야 할지 혼란스럽게 된다. 심지어 연구 자체에 대한 흥미를 잃거나 연구 수행 및 논문 작성에 대한 효능감을 상실하게 되는 경우도 발생할 수 있다. 따라서 논문을 출판하기 전까지는 비록 그것이 힘들고 실망스러운 일일지라도 '게재 불가'와 같이 혹독한 판정을 수용하고, 이를 통해 배우고 개선하려는 태도가 매우 중요하다(Thompson, 1995).

필자 역시 박사학위논문을 요약한 원고를 4개의 학술지에 제출하여 차례로 게재 불가 판정을 받은 경험이 있다. 그 과정에서 심사자들의 의견이 연구에 대한 몰이해로 비쳐지기도 하고 때로는 심사 의견이 근거 없는 개인적 비난으로 생각되기도 하였다. 최종적으로 학술지에 논문이 게재되는 과정을 거치면서 느낀 것은, 비록 고통스럽고 때로는 억울하게 느껴지기도 했지만 심사위원들의 심사 의견이 적절하고 타당했으며, 그러한 의견을 수용하고 반영하는 과정을 통해

논문의 전체적인 질이 향상되었다는 사실이다. 즉, 논문이 출판되기 위해서는 연구자의 철저한 준비가 필요할 뿐 아니라, 심사평에 비추어 자신의 논문을 객관적으로 바라보고 이를 수용할 수 있는 자세가 필요함을 깨달을 수가 있었다. 또한 이 모든 과정에 함께 참여한 심사자 및 편집장의 숨은 기여가 있음을 인식하게 되었다. 실망과 고통이 수용과 겸손함 및 객관적 시각으로 채워지는 경험을 했고, 좌절과 고통이 논문에 대한 애착과 자부심으로 탈바꿈되는 경험을 통해 배움의 본질적 과정, 즉 구상하고 실행해서 글을 쓰고 자신의 학문적 분신을 평가받는 일에 담긴 긴장과 보람, 의미를 경험할 수 있었다.

## 2. 논문 출판 전략

여기서는 논문을 학술지에 성공적으로 출판하기 위한 전략들을 살펴보고자 한다. 대부분의 학술지들이 채택하고 실제로 많은 심사위원이 심사의 준거로 활용하고 있는 논문 심사 및 평가 기준을 이해함으로써, 연구자가 연구를 수행하고 논문을 작성하는 과정에서 유념해야 할 사항을 확인할 수 있을 것이다. 즉, 논문을 어떻게 작성해야 하는지에 대해 구체적으로 살펴보자.

### 1) 논문 심사 및 평가 기준

#### (1) 전체적인 논문 심사기준

논문이 학술지에 게재되기 위해서는 보통 다음의 기준들을 충족시켜야 한다.

- 학술지가 지향하는 비전과 목적 및 성격에 부합하여야 한다.
- 논문의 주제와 연구결과가 독창적이면서도 타당해서 해당 분야에 의미 있게 기여하여야 한다.
- 연구설계, 자료분석, 논의 및 결론 등에서 주요한 결함이 없어야 한다.

① 연구주제의 적합성

특정 학술지의 독자(상담의 경우 상담 관련 실무자, 학생, 상담 교육자 등), 편집위원 및 편집장에게 흥미를 유발하고 관련 분야에 시사하는 바가 많은 연구주제를 채택하는 것이 매우 중요하다. 따라서 연구자는 학술지의 비전 진술문(vision statement), 그리고 그동안 학술지에 실렸던 논문들의 주제 및 제목 등을 꼼꼼히 살펴볼 필요가 있다. 대부분의 학술지는 홈페이지와 인쇄된 학술지의 겉표지 안쪽에 학술지의 비전과 출판하려는 논문들의 주제 및 영역 등을 기술해 놓고 있다. 예를 들어, 대부분의 상담 관련 학술지들은 매우 다양한 주제를 다룬 논문을 출판하고 있다. 자료를 수집해서 가설을 경험적으로 검증한 논문뿐 아니라 이론적인 입장을 개진한 논문, 그리고 동일 주제를 다룬 논문들을 고찰해서 새로운 연구방향을 제시하는 논문들도 게재하고 있다. 주제 측면에서는 진로, 성격 및 적응, 학습, 다문화, 상담 과정 및 성과, 상담자 교육 및 수퍼비전 등 매우 다양한 주제를 포괄하고 있다. 학술지에 따라서는 상담개입을 평가하고 적용한 실증적인 연구와, 중요하지만 지금까지 학계에서 덜 관심을 기울였던 소수자(성적·경제적·문화적 소수자 등)를 대상으로 한 논문들에 중점을 두기도 한다.

보통 논문을 투고하면 학술지 편집위원장(또는 편집위원회)은 투고된 원고가 학술지의 성격 및 방향과 부합하는지를 평가한다. 이때 논문이 학술지 영역 밖의 주제를 다뤘다고 판단할 경우, 논문의 질과 상관없이 게재 불가 판정을 내리고 다른 학술지에 투고할 것을 추천한다. 투고되는 원고의 수가 많고 해당 학문 분야에서 권위가 있는 학술지일수록 이런 사전 선별 과정을 거치는 경우가 많다. 심사위원들이 작성하는 심사 의견서에도 논문의 주제가 학술지 성격에 부합되는지를 정량적으로 평가하는 항목이 포함되어 있다. 따라서 연구자는 자신의 논문이 학술지의 비전이나 방향에 부합하고, 지금까지 학술지에 출판된 다른 논문들과 비교했을 때 논문의 주제나 대상, 구성 등이 유사한지를 판단하는 것이 매우 중요하다. 만일 자신의 논문이 학술지의 성격에 부합되는지 확신이 없다면 사전에 편집위원장에게 이에 관해 문의해 보는 것이 좋다.

② 연구(결과)의 기여도

앞서 언급한 것처럼, 상담 관련 학술지에 투고되는 논문의 수가 증가함에 따라 논문 게재의 성공률이 매우 낮아졌다. 그만큼 학술지의 문턱이 높아진 것이다. 이에 따라 논문을 심사하는 기준 또한 예전에 비해 더 까다로워진 것처럼 보이지만, 사실 논문을 심사하고 평가하는 기본적인 관점에는 변함이 없다. 즉, 논문에서 연구자의 문제 의식이 명확하고 의미가 있는가, 연구결과가 기존 지식 기반 확충에 기여하는가와 같은 평가기준은 변함이 없는 것 같다. 평가기준은 다음과 같다.

- 기존 학문 분야 지식 기반 확충에 의미 있는 기여를 하는가?
- 관련 분야에서 더 많은 연구와 이론 창출을 활성화시킬 수 있는가?
- 많은 사람이 읽고 인용할 것인가?
- 새롭고 창의적인 접근을 시도했는가?

특정 논문이 적절한 연구설계와 자료분석 방법을 사용해서 연구결과를 보고했다고 해서 권위 있는 학술지에 출판될 만큼 충분한 자격을 갖추었다고 볼 수 없다. $A^0$가 아니라 $A^+$이어야 한다. 중요한 것은, 논문이 해당 분야(상담의 경우, 상담 관련 이론과 상담 실제)에서 의미 있는 공헌을 할 수 있고 기존의 지식 기반 확충에 뚜렷한 기여를 하는지가 관건이다. 따라서 연구자가 중점을 두고 노력해야 할 일은, 논문의 서론과 논의 부분에 이러한 점을 명시적이고 의도적으로 기술하는 것이다. 왜 이 연구가 필요한지를 기술할 때 자신의 연구가 어떤 점에서 기존 연구들과 맥을 같이하면서도 독특한지, 관련 연구 및 상담 실제에서 어떤 문제점들을 해결할 수 있는지에 대해 설득력 있고 논리적인 설명을 개진해야 한다.

주의해야 할 점은, 연구자 개인의 경험이나 인상적인 관점으로 연구의 중요성 및 필요성을 피력해서는 안 되고, 기존 이론이나 관련 선행연구들을 기반으로 연구의 의의 및 필요성을 기술해야 한다는 것이다. 이는 최근까지 진행된 이론적 주장이나 경험적인 연구들에 대해 철저한 문헌연구가 선행되어야만 가능한 일이다. 한 해에 수천 편의 상담 관련 논문들이 출판되는 시점에서 20~30년 전의 연구결과나 이론을 토대로 논문의 의의를 피력하는 것은 설득력이 부족한 행위다. 따라서 최근 출판된 관련 연구이거나, 역사적으로 해당 분야에서 많이 인용되는 논문을 인용하지 않을 경우 게재 불가로 판정될 가능성은 매우 높다. 어느 정도의 최근 논문을 인용하는 것이 좋은지는 연구주제 및 해당 분야 연구 활동 수준에 따라 차이가 있겠지만, 5~10년 내에 출판된 논문들을 인용하는 것이 좋다(McGowan & Scholl, 2004). 요즘에는 컴퓨터를 통해 해당 분야의 논문들을 쉽게 검색할 수 있기 때문에, 최근 출판된 논문들을 읽고 인용하는 것은 어렵지 않은 일이 되었다. 반면, 인용된 대부분의 논문들이 출판되지 않은 학위논문이거나 출판된 후 꽤 많은 시간이 흐른 논문들일 경우 충분한 문헌연구가 이루어지지 않았다는 인상을 줄 수 있고, 연구의 최신성이나 독특성 및 해당 분야에서의 기여도를 의심받을 수 있다. 이때, 관련 선행연구들을 모두 찾아 나열하는 것은 불필요하고, 오히려 독자에게 산만하게 비쳐져 연구의 논지를 흐리게 할 수 있다. 따라서 최근에 출판된 논문들을 중심으로 문헌연구를 실시하고 인용하되, 연구의 독특성과 의의를 가장 잘 대변해 줄 수 있는 연구들을 중심으로 기술하는 것이 중요하다.

모든 연구에는 한계 또는 제한점이 있다. 따라서 연구결과를 기술한 논문에도 필연적으로 결함이 있을 수밖에 없다. 저자는 서론이나 논의 부분에 연구의 한계점을 기술하고, 이에 따른 연구결과 해석의 주의 사항을 열거하며, 한계점 극복을 위한 설득력 있는 방안을 제안하기도 한다. 한계점을 인식한 채 연구를 시작하기도 하고, 연구가 진행되면서 새롭게 한계점을 깨닫기도 하며, 논문이 출판된 이후에도 여전히 결함 또는 한계가 존재함을 확인할 수 있다. 중요한 것은, 이러한 한계점에도 불구하고 자신의 연구가 관련 분야에 어떤 기여를 하는지에 대해 명시적으로 기술하는 것이다.

논문 심사를 하다 보면 관련 분야에 대한 기여도와 독창성은 뛰어나지만, 표본의 크기, 자료분석 방법, 글쓰기 등에서 결함이 발견되는 논문들이 있다. 이

때 단기간(보통 3주에서 3개월)에 논문을 수정할 수 있느냐가 '수정 후 재심사'로 판정하는 데 중요한 기준이 된다. 즉, 연구의 타당도 측면에서 더 많은 자료를 수집해야 한다거나, 연구설계를 다시 해야 한다면 논문을 수정해서 다시 제출하라고 요구하는 것이 무리일 수 있다. 반면, 다른 분석방법을 사용해서 자료를 분석해야 한다거나 글의 전개방식이나 논리적 흐름에 문제가 있다고 판단될 경우에는 수정 후 재심사로 판정하는 경우가 많다.

### (2) 부분별 심사기준

다음은 심사위원들이 논문을 심사할 때 꼼꼼히 살펴보는 사안을 부분별로 정리한 것이다. 주의할 점은, 다음 항목들이 논문에 모두 포함되었다고 해서 논문에서 다뤄야 할 모든 내용이 담겨 있다고 생각해서는 안 된다는 것이다. 즉, 다음의 내용은 각 부분에 포함되어야 할 주요 항목들이다. 논문에서 다뤄야 할 포괄적인 내용에 관해서는 연구방법론 서적, 학술지 출판 규정, *APA publication manual*, 학술지에 기출판된 논문들을 참고하기 바란다.

### ① 서론

서론에서 가장 중요한 점은 본 연구가 얼마나 그리고 어떤 측면에서 중요한지를 설득력 있게 기술하는 것이다.

- 본 연구가 중요한 주제를 다루고 있음을 명확히 드러내어 설명하고 있는가? 연구의 목적을 기술하였는가?
- 본 연구가 기존의 연구 흐름에, 관련 이론과 상담 실제에 어떤 기여를 할 수 있는지를 기술하고 있는가?
- 본 연구의 필요성을 뒷받침하는 방식으로 선행연구들을 인용하고 있는가?
- 연구문제 또는 연구가설이 관련 이론, 선행연구, 임상적 경험 등을 토대로 명료하고 논리적으로 도출되었는가?
- 연구에서 채택한 설계가 왜 가장 적절한 연구설계인지를 설명하고 있는

가? (자료분석을 위해 HLM을 사용한 이유를 기술하였는가? 왜 근거이론을 사용해서 자료를 분석했는지 그 근거 및 필요성을 기술하였는가?)

② 연구방법

연구방법을 기술할 때 가장 중요한 점은, 다른 연구자들이 연구를 재연할 수 있을 만큼 연구참여자, 도구 및 절차를 상세히 기술하는 것이다.

- 연구참여자들은 연구의 목적 및 연구문제와 부합하는가?
- 연구참여자의 인구통계학적 특성(나이, 학력, 지역 등)을 기술하였는가?
- 적절한 크기의 표본을 산출하기 위한 사전 작업을 수행했고, 이를 논문에 기술하였는가? 예를 들어, 통계적 검증력을 고려하여 기대되는 효과크기를 얻기 위한 표본크기를 미리 계산하고 이에 맞게 자료를 수집하였는가?
- (준)실험설계를 적용한 연구일 경우, 독립변인에 대한 조작, 가외변인 통제, 참여자 할당의 적절성에 대해 기술하였는가? 질적 연구의 경우, 연구참여자 및 연구하는 현상에 대한 연구자의 입장을 기술하였는가? 연구자의 주관성을 관리하는 방식을 기술하였는가?
- 모든 연구변인에 대해 조작적 정의가 기술되어 있는가? 측정도구는 참여자들의 연령, 문화적 배경 등을 고려했을 때 적절한가?
- 측정도구의 타당도와 신뢰도, 평정방식을 적절히 기술하였는가? 특히 측정도구가 타당하다는 증거(구성개념타당도, 공인타당도 등)를 제시하였는가? 선행연구에서뿐 아니라 본 연구에서의 신뢰도 추정치(내적 일치도, 검사-재검사 신뢰도 등)를 보고하였는가?
- 자료 수집 절차를 구체적이고 상세히 기술하였는가? 인터뷰를 실시했을 경우, 인터뷰 방식(예: 반구조화), 인터뷰에 사용한 질문, 기록 및 전사(transcription)의 주체 및 절차를 상세히 기술하였는가?
- 자료분석 절차를 기술하였는가? 자료분석에 사용한 소프트웨어를 기술하였는가?

③ 연구결과

연구결과를 기술할 때에는, 서론에 제시한 연구문제 또는 연구가설을 염두에 두면서 각각의 연구문제 또는 연구가설에 답하는 방식으로 분석결과를 제시하는 것이 중요하다. 또한 통계치를 사용해서 분석결과를 기술하거나 표나 그림을 통해 분석결과를 보고할 경우, 학술지가 따르고 있는 출판 규정(예: *APA publication manual*)을 숙지해서 그에 따라 보고하는 것이 중요하다.

- 연구에서 사용한 자료분석 방법은 연구문제에 답하는 데(연구가설을 검증하는 데) 적절한가?
- 연구문제에 답하는(연구가설을 검증하는) 결과를 제시하고 있는가?
- 자료는 적절히 코딩되었는가? 이상치(outlier)에 대한 점검을 실시하고 필요할 경우 분석에서 제외하였는가?
- 결측치를 어떻게 다뤘는지 기술했는가?
- 통계 관련 기본 가정(독립성, 정상분포 등)은 충족되었는가? 이에 관해 기술하였는가?
- 통계적 유의도뿐 아니라 효과크기도 제시하였는가?
- 여러 번의 통계 검증으로 인한 1종 오류 위험성을 고려해서 적절한 조치(예: Bonferroni correction)를 취하고 이에 대해 기술하였는가?
- 표나 그림을 제시했다면 과연 이것이 효율적인 방식인가? 표나 그림의 제목은 적절한가? 표나 그림의 내용은 이해하기 쉬운가?
- 학술지 출판 규정에 따라 통계치, 표, 그림 등을 제시하였는가?

④ 논의

연구자가 논의 부분에서 중점적으로 해야 하는 것은, ① 관련 선행연구 및 이론에 비추어 자신의 연구결과를 해석하고, ② 연구결과의 이론적 · 실제적 시사점들을 기술하며, ③ 연구의 제한점을 기술하면서 후속연구에 대해 제언을 하는 것 등이 포함된다.

- 연구문제 및 연구가설을 구체적으로 언급하면서 연구결과를 논하고 있는 가?
- 관련 이론과 선행연구에 비추어 연구결과의 의미를 해석하고 있는가?
- 기존의 연구와 다른 결과가 도출되었다면, 이와 관련된 해석 또는 설명이 제시되었는가?
- 연구의 대상, 범위에 맞게 연구결과를 해석하고 있는가? 연구결과를 기술 하고 해석함에 있어서 과대 일반화의 오류를 범하고 있지는 않는가?
- 지나치게 단정적으로 연구결과를 제시하고 해석한 것은 아닌가?
- 연구결과의 이론적 · 실제적 시사점을 구체적으로 언급하고 있는가?
- 연구가 기존의 지식 기반을 확충하는 데 어떤 기여를 하는지 구체적으로 기술하고 있는가?
- 연구의 주요 제한점 및 후속연구에 대한 제언을 언급했는가?

마지막으로, 초록과 참고문헌을 작성하는 것과 관련된 주의사항을 기술하고 자 한다. 논문을 심사하다 보면, 초록과 참고문헌의 내용과 기술방식이 잘못된 논문들을 다수 접하게 된다. 논문 투고자에게는 초록을 작성하고 참고문헌을 정리하는 일이 자료분석이나 본문의 내용을 기술하는 것만큼 중요하지 않게 여 겨질 수도 있지만, 심사자는 논문 작성과 관련된 연구자의 태도(특히 성실성)로 여길 수 있기 때문에 절대로 소홀히 해서는 안 되는 문제다.

⑤ 초록
- 연구의 주요 요소(목적, 방법, 절차, 결과 등)를 기술하였는가?
- 연구대상, 연구절차, 연구결과를 압축하여 기술하였는가?
- 가장 중요한 연구결과를 간결하게 제시하고 있는가?
- 제시된 주요어는 주요 연구변수들을 포함하고 있는가?
- 학술지에서 요구하는 글자 수에 맞춰 작성하였는가?

⑥ 참고문헌

- 본문에서 인용한 모든 문헌이 모두 '참고문헌'에 포함되어 있는가?
- '참고문헌'에 기술된 문헌과 본문에서 인용한 논문들은 서로 일치하는가? 저자 수, 저자 순서, 출판 연도 등은 서로 일치하는가?
- 학술지 출판 양식(예: *APA publication manual*)에 맞게 정확히 기술하였는가?
- 본문과 '참고문헌'에서 한글 문헌, 외국 문헌 순으로 인용 논문을 제시하였는가?
- 한글 문헌의 경우 가나다 순으로, 외국 문헌의 경우 알파벳 순서로 제시하였는가?

## 2) 전문적 글쓰기

### ① 문체

논문은 명료하면서도 간결하게 그리고 논리적인 흐름을 살피면서 작성하는 것이 중요하다. 저자의 개성이나 특성을 창조적인 방식으로 드러내는 시나 수필에 비해, 논문은 직설적이고 직접적인 설명문 또는 논술에 더 가깝다. 상담 관련 학술지 중에는 간혹 시나 수필을 출판하는 예가 있지만, 매우 예외적인 경우라고 볼 수 있다. 그렇다고 학술논문을 무미건조하고 지루한 글로 이해해서는 안 된다. 사실이나 개념을 설명하는 것에 치중해서 개념이나 선행연구 결과를 병렬식으로 나열하듯 기술하는 경우가 있는데, 이는 분명 지양해야 할 글쓰기 방식이다. 그 대신, 연구자가 이야기하고 싶은 내용이나 목적을 논리적이면서도 간결하게, 그래서 독자가 자연스럽게 글을 따라올 수 있도록 기술해야 한다. 지나치게 자세히 설명해서 독자를 지치게 하고 전달하고자 하는 내용이 흐려져서도 안 되며, 지나치게 간결해서 깊이가 없거나 비약이 심해 의미 전달이 이루어지지 않는 글쓰기 방식 역시 피해야 한다.

구체적으로, 각 문장은 그 자체로 충분히 의미가 전달될 수 있도록 단순하면서도 명료하게 작성해야 한다. 간혹, 어려운 용어들의 나열에 그쳐 연구자가 전달하고자 하는 본래의 의미를 파악하기 어려운 문장들이 있다. 이럴 경우, 독자는 그 문장의 정확한 의미를 이해하지 못한 채 다음 문장으로 이동할 수밖에 없다. 그러므로 연구자는 문장에서 자신이 전달하고자 하는 의미가 무엇인지 정확히 파악한 후 독자가 이해하기 쉽게 글을 작성해야 한다. 마찬가지로, 문장과 문장, 단락과 단락은 논리적인 흐름에 따라 서로 매끄럽게 연계되어야 한다. 특히 서론과 논의 부분에서는 특정 단락의 의미와 목적이 앞뒤 단락의 의미와 목적과 논리적으로 연계되어야 한다. 논리적 연계가 부족할 경우 그 단락의 존재 자체가 무의미해질 수 있다. 논문 전체에 걸쳐서도, 서론에서 제시한 연구문제와 연구가설에 부합되는 연구방법과 자료분석을 사용해야 하고, 각각의 연구문제에 답하는 방식으로 연구결과와 논의를 기술해야 한다.

마지막으로, 연구자는 글에 문법적인 오류가 없는지 꼼꼼하게 살펴야 한다. 만일 논문 전체에 걸쳐 주어가 없거나, 주어와 동사가 일치하지 않거나, 오탈자가 많은 문장이 있을 경우 논문 전체의 질적 수준이 훼손될 수 있다. 연구자는 논문을 출판하는 것이 최종 목적이지만, 논문을 심사하는 사람과 편집위원장은 논문을 읽게 될 독자를 고려해야만 한다. 따라서 글에 비문과 오탈자가 많을 경우 양질의 논문으로 간주하기가 어렵다. 따라서 연구자는 수없이 논문을 읽고 수정하는 작업을 반복해야 한다. 이때 선후배, 동료 또는 지도교수에게 윤문을 부탁해서 글에 대한 피드백을 구하고 이를 토대로 논문을 수정하는 것이 도움이 된다. 글은 연구자의 지적 능력뿐 아니라 성실함과 세밀함 등 개인적인 특성을 드러낸다. 글은 일단 출판되면 오랜 기간 매우 다양한 독자에게 노출되기 때문에, 연구자는 논문이 출판되기 직전까지 원고를 다듬고 수정해야 한다.

### ② 분량 및 출판 규정

대부분의 학술지들이 1년에 2~6회에 걸쳐 학술지를 발행하기 때문에 게재할 수 있는 논문의 수는 제한될 수밖에 없다. 따라서 특정 페이지 범위 내에서 논문의 분량을 제한하고 있다. 독자 또한 시간을 많이 할애하지 않으면서 논문의 목적과 결과 및 시사점을 파악하고 싶어 하기 때문에, 대부분의 학술지들이 30페이지 이내로 원고 분량을 제한하고 있다. 그러나 질적 연구방법을 사용한 논문에 대해서는 초과 분량을 허용하는 경우가 많다. 원고 분량을 계산할 때에는 초록, 본문, 표, 그림, 참고문헌 등을 모두 포함해야 하며, 원고의 여백 또한 규정하는 경우가 많기 때문에 관련 지침을 반드시 확인해야 한다. 특히 몇몇 학술지들은 특정 분량 이상으로 작성된 원고들에 대해서는 아예 심사를 진행하지 않기 때문에 제출 전에 원고의 분량을 조정해야 한다. 규정된 분량을 초과할 수밖에 없는 경우에는 편집위원장에게 이유를 설명하고 허락을 받아야 한다.

학술지마다 원고 작성 지침을 제시하고 있는데, 대부분의 상담 관련 학술지들은 미국심리학회가 출간하는 출판 규정(*APA publication manual*)을 참고할 것을 권한다. 따라서 출판 규정을 참고하여 본문뿐 아니라 초록, 표, 그림, 참고문헌을 작성해야 한다. 어떤 학술지는 논문 투고 당시부터 연구자가 출판 규정에 따라 원고를 작성했는지 검토하는데, 따르지 않았다고 판단될 경우 처음부터 원고 심사를 거절한다. 따라서 연구자는 투고하려는 학술지의 출판 규정을 꼼꼼하게 살핀 후 원고를 작성해야 한다.

## 3) 논문 투고 및 게재

### (1) 논문 제출

#### ① 논문 제출방법

요즘은 원고(manuscript)를 전자 방식으로 제출하는 경우가 많다. 정해진 학회 이메일 주소로 한글 파일이나 워드 파일로 원고를 첨부해서 이메일로 송부한다. 경우에 따라서는 학술지와 결연을 맺은 출판사의 포털 사이트에 접속해서 간단한 절차를 거친 후 원고를 탑재하는 학술지도 있다. 이 과정에서 편집간사에게 원고 제출 및 이후 심사과정에 대해 문의할 수 있다. 어떤 방식으로 원고를 제출하건 학술지 측에 원고 제출 후 수령 여부를 확인하는 것이 좋다.

외국 학술지의 경우에는 별도로 편지(cover letter)를 작성해서 원고와 함께 제출하는 것이 관례다. 이때 이메일 내용을 편지 형식으로 작성해서 보낼 수도 있고, 또는 편지를 작성해서 파일로 첨부하여 이메일로 보낼 수도 있다. 어떤 형식이든 편지에는 연구에 관해 개략적으로 소개하는 내용을 담는다. 즉, 연구의 주제 및 영역을 기술하고(예: 문화적 소수자의 상담서비스에 대한 기대), 연구자(들)의 이름, 소속 기관, 이메일 주소, 팩스 번호 등을 명시한다. 또한 논문에 대한 연구자들의 기여도를 제시하고(즉, 누가 1저자이고, 교신저자이며, 공동저자인지), 이전에 학술대회에서 발표한 적이 있다면 이를 밝히며, 논문이 현재 다른 학술지에 투고되어 심사 중이거나 출판된 적이 없음을 기술해야 한다. 이전에 다른 학술지에 출판된 논문을 '처음 제출하는 것처럼' 제출하거나, 같은 논문을 두 개 이상의 학술지에 동시에 투고해서 심사받는 것은 비윤리적인 행위로 간주된다.

학술지에 논문을 제출하기 전에 확인할 일 중 하나는, 학술지를 발행하는 단체(예: 학회)에 회원으로 가입한 사람들에게만 논문 투고 및 게재 권한을 부여하는지의 여부다. 국내에서 발행되는 대부분의 학술지들은 특정 학술단체(학회)와 연계되어 있는데, 학회원으로 가입되어 당해 연도 학회비를 납부한 사람들에게만 원고 투고 권한을 부여하고 있다. 외국 학술지들의 경우에도 학술단체와 연계되어 있지만, 학회원으로 가입한 사람들에게만 논문 출판의 문호를 개방하는 경우는 매우 드물다.

② 제출 시기

크게 두 가지로 구분할 수가 있다. 우선, 많은 학술지가 특정 일시를 제출 기한으로 정하지 않고 연중 내내 원고를 접수하고 있다. 이 경우, 원고가 제출된 순서에 따라 심사자들에게 배당하고 심사를 진행하게 된다. 심사기간은 짧게는 1개월에서 길게는 6개월 정도 소요된다. 외국의 상담 관련 학술지들의 경우 3개월 이내에 심사 의견을 받는 경우는 매우 드물며, 그 이상의 시간을 기다려야 한다. 우리나라의 경우에도 따로 제출기한을 정하지 않고 연중 내내 원고를 접수하는 상담 관련 학술지들이 있는데, 심사기간을 보통 3개월 정도로 예상하는 것이 현실적이다. 반면, 제출기한을 정해 놓고 원고를 접수하는 학술지도 있는데, 한국상담학회에서 발행하는 『상담학연구』가 이에 해당된다. 보통 학술지 발행일로부터 3개월 이전을 제출기한으로 정하고 있어서, 원고 제출을 계획하고 있는 연구자는 학술지 표지 안쪽이나 홈페이지에 명시된 제출기한을 확인해서 준비해야 한다.

### (2) 논문 심사

논문이 학술지에 투고되면 편집위원들의 추천이나 편집위원장의 판단에 따라 논문 주제와 관련된 경험과 전문성을 갖추었다고 판단되는 2~3명의 심사위원들에게 논문 심사를 의뢰한다. 이때 공정하고 객관적인 심사 진행을 위해, 논문 연구자의 개인 신상 정보가 심사위원들에게 공개되지 않는다. 마찬가지로, 연구자들에게도 어떤 심사위원이 논문을 심사했는지 알려 주지 않는다. 따라서 연구자는 논문을 제출할 때 자신의 신상과 관련된 정보를 본문에 기술해서는 안된다.

원고가 의뢰되면, 심사자는 자신의 판단과 결정이 학술지의 위상뿐 아니라 현재와 미래의 상담자, 내담자 그리고 잠재적인 독자에게 미칠 영향력을 고려하면서 논문을 공정하고 엄정하게 심사한다. 원고를 검토한 후, 심사자는 구체적인 의견과 피드백 등을 기술한 심사 의견서와 종합적인 판정결과인 심사결과를 작성해서 편집위원장에게 전달한다.

연구자는 빠른 시간 내에 심사결과를 받고 싶어 한다. 그러나 원고를 심사하는 데에는 보통 3개월 이상의 시간이 소요된다. 심사기간이 이렇게 긴 이유는 심사 및 출판과 관련된 일을 담당하고 있는 편집위원장과 편집위원 그리고 심사위원들 대부분이 전일제로 각자의 일을 하면서 자원해서 논문 심사를 하고 있기 때문이다. 그리고 투고된 논문 각각에 대해 심사위원을 최소 2명 이상 배정해야 하는데, 논문의 주제와 관련해서 전문성이 있다고 판단되는 학자나 임상가들에게 심사 가능 여부를 일일이 확인해야 하기 때문에 일정 시간이 소요될 수밖에 없다. 대부분의 학술지에서는 논문이 투고되면 논문 수령 여부와 함께 대략적인 심사기간을 저자에게 공지한다. 만일 예고된 심사기간이 훨씬 지난 후에도 심사결정과 관련해서 소식이 없다면, 편집간사 또는 편집위원장에게 연락을 해서 심사 관련 진행 사항을 문의해 볼 필요가 있다.

### (3) 심사결과

심사자들로부터 심사결과가 도착하면 편집위원장(또는 실행 편집위원장)은 심사 의견을 종합해서 최종 판정을 내린다. 편집위원장은 심사위원들의 의견을 종합적으로 반영하여 최종 결정을 내리지만(많은 경우 가장 비판적인 심사 의견을 따라 최종 판정), 투고된 논문의 출판 여부에 대해 독립적으로 판단할 수 있는 권한을 지니고 있다. 심사위원들의 심사 의견이 일치하지 않거나 상반된 경우 정해진 판정 규칙에 따라 기계적으로 최종 결정을 내리는 학술지도 있지만(예: 세 명의 심사위원이 각각 게재가, 게재가, 게재 불가로 판정했을 경우 수정 후 재심사로 판정), 편집위원장의 독립적인 판단으로 최종 게재 여부를 판정하는 경우도 많다. 이럴 경우, 편집위원장은 다른 심사위원들의 심사 의견서와 함께 최종 판정에 대한 자신의 견해를 저자에게 제시하는 것이 관례다.

이때 개별 심사위원의 심사 의견은 연구자에게 전달되지만, 심사위원의 판정 결과가 반드시 연구자에게 전달되는 것은 아니다. 즉, '게재가' '게재 불가' 또는 '수정 후 재심사'와 같은 심사결과가 연구자에게 전달되는 경우도 있고 편집위원장에게만 전달되는 경우도 있다.

학술지마다 최종 심사결과의 경우 수가 조금씩 다른데, 여기서는 네 가지 경우(수정 없이 게재, 소폭(부분) 수정 후 게재, 대폭 수정 후 재심사, 게재 불가)를 예로 들어 살펴본다.

### ① 수정 없이 게재

투고된 내용 및 형태 그대로 논문을 게재할 수 있다는 것인데, 매우 드문 경우다. 연구주제, 연구설계, 자료분석, 글쓰기 등에서 수정할 것이 거의 없는, 말 그대로 투고한 그대로 게재(accept as is)할 수 있다는 의미다. 연구와 출판 경험이 많은 연구자도 논문을 최종 게재하기 전까지 여러 번에 걸쳐 원고를 수정해야 한다. 더욱이 심사과정에는 복수의 심사위원이 논문을 심사하기 때문에 유사한 관점으로 논문을 심사하는 경우도 있지만, 다른 관점으로 피드백과 의견을 제시하는 경우가 많다. 그만큼 수정할 사항이 생기기 때문에 처음 투고한 논문에 대해 '수정 없이 게재'로 판정 내리는 것은 매우 드문 일이 될 수밖에 없다. 최종적으로 '게재가'로 판정된 논문에 대해서는 '출판 예정' 또는 'in press'로 명시할 수 있다.

### ② 소폭(부분) 수정 후 게재

이는 사소한 부분에 대해 수정·보완을 요구하는 것으로서 출판에 매우 근접했음을 의미한다. 이 경우 연구자는 심사자나 편집위원장이 요구하는 사항을 참고해서 논문을 수정·보완해야 하는데, 심사자와 편집위원장의 피드백 또는 의견을 어떻게 반영해서 논문을 수정했는지를 '수정답변서'에 기술해야 한다. 이때 심사자의 피드백이나 의견, 수정 요구 중 저자가 동의하지 않거나 수정하지 못하는 부분에 대해서는 연구자의 설득력 있는 설명이 개진될 필요가 있다. 학술지에 따라 조금씩 차이가 있지만, '소폭(부분) 수정 후 게재' 판정을 받은 논문에 대해서는 다시 심사자들에게 재심사 요청을 구하지 않고 편집위원장이 수정 및 보완 사항을 확인하고 최종적으로 '게재가' 판정을 내리는 경우가 있다. 따라서 '소폭(부분) 수정 후 게재'로 판정받았을 경우, 심사위원들의 피드백을 충분히 반영해서 원고를 수정하고, 수정한 내용을 편집위원장에게 자세히 설명할 필요가 있다. 이 모든 과정은 서면으로 이루어진다.

### ③ 대폭 수정 후 재심사

'소폭 수정 후 게재'라는 판정에 비해 다소 실망스럽고 애매한 결과다. 하지만 게재 불가가 아니라는 점에서는 희망적이다. 더욱이 심사 의견을 최대한 반영해서 수정한 논문들이 최종적으로 출판된 경우가 많기 때문에, 이 심사결과를 반드시 부정적으로 해석할 필요는 없다. 따라서 심사위원 및 편집위원장의 심사 의견서를 꼼꼼히 살펴보고 논문을 수정 · 보완할 필요가 있다. 이때 제3의 연구자에게 심사 의견서를 읽게 한 후 심사평의 내용과 느낌에 대한 생각을 공유하고, 수정 · 보완 방향에 대한 의견을 구하는 것도 도움이 된다.

④ 게재 불가

연구자에게는 가장 최악의 상황이고 실망스러운 결과다. 이러한 심사결과가 나온 주된 이유는, 연구주제가 학술지의 방향이나 비전에 부합하지 않거나, 연구(결과)가 관련 분야의 지식 기반 확충에 기여하는 정도가 미흡하거나, 연구설계상 주요한 결함이 존재하거나, 신뢰도와 타당도가 미흡하거나, 의심되는 연구도구를 사용했거나, 전체적인 글쓰기가 미흡하기 때문이다.

게재 불가에 대해 연구자는 심사 의견을 반영해서 논문을 수정 · 보완한 후 다른 학술지에 투고하거나, 다른 연구주제로 연구관심을 이동할 수 있다. 연구주제가 의미 있고 본질적으로 큰 결함이 없다고 판단할 경우 논문을 수정해서 다른 학술지에 투고하는 것을 고려해 볼 수 있다. 사람들마다 관점이 다르고, 특정 학술지의 편집 방향에는 맞지 않지만 다른 학술지에는 부합될 수 있기 때문이다. 간혹 게재 불가로 판정된 논문을 수정해서 동일 학술지에 다시 투고하는 경우가 있는데, 가급적 추천하고 싶지 않다. 편집위원장이 바뀌었거나 아니면 새로운 관점을 소유한 심사위원들에게 논문 심사가 의뢰되지 않는 한, 긍정적인 심사 의견을 기대하는 것이 현실적으로 힘들기 때문이다. 심사위원들이 자신의 의견을 번복해서 판정을 변경하는 것은 흔치 않은 일이다.

[ 참고문헌 ]

강승호, 김양분(2004). 신뢰도. 경기: 교육과학사.

강진령(1997). APA 논문작성법. 경기: 양서원.

강진령(편역) (2009). APA 논문 작성법. 경기: 양서원.

권경인(2007). 한국 집단상담 대가의 발달과정 분석. 서울대학교 대학원 박사학위논문.

권경인, 양정연. 최근 질적연구의 경향 분석. 미발표 논문.

권대봉, 현영섭(2004). 인문사회과학 연구방법. 서울: 학지사.

김계수(2001). AMOS 구조방정식 모형분석. 서울: 고려정보산업.

김계현(1995). 상담심리학. 서울: 학지사.

김계현(2000). 상담심리학 연구 I: 주제론과 방법론. 서울: 학지사.

김계현(2001). 상담심리학연구 II: 진로, 집단, 학업, 가족상담. 서울: 학지사.

김석우, 최태진(2007). 교육연구방법론. 서울: 학지사.

김연희, 문승태, 장선철(2003). 교육연구방법. 서울: 동문사.

김재철(2008). 사회과학 연구를 위한 최신 실용통계학. 서울: 학지사.

김재철, 조현분, 최원형(2010). 애착, 학교폭력 피해경험, 분노, 학교폭력 가해경험의 구조적 관계. 열린교육연구, 18(1), 185-209.

김찬희(2004). 교육연구와 논문작성법. 서울: 21세기사.

김창대(2002). 청소년 집단상담 프로그램 개발과 평가. 청소년집단상담의 운영. 서울: 한국청소년상담원.

김창대, 김형수, 신을진, 이상희, 최한나(2011). 상담 및 심리교육 프로그램 개발과 평가. 서울: 학지사.

김창대, 김형수, 최한나(2006). 학교폭력 요구 및 특성 분석에 기초한 학교폭력 예방 및 대처 프로그램 개발. 인천: 인천시교육청.

김태수(2010). 논문 작성법. 서울: 연세대학교출판부.

김통원(2000). 사회복지 프로그램 평가. 통신교육자료.

김형수(2014). 프로그램 성과연구에서 통계적 유의성과 효과강도의 활용. 상담학연구, 15(1), 17-33.

문수백(2003). 학위논문 작성을 위한 연구방법의 실제. 서울: 학지사.

문수백(2005). 학위논문 작성을 위한 연구방법의 실제. 서울: 학지사.

박성희(1997). 상담학 연구방법론. 경기: 양서원.

박성희(2004). 상담학 연구방법론: 사회과학 연구방법의 새로운 지평. 서울: 학지사.

박승민(2012). 상담학 분야의 질적연구 경향 분석: 국내 학술지 논문을 중심으로. 상담학연구, 13, 953-977.

박은진(2001). 칼포퍼 과학철학의 이해. 서울: 철학과현실사.

박인우(1995). 효율적 집단상담프로그램 개발을 위한 체계적 모형. 지도상담, 20, 19-40. 대구: 계명대학교 학생생활연구소.

백순근(2004). 학위논문 작성을 위한 교육연구 및 통계분석. 경기: 교육과학사.

변창진(1995). 상담심리의 연구활동(1): 연구주제분석. 학생지도 연구, 38, 1-26. 경북대학교 학생생활연구소.

서영석, 안하얀, 김시연, 김애란, 왕윤정, 이정선, 곽열, 김설화, 김재훈, 박성화, 이상학, 이정윤, 이채리, 최민영, 최유리, 최정윤(2018). 출판되는! 논문 작성하기(학술지 논문 분석). 서울: 학지사.

성규탁(1992). 서비스 전달체계의 개념적 틀과 분석방법의 예. 사회복지 행정론. 서울: 법문사.

성태제(2005). 교육연구방법의 이해(개정판). 서울: 학지사.

성태제, 시기자(2006). 연구방법론. 서울: 학지사.

손충기(2000). 교육 · 심리 · 사회 연구방법론. 서울: 동문사.

송인섭(1994). 통계학의 이해. 서울: 학지사.

송인섭(1997). 연구방법론. 서울: 상조사.

신경림, 조명옥, 양진향(2005). 질적연구방법론. 서울: 이화여자대학교출판부.

양미진, 김은영, 이상희(2008). 초등학생의 학교폭력 예방을 위한 배려증진프로그램 개발. 청소년상담연구. 서울: 한국청소년상담원.

우종필(2012). 우종필 교수의 구조방정식모델 개념과 이해. 서울: 한나래.

유정이(1997). 한국 학교상담 형성과정 연구. 서울대학교 대학원 박사학위논문.

이두영, 김성희, 이명희(1997). 문헌정보학 연구방법론. 서울: 한국도서관협회.

이용숙, 김영천, 이혁규, 김영미, 조덕주, 신규철(2002). 연구방법론의 이해. 서울: 한국문화사.

이용숙, 김영천, 이혁규, 김영미, 조덕주, 조재식(2005). 교육현장 개선과 함께하는 실행연구. 서울: 학지사.

이윤주, 문명현, 송영희, 김미연, 김예주, 김여흠, 지연정(2014). 알기쉬운 상담연구방법(학위논문 작성에서 학술논문 투고까지). 서울: 학지사.

이장호, 김순진, 정남운, 조성호(1997). 상담의 연구방법. 서울: 박영사.

이종승(2006). 연구논문 작성법. 경기: 교육과학사.

이종승(2009). 교육·심리·사회 연구방법론. 경기: 교육과학사.

이종승, 김성훈, 김재철, 송현정, 박문환, 장경숙(2003). 대학수학능력시험 문항난이도 추정모형 개발: 언어 영역, 수리 영역, 영어 영역을 중심으로. 교육평가연구, 16(2), 1-24.

이창호(1991). 사회복지프로그램 개발과 평가. 서울: 지광재단.

이훈영(2008). 연구조사방법론. 서울: 도서출판 청람.

임인재, 김신영(2008). 교육 심리 사회연구를 위한 논문 작성법. 서울: 서울대학교출판문화원.

장형우, 김봉화(2011). 인문사회과학도를 위한 학위논문 작성법 교과서. 서울: 서울대학교출판부.

정무성, 정진모(2001). 사회복지 프로그램 개발과 평가. 서울: 양서원.

정옥분, 임정하(2005). 학위논문작성법. 서울: 시그마프레스.

조용환(2000). 질적 연구. 경기: 교육과학사.

최호윤(2007). 사회복지 프로그램개발과 평가. 서울: 21세기사.

탁진국(2007). 심리검사: 개발과 평가방법의 이해(2판). 서울: 학지사.

한석우, 김연화 (2015). 논문 작성 체크포인트. 서울: 지구문화사.

허균(2010). 교육연구방법의 이론과 실제. 경기: 서현사.

홍현미라, 권지성, 장혜경, 이민영, 우아영(2008). 사회복지 질적 연구방법론의 실제. 서울: 학지사.

황성철(2005). 사회복지프로그램 개발과 평가. 경기: 공동체.


American Psychiatric Association (1994). *Diagnostic and statistical manual of mental disorder-4th edition (DSM-IV)*. Washington, DC: Author.

American Psychological Association(APA). (1985). Standards for educational and Psychological tests and manuals. Washington, DC: Author.

American Psychological Association(APA). (1985). *Standards for educational and psychological tests and manuals.* Washington, DC: Author.

Anastasi, A. (1988). *Anastasi, Anne psychological testing* (6th ed.). New York: Macmillan.

Atkinson, P., & Hammersley, M. (1994). Ethonography and participant obser-vation. In N. K. Denzin & Y. S. Lincoln (Eds.), *Handbook of qualitative research* (pp. 248-261). Thousand Oaks, CA: Sage.

Austin, D. M. (1982). Evaluating your agency's programs. *A Sage Human Service Guides, Vol. 29.* Sage Publication.

Bailey, R. et al. (2011). 철학이 있는 교육, 교육을 찾는 철학(*The philosophy of education: An introduction*) (이지헌 역). 서울: 도서출판 학이당. (원전은 2010년에 출판).

Baker, C., Pistrang, N., & Elliott, R. (2002). Research methods in clinical psychology: An introduction for students and practitoners (2nd ed.). England: John Wiley & Sons, Ltd.

Baker, R. L. (1995) *The social work dictionary* (3th ed.). Washington, DC: NASW Press.

Barret-Lennard, G. T. (1962). Dimensions of therapy response as causal factors in therapeutic change. *Psychological Monographs, 76,* 1-33.

Barry, R., & Wolf, B. (1958). Five years of the Personnel and Guidance Journal. *Personnel and Guidance Journal, 36,* 549-556.

Bentler, P. M. (1990). Comparative fit indexes in structural models. *Psychological Bulletin,* 238-246.

Bentler, P. M., & Bonett, D. G. (1980). Significance tests and goodness-of-fit in the analysis of covariance structures. *Psychological Bulletin, 88,* 588-606.

Bergin, A. E. (1971). *The evaluation of psychotherapy and behavior change.* New York: Wiley.

Bergin, A. E., & Lambert, M. J. (1978). The evaluation of therapeutic outcomes. In S. L. Garfield & A. E. Bergin (Eds.), *Handbook of psychotherapy and behavior change.* New York: Wiley.

Blumer, H. (1969). *Symbolic interactionism: perspective and method.* Berkeley, CA: University of California Press.

Bogdan, R. C., & Biklen, S. K. (1992). *Qualitative research for education: An introduction to theory and methods.* Boston: Allyn & Bacon.

Bogdan, R. C., & Taylor, S. J. (1975). *Introduction to qualitative methods: A phenomenological approach to the social sciences.* New York: Wiley.

Bordin, E. S. (1979). The generalizability of the psychoanalytic concept of the working alliance. *Psychotherapy, 16,* 252–260.

Brown, F. G. (1969). Seven years of the journal: A review journal. *Personnel and Guidance Journal, 48,* 263–272.

Brown, S. D., & Lent, R. W. (1984, 1992, 2000, 2008). *Handbook of counseling psychology.* Hoboken, N.J.: John Wiley.

Campbell, J. (1990). Modeling the performance prediction problem in industrial and organizational psychology. In M. Dunnette & L. Hough (Eds.), *Handbook of industrial and organizational psychology* (2nd ed.) (pp. 687–732). Palo Alto, CA: Consulting Psychologist Press.

Cohen, J. (1990). Things I have learned (so far). American Psychologist, 45, 1304–1312.

Cone, J. D., & Foster, S. L. (2006). 학위논문작성법(Dissertations and theses from start to finish) (정옥분, 임정하 역). 서울: 시그마프레스. (원전은 2006년에 출판).

Cortina, J. M. (1993). What is coefficient alpha?: An examination of theory and applications. *Journal of Applied Psychology, 78,* 98–104.

Creswell, J. W. (1998). *Qualitative inquiry and research desigan: Choosing among five traditions.* Londonk: CA:Sage.

Creswell, J. W. (2005). 질적연구방법론: 다섯 가지 전통(*Qualitative inquiry and research desigan: Choosing among five traditions*) (조흥식, 정선욱, 김진숙, 권지선 역). 서울: 학지사. (원전은 1998년에 출판).

Crocker, L., & Algina, J. (1986). *Introduction to classical and modern test theory.* New York: Holt, Rinehart and Winston.

Cronbach, L. J. (1951). Coefficient alpha and the internal structure of tests. *Psychometrika, 16,* 297–334.

Cutcliffe, J. R. (2000). Methodological issues in grounded theory. *Journal of Advanced Nursing, 31*(6), 1476–1485.

Dampier, W. C. (1961). *A history of science and its relation with philosophy and religion* (4th ed.). Cambridge, England: Cambridge University Press.

Denker, P. (1946). Results of treatment of psychoneuroses by the G. P. *New York State Journal of Medicine, 46,* 2164–2166.

Denzin, N. K. (1989). *Interpretive interactionism*. Newbury Park, CA: Sage.

Denzin, N. K., & Lincoln, Y. S. (1994). *Handbook of qualitative research*. Thousand Oaks, CA: Sage.

Dryden, W. (1996). *Research in counseling and psychology: Practical applications*. London; SAGE.

Dunnette, M. D. (1966). Fads, fashions, and folderol in psychology. American Psychologist, 21, 343-352.

Eisner, E. W. (1991). The enlightened eye: *Qualitative inquiry and the enhancement of educational practice*. New York: Macmillan.

Elliott, R. (1989). Comprehensive process analysis: Understanding the change process in significant therapy events. In M. J. Packer & R. B. Addison (Eds.), Entering the circle: Hermaneutic investigations in psychology (pp. 165-184). Albany, New York: SUNY Press.

Elmes, D. G., Kantowitz, B. H., & Roediger, H. L. (2010). 심리학연구방법 8판(*Research methods in psychology*, 8th ed.) (남종호 역). 서울: 시그마프레스. (원전은 2006년에 출판).

Eysenck, H. J. (1952). The effects of psychotherapy: An evaluation. *Journal of Consulting Psychology, 16*, 319-324.

Eysenck, H. J. (1961). The effects of psychotherapy. In H. J. Eysenck (Ed.). *Handbook of abnormal psychology*. New York: Basic Books.

Eysenck, H. J. (1966). *The effects of psychotherapy*. New York: International Science Press.

Fassinger(2005). Paradigms, Praxis, Problems, and Promise: Grounded Theory in Counseling Psychology Research. *Journal of Counseling Psychology, 52*(2), 156-166.

Field, P. A., & Morse, J. M. (1985). *Nursing research: the application of qualitative approaches*. Rockville, MD: Aspen Systems.

Flick, U. (2009). 질적연구방법(*An introduction to qualitative research*) (임은미, 최금진, 최인호, 허문경, 홍경화 역). 서울: 한울아카데미. (원전은 2002년에 출판).

Frank, J. D. (1961). *Persuasion and healing*. Baltimore: Johns Hopkins University Press.

Garfield, S. L. (1981a). Clinical psychology: The study of personality and behavior. New York: Aldine Publishing Company.

Garfield, S. L. (1981b). Evaluating the psychotherapies. *Behavior Therapy*, *12*, 295–307.

Garfield, S. L. (1995). Major issues in psychotherapy research. In D. K. Freedheim (Ed.), *History of psychotherapy: A century of change* (3rd ed., pp. 335–359). Washington, DC: APA.

Garfield, S. L., & Kutz, M. (1952). Evaluation of treatment and related procedure in 1,216 cases referred to a mental hygiene clinic. *Psychiatry Quarterly*, *26*, 414–424.

Gay, L. R. (1996). Educational Research (5th ed.). NJ: Prentice–Hall.

Gay, L. R. (1996). *Educational research* (5th ed.). NJ: Prentice–Hall.

Giorgi, A. (1985). Sketch of a psychological phenomenological method. In A. Girogi (Ed.), *Phenomenology and psychological research*. Pittsburgh (pp. 10–19). Duquesne University Press.

Glaser, B. G. (1992). *Basics of grounded theory analysis: Emergence vs. forcing*. Mill Valley, CA: Sociology Press.

Glaser, B. G., & Strauss, A. L. (1967). *The discovery of grounded theory: Strategies for qualitative research*. Chicago: Aldine Pub.

Goldfried, M. R., & Padawer, W. (1982). Current status and future directions in psychotherapy. In M. R. Goldfried (Ed.). *Converging trends in psychotherapy*. New York: Springer.

Goodall, H. L. (2000). *Writing the new ethonography*. Lanham, MD: AltaMira.

Goodwin, C. J. (2005). *Research in psychology: Methods and design* (4th ed.). Hoboken, NJ: John Wiley & Sons.

Granic, I., & Patterson, G. R. (2006). Toward a comprehensive model of antisocial development: A dynamic systems approach. *Psychological review*, *113*(1), 101–131.

Green, E. P. (1978). *Analyzing multivariate data*. The Dryden Press Hinsdale, Illinois.

Guba, E. G., & Lincoln, Y. S. (1981). *Effective evaluation*. San Francisco: Jossey-Ball.

Guba, E. G., & Lincoln, Y. S. (1994). Competing paradigms in qualitative research. In N. K. Denzin, & Y. S.Lincoln (Eds.), *Handbook of qualitative research* (pp. 105–117). Thousand Oaks, CA: Sage.

Guion, R. M. (1977). Content validity: Three years of talk-what's the action? *Public Personnel Management, 6,* 407-414.

Guion, R. M. (1980). On trinitarian doctrines of validity. *Professional Psychology, 11,* 385-398.

Hanson, W. E., Creswell, J. W., Clark, L. P., Petska, K. S., & Creswell, J. D. (2005). Mixed methods research designs in counseling psychology. Journal of Counseling Psychology, 52, 224-235.

Hatch, J. A. (1998). Qualitative research in early childhood education. In B. Spodek, O. Saracho, & A. Pellegrini (Eds.), *Yearbook in early childhood education: Issues in early childhood educational research* (pp. 49-75). New York: Teachers College Press.

Hatch, J. A. (2008). 교육 상황에서 질적 연구 수행하기(*Doing qualitative research in education setting*) (진영은 역). 서울: 학지사. (원전은 2002년에 출판).

Hatry, J. R. et al. (1996). *Measuring program outcomes: A practice approach.* United Way of America.

Heiman, G. W. (2002). *Research method* (3rd ed.). London: SAGE.

Heppner, P. P, Kivlighan, D. M. Jr., & Wampold, B. E. (1999). Research design in counseling (2nd ed.). Pacific Grove, CA: Brook/Cole.

Heppner, P. P., Wampold, B. E., & Kivlighan, D. M. (2008). *Research design in counseling* (3rd ed.). Belmont, CA: Brooks/Cole.

Hill, C. E. (1982). Counseling process research: Philosophical and methodological dilemmas. *The Counseling Psychologist, 8,* 7-20.

Hill, C. E., & Corbett, M. M. (1993). A perspective on the history of process and outcome research in counseling psychology. *Journal of Counseling Psychology, 40,* 3-24.

Hill, C. E., Carter, J. A., & O'Farrell, M. K. (1983). A case study of the process and outcome of time-limited counseling. *Journal of Counseling psychology, 30,* 3-18.

Hill, C. E., Knox, S., Thompson, B. J., Williams, E. N., Hess, S. A., & Ladany, N. (2005). Consensual qualitative research: An update. *Journal of Counseling Psychology, 52,* 196-205.

Hill, C. E., Thompson, B. J., & Williams, E. N. (1997). A guide to conducting consensual qualitative research. *The Counseling psychologist, 25*(4), 517-572.

Jacob, E. (1988). Clarifying qualitative research: A focuse on traditions. *Educational Rearcher, 17,* 16-24.

Jo¨reskog, K. G., & So¨rbom, D. (1984). *LISREL VI: Analysis of linear structural relationships by the method of maximum likelihood.* Chicago: National Educational Resources.

Kazdin, A. E. (1982). *Single-case research design: Methods for clinical and applied setting.* New York: Oxford Press.

Kemmis, S., & McTaggart, R. (1988). The action research planner (3rd edn). Geelong: Dcakin University Press.

Kendall, J. (1999). Axial coding and the grounded theory controversy. *Western Journal of Nursing Research, 21*(6), 743-757.

Kerlinger, F. N. (1986). *Foundation of behavioral research.* New York: Holt, Rinehart and Winston.

Kerlinger, F. N. (1988). Foundations of Behavioral Reseach. New York: Holt Renehart and Winston.

Kuhn, T. S. (1970). The structure of scientific revolution. Chicago: University of Chicago Press.

Lambert, M. J., Shapiro, D. A., & & Bergin, A. E. (1986). The effectiveness of psychotherapy. In S. L. Garfield & A. E. Bergin (Eds.), Handbook of psychotherapy and behavior change. New York: Wiley.

Lambert, N, J., & Bergin, A. E. (1995) Achievements and limitations of psychotherapy research. In D. K. Freedheim (Ed.), *History of psychotherapy: A century of change* (3rd ed., pp. 360-390). Washington, DC: APA.

Landis, C. (1937). A statistial evaluation of psychotherapeutic methods. In L. E. Hinsie (Ed.). *Concepts and problems in psychotherapy.* New York: Columbia University Press.

Lawshe, C. H. (1975). A quantitative approach to content validity. *Personnel Psychology, 28*(4), 563-575.

Likert, R. (1932). A technique for the measurement of attitude. *Archives of psychology, 140,* 44-53.

Lincoln, Y. S., & Guba, E. G. (1985a). *Effective evaluation* (4th ed.). SanFrancisco: Jossey-Bass Publication.

Lincoln, Y. S., & Guba, E. G. (1985b). *Naturalistic inquiry.* Beverly Hills, CA: Sage.

Luborsky, L., Singer, B., & Luborsky, L. (2002). Comparative studies of psychotherapies. *Archives of General Psychiatry, 32,* 995-1008.

Lykken, D. T. (1968). Statistical significance in psychological research. Psychological Bulletin, 70, 151-159.

McGowan, A. S., & Scholl, M. B. (2004). Counsel from a former editor and the current editor: Successful research and writing for publication in the *Journal of Humanistic Counseling, Education, and Development. Jorunal of Humanistic Counseling, Education, and Development, 43,* 4-15.

McLeod, J. (2001). Qualitative research in counseling and psychotherapy. London: SAGE.

McLeod, J. (2003). *Doing counseling research.* London: SAGE.

McMillan, M. B., James, H., & Schmacher, S. (2006). *Research in education: Evidence-based inquiry.* Pearson, CA: Pearson/Allyn and Bacon.

Meltzoff, J., & Kornreich, M. (1970). *Research in psychotherapy.* Washington, DC: APA.

Merriam, S. B. (1988). *Case study research in education: A qualitative approach.* San Francisco: Jossey-Bass.

Messick, S. (1980). Test validity and the ethics of assessment. *American Psychologist, 35,* 1012-1027.

Miles, M. B., & Huberman, A. M. (1994). *Qualitative data analysis: A sourcebook of new methods* (2nd ed.). Thousand Oaks, CA: Sage.

Moustakas, C. (1994). *Phenomenological research methods.* Thousand Oaks, CA: Sage.

Munhall, P. L. (2001). *Nursing reserarch: A qualitative perspective* (3rd ed.). Sudbury, MA: Jones and Bartlett Publishers.

Munley, P. H. (1974). A content analysis of the Journal of Counseling Psychology. *Journal of Counseling Psychology, 21,* 305-310.

Murphy, K., & Davidshofer, C. (1991). *Psychological testing: Principles and applications* (2nd ed.). Englewood Cliffs, NJ: Prentice-Hall.

Nash, L. K. (1963). *The nature of the natural sciences.* Boston: Little Brown and Company.

Neimeyer, G., & Resnikoff, A. (1982). Qualitative strategies in counseling research. *The Counseling Psychologist, 10,* 75-85.

Nunnally, J. C. (1978). *Psychometric theory* (2nd ed.). New York: McGraw-Hill.

Osgood, C., Suci, G., & Tannenbaum, P. (1957). *The measurement of meaning*. Urbana: University of Illinois Press.

Patti, R. J. (1983). *Social welfare administraion: Managing social program in a developmental context*. Englewood Cliffs, NJ: Prentice-Hall.

Polkinghorne, D. E. (1984). Further extensions of methodological diversity for counseling psychology. *Journal of Counseling Psychology, 31*, 416-429.

Polkinghorne, D. E. (1989). Phenomenological research methods. In R. S. Valle & S. Halling (Eds.), *Existential-phenomenological perspectives in psychology* (pp. 41-60). New York: Plenum.

Ponterotto, J. G. (2005). Qualitative research in counseling psychology: A primer on research paradigms and philosophy of science. *Journal of Counseling Psychology, 52*, 126-136.

Powell, R. R. (1996). 문헌정보학의 연구방법론(*Research methods for librarianship*) (홍현진 역). 서울: 구미무역출판부.

Presbury, J. H., Echterling, L. G., & McKee, (2008). *Beyond brief counseling and therapy: An integrative approach*. Upper Saddle River, NJ: Pearson Education.

Rennie, D. L. (2000). Grounded theory methodology as methodological hermeneutics. *Theory & Psychology, 10*, 481-502.

Rosen, D. C., & Miller, A. B. (2012). Interpersonal complementarity in the mental health intake: A Mixed-methods study. *Journal of Counseling Psychology, 59*, 185-196.

Rosenzweig, S. (1954). A transvaluation of psychotherapy: A reply to Eysenck. *Journal of Abnormal and Social Psychology, 49*, 298-304.

Royse, D., Thyer, B., Padgett, D., & Logan, T. (2001). *Program evaluation: An introduction* (3rd ed.). Belmont, CA: Brooks & Cole.

Sanford, N. (1953). Psychotherapy. *Annual Review of Psychology, 4*, 317-342.

Schalock, R. L., & Thornton, C. V. D. (1988). Program evaluation: A field guide for administrators. New York: Plenum Press.

Schreiber, R. S. (2001). 근거이론의 단계(*Basics of qualitative research techniques and procedures for developing grounded theory*) (신경림 역). 서울: 현문사.

Shaughnessy, J. J., Zechmeister, E. B., & Zechmeister, J., S. (2006). *Research methods in psychology* (6th ed.). New York, NY: McGraw-Hill.

Sheafor, B., Horesjsi, C. R., & Horesjsi, G. A. (1997). *Techniques and guidelines for social work practice* (3rd ed.). Boston, MA: Allyn & Bacon.

Smith, M, L., Glass, G. V., & Miller, T. I. (1980). *The benefits of psychotherapy.* Baltimore, MD: The Johns Hopkins University Press.

Spradley, J. P. (1979). *The ethnographic interview.* New York: Holt, Rinehart and Winston.

Spradley, J. P. (1980). *Participant observation.* New York: Holt, Rinehart and Winston.

Stake, R. (1995). *The art of case study research.* Thousand Oaks, CA: Sage.

Stanford, N. (1953). Psychotherapy. *Annual Review of Psychology, 4,* 317–342.

Steiger, J. H., & Lind, J. C. (1980). Statistically-based tests for the number of common factors. Paper presented at the annual Spring Meeting of the Psychometric Society in Iowa City.

Stevens, S. S. (1946). On the theory of scales of measurement. *Science, 103,* 677–680.

Stewart, D., & Mickunas, A. (1990). *Exploring phenomenology: A guide to the field and its literature* (2nd ed.). Athens: Ohio University Press.

Stone, S. C., & Shertzer, B. C. (1964). Ten years of the Personnel and Guidance Journal. *Personnel and Guidance Journal, 42,* 958–969.

Strauss, A., & Corbin, J. (1990). Basic of qualitative research: *Grounded theory procedures and techniques.* Newbury Park: Sage.

Strauss, A., & Corbin, J. (1998). Basics of qualitative research: *Grounded theory procedures and techniques* (2nd ed.). Thousand Oaks, CA: Sage.

Suchman, E. A. (1967). *Evaluative research.* Russel Sage Foundation, New York.

Suchman, E. A. (1969). *Evaluation educational programs.* The Urban Review.

Sundstrom, E., Busby, P. L., & Bobrow, W. S. (1997). Group process and performance: Interpersonal behaviors and decision quality in group problem solving by consensus. *Group Dynamics: Theory, Research, and Practice, 1,* 241–253.

Sussman, S. (2001). *Handbook of program development for health behavior research & practice.* Sage Publications.

Thomas, J. C., & Hersen, M. (2003). *Understanding research in clinical and counseling psychology.* Mahwah, NJ: Lawrence Erlbaum Associates.

Thompson, B. (1995). Publishing your reseach results: Some suggestions and counsel. *Journal of Counseling & Derelopment, 73*, 342-345.

Tripodi, T. (1987a). *Evaluative research for social workers*. Eaglewood Cliffs, NJ: Prectice-Hall.

Tripodi, T. (1987b). Program evaluation. In A. Minahan (Ed.), *Encyclopedia of social work*. Silver Spring, MD: National Association of Social Workers.

Tryon, G. S. (2002). *Counseling based on process research: Appleying what we know*. Baston, MA: Allyn & Bacon.

van Manen, M. (1998). Researching lived experience. Ontario: The Althouse Press.

Wampold, B. E., & Kim, K-H. (1989). Sequential analysis applied to counseling process and outcome: A case study revisited. *Journal of Counseling Psychology, 36*(3), 357-364.

Wayne, C. B., Gregory, G. C., & Joseph, M. W. (2012). 학술논문작성법(*The craft of research*) (신순옥, 양기석 역). 서울: 나남. (원전은 2003년에 출판).

Wayne C. Booth., Gregory G. Colomb., & Joseph M. Williams. (2012). 학술논문 작성법[*The Craft of Research*]. (신순옥, 양기석 역). 서울: 나남(원전은 2003에 출판).

Willig, C., & Stainton-Rogers, W. (2009). The *SAGE handbook of qualitative research in psychology*. London: SAGE.

Winer, B. J. (1962). *Statistical principles in experimental design*. New York: McGraw-Hill Book Company.

Wolcott, H. F. (1994). *Transforming qualitative data: Description, analysis, and interpretation*. Thousand Oaks, CA: Sage.

Woods, N. F., & Catanzaro, M. (1988). *Nursing research: Theory and practice*. St. Louis, MO: Mosby.

Woolfe, R., & Drydon, W. (1996). *Handbook of counseling psychology* (3rd ed.). London: SAGE.

Yin, P. K. (1989). *Case study research: Design and methods* (rev. ed.). Newbury Park, CA: Sage.

Yin, R. K. (1981a). The case study as a serious research strategy. Knowledge: Creation, *Diffusion, Utilization, 3*(1), 97-114.

Yin, R. K. (1981b). The case study crisis: Some answers. *Adminisrative Science Quarterly, 26*, 58-65.

Yin, R. K. (1994). *Case study research: Design and methods*. Thousand Oaks, CA: Sage.

York, R. O. (1980). *Human service planning concepts, tools and methods*. North Carolina University Press.

[ 찾아보기 ]

## 인명

## 내용

# [ 저자 소개 ]

**고흥월**
서울대학교 교육학박사(교육상담 전공)
현 충남대학교 자유전공학부 교수


**권경인**
서울대학교 교육학박사(교육상담 전공)
현 광운대학교 상담복지정책대학원 상담심리치료학과 교수


**김계현**
미국 오리건 대학교 철학박사(상담심리 전공)
전 서울대학교 교육학과 교수


**김성회**
계명대학교 교육학박사(상담심리 전공)
전 경북대학교 교육학과 교수


**김재철**
서울대학교 교육학박사(교육측정평가 전공)
현 한남대학교 교육학과 교수

**김형수**
서울대학교 교육학박사(교육상담 전공)
현 루터대학교 상담학과 교수


**서영석**
미국 미네소타 대학교 철학박사(상담심리 전공)
현 연세대학교 교육학부 교수


**이형국**
경북대학교 교육학박사(교육심리 및 상담심리 전공)
현 상명대학교(서울캠퍼스) 교양대학 교수


**탁진국**
미국 캔자스 주립대학교 심리학박사(산업 및 조직심리 전공)
현 광운대학교 산업심리학과 코칭심리 전공 교수


**황재규**
경북대학교 교육학박사(교육심리 및 상담심리 전공)
현 영남이공대학교 간호대학 간호학과 교수

KCa 한국상담학회 상담학 총서 12

# 상담 연구방법론(2판)
Research Methods in Counseling (2nd ed.)

2013년  4월  25일  1판  1쇄  발행
2019년  3월  21일  1판  7쇄  발행
2019년  8월  30일  2판  1쇄  발행
2023년  10월  20일  2판  5쇄  발행

지은이 • 고홍월 · 권경인 · 김계현 · 김성회 · 김재철
　　　　김형수 · 서영석 · 이형국 · 탁진국 · 황재규
펴낸이 • 김진환
펴낸곳 • ㈜ **학지사**
　　　　04031 서울특별시 마포구 양화로 15길 20 마인드월드빌딩
대표전화 • 02)330-5114　　　팩스 • 02)324-2345
등록번호 • 제313-2006-000265호

홈페이지 • http://www.hakjisa.co.kr
인스타그램 • https://www.instagram.com/hakjisabook

ISBN  978-89-997-1620-1  93180

정가  20,000원

**출판미디어기업 학지사**

간호보건의학출판 **학지사메디컬** www.hakjisamd.co.kr
심리검사연구소 **인싸이트** www.inpsyt.co.kr
학술논문서비스 **뉴논문** www.newnonmun.com
교육연수원 **카운피아** www.counpia.com